Economia
social no Brasil

Dados Internacionais de Catalogação na Publicação (CIP)
(Simone M. P. Vieira - CRB 8ª/4771)

Economia social no Brasil / organizadores Ladislau Dowbor, Samuel Kilsztajn. – 3. ed. – São Paulo : Editora Senac São Paulo, 2022.

Bibliografia
ISBN 978-85-396-3688-4 (impresso/2022)
e-ISBN 978-85-396-3689-1 (ePub/2022)
e-ISBN 978-85-396-3690-7 (PDF/2022)

1. Brasil – Condições econômicas 2. Brasil – Condições sociais 3. Economia – Aspectos sociais I. Dowbor, Ladislau II. Kilsztajn, Samuel. III. Título.

22-1690t   CDD – 330.981
                                            BISAC BUS069040

Índice para catálogo sistemático:
1. Brasil : Economia social 330.981

Economia
social no Brasil

Ladislau Dowbor
Samuel Kilsztajn

organizadores

3ª edição

EDITORA SENAC SÃO PAULO – SÃO PAULO – 2022

Administração Regional do Senac no Estado de São Paulo
Presidente do Conselho Regional: Abram Szajman
Diretor do Departamento Regional: Luiz Francisco de A. Salgado
Superintendente Universitário e de Desenvolvimento: Luiz Carlos Dourado

Editora Senac São Paulo
Conselho Editorial: Luiz Francisco de A. Salgado
Luiz Carlos Dourado
Darcio Sayad Maia
Lucila Mara Sbrana Sciotti
Luís Américo Tousi Botelho

Gerente/Publisher: Luís Américo Tousi Botelho
Coordenação Editorial: Ricardo Diana
Prospecção: Dolores Crisci Manzano
Administrativo: Verônica Pirani de Oliveira
Comercial: Aldair Novais Pereira

Revisão de Texto: Adalberto Luís de Oliveira, Kátia Miaciro, Léia Fontes Guimarães, Luiza Elena Luchini, Magna Reimberg Teobaldo, Márcio Della Rosa, Maristela S. da Nóbrega, Caique Zen Osaka
Projeto Grafico e Editoração Eletrônica: Veridiana Freitas
Capa: Luís D'Horta
Impressão e Acabamento: Gráfica Expressão e Arte

Proibida a reprodução sem autorização expressa.
Todos os direitos desta edição reservados à
Editora Senac São Paulo
Av. Engenheiro Eusébio Stevaux, 823 – Prédio Editora – Jurubatuba –
CEP 04696-000 – São Paulo – SP
Tel. (11) 2187-4450
editora@sp.senac.br
https://www.editorasenacsp.com.br

© Editora Senac São Paulo, 2022
Os benefícios dos direitos autorais desta obra foram cedidos pelos organizadores e pelos autores ao Centro Social de Parelheiros

Sumário

Nota do editor, 7

Prefácio à edição de 2022, 9

Introdução, 13
Samuel Kilsztajn

A economia social no Brasil, 21

Gestão social e transformação da sociedade, **23**
Ladislau Dowbor

Distribuição da renda no Brasil:
poucos com muito e muitos com muito pouco, **53**
Rodolfo Hoffmann

Alguns consensos sobre a questão da pobreza no Brasil, **85**
Sonia Rocha

Domicílios, famílias e segurança pública, 105

Desenvolvimento habitacional na América Latina, **107**
Fernando Garcia / Rogério César de Souza / Ana Maria Castelo

Pobreza, trabalho infantil e renda familiar per capita no Brasil, **135**
Sérgio Goldbaum / Fernando Garcia / Cláudio Ribeiro de Lucinda

Violência e mortalidade nas áreas metropolitanas:
adolescentes e adultos jovens do sexo masculino, **163**
Samuel Kilsztajn / Ivan Lopes Bezerra Ferraz

Jovens, educação e homicídios no município de São Paulo, **191**
Márcia Regina da Costa / Fernando Garcia / Cláudio Ribeiro de Lucinda

Educação e saúde pública, 207

Distribuição da educação e da renda:
o círculo vicioso da desigualdade na América Latina, **209**
Fernando Garcia / Lígia Maria de Vasconcellos / Sérgio Goldbaum /Cláudio Ribeiro de Lucinda

A produção discente de programas de
pós-graduação stricto sensu em
economia (1990-1998): resgatando olhares sobre a educação, **229**
Otília Maria Lúcia Barbosa Seiffert /Cláudia Maria Cirino de Oliveira

Distribuição regional dos serviços de saúde no Brasil, **247**
Samuel Kilsztajn / Dorivaldo Francisco da Silva

Análise espacial e saúde pública, **279**
Helena Ribeiro Sobral

Casos notificados de aids no estado de São Paulo –
a geração vulnerável: nascidos entre 1955 e 1971, **291**
Samuel Kilsztajn / Marcelo Bozzini da Camara

Emprego e seguridade social, 311

Uma tentativa de avaliação das
possibilidades de geração de emprego da agricultura brasileira, **313**
César Roberto Leite da Silva

Divisão do trabalho no Brasil: a questão do gênero, **329**
Anita Kon

"Sair para o mundo" – trabalho, família
e lazer: relação e representação na vida dos excluídos, **353**
Ana Cristina Arantes Nasser

Sistema previdenciário:
aspectos teóricos e os problemas brasileiros, **365**
Rudinei Toneto Jr. / Amaury Patrick Gremaud

Programas de garantia de renda mínima e desigualdade social, **397**
Evaristo Almeida

Sobre os autores, 447

Nota do editor

O Laboratório de Economia Social (LES), criado na PUC de São Paulo em 1997, dedica-se ao estudo e à pesquisa de temas voltados para o problemático dia a dia do país. Alguns desses temas são capítulos desta coletânea que Ladislau Dowbor e Samuel Kilsztajn organizaram em meio aos trabalhos do LES, sendo suficiente mencionar a que se referem para ter-se ideia da sua importância: distribuição de renda; pobreza; segurança pública; trabalho infantil, violência e mortalidade nas áreas metropolitanas; educação; serviços de saúde; geração de empregos na agricultura; gêneros na divisão do trabalho; excluídos; sistema previdenciário; garantia de renda mínima; e desigualdade social.

Cada um desses itens apresenta questões com as quais a maioria dos brasileiros, de algum modo, envolve-se no seu cotidiano, o que confere a este livro um alcance de interesse geral além do caráter específico que tem, o de obra de referência para quem estuda os fenômenos sociais e atua nesse campo.

É mais uma publicação relevante do Senac São Paulo no sentido de contribuir para melhores rumos do país.

Quando o Senac nos procurou para uma nova edição de *Economia social no Brasil*, a princípio nos perguntamos quem se interessaria por uma obra que reúne pesquisas realizadas há vinte anos. Depois lembramos que o livro divulga mais propriamente métodos de pesquisa científica do que meramente notícias. Por fim, consideramos que a economia no Brasil, infelizmente, ainda está muito longe de ser social.

Os organizadores

Prefácio à edição de 2022

LADISLAU DOWBOR
SAMUEL KILSZTAJN

Na virada do milênio organizamos esta coletânea sobre a economia social no Brasil, tema amplo que cobria essencialmente como estava a população nas diversas dimensões econômicas e sociais. O que mudou nessas duas décadas? Em 2022, temos a pandemia de covid-19, mas naquela época estávamos enfrentando a epidemia do HIV, que, em particular, explodia entre os jovens, e buscando remédios, que viriam a ser chamados de "coquetel". Crianças nasciam já contaminadas. Revendo os textos da edição original, é impressionante como continuam atuais. Nas nossas lutas do cotidiano, esquecemos até que ponto as coisas mudam e até que ponto ficam iguais.

A desigualdade, que é o eixo estruturante mais dramático da nossa sociedade, teve uma parcial redução entre 2003 e 2013, período que o Banco Mundial chamou de "a década dourada" da economia brasileira, mas hoje está pior do que nunca: estamos entre os dez países mais desiguais do planeta. Temos, sim, informações mais detalhadas, pois os sistemas estatísticos avançaram; temos mais detalhes da desigualdade de renda e de patrimônio, educacional, regional, por raça e por gênero: somos mais ricos em estatística, mas as desgraças continuam as mesmas. Houve grande progresso na fase dos governos populares, mas com as políticas mais recentes voltamos ao ponto de partida.

A leitura de uma coletânea que abriu o leque dos nossos desafios, com 23 pesquisadores de diferentes instituições cobrindo os principais dramas econômicos e sociais do país, ajuda muito precisamente porque no longo prazo, nessas duas décadas, aparecem com muito mais nitidez as deformações estruturais. Aparecem também com mais clareza as medidas necessárias: assegurar renda na base da sociedade mais políticas sociais mais políticas de emprego mais proteção ambiental.

O bem-estar das famílias – que é, afinal, o nosso objetivo social e econômico – depende, como ordem de grandeza, 60% de dinheiro no bolso, que permite pagar o aluguel e as compras, e 40% de acesso a bens e serviços de consumo coletivo. Precisamos de segurança, mas não se compram delegacias de polícia. Precisamos ter acesso, mas não se compram hospitais, escolas, ruas limpas, rios descontaminados e tantos outros bens comuns que dependem de políticas públicas. Hoje enfrentamos tanto a fragilidade do acesso ao dinheiro no bolso como a desestruturação das políticas sociais.

O dinheiro, mais do que nunca, está indo para o andar de cima. Os 315 bilionários brasileiros, que a *Forbes* apresentou no seu relatório de 2021, aumentaram as suas fortunas em 700 bilhões de reais em plena pandemia, com a economia estagnada. É o equivalente a 23 anos de Bolsa Família, que sustentava 50 milhões de pessoas. Essa apropriação da riqueza no topo é parcialmente ligada à produção: lucros financeiros com juros altos, extração de dividendos e formas semelhantes de enriquecimento baseadas na financeirização generalizada da economia. Além disso, desde 1995, "lucros e dividendos" distribuídos são isentos de impostos. Lucros que aumentam em uma economia parada constituem extração líquida de riqueza e agravam a pobreza.

O acesso aos bens e serviços de consumo coletivo – como saúde, educação, segurança, meio ambiente saudável e outros –, o que tem sido chamado de "salário indireto", também apresentou duas dinâmicas inversas: forte progressão durante a primeira década, com elevados investimentos sociais, expansão do SUS, ampliação do universo educacional e numerosas outras iniciativas que melhoraram as condições de vida na base da sociedade, e uma regressão dramática a partir de 2014/2015, com um conjunto de medidas como a Lei do Teto de Gastos, a desestruturação das leis trabalhistas, a fragilização da saúde pública e da aposentadoria, o travamento da educação, entre outras.

Assim, nessas duas estranhas décadas, tivemos um renascer de esperanças, com políticas econômicas, sociais e ambientais, que melhoraram tanto os indicadores sociais como o desempenho econômico, bem como uma regressão profunda nos últimos oito anos, inclusive com rupturas institucionais, que nos levam a situações dramáticas, como a fome, que hoje atinge 19 milhões de pessoas, entre as quais um quarto de crianças, e a insegurança alimentar, que atinge mais da metade da população. É uma tragédia social. Isso em um país que é um dos maiores produtores de alimentos do mundo. Só de grãos, produzimos cerca de 3,2 quilos por pessoa por dia.

O Brasil não é um país pobre: o seu PIB, de 7,5 trilhões de reais em 2020, equivale a 11 mil reais por mês para uma família de quatro pessoas. Uma moderada redução das desigualdades poderia assegurar uma vida digna e confortável para todos. Em outros termos, o nosso problema não é propriamente econômico, de falta de recursos, e sim de profunda desorganização política e social. E no leme da nossa frágil arca está o que Jessé Souza chamou educadamente de "a elite do atraso". O nosso desafio é de governança.

Alguns desafios se agravaram. O emprego tradicional, com carteira assinada e estabilidade, está perdendo espaço. Em 2022, o Brasil tem 213 milhões de habitantes, entre os quais cerca de 150 milhões estão em idade de trabalho e 106 milhões estão na força de trabalho, mas há apenas 33 milhões de empregos formais privados. Gerou-se um imenso espaço de insegurança, ampliou-se a miséria: a base da sobrevivência econômica das famílias se deslocou. Se somarmos os 40 milhões de pessoas no setor informal, os 15 milhões de desempregados e os 6 milhões de desalentados, estamos falando em mais de 50 milhões de pessoas paradas ou subutilizadas. Entramos na era do "precariado". Fala-se em liberdade, mas as pessoas precisam de oportunidades.

A família continua a se desagregar. Em outros tempos, a família ampliada, com avós, primos e tios, oferecia um espaço para todos: quem ainda não trabalhava, ou já não trabalhava mais, tinha cama e mesa como os outros. A ponte entre as gerações se assegurava no lar. Hoje, com a família reduzida a pais e dois filhos, ou um filho, não há espaço para a terceira idade. No Brasil, o domicílio médio é de 3,1 pessoas; na Europa, já baixou para 2,4. Um imenso contingente tem uma mãe solo com filhos, idosos solitários se multiplicam, divórcios se generalizaram. É uma desagregação do que considerávamos a unidade estruturante da sociedade. Países como a Suécia e o Canadá assumem, com políticas sociais públicas e gratuitas, boa parte do que as famílias já não asseguram. No Brasil, não temos nem a família tradicional, nem as políticas sociais. Temos população de rua e um sentimento geral de insegurança, de ansiedade.

De certa forma, enfrentamos simultaneamente a desagregação da família, a fragilização e precarização do emprego, a perda de políticas sociais e a apropriação escandalosa dos recursos do país pelo sistema financeiro e pelos grupos de exportação de *commodities*. Os desafios que apresentamos aqui em 2001 estão mais atuais do que nunca.

Dessa forma, esta leitura vale a pena. Em termos de mudanças estruturais, vinte anos representam pouca coisa, mas a perspectiva do longo prazo permite entender melhor essa rigidez política, esse tipo de impotência institucional, que tanto dificulta o nosso progresso. E as políticas necessárias se tornam também mais evidentes.

Introdução

SAMUEL KILSZTAJN

O Laboratório de Economia Social (LES) foi criado pelo Programa de Estudos Pós-Graduados em Economia Política da Pontifícia Universidade Católica de São Paulo (PUC-SP) com o objetivo de fomentar a pesquisa acadêmica na área da economia social. Nesse sentido, os economistas vinculados ao LES seguem a tradição da PUC-SP, que, atuando em diferentes áreas do conhecimento, tem dirigido sua atenção para a questão da justiça social no país.

Como economistas, entendemos que a justiça social é um valor em si, e que a polarização entre *crescer para dividir* e *crescer dividindo* é alienante. Consideramos que, dado o grau de desajuste social vigente, a justiça social deve ser promovida independentemente do crescimento econômico do país.

O seminário A Política para a Criança e o Adolescente, promovido em outubro de 1996 pelo Programa de Economia Política em parceria com o Programa de Serviço Social da PUC-SP, constituiu o marco zero do LES. O Laboratório de Economia Social foi oficialmente lançado na PUC-SP em junho de 1997 com o seminário Os Desafios de Mensurar e Explicar o Social e, nacionalmente, na Seção Especial Economia Social no XXV Encontro Nacional de Economia-Anpec realizado em Recife em dezembro de 1997.

Desenhado de forma interdisciplinar e interinstitucional, o LES, além de promover e participar de eventos científicos, desenvolve pesquisas nas áreas de domicílios, famílias, segurança pública, educação, saúde pública, emprego e seguridade social. Alguns temas, entretanto, perpassam todas as nossas áreas de atuação: o valor agregado do setor social, a distribuição de renda e a pobreza absoluta. A organização do presente volume, com artigos solicitados a nossos pesquisadores e convidados, visa divulgar a produção intelectual do LES em dois anos de atividade.

Em relação ao valor agregado do setor social, é ilustrativo lembrar que, quando, em 1758, François Quesnay publicou seu *Tableau économique*, o único espaço econômico para a acumulação do capital francês era a agricultura. Quesnay considerava então que apenas o setor agrícola produzia valor. A partir de Adam Smith, que escreveu *A riqueza das nações* em meio à Primeira Revolução Industrial, quando a indústria se tornou o espaço econômico privilegiado para a expansão do capital, os economistas passaram a destacar o setor industrial como produtor de valor.

A atual importância econômica do setor social (saúde, educação, etc.) é objeto dos três primeiros trabalhos deste livro.

Ladislau Dowbor, em "Gestão social e transformação da sociedade", destaca que o valor agregado do setor social é hoje consideravelmente superior ao valor agregado de setores tradicionais da economia. Mas, como salienta Dowbor, os economistas, em suas pesquisas, continuam privilegiando o setor industrial, assim como os administradores continuam privilegiando a organização industrial, sem se darem conta de que os chamados "serviços" e o setor social em particular são atualmente os espaços econômicos responsáveis por um valor agregado em muito superior ao da agricultura e da indústria moderna.

Rodolfo Hoffmann há três décadas discute a questão da distribuição da renda no país que ostenta uma das piores distribuições do mundo. Com base nos dados da última Pesquisa Nacional por Amostra de Domicílios (Pnad) publicada pelo Instituto Brasileiro de Geografia e Estatística (IBGE), Hoffmann nos apresenta "Distribuição da renda no Brasil: poucos com muito e muitos com muito pouco". Considerando a distribuição do rendimento familiar per capita no país em 1998, a participação do segmento 1% mais rico no rendimento total (14%) era superior à participação do segmento 50% mais pobre (12%). O rendimento familiar per capita médio era de R$ 254,00 ao mês, mas aproximadamente 75% dos brasileiros tinham rendimento inferior à média. Rodolfo Hoffmann destaca ainda que, embora uma pessoa com rendimento familiar per capita mensal igual a R$ 893,00 não se considere propriamente parte da elite econômica do país, de acordo com os dados do IBGE, apenas 5% dos brasileiros tinham rendimento igual ou superior a esse valor em 1998.

Para a análise da pobreza absoluta, convidamos Sonia Rocha, economista do Instituto de Pesquisa Econômica Aplicada (Ipea) com participação notória no debate sobre a pobreza no país, a apresentar "Alguns consensos sobre a questão da pobreza no Brasil". De acordo com a autora, a melhoria distributiva assume papel estratégico para a eliminação da pobreza absoluta no Brasil. O nível explosivo de desigualdade atingido no país gera inevitavelmente graus de conflito insustentáveis, e o crescimento econômico, normalmente apontado como alternativa para a redução da pobreza absoluta, além de postergar a eliminação da pobreza para um horizonte inaceitavelmente longo, pode mesmo agravar o problema da distribuição, uma vez que as oportunidades "naturais" de crescimento econômico são predominantemente concentradoras.

Depois desses três trabalhos que perpassam todas as áreas de atuação do LES, o livro se subdivide em três blocos temáticos:

"Domicílios, famílias e segurança pública", "Educação e saúde pública" e "Emprego e seguridade social".

Fernando Garcia, Rogério César de Souza e Ana Maria Castelo, de acordo com a metodologia do Índice de Desenvolvimento Humano (IDH), elaboraram o Índice de Desenvolvimento Habitacional (IDHab), que pondera o déficit habitacional, a infraestrutura e o adensamento dos domicílios. Em "Desenvolvimento habitacional na América Latina", os autores calculam e analisam o IDHab dos países latino-americanos e das unidades da Federação brasileira, que está relacionado tanto ao Produto Interno Bruto (PIB) per capita como à distribuição de renda. No âmbito da família, Sérgio Goldbaum, Fernando Garcia e Cláudio Ribeiro de Lucinda testaram a associação de trabalho infantil com pobreza em países latino-americanos e regiões metropolitanas brasileiras. O artigo "Pobreza, trabalho infantil e renda familiar per capita no Brasil" aponta a elevada participação de menores na força de trabalho brasileira em relação aos demais países da América Latina, participação que se agrava quando se pondera cada país pela sua renda per capita. A relação entre trabalho infantil e pobreza, segundo a pesquisa realizada, também não se verifica na análise no tempo e no espaço das regiões metropolitanas brasileiras.

Em "Violência e mortalidade nas áreas metropolitanas: adolescentes e adultos jovens do sexo masculino", mensuramos as taxas de mortalidade por homicídios, acidentes de transporte e outras causas externas de morbidade e mortalidade. Os dados da pesquisa, que conta com a participação de Ivan Lopes Bezerra Ferraz, comparam as taxas de mortalidade por violência entre homens e mulheres, entre homens de 15 a 39 anos e nas demais faixas etárias, e entre homens de 15 a 39 anos residentes nas quinze metrópoles e nas demais áreas do país. Enquanto a taxa de mortalidade por causas externas atingia 27 por 100 mil mulheres no país em 1996, as taxas para os homens de 15 a 39 anos atingiam de 303 a 313 por 100 mil homens residentes nas regiões metropolitanas de Vitória, Rio de Janeiro, São Paulo e Baixada Santista.

Márcia Regina da Costa, Fernando Garcia e Cláudio Ribeiro de Lucinda, em "Jovens, educação e homicídios no município de São Paulo", analisam o efeito da escolaridade sobre a probabilidade de um indivíduo ser vítima de homicídio e concluem que, embora a taxa de homicídio varie por distrito, em todos os casos a taxa de homicídio apresenta uma relação negativa e significativa com o número de anos de estudo das vítimas.

O número de anos de estudo é também utilizado por Fernando Garcia, Lígia Vasconcellos, Sérgio Goldbaum e Cláudio Lucinda em "Distribuição da educação e da renda: o círculo vicioso da desigualdade na América Latina", que associa a distribuição da renda à distribuição da escolaridade em países latino-americanos e nas unidades da Federação brasileira. Os autores concluem que a má distribuição de escolaridade determina e alimenta a má distribuição da renda e sugerem uma política de subsídios educacionais que privilegie as camadas com menor poder aquisitivo.

Com o objetivo de fomentar a pesquisa de economia na área da educação, Otília Barbosa Seiffert e Cláudia Cirino de Oliveira, em "A produção discente de programas de pós-graduação stricto sensu em economia (1980-1998): resgatando olhares sobre a educação", levantaram, sistematizaram e analisaram a contribuição das dissertações e teses em economia sobre educação por programa de pós-graduação e categoria temática.

Em relação à saúde pública, realizamos um levantamento da distribuição dos serviços de saúde no Brasil. Depois de analisar o quadro profissional, o número de leitos e os gastos públicos, a pesquisa, que conta com a participação de Dorivaldo Francisco da Silva, aponta que a distribuição regional dos serviços de saúde apresenta um perfil perverso, porque privilegia as regiões mais ricas do país e penaliza as regiões que mais dependem dos serviços públicos de saúde. O artigo conclui que existe um círculo vicioso entre, por um lado, o número de médicos e instalações nas regiões mais pobres do país e, por outro, a possibilidade que essas regiões têm de elaborar e implantar projetos que atraiam verbas para melhorar seus serviços de saúde.

A distribuição espacial das enfermidades, assim como a distribuição espacial dos serviços de saúde, constitui uma das áreas de pesquisa da geografia médica em que Josué de Castro, médico, geógrafo e autor do clássico *Geografia da fome,* realizou o pioneiro mapeamento e estudo dos diferentes fatores biológicos, econômicos e sociais das enfermidades no Brasil. Dentro da perspectiva interdisciplinar que caracteriza o LES, Helena Ribeiro Sobral, em "Análise espacial e saúde pública", destaca a relação histórica entre a medicina e a geografia e nos apresenta um levantamento das áreas de pesquisa da geografia médica.

Entre os vários objetos de pesquisa na área de saúde do LES, a violência e a aids destacam-se entre as causas de morbidade e mortalidade de adolescentes e adultos no período saudável do ciclo vital. Dois estudos sobre a violência foram incluídos na categoria "segurança pública", que compõe o primeiro bloco temático deste volume. Em relação à aids, especificamente, desenvolvemos com Marcelo Bozzini da Camara o artigo "Casos notificados de aids no estado de São Paulo – a geração vulnerável: nascidos entre 1955 e 1971", em que, além da associação da aids à geração mencionada no título, retrocedemos as datas dos diagnósticos para estimativas das datas de infecção pelo HIV, concluindo que o número de casos diagnosticados da doença no estado pode estar entrando em franca desaceleração para todas as categorias de transmissão.

Com "Uma tentativa de avaliação das possibilidades de geração de emprego da agricultura brasileira", César Roberto Leite da Silva abre o conjunto de artigos sobre emprego e seguridade social.

Considerando a evolução do nível de desemprego no país, o artigo analisa, tendo como base as estimativas da Pnad, o comportamento da ocupação de mão de obra entre regiões e ramos de atividade e avalia o profundo processo de reestruturação econômica do país no período 1990-1995 e, em particular, a elevação da taxa de ocupação da agricultura no período.

Anita Kon, também a partir da Pnad, discute a participação das mulheres no mercado de trabalho por setor de atividade e categoria ocupacional em "Divisão do trabalho no Brasil: a questão do gênero". A pesquisa também destaca a participação das mulheres entre assalariados com e sem carteira de trabalho assinada, autônomos e trabalhadores domésticos.

A importância do trabalho no universo masculino, como um dos elementos que compõem a vida cotidiana, é tratada por Ana Cristina Arantes Nasser a partir da ótica dos excluídos sociais. Em "'Sair para o mundo' – trabalho, família e lazer: relação e representação na vida dos excluídos", a autora analisa as representações da vida e do trabalho construídas por um grupo de homens de um albergue noturno na cidade de São Paulo. Esses homens, que saem em busca de trabalho, qualificam-se como "trabalhadores", contrapõem-se aos mendigos e vivem concretamente em situação de *permanente transitoriedade*, à noite nos albergues e durante o dia dissimulados em lugares públicos, vislumbrando, através do trabalho, restabelecer seus vínculos sociais e reconstruir sua vida cotidiana.

O sistema previdenciário, por sua vez, constitui o objeto de estudo de Rudinei Toneto Jr. e Amaury Patrick Gremaud em "Sistemas previdenciários: aspectos teóricos e os problemas brasileiros". Os autores, depois de avaliar as questões básicas envolvidas na discussão da reforma previdenciária, ou seja, assistência versus previdência, previdência pública versus privada e sistema de repartição versus capitalização, analisam as razões estruturais, conjunturais e gerenciais da crise da previdência social no Brasil.

Ao lado da assistência e da previdência, a renda mínima constitui um terceiro modelo de manutenção da renda individual, objetivando garantir incondicionalmente uma renda mínima monetária a todo membro da sociedade. Evaristo Almeida, em Programas de garantia de renda mínima e desigualdade social, depois de apresentar um breve retrospecto histórico e internacional dos programas de renda mínima e as estimativas da distribuição da renda no Brasil, analisa as principais propostas e experiências brasileiras com programas de renda mínima, que incluem programas de bolsa-escola e criança cidadã.

Com a publicação do presente volume, o Laboratório de Economia Social espera poder contribuir e fomentar a pesquisa acadêmica na área da economia social e colaborar para a construção de um Brasil mais justo e melhor.

A ECONOMIA SOCIAL NO BRASIL

Gestão social e transformação da sociedade

LADISLAU DOWBOR

Um novo contexto

Criou-se no Brasil uma estranha separação entre economistas formais, que tratam de coisas "sérias", como taxa de juros, câmbio, investimentos, e cientistas sociais, que se preocupam com a tragédia social e se concentram em denunciar o drama das crianças, dos pobres, dos excluídos. Uns se preocupam com a taxa de crescimento do Produto Interno Bruto (PIB), e outros trazem o bandeide para as vítimas do processo. Já é tempo de se rever essa esquizofrenia. Entre o cinismo pragmático e o idealismo ingênuo, já é tempo de se construir as pontes.

Poderíamos deixar as coisas evoluir e aguardar que a estabilidade macroeconômica nos traga "naturalmente", por assim dizer, mais empresas, mais investimentos, logo empregos e salários, e com isso pagaríamos o "resto", o social. Encontramos nessa posição muita gente simplesmente inconsciente e ignorante da dimensão do drama que se avoluma, e que vira as costas para a explosão da criminalidade, o aumento do desemprego, a desorientação dramática da juventude, a fome, a corrupção política e empresarial, a perda generalizada de valores.

Mas encontramos também nessa zona de indiferença pessoas profundamente imbuídas de simplificações ideológicas, que defendem absurdos crescentes como fazendo parte de uma lógica inevitável – liberalistas seria mais correto do que liberais – e nos levam na realidade a um extremismo que assusta: são os que explicam que a miséria é triste, mas inevitável, e que ajudar os dois terços de excluídos da nossa sociedade constitui "paternalismo", que a explosão de violência que está tornando as nossas vidas cada dia mais impossível se deve aos "maus elementos". Seria preciso construir mais cadeias, reduzir a idade de responsabilidade criminal, construir mais viadutos para os carros, mais piscinões para segurar a água de chuva, mais hospitais para enfrentar a doença e assim por diante. Patéticos construtores de muletas sociais, que se recusam a ver a evidência: o sistema é estruturalmente falho.

O problema vai mais longe. Na boa análise de Anthony Giddens, a visão conservadora do mundo está ruindo, pois a dimensão de valores que de certa forma justificava a injustiça social e o lucro desenfreado – a pátria, a família, a propriedade, o esforço individual, a moral no sentido mais tradicional – está sendo corroída justamente pelo mecanismo – o mercado – que devia viabilizá-la. É o liberalismo na sua versão moderna, com poderosas pirâmides multinacionais de poder, que está diluindo a nação, enchendo as ruas e as televisões de vulgaridade comercial, substituindo a moral pelo "faça tudo por dinheiro", desarticulando a família, generalizando a criminalidade e a corrupção, criando um clima de vale-tudo desagregador. A âncora dos valores conservadores, o mercado, voltou-se contra o seu criador, e na sua dimensão global e totalitária devora o que aparece pelo caminho. É patética a declaração de Raymond Barre, um dos expoentes do liberalismo europeu: "Não podemos mais deixar a economia nas mãos de um bando de irresponsáveis de 30 anos que só pensam em dinheiro". Não se tratava justamente disso, de que do egoísmo de cada um surgiria a felicidade geral? Da respeitável ainda que frequentemente hipócrita ideologia conservadora restou o que os americanos exprimem de maneira tão sintética: *fast money, fast women, fast food...*

Não se trata aqui de denúncias superficiais. É o próprio edifício filosófico que deu origem ao liberalismo, com o utilitarismo de Bentham, de Stuart Mill e outros, tão profundamente enraizados ainda nas cabeças dos norte-americanos e dos seus seguidores pelo mundo, que está ruindo.

As megaempresas que surgem nesse fim de século ultrapassaram amplamente a dimensão de unidades microeconômicas de produção, e passaram a se arvorar em construtoras do sistema macrossocial, e o resultado é calamitoso. A empresa constitui um excelente organizador de produção, e o mercado como um dos reguladores da economia deve ser incorporado no nosso universo de valores. Mas a sociedade de mercado é desastrosa. Não se trata de destruir a empresa, mas de repensar o universo no qual ela se insere.

O relatório da United Nations Conference on Trade and Development (Unctad) de 1997 traz uma análise precisa: nas últimas três décadas, a concentração de renda aumentou dramaticamente no planeta, desequilibrando profundamente a relação entre lucros e salários. No entanto, esses lucros mais elevados não estão levando a maiores investimentos: cada vez mais, são desviados para atividades de intermediação especulativa, particularmente na área das finanças. O resultado prático é que temos mais injustiça econômica e cada vez mais estagnação: a taxa de crescimento da economia do planeta baixou de uma média geral de 4% nos anos 1970, para 3% nos anos 1980, e 2% nos anos 1990.

Essa articulação perversa é muito importante. Apesar de todos criticarmos as injustiças econômicas, ficava na nossa cabeça, formando um tipo de limbo semiconsciente, a visão de que afinal o lucro dos ricos bem ou mal se transformava em investimentos, logo em empresas, empregos e salários, que em última instância significariam mais bem-estar. De certa forma, a desigualdade e os dramas sociais seriam um mal necessário de um processo no conjunto positivo e, em última instância (e a longo prazo), gerador de prosperidade. É esse tipo de "pacto" que está hoje desfeito. Na análise da Unctad, "é esta associação de aumento de lucros com investimento estagnado, desemprego crescente e salários em queda que constitui a verdadeira causa de preocupação".[1]

Os atingidos não são apenas os pobres, mas todo o sistema produtivo. Um balanço do *Le Monde Diplomatique* nos mostra como a Peugeot, com 140 mil funcionários, ficou feliz com os lucros de 330 milhões de dólares conseguidos no primeiro semestre de 1998. Mas como se compara esse resultado positivo com os lucros do setor de negociação de divisas do Citibank, onde 320 operadores geraram um lucro de 500 milhões de dólares no primeiro semestre de 1997? Entre as vantagens de ser especulador ou produtor, a dúvida já não existe. É interessante encontrar no *Financial Times* este comentário de Martin Wolf: "o que está em jogo é a legitimidade da economia capitalista mundial".[2]

O que está se tornando evidente, já não numa visão estreita de crítica sistemática anticapitalista, mas de bom senso econômico e social, é que um sistema que sabe produzir mas não sabe distribuir simplesmente não é suficiente. Sobretudo se, ainda por cima, joga milhões no desemprego, dilapida o meio ambiente e remunera mais os especuladores do que os produtores.

Não é aqui o lugar de listar os dramas que se avolumam: não é à toa que tivemos, pela primeira vez na história da humanidade, e

---

[1] Rubens Ricupero, "Overview", em United Nations Educational, Scientific and Cultural Organization, *Trade and Development Report, 1997* (Nova York/Genebra: Unctad, 1997), p. vi.

[2] Dados mais amplos de comparação entre lucros produtivos e lucros especulativos podem ser encontrados no *Le Monde Diplomatique*, novembro de 1998. O artigo de Martin Wolf, "Países ricos terão de jogar com as cartas da mesa", foi reproduzido na *Gazeta Mercantil*, São Paulo, 21-9-1998, p. A-16.

concentrados numa década, gigantescos foros mundiais para avaliar o esgotamento ambiental do planeta (Rio, 1992), o escândalo dos direitos humanos (Viena, 1993), a explosão demográfica (Cairo, 1994), os dramas sociais hoje insustentáveis (Copenhague, 1995), a tragédia da mulher presa na engrenagem das transformações econômicas e da desestruturação familiar (Pequim, 1995), o êxodo rural planetário que está gerando cidades explosivas no planeta (Istambul, 1996). O *Relatório sobre o desenvolvimento humano*, das Nações Unidas, qualifica de obscenas as fortunas de pouco mais de quatrocentas pessoas no mundo, que dispõem de mais riqueza pessoal do que a metade mais pobre da humanidade. Essa concentração de renda é considerada tão vergonhosa como a escravidão e o colonialismo, sem lugar numa sociedade civilizada.

O debate sobre as culpas e sobre quem tinha razão continuará sem dúvida a alimentar as nossas discussões, pois a atração do passado é poderosa. Mas a verdade é que a própria realidade mudou. A construção de alternativas envolve um leque de alianças sociais evidentemente mais amplo do que o conceito de classes redentoras, burguesa para uns, proletária para outros, que dominou o século XX. É significativo que a última cúpula mundial, mais discreta do que as citadas acima, organizada pela Unctad (Lyon, 1998), já trabalhava o tema das parcerias para o desenvolvimento, reunindo formalmente governos, empresas e organizações da sociedade civil, na busca de novas articulações.[3]

Terceira via? Já há candidatos para se apropriar dos eventuais benefícios políticos da ideia, tentando capitalizar o que ainda mal existe. Mas não é isso que nos deve impedir de ver uma realidade

---

3 Um exemplo de âmbito nacional, de novas orientações que se desenham, pode ser encontrado no texto de Emerson Kapaz, "A importância do pacto político", em *Folha de S. Paulo*, São Paulo, 22-12-1998, ou na declaração de Horácio Lafer Piva, da Federação das Indústrias do Estado de São Paulo (Fiesp), de que "a indústria de forma geral está muito perplexa com o que anda acontecendo", ou ainda no surgimento de organizações de empresários progressistas como Cives e Ethos, ou de preocupações humanitárias, como Grupo de Institutos, Fundações e Empresas (Gife), e assim por diante.

cada vez mais patente, o mundo que estamos construindo não está contido nos estreitos limites teóricos que o século XIX definiu, e que utilizamos de maneira tão simplificadora para o século XX, o estatismo comunista e o liberalismo capitalista.

A articulação do social e do produtivo

As simplificações são sempre atraentes, sobretudo numa fase de transformações complexas e aceleradas da sociedade. Basta dizer que estamos evoluindo para a era dos serviços? O conceito, por sua própria generalidade, tende hoje mais a confundir do que ajudar. É fácil dizer que nos Estados Unidos a agricultura ocupa 2,5% da mão de obra. Tal avaliação é possível porque reduzimos a atividade agrícola à lavra da terra. O agricultor americano hoje se apoia em serviços de análise de solos, em serviços de inseminação artificial, em serviços de calagem, serviços de silagem, serviços meteorológicos e outros. Deixou de haver agricultura, ou a agricultura passou a funcionar de outra forma?

Da mesma maneira poderíamos dizer que a secretária ou o engenheiro que trabalham na fábrica não estão na indústria, estão na área de "serviços". Que sentido teria isso? Na realidade trata-se em grande parte de uma transformação do conteúdo das atividades produtivas, e não do desaparecimento dessas atividades em proveito de uma nebulosa área de "serviços".

Não é um terceiro "setor" que está surgindo, um "terciário". De certa forma, é o conjunto das atividades humanas que está sendo transformado, ao incorporar mais tecnologias, mais conhecimento e mais trabalho indireto. Adquirem maior conteúdo de pesquisa, de concepção, de planejamento e de organização tanto as atividades produtivas como as atividades ligadas às infraestruturas econômicas, à intermediação comercial e financeira e aos serviços sociais.

É a dimensão de *conhecimento* do conjunto das nossas atividades de reprodução social que está se avolumando.[4]

A sociedade realmente existente continua com necessidades prosaicas, de casas, sapatos, arroz e feijão, que devem ser asseguradas pelas atividades de sempre, ainda que de *forma* diferente.

As atividades produtivas, sem dúvida, continuam essenciais, mas não contêm em si mesmas as condições do seu sucesso. Para que milhões de unidades empresariais da agricultura, da indústria, da construção sejam produtivas, temos de assegurar, além da própria organização do tecido produtivo e do progresso da gestão empresarial, sólidas infraestruturas de transporte, energia, telecomunicações, bem como água e saneamento, as chamadas "redes" de infraestruturas, sem as quais as empresas enfrentam custos externos insustentáveis e se tornam não competitivas.

Será demais lembrar que conseguimos encalacrar as cidades com transporte individual, o mais caro, desleixando o transporte coletivo que é dominante em qualquer país desenvolvido? Será inocente em termos de racionalidade da sociedade em seu conjunto o fato de termos optado por transporte rodoviário de carga, em vez do transporte ferroviário e hidroviário? Quanto nos custa em gastos de saúde e desconforto o fato de muitos domicílios do país não terem acesso a um saneamento adequado?

O setor produtivo precisa portanto de infraestruturas adequadas para que a economia no seu conjunto funcione. Mas precisa também de um bom sistema de financiamento e de comercialização, para que os processos de trocas possam fluir de forma ágil: esses serviços de intermediação, no nosso caso, tornaram-se um fim em si mesmo, drenando o essencial da riqueza, constituindo-se mais

---

[4] Em termos metodológicos, a confusão remonta ainda a Colin Clark, quando se começou a confundir a *forma* de desenvolver determinadas atividades, incorporando mais ou menos tecnologia e conhecimento, com os *setores* da economia.

propriamente em atravessadores do que em intermediários, esterilizando a poupança do país.

Finalmente, nem a área produtiva, nem as redes de infraestruturas, nem os serviços de intermediação funcionarão de maneira adequada se não houver investimento no ser humano, na sua formação, na sua saúde, na sua cultura, no seu lazer, na sua informação. Em outros termos, a dimensão social do desenvolvimento deixa de ser um "complemento", uma dimensão humanitária de certa forma externa aos processos econômicos centrais, para se tornar um componente essencial do conjunto da reprodução social.

Não há nada de novo, naturalmente, em se afirmar que, para o funcionamento adequado da área empresarial produtiva, são necessárias amplas redes de infraestruturas, serviços eficientes de intermediação e um forte desenvolvimento da área social. O que há de diferente é a nova importância relativa da dimensão social do nosso desenvolvimento. A saúde, para ser viável, tem de ser preventiva, permear todo o tecido social e atingir toda a população. A educação no Brasil envolve hoje, entre alunos e professores, mais de 30 milhões de pessoas. A cultura tornou-se um dos setores mais importantes no conjunto das atividades econômicas e sociais.

A dimensão e a importância da área social mudaram qualitativamente, exigindo novos equilíbrios nas prioridades da sociedade. E o reequilíbrio das várias áreas do desenvolvimento passou a depender de articulações sociais mais complexas, que nos obrigam a deixar de lado as simplificações estatistas ou liberais.

O social: meio ou fim?

O principal setor econômico dos Estados Unidos é hoje a saúde, com 14% do PIB. Mais ou menos no mesmo nível, está a chamada *entertainment industry*, a indústria do entretenimento, que pertence essencialmente à área cultural. A educação também assumiu, se somarmos a educação formal, a formação nas empresas, a explosão dos cursos de atualização tecnológica (da informática à inseminação artificial) e outros, dimensões que a tornaram um gigante tanto em termos de recursos envolvidos como de emprego. A formação de adultos atinge hoje nos Estados Unidos uma massa que não imaginaríamos há uma década: "Os números são estonteantes. Enquanto apenas 23 milhões de americanos tomavam parte de programas de educação de adultos em 1984, de acordo com o National Center for Educational Statistics, o número tinha chegado a 76 milhões em 1995, e segundo certos prognósticos poderia ultrapassar 100 milhões em 2004".[5]

A saúde já não é mais um complemento em que pessoas com preocupações sociais vêm colocar um bandeide nas feridas das vítimas do progresso, como a cultura já não é o verniz chique de uma pessoa com dinheiro. A área social, hoje, *é o negócio*.[6]

A transformação é profunda. No decorrer de meio século, passamos de uma visão filantrópica, de generosidade assistencial, de caridade, de um tipo de bálsamo tranquilizador para as consciências capitalistas, para a compreensão de que a área social se tornou essencial para as próprias atividades econômicas. Essa mudança profunda de enfoque foi positiva. As áreas empresariais, com suporte de numerosos estudos do Banco Mundial, passaram a entender que não se trata de simples cosmética social, mas das condições indispensáveis para a própria produtividade empresarial. É a visão que leva, em numerosos países, as próprias empresas a dar forte sustento

---

[5] Joseph Weber, "Lifetime Learning: School is Never Out", em *Business Week*, 4-10-1999, p. 99.
[6] A emergência desse gigante foi também parcialmente disfarçada pelo já mencionado generoso e vago conceito de *serviços*. Esse conceito, que envolve desde a prostituta até o encanador, o governador e o consultor financeiro, merece ser arquivado. Tecnicamente, é um *outros*: tudo que não trabalha com a terra (primário) ou com máquina (secundário) adquire residualmente a etiqueta de serviços. Não podemos mais trabalhar com um *outros* que representa dois terços ou mais das nossas atividades econômicas.

político ao ensino público universal, a sistemas de saúde abrangentes e eficientes e assim por diante.[7]

Uma coisa é reconhecer que a área social é indispensável para o bom andamento das atividades produtivas. Outra coisa é colocar essa área a serviço das empresas. Nesse sentido, estamos assistindo a uma segunda mudança importante, que podemos constatar, por exemplo, no *Relatório sobre o desenvolvimento humano* das Nações Unidas; pensando bem, uma vida com saúde, educação, cultura, lazer, informação é exatamente o que queremos. Em outros termos, o enfoque correto não é que devemos melhorar a educação porque as empresas irão funcionar melhor; a educação, o lazer, a saúde constituem os *objetivos* últimos da sociedade, e não um mero instrumento de desenvolvimento empresarial. A atividade econômica é um *meio*, o bem-estar social é o *fim*.

A mudança de enfoque contribuiu para nos dar um choque de realismo. Enquanto colocávamos as atividades produtivas no centro, na visão do Banco Mundial, centrada no PIB, podíamos nos vangloriar de sermos a oitava ou nona economia mundial. Quando olhamos o Brasil pelo prisma da qualidade de vida, nos critérios definidos nos Índices de Desenvolvimento Humano das Nações Unidas, o nosso lugar no ranking planetário é o 79º.

De certa forma, aparecem claramente duas ideias-chave: primeira, a área social tornou-se central para o desenvolvimento em qualquer parte do planeta. Segunda, os resultados nessa área constituem o principal critério de avaliação da política de desenvolvimento em geral. No que se refere ao Brasil, constatamos que, desse ponto

---

[7] Na ausência de soluções mais amplas, multiplicam-se iniciativas pontuais: "Enquanto apenas quatrocentas universidades geridas por empresas [*company-run universities*] operavam nos Estados Unidos em 1988, seriam atualmente mais de 1,6 mil, de acordo com a Corporate University Xchange, uma empresa de pesquisa e consultoria de Nova York", Joseph Weber, *op. cit.*, p. 99.

de vista, atingiu-se um desequilíbrio dramático entre as dimensões produtivas e a dimensão social.

Não se trata, portanto – para sairmos do trágico impasse que vive o país – de atrair mais uma Renault para produzir mais carros, com tecnologias mais avançadas, e com algumas centenas de empregos. Trata-se de pensar e organizar o reequilíbrio social. Esse sim abrirá o espaço real para o desenvolvimento. Trata-se de inverter a equação.

O social: um setor ou uma dimensão?

Colocar o desenvolvimento social e a qualidade de vida como objetivos, como finalidades mais amplas da sociedade, tem repercussões profundas, uma vez que o social deixa de ser apenas um setor de atividades, para se tornar uma dimensão de todas as nossas atividades.

Quando um grande produtor de soja nos afirma que é capaz de suprir as nossas necessidades agrícolas em geral, visualiza dezenas de milhares de hectares de plantações numa ponta e consumidores felizes na outra. Em outra visão, essa opção representa êxodo rural, famílias sem emprego penduradas nas periferias urbanas, gigantescos custos humanos e enormes custos financeiros relativos à segurança, saúde e outros, além de um fluxo de renda insuficiente para consumir o produto.

Existe outra opção, que é, por exemplo, a da criação de cinturões verdes em torno das regiões urbanas. Quem já viajou pela Europa lembrará dos milhares de pequenas unidades agrícolas em torno das cidades, assegurando abastecimento em produtos hortícolas, promovendo o lazer divertido e produtivo de fim de semana, contribuindo para absorver a mão de obra, abrindo oportunidades à terceira idade e assim por diante.

Podem-se citar centenas de opções desse tipo entre a produtividade da macroempresa e o bem-estar social. Não há dúvida de que, na ponta do lápis, mil hectares de tomate permitirão uma produção a custo unitário mais baixo. É a lógica microeconômica. No entanto, se somarmos os custos do êxodo rural, do desemprego, da criminalidade, da poluição química, dos desequilíbrios políticos gerados pela presença de megapoderes econômicos, não há dúvida de que a sociedade como um todo terá uma produtividade menor. Em outros termos, a melhor *produtividade social* não é a que resulta da simples maximização e soma das produtividades microeconômicas.

Não se trata de finezas teóricas. Milhares de empresas poluem os rios. Os empresários e os seus economistas explicam que jogar os dejetos no rio é mais barato, que os ambientalistas são uns exagerados, que a produtividade e a competitividade são mais importantes, pois asseguram mais empregos e, em última instância, mais bem-estar via salários. No entanto, o dinheiro economizado pelas empresas, ao não se equiparem para a proteção do meio ambiente, resulta em rios poluídos. Estes por sua vez geram doenças e enormes gastos em saúde curativa, além de perda de lazer e prejuízo de outras atividades como pesca ou turismo. Pagando com os nossos impostos, as prefeituras terão de proceder à recuperação da água poluída, com custos dezenas de vezes superiores ao que teria sido o custo da prevenção. O resultado prático é uma sociedade que perde dinheiro, além de perder qualidade de vida.

Visitando um supermercado em Toronto, encontrei uma sala repleta de livros. Explicaram-me que se tratava de uma seção da biblioteca municipal, que funciona dentro do supermercado. A lógica é simples: quando uma pessoa vai fazer compras, aproveita para pegar um livro para a semana, devolvendo o da semana anterior. Em termos microeconômicos, de faturamento, não há dúvida de que o supermercado preferiria ter uma seção de cremes de beleza. Mas em termos de qualidade de vida e de cidadania, ter essa facilidade de acesso aos livros, poder folheá-los com as crianças, gerando interesse pela cultura, aumenta indiscutivelmente a produtividade social.

A essência do enfoque é que não se trata de *optar* pelo supermercado ou pelo livro, pelo interesse econômico ou pelo social: trata-se de articulá-los. E em numerosos países, a articulação desses interesses já foi incorporada nas práticas correntes de gestão da sociedade, na chamada *governança*.

Ao apresentar a discussão escandinava sobre a reforma do Estado, Nielsen e Pedersen explicam:

> É minha asserção que os países escandinavos estão crescentemente assumindo o caráter de uma economia negociada. Uma parte essencial, e inclusive crescente, da alocação de recursos produtivos, bem como a (re)distribuição do produto, não é determinada nem no mercado, nem através de tomadas de decisão autônomas das autoridades públicas. Em vez disso, o processo de tomada de decisão é conduzido através de negociações institucionalizadas entre os agentes interessados relevantes, que chegam a decisões vinculantes tipicamente sobre a base de imperativos discursivos, políticos ou morais, mais do que sobre a base de ameaças e incentivos econômicos.[8]

Em outros termos, buscam-se inteligentemente, entre os diversos atores econômicos e sociais interessados, as soluções negociadas que permitirão maximizar o interesse social, econômico e ambiental. Quem olha a Suécia, país pequeno, congelado sete meses por ano, com todas as dificuldades econômicas que isso implica, deve-se perguntar a razão da simultânea prosperidade econômica e qualidade de vida. A razão reside, em grande parte, no fato de se zelar

---

8 K. Nielsen & O. K. Pedersen, "From the Mixed Economy to the Negotiated Economy: the Scandinavian Countries", em R. M. Coughlin (ed.), *Morality, Rationality and Efficiency: New Perspectives on Socio-Economics* (Nova York: M. E. Sharpe, 1991).

não só pelo capital da empresa, mas crescentemente pelo capital social do país.

No Canadá, as pessoas se acostumaram a lavar, para dar um exemplo, a latinha de massa de tomate que utilizaram e a depositá-la em recipiente adequado. É o chamado lixo limpo, conceito que já está penetrando em várias cidades brasileiras. Se multiplicarmos, para dar um exemplo, cinco pequenas ações ambientais desse tipo por dia, pelos 30 milhões que conta a população do Canadá, teremos 150 milhões de ações ambientais por dia.

Em São Paulo, o programa de reciclagem foi cancelado por Paulo Maluf, pois não é economicamente viável. O raciocínio é correto do ponto de vista microeconômico, alimenta os raciocínios do seu colega Roberto Campos: custa mais a reciclagem doméstica do que o valor de venda do produto reciclado. No Canadá, no entanto, uma vez generalizada a atitude, ou a cultura, do não desperdício, constatou-se que o lixo orgânico que sobra é muito pouco. A prefeitura de Toronto forneceu latas de lixo padronizadas e herméticas para esse tipo de lixo. Como é pouco e está vedado, não provocando mau cheiro, foi possível mudar o recolhimento do lixo de diário para semanal. Isso significa evidentemente uma redução dramática dos custos de limpeza da cidade. A mudança cultural e a correspondente mudança da forma de organização das atividades provocam assim uma grande melhoria da produtividade social.[9]

É fácil dizer que se trata de sociedades ricas, onde há cultura e espaço para atividades do gênero. Mas podemos inverter o raciocínio. A sociedade do Canadá é muito menos rica do que a dos Estados Unidos, e no entanto a qualidade de vida é muito superior. Vendo por

---

[9] Não há muito mistério no processo: a empresa privada pode desenvolver atividades que geram um produto vendável, como um sapato. Quando se trata de interesses difusos da sociedade, no entanto, do rio limpo, da cidade bonita, do espaço verde essencial para as crianças brincarem, da articulação escola-bairro, não há empresa que nos possa "vender" isso, a não ser delimitando uma região e gerando os monstruosos condomínios, guetos de riqueza que preparam novos dramas para amanhã.

outro ângulo, podemos nos perguntar: o Canadá consegue promover esse tipo de iniciativas porque é rico, ou se tornou rico por optar pelos caminhos *socialmente* mais produtivos? É muito impressionante ver a que ponto a cultura do bom senso econômico e social, que poderíamos chamar de *capital* social, gera economias e racionalidades em cadeia: as escolas abrem à noite e aos fins de semana as suas instalações esportivas para a vizinhança, o que aumenta a infraestrutura de lazer disponível, com vários impactos conhecidos em termos de saúde, contenção de drogas e assim por diante. A disponibilidade de lazer social reduz, por exemplo, o absurdo de famílias ricas construírem piscinas individuais, que passam mais de 90% do tempo sem uso, com grande custo e produtividade quase nula.

Não é o caso de multiplicar exemplos de uma tendência que já se tornou evidente no plano internacional. O que isso implica, em termos de melhoria da gestão social, é que o avanço social não significa necessariamente destinar por lei uma maior parcela de recursos para a educação. Significa também incorporar nas decisões empresariais, ministeriais, comunitárias ou individuais as diversas dimensões e os diversos impactos que cada ação pode ter em termos de qualidade de vida. Além de uma área – com os seus setores evidentes como saúde, educação, habitação, lazer, cultura, informação, esporte –, o social constitui, portanto, também uma dimensão de todas as outras atividades, uma forma de fazer indústria, uma forma de pensar desenvolvimento urbano, uma forma de tratar os rios, uma forma de organizar o comércio.[10]

---

10 No Brasil, constitui de certa maneira um primeiro passo mais visível o acordo da empresa Carrefour com o governo do Rio Grande do Sul, em que o Carrefour destinou parte do seu espaço para pequenos comerciantes, para evitar o efeito desemprego, e está organizando parte do seu abastecimento diretamente com pequenos produtores rurais. Não se trata mais de caridade empresarial; trata-se de bom senso na articulação de objetivos econômicos, ambientais e sociais. A empresa ganha simpatia e nome, o político ganha visibilidade, a sociedade ganha empregos e atividades econômicas. Só perdem os eventuais ideólogos, ofuscados na sua visão de modelos puros.

O conceito microeconômico de produtividade só consegue provar a sua superioridade ao isolar o impacto do lucro de uma unidade produtiva do conjunto das *externalidades*, do impacto social gerado. A cada parque que fecha para abrigar um supermercado ou um estacionamento, temos maior lucro em termos empresariais, e maior prejuízo em termos econômicos, pelos custos adicionais gerados para a sociedade, além da perda de qualidade de vida, que afinal é o objetivo mais amplo.[11]

A opção liberal centrada no lucro imediato da unidade empresarial não é apenas socialmente injusta: é economicamente burra. É natural que uma sociedade perplexa ante o ritmo das mudanças, assustada com o desemprego, angustiada com a violência, busque soluções simples. A grande simplificação ideológica do liberalismo representa nesse sentido o extremismo ideológico simétrico do que foram as grandes simplificações da esquerda estatista. Com todo o peso das heranças extremas do século XX, temos de aprender a construir sistemas mais complexos, em que a palavra-chave não é a opção, mas a articulação.

Em termos práticos, temos de aprender a construir uma sociedade economicamente viável, socialmente justa e ambientalmente sustentável. E temos de fazê-lo articulando Estado e empresa no quadro de uma sociedade civil organizada. A palavra-chave, uma vez mais, não é a opção entre um ou outro; é a articulação do conjunto.

Soluções individuais e soluções sociais

É interessante propor a questão seguinte: por que razão, com décadas de discurso antiestado, e com as grandes vitórias liberais, o

---

11 Uma visão aprofundada do tema pode ser encontrada em L. Dowbor, *A reprodução social* (Petrópolis: Vozes, 1998). O conceito de *reprodução social* foi escolhido justamente porque a *reprodução do capital* aparece como estreita demais para o próprio desenvolvimento.

Estado continuou aumentando? E aumentou na fase Thatcher na Inglaterra, na fase Reagan e Bush nos Estados Unidos, quando a redução do Estado estava no cerne dos discursos políticos?[12]

A realidade é que o Estado aumentou porque aumentou a demanda por bens públicos. Ainda que seja muito óbvio, é necessário lembrar que a problemática social mudou radicalmente com a urbanização. Uma família no campo resolve os seus problemas individualmente, como no caso do lixo, da água, da lenha, do transporte ou outro. Na cidade, a residência só é viável quando integrada na rede de energia elétrica, telefonia, água, esgoto, calçamento, redes de vias públicas e assim por diante. É por falta de solução adequada para um bem de consumo coletivo como o transporte que o paulistano se desloca numa velocidade média de 14 quilômetros por hora, ainda que tenha de pagar por um possante carro. Uma cidade que paralisa por excesso de meios de transporte, quando as alternativas baratas e funcionais são amplamente conhecidas, revela a que ponto a nossa capacidade de planejamento e de gestão social ficou parada no tempo, enquanto surgiam desafios dramáticos que exigem soluções renovadas. E os bens públicos exigem forte presença do Estado. Ou iremos até o absurdo de colocar pedágios nas ruas? E por que não para pedestres?

A urbanização também mudou a forma de organização da solidariedade social. Na família ampla do mundo rural, as crianças e os idosos, ou um eventual deficiente, eram sustentados pela parte ativa da família. Assim a redistribuição necessária entre a fase em que o indivíduo é ativo e as fases não ativas se fazia através da solidariedade da família. Com a urbanização, a família tornou-se nuclear,

---

12 Para quem ainda acredita que o Estado mínimo é para valer, é útil lembrar os dados do Banco Mundial, insuspeito nessa área: "Os gastos do Estado absorvem atualmente cerca de metade da receita total nos países industrializados e cerca de um quarto nos em desenvolvimento". Os gráficos mostram uma contínua expansão do Estado nos países ricos mesmo nas décadas passadas, e mesmo até 1995. Igual tendência é encontrada nos países em desenvolvimento, ainda que se constate uma leve queda nos últimos anos. Façam o que eu digo. Ver Banco Mundial, *Relatório sobre o desenvolvimento mundial 1997* (Washington: Banco Mundial, 1997), p. 2.

rompendo o sistema. Com as novas tecnologias, os miniapartamentos e a atomização social, a própria família nuclear se desintegra. Nos Estados Unidos, apenas 26% dos domicílios, no início dos anos 1990, tinham pai, mãe e filho, ou seja, uma família.

No caso brasileiro, o processo é dramático, pois nos urbanizamos em apenas três décadas, criamos cidades e sobretudo periferias sem infraestruturas, sem escolas, sem saneamento, sem segurança. Perdeu-se o pouco que havia de redes tradicionais, e ainda estão nas fraldas os sistemas modernos de solidariedade pública. Discutimos amplamente os possíveis defeitos do Estado de bem-estar, quando nem sequer chegamos a desenvolvê-lo.

Chegamos assim ao absurdo das doutas bobagens à Roberto Campos, sobre se o princípio de ajuda pública aos vulneráveis da sociedade não constituiria por acaso um certo paternalismo – pecado mortal na visão de pessoas ricas –, enquanto crianças inocentes morrem de fome e de causas ridículas, e a sociedade explode com desemprego, criminalidade, corrupção generalizada.

Outra tendência que muda o contexto são as novas tecnologias, que constituem, com a urbanização, os dois eixos fundamentais de transformação da gestão social. Curiosamente, sentimos a tecnologia como ameaça. Em vez de aproveitar a oportunidade que ela oferece de fazer mais coisas com menos esforços, geramos o pânico do desemprego, e em vez de organizar a redistribuição do trabalho, aderimos com entusiasmo à nova indústria de bens e serviços de segurança, de condomínios fechados.

A tendência é nos dividirmos entre os que são a favor e os que são contra as tecnologias. Primeiro, é útil indagar se alguém está pedindo a nossa opinião a respeito. Segundo, é essencial entender que a mudança tecnológica segmenta a sociedade em incluídos e excluídos. Não se trata, portanto, de negar a utilidade geral da tecnologia, mas de entender que, junto com o progresso tecnológico, temos de construir as redes de apoio para os excluídos na fase de transição. O fato de existirem robôs nas empresas automobilísticas não significa que deixamos de ter 20 milhões de pessoas que ainda trabalham no campo, dezenas de milhões de trabalhadores sem carteira assinada, outros tantos em atividades precárias e informais, e um crescente contingente em atividades ilegais.

Podemos imaginar no futuro uma sociedade em rede, crianças com computadores no bolso, a explosão do lazer. E o que construímos no país realmente existente são as fortalezas isoladas nos condomínios, enquanto a sociedade degenera gradualmente para a barbárie. É o que um americano chamou apropriadamente de "slow motion catastrophy", catástrofe em câmara lenta.

Sonhos à parte, portanto, o desafio que temos pela frente, em termos de gestão social, é a construção de uma transição ordenada, minimamente viável em termos políticos, sociais e econômicos, para o admirável mundo novo que se delineia no horizonte. As pessoas frequentemente esquecem que a transição para a era industrial jogou milhões de pessoas no desemprego e no desespero, provocando gigantescas migrações para os Estados Unidos e para o Brasil, entre outros. Repetir esse drama em escala planetária, com bilhões de pessoas excluídas do processo de transformação, neste pequeno e exaurido planeta, levaria a tragédias insustentáveis.

É fácil, sem dúvida, dizer que no futuro outros empregos virão substituir os que perdemos, e que outras formas de organização virão resolver os problemas. O que gostaríamos, naturalmente, é de sobreviver até lá. Articular o social com realismo, flexibilidade e eficiência, e não mais com ideologias do século passado, tornou-se um imperativo central para as nossas sociedades.

Uma área à procura do seu paradigma organizacional

As áreas sociais adquiriram importância apenas nos últimos anos. Ainda não se formou realmente uma cultura setorial. E a grande realidade é que não sabemos como gerir essas novas áreas, pois os instrumentos de gestão correspondentes ainda estão engatinhando. Os paradigmas de gestão que herdamos – basta folhear qualquer revista de administração – têm todos sólidas raízes industriais. Só se fala em taylorismo, fordismo, toyotismo, *just-in-time* e assim por diante. Como é que se faz um parto *just-in-time*? Ou educação em cadeia de montagem? Um CAD/CAM cultural?

Seria relativamente simples considerarmos o social como sendo naturalmente da órbita do Estado. Aí, temos outros paradigmas, correspondentes à administração pública: Weber, a Prússia, as pirâmides de autoridade estatal. Há, no entanto, cada vez menos espaço para simplificações desse tipo. Como se atinge 165 milhões de habitantes a partir de uma cadeia de comando central? As áreas sociais são necessariamente capilares: a saúde deve atingir cada criança, cada família, em condições extremamente diferenciadas. A gestão centralizada de megassistemas desse porte é viável?

Em termos práticos, sabemos que, quando se ultrapassam cinco ou seis níveis hierárquicos, os dirigentes vivem na ilusão de que alguém lá embaixo da hierarquia executa efetivamente os seus desejos, enquanto na base se imagina que alguém está realmente no comando. A agilidade e a flexibilidade que situações sociais muito diferenciadas exigem não podem mais depender de intermináveis hierarquias estatais que paralisam as decisões e esgotam os recursos.

Na realidade, os paradigmas da gestão social ainda estão por ser definidos, ou construídos. É uma gigantesca área em termos econômicos, de primeira importância em termos políticos e sociais, mas com pontos de referência organizacionais ainda em elaboração.

O mundo do lucro já há tempos descobriu a nova mina de ouro que o social representa. Que pessoa recusará gastar todo o seu dinheiro, se se trata de salvar um filho? E que informação alternativa tem o paciente, se o médico lhe recomenda um tratamento? Hoje nos Estados Unidos um hospital está sendo processado porque pagava 100 dólares a qualquer médico que encaminhasse um paciente aos seus serviços. Paciente é mercadoria? A *Nature* mostra como dezenas de pesquisadores publicavam, como cartas pessoais em revistas científicas, opiniões favoráveis ao fumo: descobriu-se que receberam em média 10 mil dólares das empresas de cigarros. Um cientista se defende dizendo que essa é a sua opinião sincera, e porque não fazê-la render? Para regular a cultura, basta a cultura do dinheiro?

Empresas hoje fornecem software educacional para escolas, com publicidade já embutida, "martelando a cabeça" das crianças dentro da sala de aula. A televisão submete as nossas crianças (e nós) ao circo de quarta categoria que são os "ratinhos" de diversos tipos, explicando que está apenas seguindo as tendências do mercado, dando ao povo o que o povo gosta. Se o argumento é válido, por que um professor também não passa a ensinar o que os alunos gostam, sem preocupação com a verdade e o nível cultural? Na Índia hoje se encontram vilas com inúmeros jovens ostentando a cicatriz de um rim extraído: sólidas empresas de saúde de países desenvolvidos compram rins baratos no Terceiro Mundo para equipar cidadãos do Primeiro. Aqui, as intermédicas geridas por empresas financeiras de seguro estão transformando a saúde em pesadelo. Qual é o limite?

No Brasil a excessiva rigidez das tradicionais estruturas centralizadas do Estado e a trágica inadequação do setor privado na gestão do social têm levado a uma situação cada vez mais caótica. Uma avaliação recente não deixa dúvidas quanto à origem essencialmente institucional do estado caótico das políticas sociais no Brasil:

Ao longo das últimas décadas, o aparato institucional das políticas sociais pode ser caracterizado, em todos os níveis de poder, como um somatório desarticulado de instituições responsáveis por políticas setoriais extremamente segmentadas, que sobrepõem clientelas e competências, e pulverizam e desperdiçam os recursos, provenientes de uma diversidade desordenada de fontes. Isto redunda num sistema de proteção social altamente centralizado na esfera federal, ineficiente e iníquo, regido por um conjunto confuso e ambíguo de regulamentos e regras.[13]

Estamos falando de uma área cuja importância relativa no conjunto da reprodução social tende a se tornar central.

Em termos de recursos, é importante lembrar que o social no Brasil envolve, como ordem de grandeza, 25% do PIB do país.[14] O Brasil não é um país que gasta pouco com o social. Essencialmente, gasta mal. O apoio aos flagelados do Nordeste se transformou em indústria da seca; o complemento alimentar nas escolas, em indústria da merenda; a saúde, na indústria da doença; e a educação está rapidamente caminhando para se tornar um tipo de indústria do diploma. A área social precisa, sem dúvida, de mais recursos. Mas precisa hoje, muito mais ainda, de uma reformulação político-administrativa.

---

13 Programa das Nações Unidas para o Desenvolvimento & Instituto de Pesquisa Econômica Aplicada, *Relatório sobre o desenvolvimento humano no Brasil 1996* (Brasília: Pnud/Ipea, 1996), p. 57.

14 Banco Mundial, *Brasil: despesas do setor público com programas de assistência social*, Documentos do Banco Mundial, vol. 1 (Washington: Banco Mundial, 1998). Os 25% referem-se aos setores público e privado. Em entrevista de 22 de outubro de 1999, o ministro Pedro Malan estima o gasto social brasileiro em 21% do PIB.

O social: um poderoso articulador social

Um caminho renovado vem sendo construído por meio de parcerias que envolvem o setor estatal, as organizações não governamentais e as empresas privadas. Surgem com força conceitos como responsabilidade social e ambiental do setor privado. O chamado *terceiro setor* aparece como uma alternativa de organização que pode, ao se articular com o Estado e assegurar a participação cidadã, trazer respostas inovadoras. As empresas privadas ultrapassam a visão do assistencialismo, para assumir a responsabilidade que lhe confere o poder político efetivo que têm. Passa-se assim do simples marketing social, frequentemente com objetivos cosméticos, para uma atitude construtiva na qual o setor privado pode ajudar a construir o interesse público.

Onde funciona, como por exemplo no Canadá ou nos países escandinavos, a área social é gerida como bem público, de forma descentralizada e intensamente participativa. A razão é simples: o cidadão associado à gestão da saúde do seu bairro está interessado em não ficar doente, e está consciente de que se trata da sua vida. Um pai, associado à gestão da escola do seu bairro, não vai brincar com o futuro dos seus filhos. De certa forma, o interesse direto do cidadão pode ser capitalizado para se desenhar uma forma desburocratizada e flexível de gestão social, apontando para novos paradigmas que ultrapassam tanto a pirâmide estatal como o vale-tudo do mercado.[15]

Outro eixo renovador surge com as políticas municipais, o chamado desenvolvimento local. A urbanização permite articular o social, o político e o econômico em políticas integradas e coerentes, a partir de ações de escala local, viabilizando – mas não garantindo, e isso é importante para entender o embate político – a participação direta do cidadão e a articulação dos parceiros.

---

15 Um bom resumo da organização da área social no Canadá pode ser encontrado no livro de Frank McGilly, *Canada's Public Social Services* (Toronto: Oxford University Press, 1998).

O surgimento de políticas inovadoras nessa área é muito impressionante. Peter Spink e um grupo de pesquisadores na Fundação Getulio Vargas em São Paulo têm hoje um banco de 640 descrições de experiências bem-sucedidas. A Secretaria de Assuntos Institucionais do Partido dos Trabalhadores tem um banco de dados com algumas centenas de experiências. O Instituto Pólis publica excelentes resumos no quadro das "Dicas municipais". A Fundação Abrinq está ajudando a dinamizar um conjunto de atividades no quadro do movimento Prefeito-Criança. De Istambul para cá, assistimos a uma aceleração de iniciativas locais que está transformando o contexto político da gestão social.[16]

O cruzamento entre a gestão social e a descentralização política oferece, portanto, perspectivas particularmente interessantes.

Uma vantagem muito significativa das políticas locais é o fato de poderem integrar diferentes setores e articular diversos atores. Um ponto de referência prático para essa visão pode ser encontrado nas atividades da Câmara Regional do Grande ABC, onde sete municípios se articularam para dinamizar as atividades locais da indústria de plásticos: a formação dos trabalhadores é coordenada pelo sindicato dos químicos, em parceria com as empresas, Senai, Sebrae, faculdades e colégios locais, com apoio financeiro do Fundo de Amparo ao Trabalhador (FAT) e outros que se articularam no processo. Programas de alfabetização como o Mova e de formação de jovens e adultos como o Seja criam um processo mais amplo de mobilização. O Instituto de Pesquisas Tecnológicas da USP (IPT) aderiu ao projeto criando um sistema móvel de apoio tecnológico à pequena e média empresa (projeto Prumo). A Unicamp participou

---

[16] Como exemplo, ver o pequeno livro organizado por Peter Spink e Roberta Clemente, *20 experiências de gestão pública e cidadania* (São Paulo: FGV, 1997); ou as experiências apresentadas no trabalho de Maria Marcela Petrantonio (org.), *Herramientas locales para generar empleo y ocupación* (Mar del Plata: Mercociudades, 1998); o Instituto Pólis editou um excelente número com *50 experiências de gestão* em 1996; a Fundação Abrinq publica um boletim informativo *Prefeito Criança*; o Centro de Estudos e Pesquisas em Educação, Cultura e Ação Comunitária (Cenpec) trabalha na sistematização de experiências educacionais.

com a realização de um diagnóstico do setor plástico regional, e as pequenas e médias empresas se articulam por meio de reuniões periódicas. O conjunto das iniciativas, estas e outras, encontra a sua lógica e coerência através da Câmara Regional, que reúne as administrações municipais da região, além de representantes de outras instâncias do governo e da sociedade civil. As diferenças do espectro político das prefeituras da região não impediram a articulação dessa rede em que as diversas iniciativas – educação, emprego, renda, produção – se tornam sinérgicas em vez de dispersivas.

Não há fórmula universal na área social. Como demonstra a riqueza do projeto Médico de Família, por exemplo, a dimensão diferenciada de relações humanas é fundamental nas políticas sociais. Uma das mais significativas riquezas do desenvolvimento local resulta justamente do fato de se poder adequar as ações às condições extremamente diferenciadas que as populações enfrentam.

Isso não implica, naturalmente, que as políticas sociais possam se resumir à ação local, às parcerias com o setor privado e à dinâmica do terceiro setor. A reformulação atinge diretamente a forma como está concebida a política nacional nas diversas áreas de gestão social, colocando em questão a presente hierarquização das esferas de governo, e nos obriga a repensar o processo de domínio das macroestruturas privadas que dominam a indústria da saúde, os meios de informação, os instrumentos de cultura.

As tendências recentes da gestão social nos obrigam a repensar formas de organização social, a redefinir a relação entre o político, o econômico e o social, a desenvolver pesquisas cruzando as diversas disciplinas, a escutar de forma sistemática os atores estatais, empresariais e comunitários. Trata-se hoje, realmente, de um universo em construção.

Mais uma vez, não se trata aqui de redescobrir coisas óbvias. Mas devemos nos fazer uma pergunta elementar: se as atividades da área social estão se tornando o setor mais importante, que tipo de relações sociais de produção o seu surgimento traz em seu bojo? Seguramente serão diferentes das que foram geradas com o desenvolvimento industrial. Apontam para uma sociedade mais horizontalizada, mais participativa, mais organizada em rede do que as tradicionais pirâmides de autoridade. Ou podem ainda gerar um tipo de capitalismo de pedágio centrado na indústria da doença, na indústria do diploma, na manipulação cultural através da publicidade e do controle da mídia.

A universidade diante do novo continente: primeiros passos

Não há dúvida de que no Brasil a discussão ainda é muito recente, sobretudo se considerarmos que se trata de uma revisão profunda dos nossos paradigmas de como a sociedade é gerida. Ainda estamos impregnados da visão de que a empresa só se interessa pelo lucro e será, portanto, inacessível a uma visão social ou ambiental, de que organizar a participação da sociedade civil é apenas uma forma de desresponsabilizar o Estado e assim por diante, e de que a dominação política da sociedade se dá essencialmente através do controle das empresas.

É muito significativo constatarmos que uma série de conceitos básicos da reformulação política e social que está ocorrendo em muitos países nem sequer encontra tradução em português: é o caso de *empowerment*, que os hispano-americanos já traduzem por *empoderamiento*, no sentido de resgate do poder político pela sociedade; de *stakeholder*, ou seja, de ator social que tem um interesse numa determinada decisão; de *advocacy*, que representa o original etimológico de *ad-vocare*, de criar capacidade de voz e defesa a uma causa, a um grupo social; de *accountability*, ou seja, da responsabilização dos representantes da sociedade em termos de prestação de contas; de *devolution*, recuperação da capacidade política de decisão pelas comunidades, como contraposição ao conceito de privatização; trata-se também de *entitlement*, de *self-reliance* e tantos outros. Além do conceito-chave de *governance* – que envolve capacidade de governo do conjunto dos atores sociais, públicos e privados –, no qual a ideia tradicional de *governança*, tal como existe no *Aurélio*, tem de ser reconstruída.

A articulação que temos pela frente envolve uma aproximação articulada de empresários, de administradores públicos, de políticos, de organizações não governamentais, de sindicatos, de pesquisadores acadêmicos, de representantes comunitários. O potencial de um centro de referência em gestão social – que o Instituto de Estudos Especiais da PUC (PUC-IEE) está dinamizando, mas que envolve participação equilibrada dos diversos segmentos sociais – resulta justamente do fato de abrir um espaço de arquitetura de decisões sociais, um entre outros, provavelmente com maior participação acadêmica nesse caso, e maior preocupação com a dimensão de pesquisa, mas onde a palavra-chave é justamente o conceito de articulação.

É igualmente interessante a Pontifícia Universidade Católica de São Paulo (PUC-SP), como a Fundação Getulio Vargas (FGV-SP) e a Universidade de São Paulo (USP) terem criado centros de estudos do terceiro setor. É significativo a pós-graduação em economia da PUC-SP ter criado um Laboratório de Economia Social. De certa forma se trata de superar uma separação acadêmica tradicional no Brasil, na qual economia e administração tratavam de como maximizar lucros, enquanto o serviço social tratava de encontrar muletas para as vítimas do processo. Hoje quem estuda gestão social se preocupa com as novas formas participativas de elaboração do orçamento, com um imposto de renda negativo (renda mínima), com novas formas de representação política e o novo potencial da comunicação. A gestão social está buscando novos espaços em termos políticos, econômicos e administrativos. Não é mais apenas um setor, é uma dimensão humana do próprio desenvolvimento, que envolve tanto o empresário como o pesquisador, ou o ativista do Movimento dos Trabalhadores Rurais Sem Terra (MST).

Os avanços não devem ser subestimados. A visão de uma política social de primeira-dama, com chazinhos de caridade, data de ontem ainda, e permeia grande parte da nossa sociedade. Na já mencionada reunião de cúpula das Nações Unidas, Parceiros pelo Desenvolvimento (Lyon, 1998), o representante de uma grande multinacional descrevia com entusiasmo as suas realizações no sentido de oferecer melhores *produtos* para os *clientes*. Foi interrompido por uma senhora que lhe explicou que ele não tinha entendido o espírito da reunião: estava falando com pessoas, gente interessada nos impactos sociais, ambientais e econômicos dos diversos processos, e não apenas em encontrar, em clima de Papai Noel, presentes cheirosos e vistosos nas vitrines. Estava tratando com pessoas como ela, com cidadãos à procura de novas soluções, e não com *clientes*. A receptividade da interrupção foi impressionante. São mudanças profundas, de *clima social*, ou de cultura política, que dificilmente se colocam em números, mas que são muito reais.

Viemos de um século de grandes simplificações. Cansados da simplificação liberal, da qual herdamos 3,5 bilhões de habitantes do planeta que vivem com uma média de 350 dólares por ano e não circulam na internet nem em espaço econômico algum, ou da simplificação estatista que buscou as soluções na megaburocratização generalizada e no engessamento social através de leis e regulamentos, estamos buscando novos rumos.

A construção do social, crítica neste país em plena desagregação, pode constituir uma oportunidade histórica.

Referências

Banco Mundial. *Brasil: despesas do setor público com programas de assistência social*. Documentos do Banco Mundial, vol. 1. Washington: Banco Mundial, 1998.

_____. *Relatório sobre o desenvolvimento mundial 1997*. Washington: Banco Mundial, 1997.

Dowbor, L. *A reprodução social*. Petrópolis: Vozes, 1998.

Fundação Abrinq. *Boletim Prefeito Criança*. São Paulo: Fundação Abrinq, vários números.

Instituto Pólis. *50 experiências de gestão municipal*, número especial. São Paulo: Instituto Pólis, 1996.

Kapaz, E. "A importância do pacto político", em *Folha de S. Paulo*, São Paulo, 22-12-1998.

Le Monde Diplomatique, Paris, novembro de 1998.

McGilly, F. *Canada's Public Social Services*. Toronto: Oxford University Press, 1998.

Petrantonio, M. M. (org.). *Herramientas locales para generar empleo y ocupación*. Mar del Plata: Mercociudades, 1998.

Programa das Nações Unidas para o Desenvolvimento & Instituto de Pesquisa Econômica Aplicada. *Relatório sobre o desenvolvimento humano no Brasil 1996*. Brasília: Pnud/Ipea, 1996.

Ricupero, R. "Overview", em United Nations Conference on Trade and Development, *Trade and Development Report, 1997*. Nova York/Genebra: Unctad, 1997, pp. I-VIII.

Spink, P. & Clemente, R. *20 experiências de gestão pública e cidadania*. São Paulo: FGV, 1997.

United Nations Conference on Trade and Development. *Trade and Development Report, 1997*. Nova York/Genebra: Unctad, 1997.

United Nations Educational, Scientific and Cultural Organization. *World Information Report 1997/98*. Paris: Unesco, 1997.

Weber, J. "Lifetime Learning: School is Never Out", em Business Week, 4-10-1999.

Wolf, M. "Países ricos terão de jogar com as cartas na mesa", em *Gazeta Mercantil*, São Paulo, 21-9-1998.

Distribuição da renda no Brasil: poucos com muito e muitos com muito pouco

RODOLFO HOFFMANN

Introdução

A expressão "distribuição da renda" pode referir-se à maneira pela qual a renda nacional é repartida entre as várias categorias de pessoas que contribuíram direta ou indiretamente para sua produção. Trata-se, nesse sentido, de um tema central da teoria econômica. Nas escolas clássica e marxista procura-se compreender as leis econômicas que regulam os níveis dos salários, dos lucros e da renda da terra recebidos, respectivamente, por trabalhadores, capitalistas e proprietários da terra. Na escola neoclássica a análise enfoca a determinação da remuneração dos fatores de produção.

Mas em estatística a expressão "distribuição de x" significa conhecer os possíveis valores de x e as respectivas probabilidades ou frequências (ou conhecer as probabilidades ou frequências relativas associadas a qualquer intervalo de valores de x). Note-se que, quando um médico analisa a distribuição da altura de crianças de determinada idade, não faz sentido pensar que há um total de altura sendo "repartido" entre as crianças.

É claro que no caso da "distribuição da renda" os dois significados da expressão estão estreitamente relacionados. Mudanças nas leis e normas econômico-sociais que regulam a repartição da renda nacional entre as várias categorias de pessoas envolvidas na sua produção irão alterar a forma da distribuição (estatística) da renda.

Neste trabalho será dada ênfase à análise das características da distribuição da renda no Brasil, utilizando os dados da Pesquisa Nacional por Amostra de Domicílios (Pnad) de 1998, que é a mais recente disponível.

Qual distribuição?

Mesmo quando nos limitamos ao significado estatístico da expressão "distribuição da renda", há necessidade de explicitar qual é a unidade que estamos considerando e qual a renda. Em outras palavras, é necessário especificar qual é a variável e qual é a população analisada. Podemos, por exemplo, analisar o rendimento do trabalho principal para todas as pessoas ocupadas. Para a mesma população podemos analisar a distribuição do rendimento de todos os trabalhos. Neste trabalho vamos apresentar informações para três distribuições distintas:

a) o rendimento de todas as fontes de pessoas economicamente ativas – população economicamente ativa (PEA);

b) o rendimento familiar de famílias residentes em domicílios particulares;

c) o rendimento familiar per capita de pessoas de famílias residentes em domicílios particulares.

Se o pesquisador está interessado no mercado de trabalho, é apropriado analisar a distribuição da renda entre pessoas economicamente ativas. Por outro lado, se o objetivo principal da análise é o nível de vida (ou bem-estar) das pessoas, é mais apropriado considerar todas as pessoas classificadas conforme seu rendimento familiar per capita. Um aperfeiçoamento metodológico adicional seria considerar a renda por adulto-equivalente, levando em consideração as necessidades das pessoas de diferentes idades e as economias de escala no consumo familiar.

Distribuição do rendimento das pessoas economicamente ativas no Brasil em 1998

Como o próprio nome indica, a Pnad é uma pesquisa por amostra de domicílios, realizada pelo Instituto Brasileiro de Geografia e Estatística (IBGE) a partir de 1967. Neste trabalho foram utilizados os dados individuais fornecidos pelo IBGE em CD-ROM. Juntamente com as informações referentes a cada elemento da amostra, o IBGE fornece um peso ou fator de expansão da amostra, que permite obter o correspondente número de elementos (domicílios, famílias ou pessoas) na população. Todos os resultados estatísticos apresentados aqui foram obtidos fazendo análises ponderadas pelo fator de expansão. Serão analisados os dados da Pnad de 1998, cujo mês de referência é setembro, quando o salário mínimo era R$ 130,00.

Cabe lembrar que o levantamento de dados das Pnads não abrange as áreas rurais da antiga região Norte (Rondônia, Acre, Amazonas, Roraima, Pará e Amapá).

São consideradas pessoas economicamente ativas as ocupadas e as que tomaram alguma providência efetiva de procura de trabalho na semana de referência da Pnad (20 a 26 de setembro de 1998). Após a expansão da amostra, há 76.885.732 pessoas economicamente ativas. Para analisar a distribuição da renda ficaremos restritos aos 75.756.642 com declaração do rendimento de todas as fontes. Nada menos do que 18,6% dessa população tinha rendimento igual a zero. Aí estão incluídos os membros não remunerados das famílias dos pequenos agricultores, em que o resultado do trabalho familiar é declarado como rendimento do chefe. Mas cabe lembrar que o conceito de pessoa ocupada nas Pnads a partir de 1992 é bastante abrangente, incluindo pessoas não remuneradas que exercessem certos tipos de atividade pelo menos *uma hora por semana*. Nas Pnads anteriores a 1992 esse limite era de quinze horas por semana.

O rendimento médio mensal de todas as pessoas economicamente ativas com declaração de rendimento, de acordo com a Pnad de 1998, é R$ 456,00. Se considerarmos apenas a PEA com rendimento positivo, temos 61.649.661 pessoas, com um rendimento médio de R$ 561,00.

É importante ter em mente as limitações dos dados sobre rendimento nas Pnads. O questionário procura captar tanto os rendimentos em dinheiro como os pagamentos em espécie. Entretanto, o valor da produção para autoconsumo, que pode ser um componente importante da renda real de pequenos agricultores, não é considerado. A principal limitação dos dados é, certamente, a subdeclaração das rendas elevadas. Dividindo-se o rendimento total obtido na Pnad de 1995 em cada unidade da Federação (excluindo as unidades da antiga região Norte) pelo PIB estadual, verifica-se que a relação está próxima de 1 para os estados mais pobres, mas fica abaixo de 0,6 nos estados mais ricos. Assim, os dados das Pnads subestimam as diferenças regionais e, em geral, subestimam tanto as medidas de posição como a desigualdade da distribuição da renda. A subdeclaração das rendas relativamente elevadas deve afetar mais a média do que a mediana.

Então, se o rendimento médio da PEA com rendimento positivo, com base nos dados da Pnad de 1998, é R$ 561,00, a média verdadeira certamente é maior, podendo ser 50% ou 80% maior. Mesmo estando sujeitos a um grau tão grande de erro, não há dúvida de que vale a pena analisar os dados do IBGE. A tendência de subdeclarar os rendimentos, especialmente quando eles são elevados, é um problema nos dados estatísticos de qualquer país. Comparativamente, o Brasil tem, graças ao IBGE, dados de boa qualidade sobre a distribuição da renda.

A tabela 1 mostra várias características da distribuição do rendimento de todas as fontes para a PEA com rendimento, distinguindo homens e mulheres. Estas constituem 37,7% dos 61,6 milhões de pessoas economicamente ativas com rendimento.

Os percentis são os 99 valores da variável que separam a distribuição em cem partes com o mesmo número de observações. Os três quartis dividem a distribuição em quatro partes, cada uma com um quarto das observações. Os nove decis dividem a distribuição em dez décimos. A mediana separa a distribuição em duas partes iguais. Note-se que mediana, 2º quartil e 5º decil ou 50º percentil são o mesmo valor. Percentis, decis, quartis e a mediana são *separatrizes* ou *quantis* da distribuição.

Verifica-se, na tabela 1, que o primeiro quartil da distribuição (ou 25º percentil) do rendimento das pessoas economicamente ativas com rendimento é R$ 142,00. Isso significa que 25% dessa população ganha R$ 142,00 ou menos e 75% dessa população ganha pelo menos R$ 142,00. O 95º percentil é R$ 2.000,00, significando que cada uma das pessoas que estão entre os 5% mais ricos ganha pelo menos R$ 2.000,00.

Por influência do inglês, o termo decil tem sido erroneamente utilizado para designar os décimos da população. Isso empobrece a língua, pois uma mesma palavra passa, desnecessariamente, a ter dois significados. Fala-se, por exemplo, em "renda média do decil mais rico" quando o correto seria "renda média do décimo mais rico". O 9º decil é, por definição, o limite inferior para os rendimentos das pessoas pertencentes ao décimo mais rico, que no caso dos dados analisados é R$ 1.200,00.

Tabela 1. Principais características da distribuição do rendimento de todas as fontes de pessoas economicamente ativas no Brasil

Estatística		Total	Homens	Mulheres
Pessoas (1.000)		61.650	38.378	23.271
Rendimento médio (R$)		561	642	426
Percentil	10	100	108	80
	20	130	140	130
	25	142	170	130
	30	170	200	130
	40	220	260	180
	50	280	310	230
	60	358	400	292
	70	490	530	370
	75	565	620	426
	80	700	800	503
	90	1.200	1.400	950
	95	2.000	2.200	1.500
	99	4.800	5.180	3.200
% da renda recebida pelos				
40% mais pobres		9,3	9,3	10,3
50% mais pobres		13,8	13,7	15,0
20% mais ricos		63,1	63,3	61,1
10% mais ricos		47,2	47,6	44,8
5% mais ricos		33,8	34,1	31,3
1% mais rico		13,7	13,9	11,8
Relação médias $10^+/40^-$		20,3	20,5	17,4
Índice de Gini		0,581	0,583	0,556
T de Theil		0,697	0,704	0,616
L de Theil		0,616	0,619	0,559

Fonte: Pnad, 1998.

Observa-se, na tabela 1, que os 10% mais ricos têm 47,2% da renda total. Isso significa que sua renda média é 4,72 vezes maior do que a média geral, ou R$ 2.646,00 (se você for repetir os cálculos, obterá valor ligeiramente diferente por causa de arredondamentos).

Devido à grande desigualdade entre os rendimentos dos que participam do décimo mais rico, seu rendimento médio (R$ 2.646,00) é muito maior do que o 9º decil (R$ 1.200,00).

Para descrever a distribuição de renda na Inglaterra, Pen imaginou uma parada de pessoas ordenadas conforme valores crescentes da renda e admitiu que, num passe de mágica, as pessoas ficassem com altura proporcional à sua renda, de maneira que a altura média correspondesse à pessoa com renda média.[1] Imagine uma parada dessas com uma grande amostra de pessoas representando a distribuição da renda na PEA brasileira. Vamos admitir que todo o desfile, do mais pobre ao mais rico, iria durar cem minutos. Considerando os dados apresentados na tabela 1, ao final de dez minutos de parada, estaria passando uma pessoa com altura incrivelmente baixa (100/561 = 0,18 da média). Ao final de 25 minutos ainda estariam passando pessoas com altura igual a um quarto da média (142/561 = 0,25). No meio do desfile, isto é, após cinquenta minutos, estariam passando anões com altura igual à metade da média (280/561 = 0,50). Só quando já tivessem passado três quartos do desfile é que veríamos pessoas com altura média, pois o 3º quartil é semelhante à renda média. Nos últimos dez minutos veríamos passar gigantes cada vez mais altos. A pessoa correspondente ao 9º decil teria altura igual a 2,1 vezes a média. No início do último minuto teríamos uma pessoa com altura maior do que oito vezes a altura média. De acordo com os dados da Pnad de 1998, a parada terminaria com uma pessoa cuja altura seria 122 vezes a média. Devido à forte assimetria positiva da distribuição da renda, há muito mais pessoas com renda abaixo da média do que acima da média. Quem assiste à passagem da parada de Pen vê, durante a maior parte do tempo, a passagem de anões. Por isso, Pen afirmou que essa é uma parada de anões, e apenas alguns gigantes.

---

1 Ver J. Pen, *Income Distribution: Facts, Theories, Policies* (Nova York: Praeger, 1971).

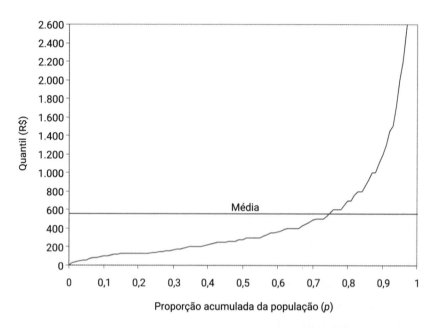

Gráfico 1. Curva dos quantis para o rendimento mensal das pessoas economicamente ativas com rendimento no Brasil, em 1998.

Tecnicamente, a "parada de Pen" corresponde à curva dos quantis, que mostra como o valor da separatriz cresce com a proporção acumulada da população. Veja, no gráfico 1, a curva dos quantis para a PEA com rendimento no Brasil em 1998. Note os patamares devido ao fato de que as pessoas tendem a declarar números redondos. Há um patamar bastante extenso com ordenada igual ao salário mínimo (R$ 130,00).

Verifica-se, na tabela 1, que todos os percentis da distribuição da renda para a PEA masculina apresentados nessa tabela são maiores que os percentis correspondentes da distribuição da renda para a PEA feminina. Isso indica que a curva dos quantis para a PEA masculina está acima da curva dos quantis para a PEA feminina. O gráfico 2 mostra que há uma superposição das duas curvas em pontos cuja ordenada é igual ao salário mínimo, incluindo o 18º e o 19º percentil. Mas a curva dos quantis para as mulheres nunca fica acima da curva dos quantis para os homens. Dizemos, então, que a distribuição da renda para a PEA masculina domina, em primeira ordem, a distribuição da renda para a PEA feminina.

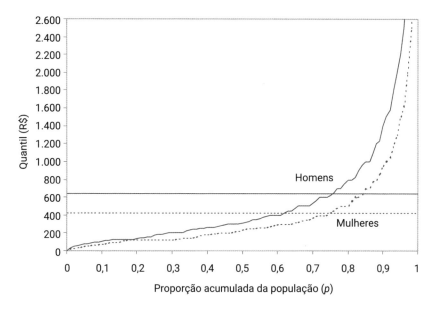

Gráfico 2. Curvas dos quantis para homens e para mulheres da PEA com rendimento no Brasil, em 1998.

Pessoas relativamente ricas para a distribuição da renda no Brasil costumam se considerar "pobres". Quando muito a pessoa admite pertencer à "classe média". Note, na tabela 1, que o 3º quartil da distribuição da renda na PEA com rendimento é igual a R$ 565,00. Pessoas com rendimento maior do que R$ 565,00 estão entre os 25% mais ricos da PEA do país. Pessoas com rendimento acima de R$ 1.200,00 estão entre os 10% mais ricos e pessoas com rendimento acima de R$ 2.000,00 estão entre os 5% mais ricos. É verdade que esses percentis estão subestimados. Mas, mesmo fazendo correções generosas para os valores do 9º decil e do 95º percentil, podemos afirmar que, em 1998, apenas 10% da PEA com rendimento recebia mais de R$ 2.000,00 mensalmente, apropriando-se de quase metade de toda a renda, e apenas 5% da PEA recebia mais de R$ 3.500,00, apropriando-se de mais de um terço da renda total. Mas as pessoas com rendimentos dessa ordem de grandeza, quando discutem a cobrança de impostos e afirmam que deveria aumentar a taxação dos "ricos", consideram que "ricos" são, obviamente, pessoas com rendimentos substancialmente superiores aos seus próprios. Cabe ressaltar que, quando nos referimos aos 5% mais ricos da PEA com rendimento no Brasil, trata-se de mais de 3 milhões de pessoas, e não de algumas dezenas de pessoas riquíssimas que recebem a atenção da mídia.

Um instrumento básico para analisar a desigualdade da distribuição da renda é a curva de Lorenz. Admitindo que as pessoas tenham sido ordenadas conforme valores crescentes do seu rendimento, a curva de Lorenz mostra como a proporção acumulada da renda (Φ) cresce com a proporção acumulada da população (p). Verifica-se, na tabela 1, que um ponto da curva de Lorenz para a distribuição da renda para a PEA com rendimento no Brasil, em 1998, é $p = 0,4$ e $\Phi = 0,093$. Outro ponto tem coordenadas $p = 0,5$ e $\Phi = 0,138$. Como os 10% mais ricos ficam com 47,2% da renda, há um ponto com coordenadas $p = 0,9$ e $\Phi = 0,528$. O gráfico 3 mostra a curva de Lorenz para essa distribuição.

No caso de perfeita igualdade, qualquer parcela da população ficaria com igual parcela da renda, teríamos $\Phi = p$ e a "curva" de Lorenz seria o segmento de reta AC do gráfico 3, denominado "linha de perfeita igualdade". Quanto maior a desigualdade, mais a curva de Lorenz se afasta do segmento AC. A área delimitada pelo segmento AC e pela curva de Lorenz é denominada "área de desigualdade". O índice de Gini pode ser definido como duas vezes a área de desigualdade. Ele varia entre zero e um e é uma das medidas de desigualdade mais comumente utilizadas. Para a distribuição analisada, o valor do índice de Gini é 0,581.

De acordo com o princípio de Pigou-Dalton, uma boa medida de desigualdade deve aumentar quando é feita uma transferência regressiva de renda, isto é, quando parte da renda de uma pessoa é transferida para outra cuja renda era igual ou maior do que a renda da primeira. Pode-se provar que uma transferência regressiva (ou uma série delas) sempre faz com que a curva de Lorenz se afaste da linha de perfeita igualdade, causando um crescimento do índice de Gini.

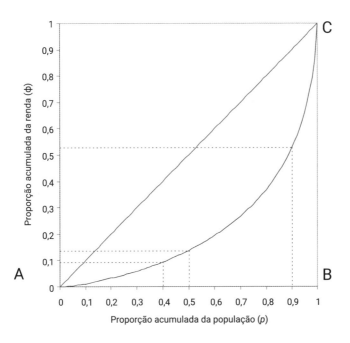

Gráfico 3. Curva de Lorenz para a distribuição da renda na PEA com rendimento no Brasil, em 1998.

Uma maneira de interpretar o valor do índice de Gini consiste em imaginar uma distribuição de renda artificial na qual parte das pessoas ficassem sem nada e toda a renda fosse igualitariamente distribuída entre as demais pessoas. Essa forma de distribuição é denominada "socialização parcial de Theil". Para obter um índice de Gini igual a 0,581 nesse tipo de distribuição artificial, seria necessário deixar 58,1% da população sem nenhuma renda e distribuir toda a renda igualitariamente entre os 41,9% restantes.

Na tabela 1 são apresentados, também, os valores de duas medidas de desigualdade propostas por Theil. O T de Theil é comparativamente mais sensível a transferências regressivas na parte superior da distribuição (entre ricos), ao passo que o L de Theil é particularmente sensível a modificações na cauda esquerda da distribuição. O índice de Gini é comparativamente mais sensível a transferências regressivas na faixa com maior densidade de frequência, em torno da moda ou da mediana da distribuição.

Pode-se provar que, para uma distribuição com socialização parcial de Theil, há a seguinte relação entre a proporção de pessoas sem renda (U) e o T de Theil:

A proporção U é denominada "dual do T de Theil". A tabela 1 mostra que para a PEA com rendimento, no Brasil, em 1998, temos $T = 0,697$. O correspondente valor de U é 0,502. Então, para que uma distribuição com socialização parcial de Theil tivesse T de Theil igual a 0,697, seria necessário deixar 50,2% das pessoas sem renda nenhuma.

A proporção da renda total apropriada pelos 10% mais ricos (que é 47,2% no caso da distribuição analisada) também é, obviamente, uma medida de desigualdade. Trata-se de uma medida muito útil pela simplicidade de sua interpretação. Note, entretanto, que essa medida não obedece à condição de Pigou-Dalton, pois seu valor não é afetado por transferências regressivas envolvendo duas pessoas que estão e permanecem entre os 90% mais pobres ou entre os 10% mais ricos.

Outra medida de desigualdade de interpretação bastante fácil é a relação entre a renda média dos 10% mais ricos e a renda média dos 40% mais pobres, que é igual a 20,3 para a PEA brasileira com rendimento, de acordo com os dados da Pnad de 1998. Essa medida tem sido divulgada por Ricardo Paes de Barros e Rosane Mendonça, em trabalhos nos quais mostram que o Brasil é um dos países do mundo com maior desigualdade na distribuição da renda.

Verifica-se, na tabela 1, que quando separamos homens e mulheres da PEA com rendimento, todas as medidas mostram que a desigualdade da distribuição da renda é maior entre homens do que entre mulheres. Note-se que isso *não* significa que a distribuição da renda entre mulheres seja *melhor*. Se as mulheres pudessem escolher, certamente iriam dar preferência à distribuição observada entre homens, pois ela domina, em primeira ordem, a distribuição entre mulheres, isto é, para qualquer valor de p (proporção acumulada da população), a curva dos quantis para a distribuição da renda dos homens geralmente está acima (e nunca está abaixo) da curva dos quantis para a distribuição da renda das mulheres.

Distribuição das famílias conforme seu rendimento familiar

Tanto para "condição na unidade domiciliar" como para "condição na família" o IBGE considera oito categorias: (1) pessoa de referência, (2) cônjuge, (3) filho, (4) outro parente, (5) agregado, (6) pensionista, (7) empregado doméstico e (8) parente do empregado doméstico. O rendimento familiar é obtido somando os rendimentos das pessoas pertencentes às cinco primeiras categorias, excluindo, portanto, pensionistas, empregados domésticos e parentes dos empregados domésticos. Daqui por diante passamos a considerar como componentes das famílias apenas as pessoas pertencentes àquelas cinco primeiras categorias. Cabe ressaltar que os "agregados" são uma categoria residual, correspondendo a apenas 0,4% do total das pessoas de famílias em domicílios particulares.

Vamos considerar as famílias residentes em domicílios particulares com declaração de rendimento familiar. Trata-se de uma população de 44.123.030 famílias com 153.595.184 pessoas. O tamanho da família varia de 1 a 15, com valor médio igual a 3,48. Note-se que não são excluídas as famílias com rendimento declarado igual a zero, que são 3,5% do total de famílias com declaração de rendimento.

Há vantagens em analisar a distribuição da renda entre famílias, em lugar da distribuição da renda entre pessoas economicamente ativas. Evita-se a questão de como considerar o rendimento na agricultura familiar, na qual é atribuído ao chefe o rendimento obtido com o trabalho da família, e os demais membros economicamente ativos aparecem como não remunerados. Evita-se também considerar como "pobre" uma pessoa com pequeno rendimento próprio que é membro de família rica. Mas é óbvio que também há limitações na análise da distribuição das famílias conforme seu rendimento familiar. Parte da "desigualdade" dessa distribuição está associada à variação do tamanho da família. Por outro lado, estaremos considerando como "iguais" duas famílias com o mesmo rendimento familiar, mesmo que uma seja muito maior do que a outra. O tamanho da família será considerado ao analisar o rendimento familiar per capita, como será feito na seção "Distribuição do rendimento familiar per capita".

Tabela 2. Principais características da distribuição do rendimento familiar para famílias com declaração de rendimento e residentes em domicílios particulares no Brasil, conforme situação do domicílio

Estatística	Total	Situação do domicílio Urbana	Situação do domicílio Rural
Famílias (1.000)	44.123	35.965	8.158
Pessoas (1.000)	153.595	122.272	31.323
Tamanho médio (pessoas/fam.)	3,48	3,40	3,84
Rendimento familiar médio (R$)	883	994	395
Percentil 10	130	130	80
20	180	230	130
25	230	260	130
30	260	300	150
40	350	400	200
50	450	530	250
60	600	700	290
70	800	930	370
75	952	1.098	410
80	1.150	1.300	489
90	2.000	2.200	749
95	3.040	3.400	1.130
99	6.900	7.380	3.000
% da renda recebida pelos			
40% mais pobres	8,2	8,7	11,4
50% mais pobres	12,7	13,4	17,1
20% mais ricos	62,7	61,4	57,3
10% mais ricos	45,9	44,5	42,3
5% mais ricos	32,1	30,9	30,9
1% mais rico	12,3	11,7	13,6
Relação médias 10$^+$/40$^-$	22,3	20,5	14,8
Índice de Gini	0,587	0,574	0,526
T de Theil	0,680	0,642	0,594

Fonte: Pnad, 1998.

Como muitas vezes o rendimento familiar é a soma dos rendimentos de duas ou mais pessoas, as medidas de posição para a distribuição do rendimento familiar são maiores do que para a distribuição do rendimento da PEA, apesar de não termos considerado a PEA com rendimento igual a zero, como se pode verificar comparando as tabelas 1 e 2.

Curiosamente, apesar das diferenças conceituais entre as duas distribuições (tanto a variável como a unidade de observação são diferentes), as medidas de desigualdade têm ordem de grandeza semelhante. O índice de Gini da distribuição do rendimento familiar (0,587) é ligeiramente maior do que o referente ao rendimento da PEA (0,581). Mas o T de Theil, que é mais sensível à forma da cauda superior da distribuição, é maior para o rendimento da PEA (0,697) do que para o rendimento familiar (0,680).

O valor do L de Theil tende ao infinito quando uma única renda se aproxima de zero. Como há famílias cujo rendimento familiar declarado é igual a zero, essa medida de desigualdade foi omitida da tabela 2.

A tabela 2 permite comparar a distribuição do rendimento familiar nas áreas urbana e rural do país (excluindo a área rural da antiga região Norte). Apesar de as famílias rurais serem maiores, o rendimento médio é muito maior para as famílias urbanas. Todos os percentis apresentados são substancialmente maiores para a área urbana, indicando que a distribuição do rendimento familiar na área urbana domina, em primeira ordem, a distribuição do rendimento familiar na área rural.

Há, sem dúvida, problemas conceituais na comparação de rendimentos rurais e urbanos, já que ocorrem diferenças no custo de vida. A alimentação básica é mais barata na área rural, mas o acesso a serviços médico-hospitalares certamente é mais fácil na área urbana. É fácil exagerar os benefícios decorrentes do "ar puro do campo".

Outros indicadores confirmam que, em média, as condições de vida das famílias rurais são piores do que as das urbanas.[2]

Distribuição do rendimento familiar per capita

O rendimento familiar per capita é obtido dividindo o rendimento de cada família pelo respectivo número de pessoas, conforme conceituação apresentada no início da seção anterior. A unidade de análise passa a ser cada pessoa, incluindo crianças.

A tabela 3 mostra as principais características da distribuição do rendimento familiar per capita no Brasil, considerando as pessoas de famílias com declaração de rendimento familiar e residentes em domicílios particulares, excluindo pensionistas, empregados domésticos residentes no domicílio e parentes do empregado doméstico. A tabela apresenta resultados separados para a população urbana e para a rural.

O rendimento médio per capita é R$ 253,70 e a mediana é R$ 126,70, um pouco menor do que o salário mínimo na época (R$ 130,00). Note que o 3º quartil é pouco superior à média da distribuição, mostrando como a parada de Pen seria, durante a maior parte do tempo, uma parada de anões.

De acordo com os dados, pessoas com rendimento per capita acima de R$ 893,30 estão entre os 5% mais ricos, que ficam com 34,3% da renda total declarada. Considerando uma "margem de segurança" para o erro de medida, é certo que pessoas com renda per capita acima de R$ 1.600,00 estavam entre os 5% mais ricos da população brasileira em 1998.

---

2 Ver, por exemplo, R. Hoffmann, "Pobreza e desnutrição de crianças no Brasil: diferenças regionais e entre áreas urbanas e rurais", em *Economia Aplicada*, 2(2), São Paulo, Fipe-FEA/USP abril-junho de 1998, pp. 299-315.

Tabela 3. Principais características da distribuição do rendimento familiar per capita no Brasil, conforme a situação do domicílio

Estatística	Total	Situação do domicílio Urbana	Situação do domicílio Rural
Famílias (1.000)	153.595	122.272	31.323
Rendimento familiar médio (R$)	253,7	292,4	102,9
Percentil 10	28,0	37,5	16,2
20	49,5	65,0	25,6
25	60,0	75,0	30,0
30	70,0	87,5	34,0
40	96,5	119,3	45,0
50	126,7	150,0	60,0
60	163,3	200,0	75,0
70	223,3	260,0	97,5
75	262,0	306,7	112,5
80	320,0	375,0	130,0
90	555,0	637,5	200,0
95	893,3	1.000,0	300,0
99	2.160,0	2.373,3	818,0
% da renda recebida pelos			
40% mais pobres	7,6	8,5	9,6
50% mais pobres	12,0	13,0	14,6
20% mais ricos	64,4	62,7	59,7
10% mais ricos	48,0	46,2	44,4
5% mais ricos	34,3	32,7	32,7
1% mais rico	13,9	13,0	15,0
Relação médias 10$^+$/40$^-$	25,1	21,8	18,5
Índice de Gini	0,606	0,586	0,560
T de Theil	0,746	0,691	0,680

Fonte: Pnad, 1998.

Vários indicadores mostram a grande desigualdade da distribuição. Os 10% mais ricos ficam com 48% da renda total. A participação do 1% mais rico na renda total (13,9%) supera a participação da metade mais pobre da população (12%). Pode-se verificar que a renda média do 1% mais rico é 58 vezes maior do que a renda média dos 50% mais pobres. A renda média dos 10% mais ricos é 25,1 vezes maior do que a renda média dos 40% mais pobres. O índice de Gini supera 0,6.

Uma distribuição com socialização parcial de Theil com índice de Gini igual ao da distribuição do rendimento familiar per capita no Brasil em 1998 teria 60,6% das pessoas sem renda nenhuma.

O dual do T de Theil apresentado na primeira coluna da tabela 3 é 0,526. Isso significa que uma distribuição com socialização parcial de Theil com T de Theil igual a 0,746 teria 52,6% da população sem nenhuma renda.

A tabela 3 mostra, novamente, que a distribuição da renda na área urbana domina, em primeira ordem, a distribuição na área rural. O rendimento médio per capita na área rural corresponde a apenas 35% do rendimento médio na área urbana.

Observa-se que a desigualdade na área rural é um pouco menor do que na área urbana. Mas a desigualdade para toda a população é maior do que a desigualdade dentro da área urbana ou dentro da área rural. Um fenômeno desse tipo não pode ocorrer com a renda média. A média para toda a população fica necessariamente entre a média para a área rural e a média para a área urbana. Mas no caso das medidas de desigualdade, o valor referente ao total da população inclui um componente referente à desigualdade *entre* as partes, que pode fazer com que a desigualdade global seja maior do que a desigualdade *dentro* de qualquer parte. É o que acontece no caso da tabela 3. Pode-se verificar que o T de Theil para toda a população (cujo valor, com quatro casas decimais, é 0,7456) é composto por uma parcela referente à desigualdade *entre* as áreas rural e urbana (0,0554, que corresponde a 7,4% do total) e uma parcela referente à desigualdade *dentro* das áreas urbana e rural (0,6902, que é uma média ponderada dos T de Theil para cada área, usando a renda total de cada área como fator de ponderação).

Tabela 4. Número de pessoas, média e percentis da distribuição do rendimento familiar per capita em seis regiões do Brasil

Região	Nº de pessoas (1.000)	Rendimento médio (R$)	Percentil 10	25	50	75	90	95	99
Norte*	7.753	183,7	25	47	93	192	395	625	1.500
Nordeste	44.387	137,6	17	32	65	130	275	489	1.362
MG + ES + RJ	32.756	270,2	36	70	136	273	587	933	2.228
SP	34.056	375,8	65	120	215	401	800	1.210	2.760
Sul	23.775	283,5	42	83	155	305	602	933	2.187
Centro-Oeste	10.868	280,7	40	72	130	267	600	1.000	2.500
Total	153.595	253,7	28	60	127	262	555	893	2.160

Fonte: Pnad, 1998.
* Exclusive área rural de RO, AC, AM, RR, PA e AP.

A desigualdade *entre* regiões é um componente importante da desigualdade da distribuição da renda no Brasil. Observa-se, na tabela 4, que o rendimento per capita médio no estado de São Paulo é 2,73 vezes maior do que no Nordeste. A relação entre os rendimentos medianos dessas duas regiões é ainda maior: 215/65 = 3,3. Note-se que apenas o Nordeste e o Norte (excluindo a área rural da antiga região Norte) têm rendimentos médios e medianos menores do que os valores referentes a todo o Brasil.

O gráfico 4 mostra as curvas dos quantis para as distribuições do rendimento familiar per capita no Nordeste, no Sul e no estado de São Paulo. Observa-se que a distribuição de São Paulo domina em primeira ordem a distribuição do Sul, que, por sua vez, domina em primeira ordem a distribuição do Nordeste.[3]

A comparação, na tabela 4, entre os percentis da distribuição na região Sul e na região Centro-Oeste mostra um caso claro de ausência de dominância em primeira ordem. As duas curvas de quantis

---

[3] Para mais informações sobre dominância entre distribuições de renda de regiões do Brasil, ver o *Relatório sobre o desenvolvimento humano no Brasil 1996* (Brasília: Ipea/Pnud, 1996).

se cruzam. Até o 9º decil, os percentis no Sul são maiores do que os valores correspondentes no Centro-Oeste. Mas o 95º e o 99º percentil são maiores no Centro-Oeste do que no Sul. A maior dispersão dos quantis no caso do Centro-Oeste indica que há mais desigualdade na distribuição do rendimento familiar per capita nessa região, em comparação com o Sul, o que é confirmado pelos resultados apresentados na tabela 5.

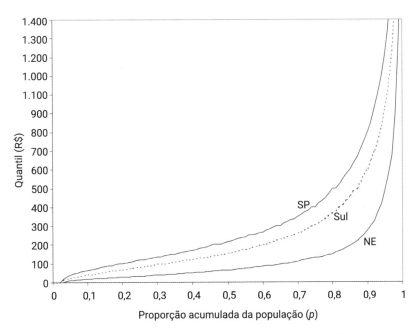

Gráfico 4. Curvas dos quantis para a distribuição do rendimento familiar per capita no Nordeste, no Sul e no estado de São Paulo em 1998.

A tabela 5 mostra várias medidas de desigualdade para as seis regiões consideradas. Cabe ressaltar que comparações com a região Norte são limitadas pelo fato de a Pnad não abranger a área rural da antiga região Norte. O Nordeste se destaca como a região com maior desigualdade. O Sul e o estado de São Paulo apresentam as medidas de desigualdade menos elevadas.

Tabela 5. Medidas de desigualdade da distribuição do rendimento familiar per capita em seis regiões do Brasil

Região	40% mais pobres	50% mais pobres	10% mais ricos	5% mais ricos	Relação médias 10+/40-	Índice de Gini	T de Theil
Norte*	8,3	12,8	47,1	34,1	22,6	0,593	0,725
Nordeste	7,9	12,1	51,6	38,6	26,2	0,620	0,839
MG + ES + RJ	8,7	13,2	47,1	33,5	21,7	0,588	0,717
SP	10,2	15,4	42,7	29,8	16,7	0,545	0,585
Sul	9,5	14,4	44,0	30,9	18,5	0,561	0,630
Centro-Oeste	8,4	12,7	49,9	36,4	23,7	0,607	0,782
Total	7,6	12,0	48,0	34,3	25,1	0,606	0,746

Fonte: Pnad, 1998.
* Exclusive área rural de RO, AC, AM, RR, PA e AP.

O gráfico 5 mostra as curvas de Lorenz para a distribuição do rendimento familiar per capita no Nordeste e no estado de São Paulo, indicando que esta última nunca fica abaixo da primeira. Isso significa que toda medida de desigualdade que obedece à condição de Pigou-Dalton será maior para o Nordeste do que para o estado de São Paulo. Verifica-se que as curvas para as demais regiões analisadas ficam *entre* as curvas apresentadas no gráfico 5.

O valor do T de Theil para todo o Brasil (0,746) pode ser decomposto em duas parcelas. Uma relativa à desigualdade *dentro* das regiões, que é igual à média ponderada dos T de Theil para cada região, usando a renda total de cada região como fator de ponderação. Pode-se verificar que essa parcela é igual a 0,683. A outra parcela (0,063) corresponde à desigualdade *entre* as seis regiões. Note-se que a desigualdade entre regiões, embora importante, representa apenas 8,4% da desigualdade total, quando medida pelo T de Theil. A desigualdade existente dentro de qualquer uma das seis regiões é muito maior do que a desigualdade entre regiões.

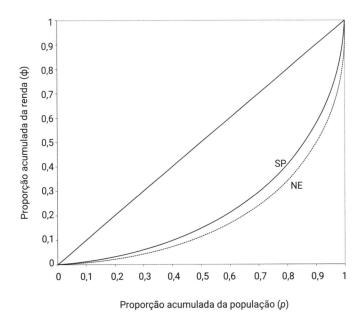

Gráfico 5. Curvas de Lorenz da distribuição do rendimento familiar per capita no Nordeste e no estado de São Paulo, em 1998.

Pobreza

Uma análise da distribuição da renda não pode ser encerrada sem mencionar o problema da mensuração da pobreza. A ideia de pobreza está associada a condições de vida inadequadas decorrentes de baixos rendimentos. Como o que é "adequado" depende do grau de riqueza do país analisado, há, certamente, um elemento relativo no conceito de pobreza. Mas se a definição do "ser pobre" depender da comparação da situação de "pobres" e "ricos", o conceito de pobreza se confunde com o conceito de desigualdade econômica. É mais interessante, então, usar um conceito de pobreza absoluta, no qual o grau de pobreza não seja diretamente dependente do nível de renda dos ricos.

Para medir a pobreza com base em dados sobre a distribuição da renda é necessário fixar uma *linha de pobreza* (z). Serão consideradas pobres as pessoas cujo rendimento não supere a linha de pobreza. Seja h o número de pobres em uma população com n pessoas. A proporção de pobres na população, dada por $H = h/n$, é uma medida de pobreza simples e bastante utilizada. Medidas mais sofisticadas procuram levar em consideração a intensidade da pobreza, considerando a *insuficiência de renda* de cada pobre, que é a diferença entre a linha de pobreza e o rendimento do pobre. Seja S a insuficiência de renda de todos os pobres. Fixado o número de pobres, o valor máximo da insuficiência de renda total é hz, que ocorre quando todos os pobres tiverem renda nula. A *razão de insuficiência de renda* é

$$I = \frac{S}{hz}$$

Se admitirmos que o número de pobres pode crescer até incluir toda a população, o valor máximo da insuficiência de renda é nz. Definimos o *índice de insuficiência de renda* como

$$\varphi_1 = \frac{S}{nz}$$

É fácil verificar que

$$\varphi_1 = HI$$

Foster, Greer e Thorbecke[4] propuseram uma família de medidas de pobreza definida por

$$\varphi(\alpha) = \frac{1}{nz^\alpha} \sum_{i=1}^{h} (z - x_i)^\alpha, \text{ com } \alpha \geq 0,$$

onde x_i é a renda do i-ésimo pobre. Note que $z - x_i$ é a insuficiência de renda desse pobre. Essa medida é igual à proporção de pobres quando $\alpha = 0$, e é igual a φ_1 quando $\alpha = 1$. Denomina-se índice de Foster, Greer e Thorbecke o valor obtido com $\alpha = 2$:

$$\varphi_2 = \frac{1}{nz^2} \sum_{i=1}^{h} (z - x_i)^2$$

Pode-se provar que

$$\varphi_2 = H\left[I^2 + (1-I)^2 C_*^2\right],$$

onde C_* é o coeficiente de variação das rendas dos pobres.

O índice de Sen (proposto em artigo publicado em 1976) pode ser obtido de uma fórmula semelhante:

$$P = H\left[I + (1-I) G_*\right],$$

onde G_* é o índice de Gini da distribuição da renda entre os pobres.

---

[4] Cf. J. Foster *et al.*, "A Class of Decomposable Poverty Measures", em *Econometrica*, 52 (3), Econometric Society, 1984, pp. 761-766.

Note-se que tanto o índice de Sen (P) como o índice de Foster, Greer e Thorbecke são funções da proporção de pobres (H), da razão de insuficiência de renda (I) e de uma medida da desigualdade da distribuição da renda entre os pobres (G_* ou C_*).

Antes de calcular qualquer das medidas de pobreza mencionadas, é necessário estabelecer o valor da linha de pobreza. Trata-se de questão difícil e polêmica, abordada em vários trabalhos de Sonia Rocha.[5] Para que seja válida a comparação entre medidas de pobreza calculadas em duas situações distintas é essencial que haja correspondência no valor real das linhas de pobreza para as duas situações. Um erro comum, no Brasil, é comparar as medidas de pobreza calculadas em diferentes períodos usando o *salário mínimo corrente* como linha de pobreza em cada período. Pode acontecer que os resultados reflitam essencialmente alterações no valor real do salário mínimo, e não mudanças no grau de pobreza absoluta da população.

Há, sempre, um certo grau de arbitrariedade na determinação da linha de pobreza. Uma maneira de contornar esse problema é calcular as medidas para vários valores da linha de pobreza.

É importante assinalar que a mensuração da pobreza também pode ser feita mediante suas manifestações ou consequências, como as condições inadequadas de habitação, a mortalidade infantil, a desnutrição, etc.[6]

---

[5] Ver "Referências".

[6] Medidas antropométricas são usadas para detectar a desnutrição, especialmente no caso de crianças, e podem, então, ser usadas para obter medidas de pobreza da população. Ver, de C. A. Monteiro, "O mapa da pobreza no Brasil", em *Cadernos de Nutrição*, nº 4, São Paulo, Sociedade Brasileira de Alimentação e Nutrição, 1992, pp. 1-6; "A dimensão da pobreza, da fome e da desnutrição no Brasil", em *Estudos Avançados*, 9 (24), São Paulo, IEA/USP, maio-agosto de 1995, pp. 195-207; "Pobreza absoluta, desnutrição e desigualdades regionais no Brasil", em R. P. Barros & A. Urani (orgs.), *1º relatório sobre desigualdade de renda e pobreza no Brasil. Parte II: consequências* (Rio de Janeiro: Ipea, 1995); e de R. Hoffmann, "Pobreza, insegurança alimentar e desnutrição no Brasil", em *Estudos Avançados*, 9 (24), São Paulo, IEA/USP, 1995, pp. 1-14; "Pobreza e desnutrição de crianças no Brasil: diferenças regionais e entre áreas urbanas e rurais", *op. cit.*

Dentre as distribuições discutidas nas seções anteriores, a mais adequada para a análise da pobreza é, certamente, a distribuição do rendimento familiar per capita.

Vamos adotar uma linha de pobreza de R$ 65,00 per capita, o que corresponde a metade do salário mínimo vigente no mês de referência da Pnad de 1998. Verifica-se então que, do total de 153,6 milhões de pessoas com declaração de rendimento familiar per capita, 43,7 milhões são pobres. A proporção de pobres é $H = 0{,}285$, ou 28,5%. A insuficiência de renda é igual a 1.291 milhões de reais por mês, correspondendo a 3,31% da renda total declarada (R$ 38,97 bilhões). A razão de insuficiência de renda (I) é 0,454, indicando que a renda média dos pobres está 45,4% abaixo da linha de pobreza. O índice de insuficiência de renda (φ_1) é igual a 0,1293, o índice de pobreza de Sen (P) é 0,1783, e o índice de Foster, Greer e Thorbecke (φ_2) é 0,0845. Note-se que esses índices sintéticos (P, φ_1 e φ_2) têm valores numéricos baixos mesmo quando há muita pobreza. Isso acontece porque esses índices só atingem seu valor máximo (igual a 1) na situação extrema em que toda a população tem rendimento igual a zero.

Não há muito significado em um índice sintético de pobreza tomado isoladamente. A finalidade principal dessas medidas é comparar o grau de pobreza em diversas situações.

As tabelas 6 e 7 apresentam informações para uma análise da pobreza em seis regiões do Brasil com base nos dados da Pnad de 1998.[7] Cabe lembrar que o levantamento de dados não inclui a área rural da antiga região Norte. É importante ter em mente também que o uso de uma mesma linha de pobreza para todas as regiões pode ser considerado uma limitação da metodologia utilizada. Se, por

---

[7] Uma análise da evolução do valor de várias medidas de pobreza no Brasil pode ser encontrada em R. Hoffmann, "Vinte anos de desigualdade e pobreza na agricultura brasileira", em *Revista de Economia e Sociologia Rural*, 30 (2), Brasília, Sober, abril-junho de 1992, pp. 96-113; "Desigualdade e pobreza no Brasil no período 1979-90", *op. cit.*; "Desigualdade e pobreza no Brasil no período 1979-97 e a influência da inflação e do salário mínimo", em *Economia e Sociedade*, nº 11, Campinas, IE/Unicamp, dezembro de 1998, pp. 199-221.

exemplo, o custo de vida no estado de São Paulo for maior do que no Sul, o uso de uma mesma linha de pobreza leva a subestimar o grau de pobreza desse estado em comparação com o da região Sul.[8]

Tabela 6. Número de pobres e insuficiência de renda em seis regiões do Brasil, conforme o valor do rendimento familiar per capita e adotando uma linha de pobreza de R$ 65,00, em setembro de 1998

Região	População Nº (10³)	%	Pobres Nº (10³)	%	Renda total R$ 10⁶	%	Insuficiência de renda R$ 10⁶	%
Norte*	7.753	5,0	2.869	6,6	1.424	3,7	84	6,5
Nordeste	44.387	28,9	22.710	52,0	6.106	15,7	705	54,6
MG + ES + RJ	32.756	21,3	7.629	17,5	8.851	22,7	207	16,0
SP	34.056	22,2	3.574	8,2	12.799	32,8	108	8,4
Sul	23.775	15,5	4.507	10,3	6.740	17,3	124	9,6
Centro-Oeste	10.868	7,1	2.413	5,5	3.051	7,8	63	4,9
Total	153.595	100,0	43.704	100,0	38.972	100,0	1.291	100,0

Fonte: Pnad, 1998.
* Exclusive área rural de RO, AC, AM, RR, PA e AP.

A tabela 6 mostra que a região Nordeste, com 28,9% da população analisada, tem 52% do total de pessoas pobres e 54,6% da insuficiência de renda. A região Nordeste também se destaca na tabela 7, com medidas de pobreza cujo valor está próximo do dobro do observado para o país como um todo. As medidas de pobreza também são relativamente altas na região Norte, apesar da exclusão da maior parte da sua área rural. O estado de São Paulo e a região Sul apresentam as medidas de pobreza mais baixas.

---

[8] S. Rocha, *Governabilidade e pobreza: o desafio dos números*, Texto para discussão, nº 368 (Rio de Janeiro: Ipea, 1995); "Pobreza no Brasil: principais tendências da espacialização", em *Anais do 26º Encontro Nacional de Economia*, Vitória, Anpec, dezembro de 1998, pp. 1.665-1.682.

Tabela 7. Medidas de pobreza em seis regiões do Brasil, conforme o valor do rendimento familiar per capita e adotando uma linha de pobreza de R$ 65,00, em setembro de 1998

Região	População de pobres (H)	Índice de insuficiência de renda ($\varphi_1 = HI$)	Índice de Sen (P)	Índice de Foster, Greer e Thorbecke (φ_2)	Relação entre insuf. de renda e renda total (%)
Norte*	0,370	0,166	0,2290	0,1076	5,87
Nordeste	0,512	0,244	0,3259	0,1562	11,54
MG + ES + RJ	0,233	0,097	0,1383	0,0631	2,34
SP	0,105	0,049	0,0705	0,0370	0,84
Sul	0,190	0,080	0,1138	0,0523	1,85
Centro-Oeste	0,222	0,090	0,1295	0,0590	2,08
Total	0,285	0,129	0,1783	0,0845	3,31

Fonte: Pnad, 1998.
* Exclusive área rural de RO, AC, AM, RR, PA e AP.

Note, na tabela 7, que o estado de São Paulo tem grau de pobreza substancialmente mais baixo do que o Centro-Oeste. No entanto, devido à dimensão da sua população, a participação do estado de São Paulo no total de pessoas pobres ou na insuficiência de renda nacional é bem maior do que para o Centro-Oeste, como mostra a tabela 6.

Na última coluna da tabela 7 é dada a relação porcentual entre a insuficiência de renda e a renda total declarada. Embora essa relação chegue a 11,54% no Nordeste, para o Brasil como um todo ela é 3,31%. Isso significa que bastaria redistribuir cerca de 1/30 da renda total para eliminar a pobreza como foi definida, isto é, fazer com que todos os brasileiros tivessem um rendimento per capita de pelo menos R$ 65,00 por mês. Desprezando os custos de transferência, isso poderia ser obtido, por exemplo, tirando 7% da renda dos 10% mais ricos e distribuindo esse valor entre os pobres. Na realidade a parcela da renda dos 10% mais ricos que teria que ser transferida deve ser menor do que 7%, pois a renda está subdeclarada. Desse ponto de vista contábil, a tarefa de eliminar a pobreza parece fácil. Basta redistribuir um pouco do muito que ganham poucos para muitos que ganham muito pouco. É óbvio, entretanto, que essa tarefa não é fácil. Os custos de transferência certamente não serão desprezíveis. É importante que a população tenha confiança de que os recursos arrecadados tenham o destino apropriado. E cabe lembrar que "doações" podem contrariar o princípio ético de que as pessoas devem fazer jus ao que ganham.

Referências

Barros, R. P. & Mendonça, R. *Os determinantes da desigualdade no Brasil*. Texto para discussão, nº 377. Rio de Janeiro: Ipea, 1995.

_____. "A evolução do bem-estar, pobreza e desigualdade no Brasil ao longo das últimas três décadas: 1960/90", em *Pesquisa e Planejamento Econômico*, 25 (1), Rio de Janeiro, Ipea, 1995, pp. 115-164.

_____. *Pobreza, estrutura familiar e trabalho*. Texto para discussão, nº 366. Rio de Janeiro: Ipea, 1995.

Fishlow, A. "Brazilian Size Distribution of Income", em *American Economic Review*, 62 (2), American Economic Association, 1972, pp. 391-402.

Foster, J. *et al.* "A Class of Decomposable Poverty Measures", em *Econometrica*, 52 (3), Econometric Society, 1984, pp. 761-766.

Hoffmann, R. "Desigualdade e pobreza no Brasil no período 1979-90", em *Revista Brasileira de Economia*, 49 (2), Rio de Janeiro, FGV, abril-junho de 1995, pp. 277-294.

_____. "Desigualdade e pobreza no Brasil no período 1979-97 e a influência da inflação e do salário mínimo", em *Economia e Sociedade*, nº 11, Campinas, IE/Unicamp, dezembro de 1998, pp. 199-221.

_____. *Distribuição de renda: medidas de desigualdade e pobreza*. São Paulo: Edusp, 1998.

_____. "Pobreza e desnutrição de crianças no Brasil: diferenças regionais e entre áreas urbanas e rurais", em *Economia Aplicada*, 2 (2), São Paulo, Fipe-FEA/USP, abril-junho de 1998, pp. 299-315.

_____. "Pobreza, insegurança alimentar e desnutrição no Brasil", em *Estudos Avançados*, 9 (24), São Paulo, IEA/USP, 1995, pp. 1-14.

_____. "Vinte anos de desigualdade e pobreza na agricultura brasileira", em *Revista de Economia e Sociologia Rural*, 30 (2), Brasília, Sober, abril-junho de 1992, pp. 96-113.

Instituto de Pesquisa Econômica Aplicada & Programa das Nações Unidas para o Desenvolvimento. *Relatório sobre o desenvolvimento humano no Brasil 1996.* Brasília: Ipea/Pnud, 1996.

Monteiro, C. A. "A dimensão da pobreza, da fome e da desnutrição no Brasil", em *Estudos Avançados*, 9 (24), São Paulo, IEA/USP, maio-agosto de 1995, pp. 195-207.

_____. "O mapa da pobreza no Brasil", em *Cadernos de Nutrição*, nº 4, São Paulo, Sociedade Brasileira de Alimentação e Nutrição, 1992, pp. 1-6.

_____. "Pobreza absoluta, desnutrição e desigualdades regionais no Brasil", em Barros, R. P. & Urani, A. (orgs.), *1º relatório sobre desigualdade de renda e pobreza no Brasil. Parte II: consequências.* Rio de Janeiro: Ipea, 1995.

Pen, J. *Income Distribution: Facts, Theories, Policies.* Nova York: Praeger, 1971.

Rocha, S. *Governabilidade e pobreza: o desafio dos números.* Texto para discussão, nº 368. Rio de Janeiro: Ipea, 1995.

_____. "Linhas de pobreza para as regiões metropolitanas na primeira metade da década de 80", em *Anais do 16º Encontro Nacional de Economia*, vol. 4. Belo Horizonte, Anpec, dezembro de 1988, pp. 81-96.

_____. "Pobreza metropolitana: balanço de uma década", em *Perspectivas da Economia Brasileira: 1992.* Rio de Janeiro: Ipea, 1991, pp. 449-469.

_____. "Pobreza no Brasil: principais tendências da espacialização", em *Anais do 26º Encontro Nacional de Economia.* Vitória, Anpec, dezembro de 1998, pp. 1.665-1.682.

_____. *Renda e pobreza: medidas per capita versus adulto-equivalente.* Texto para discussão, nº 609. Rio de Janeiro: Ipea, 1998.

_____. "Renda e pobreza no Brasil", em *Revista Brasileira de Estudos Populacionais*, 10 (1-2), Associação Brasileira de Estudos Populacionais, 1993, pp. 99-106.

Sen, A. "Poverty: an Ordinal Approach to Measurement!", em *Econometrica*, 44 (2), Econometric Society, 1976, pp. 219-231.

Wood, C. H. & Carvalho, J. A. M. *A demografia da desigualdade no Brasil.* Rio de Janeiro: Ipea, 1994.

Alguns consensos sobre a questão da pobreza no Brasil

SONIA ROCHA

Introdução

Após a estabilização de 1994, a pobreza absoluta tornou-se a questão central para os diferentes segmentos da sociedade brasileira. A importância que o tema vem assumindo revela o entendimento de que a persistência da pobreza reflete e sintetiza a face mais crítica de diversos problemas nacionais, como a informalização do mercado de trabalho, a questão agrária, a política de salário mínimo, os déficits de oferta de serviços públicos básicos, a desigualdade entre pessoas e os desequilíbrios regionais. Por estar combinada a todas essas problemáticas, a pobreza torna-se, naturalmente, uma questão polêmica, e a sua percepção pelo público em geral pode ser pouco clara devido às diferentes formas que assume, assim como ao peso relativo diferenciado dos diversos fatores intervenientes num país tão vasto e tão heterogêneo como o Brasil.

No entanto, um conjunto significativo de estudos e pesquisas sobre o tema permitiu que se chegasse a muitos consensos sobre a questão, o que é essencial para estabelecer políticas antipobreza eficazes. Este texto tem por objetivo sistematizar alguns pontos básicos sobre pobreza no Brasil, a partir de evidências empíricas que se reuniram nestes últimos vinte anos. Como se verá a seguir, muito se sabe sobre pobreza no Brasil; o desafio que se coloca hoje é essencialmente o de priorizar o gasto social focalizado nos mais pobres e garantir a capacidade operacional para implementar e monitorar as políticas antipobreza.

Além desta introdução e da conclusão, este texto está dividido em sete seções, cada uma sumariando um tópico básico relativo à pobreza no Brasil. A conclusão discute de forma sucinta as questões ligadas ao financiamento e à focalização das políticas voltadas para os mais pobres.

O que se entende por pobreza no Brasil

Considerando o fato de que, reconhecidamente, amplas parcelas da população brasileira não dispõem dos meios para atender às suas necessidades básicas, o conceito de pobreza relevante no país ainda é o de pobreza absoluta. É, porém, inevitável que, na operacionalização do conceito, sejam incorporadas certas necessidades que, embora não estritamente indispensáveis à sobrevivência física das pessoas, podem ser consideradas como o mínimo necessário para o "funcionamento" dos indivíduos no contexto socioeconômico brasileiro.

Esse mínimo é expresso, por um lado, através de um parâmetro monetário vinculado ao custo de atender às necessidades básicas no âmbito privado, isto é, as despesas necessárias para atingir o mínimo de bem-estar considerado aceitável em determinada área do país em dado momento, a chamada "linha de pobreza". Por sua vez, consideram-se outros aspectos da condição de vida não imediata ou diretamente vinculados à renda corrente – como condições de moradia, acesso a serviços públicos básicos – para qualificar a população que se situa abaixo da linha de pobreza, isto é, que é pobre do ponto de vista da renda. Assim, combina-se o critério de renda a carências em outros aspectos da condição de vida – por exemplo, família com renda insuficiente com ou sem acesso ao abastecimento de água.

O ponto de partida é, portanto, um critério de renda, especificamente renda familiar, na medida em que a pobreza tem que ser entendida no âmbito da família, unidade solidária de consumo e rendimento, e não a partir do valor da renda individual.[1] O estabelecimento do valor da renda familiar per capita abaixo do qual as pessoas seriam consideradas pobres ou indigentes[2] deve se basear no consumo observado. Há consenso de que no Brasil, onde se realizam periodicamente pesquisas de orçamentos familiares, são as informações derivadas dessas pesquisas que devem servir de base para o estabelecimento dos parâmetros de renda a ser utilizados para distinguir pobres de não pobres.[3]

Mesmo adotando o consumo observado, existe uma ampla gama de opções metodológicas para estabelecer o valor da linha de pobreza, que dependem, em última instância, dos objetivos operacionais e do julgamento de valor por parte do analista.[4] O que se deseja é um conjunto de parâmetros monetários, baseado em critérios socialmente justificados, para acompanhar a evolução da incidência da pobreza e das características da população pobre ao longo

---

1 Indicadores de renda individual, como o percentual de trabalhadores que ganham o salário mínimo ou a distribuição de renda das pessoas, dão apenas subsídios indiretos sobre a incidência de pobreza.
2 Do ponto de vista da renda, pobres são aqueles cuja renda é inferior ao valor necessário para atender o conjunto de necessidades básicas no âmbito do consumo privado (alimentação, vestuário, habitação, educação, transporte, lazer, etc.), enquanto indigentes são aqueles cuja renda seria insuficiente até mesmo para atender somente as necessidades básicas de alimentação. Linhas de pobreza e de indigência são valores que se referem ao atendimento desses dois diferentes conjuntos de necessidades básicas.
3 Ou indigentes de não indigentes. Em benefício da fluidez do texto, referir-se-á daqui por diante somente à pobreza, embora as considerações metodológicas se apliquem igualmente à indigência.
4 Para um exercício sobre os efeitos de diferentes opções metodológicas sobre o valor da linha de pobreza calculada a partir da mesma base de dados, ver Sonia Rocha, "Opções metodológicas para a estimação de linhas de indigência e de pobreza no Brasil", em *Anais do Seminário sobre Desigualdade e Pobreza no Brasil*, Rio de Janeiro, Ipea, agosto de 1999, CD-ROM.

do tempo nas diversas áreas do país.⁵ Considerando as importantes diferenciações locais de modo de vida e de nível de desenvolvimento social e produtivo no Brasil, é essencial estabelecer linhas de pobreza locais (regiões, estratos de residência) que reflitam a diversidade do custo de vida para os pobres. A utilização de um único parâmetro para o país como um todo introduz vieses indesejáveis na análise em *cross section*, na medida em que pressupõe, por exemplo, que o custo de vida para os pobres seria o mesmo na metrópole de São Paulo e na zona rural do Nordeste.

A evolução da pobreza no Brasil

Do ponto de vista da renda, os indicadores de pobreza para o Brasil permitem identificar quatro patamares distintos nos últimos trinta anos, independentemente do valor das linhas de pobreza utilizadas. Entre 1970 e 1980 verifica-se uma redução significativa da incidência de pobreza como efeito direto das altas taxas de crescimento da renda. Ao longo dos anos 1980 até 1993, a incidência de pobreza do ponto de vista da renda oscilou ano a ano acompanhando as flutuações macroeconômicas de curto prazo. O resultado ao final do período foi uma pequena variação em relação aos níveis de pobreza verificados em 1980.⁶ A estabilização de 1994 permitiu reduzir sensivelmente a incidência de pobreza, que se estabilizou num novo patamar entre 1995 e 1998.⁷

As informações relativas ao período 1994-1998 permitem verificar que o patamar de incidência de pobreza no Brasil, reduzido

---

5 "Áreas" refere-se às 23 unidades espaciais para as quais se dispõe de informações sobre consumo observado, permitindo estimar linhas de pobreza e de indigência específicas.
6 O sentido da variação depende das linhas de pobreza utilizadas.
7 Para uma discussão mais detalhada dessa evolução, ver Sonia Rocha, "Pobreza e desigualdade no Brasil: o esgotamento dos efeitos distributivos do Plano Real", em *Anais do Congresso Brasil-Portugal Ano 2000*, Recife, 28 de setembro a 1º de outubro de 1999 (no prelo).

drasticamente com a estabilização, mantém-se praticamente inalterado desde então. Esses resultados não estão associados a conjuntos específicos de linhas de pobreza, mas são robustos a qualquer valor arbitrado num intervalo realista. As proporções de pobres que correspondem a linhas de pobreza com valores entre um quarto e dois salários mínimos para a renda familiar per capita são praticamente coincidentes nos quatro anos pós-estabilização (gráfico 1). Esses resultados indicam que os efeitos distributivos do Plano Real em nível nacional já tinham se esgotado em setembro de 1996 e que a proporção de pobres se estabilizava num novo patamar. Essa acomodação do indicador de pobreza para o país como um todo encobre, no entanto, evoluções localmente diferenciadas em função do impacto da reestruturação produtiva, podendo-se verificar uma evolução adversa em São Paulo ou favorável no Centro-Oeste.

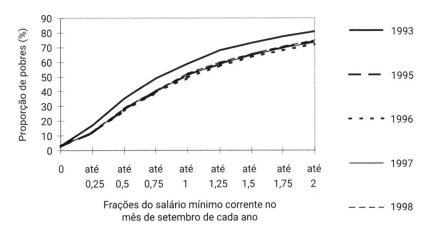

Gráfico 1.   Proporção de pobres para valores da linha de pobreza entre um quarto e dois salários mínimos per capita, Brasil, 1993, 1995, 1996, 1997 e 1998.

Fonte: Pnad/IBGE, 1995 a 1998, tabulações especiais.

No que concerne à pobreza não vinculada à renda, as condições de vida da população apresentaram melhorias contínuas durante os últimos trinta anos, apesar de eventos adversos, como o desmantelamento dos sistemas nacionais de habitação e saneamento nos anos

1980 e as sucessivas crises financeiras do setor público (tabela 1). Em alguns aspectos, como no de saneamento básico, existem evidências de que as melhorias nos últimos dez anos beneficiaram preponderantemente os mais pobres.

Tabela 1. Evolução dos indicadores sociais selecionados

	1970	1980/81	1990/91	1995	1998
Mortalidade infantil (por 1.000)	117	88	60	n.d.	n.d.
Mortalidade infantil (por 1.000) – C. Simões	-	86	48	38,42	n.d.
Esperança de vida ao nascer (anos) – IBGE	52,70	60,10	65,6	n.d.	n.d.
Esperança de vida ao nascer (anos) – Ipea	n.d.	61,10	69,7	73,7	n.d.
Taxa de analfabetismo (%)	33,36	23,07	17,76	14,77	13,9*
Porcentagem de domicílios					
rede de água inadequada*	67,19	45,09	29,29	23,80	21,19
esgotamento inadequado*	73,43	56,82	47,61	40,07	36,12
sem geladeira*	73,94	49,64	28,90	25,20	18,14
sem eletricidade*	52,44	31,50	12,22	8,28	5,83

Fonte: IBGE/Censo Demográfico e Pnad; Celso Simões, *A mortalidade infantil na transição da mortalidade no Brasil*, tese de doutorado (Belo Horizonte: UFMG, 1997).
* Referente à Pnad, 1997.

Pobreza e desigualdade de renda

No caso do Brasil, a persistência da pobreza absoluta do ponto de vista do rendimento está vinculada à desigualdade. Com renda per capita de R$ 5.500,00 ao ano – portanto bem acima de qualquer valor que possa ser realisticamente associado à linha de pobreza–,[8] a incidência de pobreza absoluta no Brasil decorre da forte desigualdade na distribuição do rendimento. A tabela 2 apresenta a

---
8 Por exemplo, uma linha de pobreza associada ao valor de um salário mínimo de 1998 corresponderia a R$ 1.560,00 ao ano.

repartição da população com mais de 10 anos de idade com rendimento positivo.[9] Pode-se constatar que, em 1997, o 1% de pessoas que detinha os rendimentos mais elevados se apropriava de 13,7% do rendimento total naquele ano, proporção quase idêntica àquela apropriada pelos 50% de indivíduos na base da distribuição.

O coeficiente de Gini resultante é um dos mais elevados do mundo, e certamente uma espantosa anomalia para um país com o tamanho populacional e a complexidade socioeconômica do Brasil. É importante notar que o grau de desigualdade é tão elevado que o coeficiente de Gini acaba sendo pouco afetado mesmo por melhorias significativas do rendimento na base da distribuição, como aquelas que ocorreram logo após o plano de estabilização. Assim, embora a renda real dos 10% de indivíduos com rendimentos mais baixos tenha dobrado entre 1993 e 1995, o que levou a uma significativa redução da pobreza absoluta, essa mudança teve apenas um efeito marginal sobre o grau de desigualdade de renda. Na verdade, uma parte considerável dessa desigualdade está associada aos rendimentos mais elevados: o Gini calculado a partir de uma distribuição truncada em 99% se reduz significativamente, embora permanecendo ainda muito elevado quando se consideram os resultados verificados em outros países.[10]

É evidente, portanto, que a extrema desigualdade na distribuição, que resulta de uma dinâmica socioeconômica própria, está associada à persistência da pobreza absoluta no Brasil.

---

9 Renda de todas as origens, isto é, todos os tipos de renda do trabalho, além de pagamentos recebidos dos sistemas de previdência públicos e privados, rendimentos da propriedade e do capital, transferências, etc.
10 O Gini da distribuição truncada situa-se próximo ao verificado na Venezuela em 1990 (0,53), enquanto países desenvolvidos apresentam coeficientes bem mais baixos, como a França (0,35), conforme dados de 1997 do Programa das Nações Unidas para o Desenvolvimento (Pnud).

Tabela 2. Distribuição da renda das pessoas*

% das pessoas em ordem crescente da renda		1986	1989	1993	1995	1996	1997	1998
Até 50%		12,5	10,4	12,8	13,1	13,0	13,1	13,5
De 50% a 90%		38,7	36,4	37,4	38,7	39,1	39,3	39,0
De 90% a 99%		33,6	35,9	33,8	34,3	34,4	33,9	33,8
De 99% a 100%		15,2	17,3	16,0	13,9	13,5	13,7	13,7
Gini**	100%	0,5804	0,6228	0,5822	0,5738	0,5714	0,5700	0,5646
	99%	0,5345	0,5762	0,5330	0,5324	0,5315	0,5290	0,5229

Fonte: Pnad/IBGE, tabulações especiais.
* Rendimentos de todas as origens de pessoas de 10 anos ou mais com rendimento positivo.
** Valor no limite inferior calculado a partir de dados agrupados.

Embora a redução da pobreza absoluta dependa tanto do crescimento da renda como da melhoria distributiva, este último componente assume papel estratégico no Brasil por três razões. Primeiramente porque as possibilidades de crescimento da renda por si só postergam para um horizonte inaceitavelmente longo a eliminação da pobreza absoluta no país. Em segundo lugar, pelo nível explosivo de desigualdade de renda já atingido, que gera, inevitavelmente, níveis de conflito insustentáveis, em especial onde os contrastes de renda, riqueza e poder são mais críticos. Em terceiro lugar, porque as oportunidades "naturais" de crescimento econômico são predominantemente concentradoras, o que exige ações específicas do poder público no sentido não só de evitar o agravamento, mas também no de promover a diminuição da desigualdade de renda objetivando especificamente a redução da incidência de pobreza absoluta no país.

Distribuição espacial da pobreza[11]

Na perspectiva de longo prazo, a principal alteração na espacialização da pobreza foi a redução da participação da pobreza rural. Ao longo destes trinta anos, à medida que o país se urbanizava, a pobreza tornou-se essencialmente urbana e metropolitana. A participação da pobreza rural no país reduziu-se a menos da metade no período de 1970 a 1998, passando de 51,5% a 23,3%. Isso ocorre apesar de os indicadores de pobreza terem se mantido sensivelmente mais altos nas áreas rurais, exceção feita a São Paulo e Rio de Janeiro, as regiões mais urbanizadas, onde a pobreza é um fenômeno essencialmente metropolitano. Para o conjunto do país, embora a proporção de pobres mantenha-se ainda mais elevada em áreas rurais (23,5%), os pobres urbanos são largamente a maioria, mais de dois terços dos pobres brasileiros (tabela 3).

Tabela 3. Proporção e contribuição de pobres por estrato e região, 1970, 1980, 1990 e 1998 (%)

Regiões e estratos	1970[1] Prop.	1970[1] Contr.	1980[1] Prop.	1980[1] Contr.	1990[2] Prop.	1990[2] Contr.	1998[2] Prop.	1998[2] Contr.
Norte*	72,4	09,9	38,6	12,3	43,2	05,3	41,8	10,1
Nordeste	86,7	38,5	59,4	49,2	45,8	45,0	29,4	42,2
Minas Gerais/ Espírito Santo**	63,5	22,0	27,9	17,7	28,5	12,1	16,7	10,5
Rio de Janeiro	-	-	-	-	30,5	09,1	18,5	07,9
São Paulo	51,8	14,3	17,5	10,4	16,8	12,2	14,9	16,5
Sul	58,9	15,3	22,9	10,4	20,1	10,4	10,5	08,0
Centro-Oeste	-	-	-	-	24,9	5,9	13,7	04,8
Brasil	**68,3**	**100**	**35,3**	**100**	**30,2**	**100**	**20,2**	**100**

(cont.)

---

11 Os indicadores de pobreza apresentados nesta seção baseiam-se em linhas de pobreza estimadas a partir do Estudo Nacional da Despesa Familiar (Endef), que, embora relativamente baixas para os níveis de renda e a estrutura de consumo que se verificam hoje no país, são compatíveis com os níveis de renda do início do período, permitindo a comparação intertemporal apenas com ajuste de preços. Para indicadores baseados nas linhas de pobreza derivados da Pesquisa de Orçamentos Familiares (POF), ver Sonia Rocha, "Pobreza e desigualdade no Brasil: o esgotamento dos efeitos distributivos do Plano Real", op. cit.

Regiões e estratos	1970¹		1980¹		1990²		1998²	
	Prop.	Contr.	Prop.	Contr.	Prop.	Contr.	Prop.	Contr.
Metropolitano	53,2	18,8	27,2	22,0	28,9	29,2	21,3	31,9
Urbano	65,3	29,7	32,7	35,9	26,8	41,7	18,3	45,7
Rural	78,6	51,5	45,6	42,1	39,3	29,1	23,5	22,4

Fonte: IBGE, Censos Demográficos (1) e Pnads (2). Tabulações especiais baseadas em linhas de pobreza derivadas pela autora a partir do Endef.

Notas: * Nos anos dos Censos Demográficos, os valores incluem a região Centro-Oeste. ** Nos anos dos Censos Demográficos, os valores incluem o estado do Rio de Janeiro.

Naturalmente essa mudança tem diversas implicações. Por um lado, a pobreza torna-se mais visível, e diante dos contrastes extremos de riqueza e poder em áreas urbanas, as condições adversas de vida dos pobres geram forte tensão social. Por outro, o novo perfil dos pobres requer políticas adequadas às complexidades do meio urbano.

A componente regional da pobreza no Brasil se mantém: quaisquer que sejam os indicadores utilizados, a incidência de pobreza é mais elevada no Norte e Nordeste, reduzindo-se em direção ao Sul. Isso significa que, apesar das profundas transformações estruturais por que passou o país nestes trinta anos, as regiões Norte e Nordeste não apresentam indícios de romper com sua herança de pobreza e alterar a sua posição relativa desfavorável. É importante notar que a evolução 1990/1998 mostra agravamento da dicotomia Norte-Nordeste versus Centro-Sul,[12] e a evolução mais adversa ocorreu na região Norte. Trata-se de uma tendência preocupante pela intensidade do fenômeno, embora o contingente populacional envolvido seja reduzido. No Nordeste, ao contrário, a concentração de pobres na região continua alarmante, tendo em vista não só o número de pobres – 13 milhões de pessoas –, o equivalente a 42% dos pobres brasileiros em 1998, mas também as condições de vida da população em geral e dos pobres em particular. Ao meio físico frequentemente

---

12 A participação do Norte e do Nordeste no número total de pobres no Brasil passou de 50,3% para 52,3% no período.

adverso, juntam-se as condições sanitárias precárias, o nível baixo de escolarização e as possibilidades muito limitadas dos governos locais de operar de forma eficaz em favor do desenvolvimento das atividades produtivas e da assistência da população. O fato de que a taxa de mortalidade infantil, que pode ser considerada como um indicador sintético privilegiado das condições de vida da população, situa-se em torno de 59/1.000 no Nordeste, portanto mais que o dobro daquela verificada no Sudeste (25/1.000),[13] reflete de forma inequívoca a situação crítica do Nordeste em relação não só à pobreza, mas também à persistência de fortes desigualdades regionais no Brasil.

Educação, renda e pobreza

Embora seja a pobreza um fenômeno complexo, portanto associado a muitas causas, as evidências empíricas de que se dispõe permitem correlacionar de forma inequívoca pobreza e baixo nível de escolaridade. É importante observar que baixo nível de escolaridade não significa necessariamente condenação à pobreza. Sabe-se que as pessoas de baixo nível de escolaridade distribuem-se de forma bastante uniforme ao longo da distribuição de rendimentos. No entanto, entre os pobres, predominam indivíduos com baixo nível de escolaridade.[14]

Tomando por base um conjunto de sete características de ocorrência frequente entre os chefes das famílias pobres, verificou-se que o baixo nível educacional – definido como menos de quatro anos de escolaridade – era a variável que estava associada à maior

---

13 Estimativas de Simões, *op. cit.*
14 A esse respeito, ver o excelente artigo de R. P. Barros *et al.*, *A desigualdade da pobreza: estratégias ocupacionais e diferenciais por gênero"*. Texto para discussão, nº 453 (Rio de Janeiro: Ipea, 1997.

probabilidade de o indivíduo e sua família serem pobres.[15] Assim, quando as sete características adversas selecionadas ocorrem simultaneamente, a probabilidade de a família ser pobre é de 95%. Se todas as sete características analisadas forem adversas, mas o nível de escolaridade for superior a quatro anos, a probabilidade de ser pobre cai para 86%. Isto é, por conta de níveis de escolaridade superiores a quatro anos, quaisquer que sejam eles, a probabilidade de ser pobre reduz-se em nove pontos percentuais. A esse respeito cabe observar que educação teve uma contribuição mais importante do que as variáveis de sexo ou de cor.

Estudos que relacionam anos de estudo ao nível de rendimento dão subsídios indiretos sobre a relação entre pobreza e baixa escolaridade. Com base, por exemplo, em dados da década de 1980, verificou-se que cada ano adicional de escolaridade resultava em aumentos da renda que variavam entre 10% e 19%, dependendo do nível de escolaridade alcançado. Esse efeito sobre a renda é bem mais acentuado no Brasil do que em outros países, onde o efeito em média é de 10%.[16]

O consenso de que a redução da pobreza e da desigualdade passa necessariamente pela democratização do ensino de qualidade, capaz de instrumentalizar os jovens para o mercado de trabalho, levou ao aumento de vagas no ensino fundamental com o objetivo de garantir o acesso à escola. Hoje, quando quase a totalidade das crianças já

---

15 Foram sete as variáveis consideradas, sendo a condição adversa indicada entre parênteses: sexo (feminino), cor (preta ou parda), situação na ocupação (empregado sem carteira ou desempregado), nível de escolaridade (menos de quatro anos), razão de dependência (zero), região de residência (Nordeste) e estrato de residência (rural). A respeito, ver Sonia Rocha, "Governabilidade e pobreza: o desafio dos números", em Valladares, L. & Prates Coelho, M. (orgs.), *Governabilidade e pobreza no Brasil* (Rio de Janeiro: Civilização Brasileira, 1995), pp. 221-265.

16 Barros e Ramos mostram os ganhos de renda por ano adicional de escolaridade, segundo faixas de escolaridade: mais 16% de renda na faixa até quatro anos de escolaridade; mais 10% de cinco a oito anos; 14% de oito a onze anos; 19% de onze a dezesseis anos. Ver Ricardo Paes de Barros & Lauro Ramos, *A Note on the Temporal Evolution of the Relationship Between Wages and Education Among Prime-Age Males: 1976-1989*, Texto para discussão, nº 279 (Rio de Janeiro: Ipea, 1992).

frequenta a escola – 94,5% das crianças de 10 a 14 anos –,[17] o desafio consiste em fazer com que a escola pública recupere o seu papel fundamental de mecanismo de mobilidade social, o que depende do provimento de ensino público de qualidade.

Pobreza e mercado de trabalho

A forma desejável de os indivíduos obterem renda[18] necessária para evitar a pobreza é pela inserção no mercado de trabalho. No entanto, dadas as características estruturais do mercado de trabalho brasileiro, mesmo trabalhadores envolvidos em tempo integral em atividades formais, recebendo o salário mínimo, podem ser pobres em função da composição de sua família e do baixo valor desse salário. Ademais, o mercado de trabalho brasileiro vem se especializando rapidamente, o que resulta em número insuficiente de postos de trabalho e aumento relativo da participação da mão de obra qualificada dentre os trabalhadores ocupados. O resultado tem sido a expansão da informalidade e a exclusão do mercado de trabalho dos trabalhadores com baixo nível de escolaridade. De 1995 a 1999, em seis regiões metropolitanas responsáveis por 30% da população brasileira,[19] diminuiu em 1,14 milhão o número de postos de trabalho ocupados por pessoas com menos de quatro anos de escolaridade, que passaram de 34% a 25% da mão de obra ocupada nessas metrópoles. Como efeito combinado da redução do número de postos de trabalho e do rendimento médio, o rendimento total do trabalho para essa categoria de trabalhadores caiu 26% em termos reais no mesmo período.

---

17 Informações da Pesquisa Nacional por Amostra de Domicílios (Pnad) de 1998.
18 Renda do trabalho presente ou deferida por mecanismos de poupança e previdência.
19 Trata-se das seis metrópoles onde se realiza a Pesquisa Mensal de Emprego (PME/IBGE): Recife, Salvador, Belo Horizonte, Rio de Janeiro, São Paulo e Porto Alegre.

Essa evolução tem resultado no aumento da pobreza metropolitana, ainda que amortecido pelos efeitos distributivos que ocorrem no interior das famílias nas quais convivem indivíduos com perfis diversos (diferentes idades, nível de escolarização e educação). O desajuste do mercado de trabalho reflete a questão da qualificação da mão de obra, o que remete à seção "Educação, renda e pobreza" deste texto.

No curto prazo, porém, fazer face às tensões crescentes do mercado de trabalho, que resultam da modernização do sistema produtivo com efeitos irreversíveis sobre a estrutura da mão de obra, requer necessariamente políticas de cunho assistencial voltadas para os excluídos. A esse respeito é importante destacar que o desemprego, embora um fenômeno importante e um indicador central do funcionamento do mercado de trabalho, não se constitui em variável essencial no que concerne à pobreza. Apesar de a taxa de desemprego ser bem mais elevada entre os pobres, a eliminação total do desemprego, dadas as taxas e a composição verificadas atualmente, teria um efeito muito marginal sobre a incidência de pobreza do ponto de vista da renda.[20]

Essas constatações têm duas implicações diretas sobre a concepção de políticas públicas. Por um lado, os desembolsos anuais com o seguro-desemprego – da ordem de R$ 3,6 bilhões de janeiro a novembro de 1999 – não podem ser arrolados como um dispêndio associado à política antipobreza, na medida em que esta não pretende e não é focalizada nos pobres. Por outro, centrar os esforços para inserção no mercado de trabalho nos jovens de menos de 25 anos com baixa qualificação é prioritário, tanto pela ótica da funcionalidade do mercado de trabalho como pela ótica da redução da pobreza.

---

20 C. A. Ramos & R. Santana, "Desemprego, pobreza e desigualdade", em *Conjuntura e Análise*, 4(11), Rio de Janeiro, Ipea, 1999, pp. 23-27.

Perfis diferenciados da pobreza[21]

Em um país de tamanho continental e marcado por diferenças regionais tão acentuadas, é compreensível que os indivíduos e famílias pobres tenham características diversas conforme a sua região e seu estrato de residência. São ilustrativos dessa diversidade os perfis dos pobres na metrópole de São Paulo e no Nordeste rural, que revelam diferenciações extremas, mas relevantes pela importância numérica das populações a que se referem: os pobres nas metrópoles primazes de São Paulo e Rio de Janeiro representam 16% dos pobres brasileiros em 1998, enquanto os pobres na área rural do Nordeste representam 17%, constituindo no total cerca de um terço dos pobres do país.

Tabela 4. Perfil dos pobres

	NE rural	Região metropolitana de SP
Indicadores de família (%)		
Tamanho da família	5,0	3,8
Crianças (até 17 anos) por família	2,8	1,8
Crianças (7-14) fora da escola	15,7	5,7
Chefes de família mulheres	16,2	32,0
Indicadores dos chefes de família (%)		
Analfabetos	59,4	12,7
1 a 4 anos de estudo	34,7	44,2
Status ocupacional		
Não remunerado	2,0	0,4
Empregado c/ carteira assinada	6,6	54,8
Empregado s/ carteira assinada	26,9	23,6
Conta própria	63,5	20,2

(cont.)

---

21 Com base nas linhas de pobreza derivadas da POF. A respeito, ver Sonia Rocha, "Governabilidade e pobreza: o desafio dos números", op. cit.

	NE rural	Região metropolitana de SP
Condições de moradia (%)		
Sem eletricidade	53,5	0,2
Abastecimento de água inadequado*	40,4	3,4
Esgotamento sanitário inadequado**	82,6	29,1

Fonte: Pnad/IBGE, 1997, tabulações especiais.
Notas: foram usadas linhas de pobreza derivadas da POF.
Os percentuais da posição na ocupação são em relação ao total de ocupados.
* Abastecimento de água adequado: no Nordeste rural, rede geral, poço ou nascente; na região metropolitana de São Paulo, rede geral.
** Esgotamento sanitário adequado: no Nordeste rural, rede geral ou fossa séptica; na região metropolitana de São Paulo, rede geral.

A pobreza rural nordestina é essencialmente a pobreza típica de sociedades tradicionais que se situam à margem do crescimento urbano-industrial (tabela 4). Comparativamente à metrópole de São Paulo, o tamanho médio das famílias pobres no Nordeste é maior, e as crianças bem mais numerosas. A chefia feminina é relativamente baixa (16%). A maioria dos chefes de família é analfabeta (59%), e mais de um terço tem escolaridade inferior a quatro anos. Como estão ocupados predominantemente na agropecuária na condição de trabalhadores por conta própria (63%), isso significa que se dedicam à pequena produção agrícola destinada essencialmente ao autoconsumo, gerando pequeno ou nenhum excedente comercializável. O desemprego é inexistente por não se aplicar conceitualmente às condições socioeconômicas locais. O Estado deixa a desejar como provedor de serviços básicos: elevada proporção das crianças entre 7 e 14 anos, portanto na faixa etária em que a frequência à escola é obrigatória, está fora da escola (16%), o que é um resultado já adverso, mesmo abstraindo a questão da qualidade do ensino ministrado àqueles que estão frequentando a escola; ademais, a grande maioria dos pobres reside em domicílios inadequados no que concerne, por exemplo, ao acesso à rede de água (40%) e esgotamento sanitário (83%); mais da metade (53%) dos pobres na área rural do Nordeste vive em domicílios sem eletricidade, o que tem implicações óbvias tanto em termos de conforto como de acesso à informação e possibilidades de lazer.

Em contrapartida, a pobreza nas metrópoles primazes está articulada, social e economicamente, ao funcionamento do centro dinâmico da economia nacional. As famílias pobres são menores, e o número médio de crianças bem mais baixo do que no Nordeste rural. A dinâmica social, menos centrada nos laços familiares, resulta em percentual elevado de chefia feminina (32%), o que consiste num dos traços mais característicos da pobreza urbana em sociedades modernas. O percentual de chefes analfabetos é elevado (13%), mas se situa num patamar incomparavelmente mais baixo do verificado no Nordeste. A maioria dos chefes de família pobres trabalha como empregado (78%), dos quais 54% têm carteira assinada, nos setores de comércio e serviços, na verdade nas atividades tradicionais, de baixa produtividade e baixos rendimentos, desses setores. Indicadores relativos ao acesso a serviços públicos revelam uma situação radicalmente diversa da verificada no Nordeste. Cerca de 6% das crianças com idades de 7 a 14 anos não frequentam a escola, a maioria delas no limite inferior da faixa etária. O acesso à eletricidade e ao abastecimento de água é praticamente universal, havendo déficits importantes apenas em relação ao esgotamento sanitário (29%).

Essa caracterização esquemática das duas subpopulações pobres, baseada em suas diferenças essenciais, evidencia que é necessário conceber estratégias diversas de combate à pobreza conforme o perfil da população-alvo. No Nordeste rural, o objetivo deve ser melhorar as condições de vida nos bolsões de pobreza mais crítica através da garantia de acesso à terra e de melhorias de produtividade agrícola como resultado da ação integrada na área social (educação, saúde e alimentação) e de extensão rural. No que concerne à pequena produção agrícola, a prioridade absoluta deve ser o atendimento de necessidades de autoconsumo alimentar, o que poderia evoluir para a geração de excedentes e melhoria da renda monetária no médio e longo prazo. Nas metrópoles primazes as ações estão necessariamente voltadas à inserção no mercado de trabalho (melhoria de qualidade da escola pública, treinamento dos jovens, aumento das vagas em creches e pré-escola, melhoria do transporte e dos sistemas de informação sobre emprego) e na ajuda assistencial complementar para as famílias mais pobres. A prioridade à educação, com formas e ênfases diferenciadas, é um importante denominador comum das políticas antipobreza aplicadas a realidades tão distintas.

Conclusão

Ao retornar ao centro das discussões durante o ano de 1999, o tema da pobreza veio centrado na mobilização em torno de novas fontes de financiamento federal para ações específicas. Objetivos e desenhos de políticas visando atingi-los – o que inclui, naturalmente, a questão do financiamento – não foram tratados de forma articulada. Em particular, pouco uso foi feito dos consensos já atingidos em relação à questão.

A menção ao montante de recursos necessários para a erradicação da pobreza leva diretamente à noção de hiato de renda. Do ponto de vista do rendimento, as estimativas do valor necessário para elevar todos os indivíduos pobres ao nível da linha de pobreza – o chamado hiato da renda – giram em torno de R$ 23,4 bilhões em 1998, ou o equivalente a 2,6% do PIB daquele ano.[22] Esse montante é aparentemente modesto quando se tem em vista o benefício potencial, isto é, a eliminação da pobreza do ponto de vista da renda. Deve-se levar em conta, no entanto, que a transferência direta de renda aos pobres não pode ser feita de uma só vez, mas tem que se repetir ao longo dos anos, até que as medidas que realmente atacam as causas da pobreza venham reduzir paulatinamente o tamanho da

---

[22] Essas estimativas de hiato referem-se às 23 linhas de pobreza derivadas da POF. Ver Sonia Rocha, "Do consumo observado à linha de pobreza", em *Pesquisa e Planejamento Econômico*, 27 (2), Rio de Janeiro, Ipea, agosto de 1997, pp. 313-352. Essas linhas, expressas a preços de setembro de 1998, resultam em uma proporção de pobres no Brasil de 34% naquela data.

população-alvo. Ademais, a facilidade de estimação estatística do hiato da renda mascara as dificuldades reais de operacionalização de um programa de transferência direta de renda. Como se sabe, o estabelecimento de mecanismos essenciais de seleção de beneficiários, acompanhamento e avaliação permanente do programa são complexos e de custo relativamente alto.

É importante lembrar ainda que pobreza não se limita a insuficiência de renda, e que dispêndios associados a outras necessidades dos mais pobres, em particular aquelas vinculadas ao provimento de serviços públicos básicos e de promoção social, formam o conjunto indispensável de ações no escopo de uma política antipobreza.

Embora os recursos necessários sejam vultosos, não se trata naturalmente de partir do zero. Como o gasto social – que inclui a totalidade dos gastos da previdência, da saúde, da educação – equivale a cerca de 20% do PIB brasileiro, é evidente que a persistência da pobreza não está vinculada à insuficiência do gasto público. O mote, portanto, não pode ser a mobilização de recursos adicionais, mas a melhoria da eficiência do gasto social em geral, o que suscita questões de operacionalização pura e simples, mas também questões distributivas mais complexas do ponto de vista político.[23] Trata-se de priorizar os gastos voltados à satisfação de necessidades básicas de alimentação, saúde, educação e saneamento, focalizando os mais pobres.

Adotar o combate à pobreza como bandeira política consequente requer a reestruturação do gasto social em geral e o redesenho dos mecanismos voltados especificamente ao atendimento dos pobres. Nesse segundo caso, é indispensável concentrar o uso de recursos, antigos ou novos, em políticas de objetivos claros e focalizados em populações bem definidas. O desenho criterioso de políticas, do qual fazem parte os mecanismos de monitoramento e avaliação dos resultados tendo em vista os objetivos pretendidos, é essencial para

---

23 Como é o caso da Previdência Social.

garantir o máximo retorno de recursos escassos. A tarefa essencial é, portanto, priorizar a focalização nos mais pobres e garantir a eficiência tanto de medidas assistenciais, que apenas amenizam os sintomas presentes da pobreza, como daquelas que têm o potencial de romper de forma definitiva o círculo vicioso da pobreza.

Referências

Barros, R. P. & Ramos, L. *A Note on the Temporal Evolution of the Relationship Between Wages and Education Among Prime-Age Males: 1976-1989*. Texto para discussão, nº 279. Rio de Janeiro: Ipea, 1992.

Barros, R. P., Camargo, J. M. & Mendonça, R. S. P. *A estrutura do desemprego no Brasil*. Seminários, nº 14. Rio de Janeiro: Ipea, 1996.

Barros, R. P., Machado, A. F. & Mendonça, R. S. P. *A desigualdade da pobreza: estratégias ocupacionais e diferenciais por gênero*. Texto para discussão, nº 453. Rio de Janeiro: Ipea, 1997.

Ramos, C. A. & Santana, R. "Desemprego, pobreza e desigualdade", em *Conjuntura e Análise*, 4 (11), Rio de Janeiro, Ipea, 1999, pp. 23-27.

Rocha, S. "Do consumo observado à linha de pobreza", em *Pesquisa e Planejamento Econômico*, 27 (2), Rio de Janeiro, Ipea, agosto de 1997, pp. 313-352.

_____. "Governabilidade e pobreza: o desafio dos números", em Valladares, L. & Prates Coelho, M (orgs.). *Governabilidade e pobreza no Brasil*. Rio de Janeiro: Civilização Brasileira, 1995, pp. 221-265.

_____. "Opções metodológicas para a estimação de linhas de indigência e de pobreza no Brasil", em *Anais do Seminário sobre Desigualdade e Pobreza no Brasil*. Rio de Janeiro, Ipea, agosto de 1999, CD-ROM.

_____. "Pobreza e desigualdade no Brasil. O esgotamento dos efeitos distributivos do Plano Real", em *Anais do Congresso Brasil-Portugal Ano 2000*. Recife, 28 de setembro a 1º de outubro de 1999 (no prelo).

Simões, C. *A mortalidade infantil na transição da mortalidade no Brasil*, tese de doutorado. Belo Horizonte: UFMG, 1997.

DOMICÍLIOS, FAMÍLIAS E SEGURANÇA PÚBLICA

Desenvolvimento habitacional na América Latina

FERNANDO GARCIA
ROGÉRIO CÉSAR DE SOUZA
ANA MARIA CASTELO

O Programa das Nações Unidas para o Desenvolvimento (Pnud) vem, desde o início da década de 1990, acompanhando o desempenho de diversos países a partir de uma nova abordagem: a do desenvolvimento humano. Segundo tal abordagem, o desenvolvimento humano deve ser entendido como *desenvolvimento para as pessoas, das pessoas e pelas pessoas*. Isto é, enquanto desenvolvimento *para* as pessoas, o desenvolvimento humano quer dizer partilha dos frutos da expansão das atividades econômicas entre a população. Enquanto desenvolvimento *das* pessoas, quer dizer capacitação dos menos favorecidos para a integração efetiva na vida econômica, política, social e cultural do país (*equidade*). E, finalmente, enquanto desenvolvimento *pelas* pessoas, quer dizer participação das pessoas nas decisões de opções estratégicas para o desenvolvimento.[1]

Portanto, desenvolvimento humano é um conceito mais amplo e integral: é um "processo para ampliação da gama de opções e oportunidades das pessoas".[2] O desenvolvimento humano tem como

---

[1] Ver Instituto de Pesquisa Econômica Aplicada & Programa das Nações Unidas para o Desenvolvimento, *Relatório sobre o desenvolvimento humano no Brasil* (Brasília: Ipea/Pnud, 1996).
[2] *Ibid.*, p. 1.

uma de suas condições necessárias o crescimento econômico; e, na medida em que tem a equidade como outro componente essencial, desperta a noção de desenvolvimento sustentável, ou seja, "aquele que satisfaz equitativamente as necessidades das gerações atuais, sem limitar o potencial para satisfazer as necessidades das gerações futuras".[3]

Para captar e sintetizar as diversas dimensões do processo de desenvolvimento humano, foi criado o Índice de Desenvolvimento Humano (IDH). Calculado para vários países, o IDH permite examinar e ordenar o atual estado do desenvolvimento humano mundial. No Brasil, o IDH é calculado pelo Instituto de Pesquisa Econômica Aplicada (Ipea), não só para o país como um todo, mas para as diferentes unidades da Federação separadamente. De difícil mensuração, o IDH vem passando por sucessivos aperfeiçoamentos metodológicos nos últimos anos, mas sem perder sua concepção básica, isto é, a de que há três condições essenciais em todos os níveis de desenvolvimento que determinam o acesso das pessoas às oportunidades e alternativas na vida, quais sejam: "desfrutar de uma vida longa e saudável, adquirir conhecimento e ter acesso aos recursos necessários para um padrão de vida decente".[4]

Dentro desse espírito, criamos o Índice de Desenvolvimento Habitacional (IDHab). A ideia de criar o IDHab surge do fato inquestionável de que as condições habitacionais são essenciais para a qualidade de vida das pessoas e, portanto, para o desenvolvimento humano. A habitação decente[5] garante não só melhores padrões de saúde, mas vai além, ao ser elementar para o exercício da cidadania. O IDHab tem a finalidade de mensurar o processo de desenvolvimento habitacional e suas consequências diretas sobre o bem-estar social; é uma medida socioeconômica que, juntamente com o IDH,

---

[3] *Ibid.*, p. 2.
[4] *Ibid.*, p. 1.
[5] Habitação num sentido mais amplo, como se verá mais adiante.

aperfeiçoa e completa as análises do progresso nacional. Isso tudo faz do IDHab um índice qualitativo, que pode ser utilizado como parâmetro para definir e nortear políticas habitacionais, bem como para comparar a experiência dessas políticas inter e intrapaíses.

Este texto apresenta, de forma sucinta, o IDHab. Na primeira seção, são discutidas a metodologia do IDHab, suas características, propriedades e as bases de dados que possibilitaram seu cálculo. Na seção subsequente, são apresentados, analisados e comparados os resultados do IDHab calculado para o Brasil e para alguns países da América Latina. Na seção "O desenvolvimento habitacional no Brasil", expomos o IDHab para todos os estados do país e salientamos as diferenças regionais. Na seção "Variáveis que influenciam o IDHab", analisamos a influência de algumas variáveis socioeconômicas sobre o IDHab e, por fim, nas "Considerações finais", fazemos algumas considerações sobre o IDHab.

Metodologia do IDHab

O IDHab[6] compreende três variáveis:

- um indicador de adequação estrutural da habitação, determinado pela diferença da unidade (1) e do "déficit habitacional qualitativo", o qual é medido pelo número relativo de imóveis irrecuperáveis no total do número de habitações ocupadas;
- um indicador de infraestrutura voltada para a habitação, determinado pelo acesso do domicílio a água potável, esgoto e energia elétrica; e
- um indicador de acomodação (entendido como o espaço físico da habitação), determinado pelo inverso do número de pessoas por habitações, ou seja, o inverso do adensamento domiciliar.

---
6 Vale dizer, a metodologia de cálculo do IDHab é baseada na metodologia do Índice de Desenvolvimento Humano do Pnud.

Definiu-se que cada uma dessas variáveis assume valores em uma escala de 0 a 1, ou seja, zero (0) é o valor mínimo que a variável pode assumir e um (1), o valor máximo. Esses valores correspondem, para cada região (país ou estado):

- ao percentual de habitações adequadas: mínimo de 0% e máximo de 100%;
- ao percentual de habitações com acesso a água, esgoto e energia elétrica: mínimo de 0% e máximo de 100%;
- à razão entre a unidade domiciliar e o número mínimo e máximo de pessoas que a habitam (3 e 8 pessoas, respectivamente), isto é, 0,333 e 0,125.

Para se obter o valor de cada um dos indicadores que compõem o IDHab, utilizou-se a seguinte expressão:

$$Indicador = \frac{(valor\ esperado - valor\ mínimo)}{(valor\ máximo - valor\ mínimo)}$$

Ou seja, do valor de cada indicador de determinada região (valor observado) foi subtraído o valor mínimo aceito para aquele indicador, e a diferença daí resultante foi dividida pelo intervalo dos valores máximos e mínimos correspondentes.

O cálculo do indicador de acomodação (espaço físico) do *i-ésimo* país E_i é o resultado do inverso da taxa de adensamento desse mesmo país V_i aplicada à expressão acima:

$$E_i = \frac{(V_i - 0{,}125)}{(0{,}333 - 0{,}125)}$$

O cálculo do indicador de adequação estrutural da habitação A_i é obtido: (i) pela estimativa do déficit habitacional do *i-ésimo* país resultante de imóveis com estrutura inadequada (habitações irrecuperáveis); (ii) pela participação desse déficit no total de habitações ocupadas desse mesmo país (noção de déficit qualitativo); e, finalmente, (iii) pela subtração dessa participação da unidade (um), o que resulta em D_i.

$$A_i = \frac{(D_i - 0\%)}{(100\% - 0\%)}$$

O cálculo do indicador de infraestrutura voltada para a habitação envolve o cálculo de outros parâmetros. Primeiro, calculamos: (i) o número relativo de habitações com água potável P_i; (ii) o número relativo de habitações com acesso a esgoto G_i; e (iii) o número relativo de habitações com energia elétrica L_i. Segundo, tiramos a média ponderada de P_i, G_i e L_i para obter o indicador de infraestrutura observado (T_i) do *i-ésimo* país (P_i e G_i com pesos iguais a 2 e L_i com peso igual a 1). Por fim, calculamos o índice de infraestrutura propriamente dito do *i-ésimo* país (ou região):

$$I_i = \frac{(T_i - 0\%)}{(100\% - 0\%)}$$

O índice de desenvolvimento habitacional é a média simples desses indicadores:

$$IDHab_i = \frac{(E_i + A_i + I_i)}{3}$$

Assim como convencionado pelo Pnud para o Índice de Desenvolvimento Humano, achamos apropriado estabelecer os seguintes intervalos para a escala do IDHab:

- IDHab > 0,7 significa um nível de desenvolvimento habitacional relativamente elevado;
- IDHab entre 0,6 e 0,7 indica um desenvolvimento habitacional médio; e
- IDHab < 0,6 significa um baixo nível de desenvolvimento habitacional.

Os dados da América Latina empregados neste trabalho advêm do estudo publicado na Serie Medio Ambiente y Desarrollo da Comissão Econômica para a América Latina e o Caribe (Cepal), das Nações Unidas, por Joan Mac Donald *et al.*[7]

Para o Brasil, os cálculos do IDHab originam-se de outra base de dados. Por isso, torna-se conveniente expormos os procedimentos tomados para a realização desses cálculos. Os dados utilizados são do Instituto Brasileiro de Geografia e Estatística (IBGE), mais precisamente os microdados da Pesquisa Nacional por Amostra de Domicílios (Pnad) dos anos de 1992 e 1997. O ano de 1992 foi escolhido por dois motivos. Primeiro, aproxima-se dos anos para os quais tínhamos disponíveis os dados dos demais países. Segundo, porque, ao estimarmos os valores para o Brasil por meio da Pnad de 1992, tínhamos em mãos resultados que poderiam ser comparados àqueles apresentados, para o próprio Brasil, no relatório da Cepal.[8] Uma consequência importante disso foi o fato de que, à medida que íamos ajustando nossos resultados com os da Cepal, com a

---

[7] J. Mac Donald *et al.*, *Desarrollo sustentable de los asentamientos humanos: logros y desafíos de las políticas habitacionales y urbanas de América Latina y el Caribe*, Serie Medio Ambiente y Desarrollo (Santiago: Naciones Unidas/Cepal, 1998).

[8] Ou aproximados, já que os da Cepal para o Brasil dizem respeito ao ano de 1991, ano para o qual não há Pnad.

finalidade de torná-los compatíveis, também íamos adequando nossa metodologia de déficit habitacional.

A seguir, apresentamos as variáveis da Pnad para o Brasil que foram utilizadas para a estimação dos indicadores que compõem o IDHab. O indicador de adequação estrutural da habitação foi estimado a partir das variáveis:[9]

- espécie de domicílio: somente foram selecionados os domicílios particulares improvisados e os coletivos – denominamos esse valor de *improvisados*;
- material predominante das paredes externas: entraram para o cômputo os domicílios em cujas paredes predomina ou a taipa não revestida, ou a madeira aproveitada, ou a palha, ou materiais ignorados ou outros diferentes da alvenaria e da madeira aparelhada – denominamos esse valor de *parede*;
- material predominante na cobertura: foram considerados inadequados os telhados de madeira aparelhada, de zinco, de madeira aproveitada, de palha, de materiais ignorados e de outros materiais diferentes da telha e da laje de concreto – denominamos esse valor de *telhado*;
- tipo de domicílio: definiu-se como estruturalmente inadequados os domicílios do tipo "cômodo" com a particularidade de serem alugados ou cedidos – denominamos esse valor de *cômodo*.

A fim de dar consistência aos dados, anulamos as possíveis duplas contagens entre os valores calculados *parede*, *telhado*, *improvisado* e *cômodo*. Por fim, procedemos à contagem final de imóveis inadequados. Para se chegar ao indicador de adequação estrutural da habitação, tomou-se a participação das habitações adequadas,

---

[9] Note-se que as variáveis escolhidas são aquelas que indicam inadequação das habitações. Isso nos serviu para o cálculo do déficit habitacional segundo um conceito qualitativo.

obtidas pela diferença entre o total de moradias e as inadequadas, no total de domicílios.

Para o cálculo do nosso segundo indicador, qual seja, o indicador de infraestrutura voltada para a habitação, utilizamos as seguintes variáveis:

- forma de iluminação do domicílio: foram selecionados somente os imóveis com acesso a energia elétrica de rede, de gerador ou solar – denominamos esse valor de *eletros*;
- proveniência da água utilizada no domicílio: consideraram-se apenas os domicílios ligados à rede geral de distribuição de água – denominamos esse valor de *água*;
- forma de escoadouro do banheiro ou sanitário: foram computados apenas os domicílios conectados à rede coletora de esgoto ou pluvial – denominamos esse valor de *esgoto*.

Para a estimação do indicador de infraestrutura, calculamos os relativos dos valores *eletros*, *água* e *esgoto* (L_i, P_i e G_i, na metodologia do IDHab) em função do número de habitações ocupadas na região (estados) e tiramos a média ponderada da soma desses relativos (água e esgoto com peso dois e eletricidade com peso um). O indicador de infraestrutura passou, portanto, a refletir a participação de domicílios com água, esgoto e energia elétrica, fornecidos pelas redes públicas ou particulares, no total de moradias de cada unidade da Federação.

O indicador de espaço físico, terceiro e último componente do IDHab, foi calculado a partir do valor médio de domicílios por habitante em cada unidade da Federação. De acordo com esse cálculo, estamos estimando o indicador de "acomodação", e pelo seu inverso obtemos o que chamamos aqui de adensamento habitacional.

O desenvolvimento habitacional na América Latina

Empregamos a metodologia supracitada para calcular o IDHab de alguns países da América Latina. A tabela 1 apresenta para cada país, além do IDHab propriamente dito, o índice das três variáveis que o compõem, o PIB per capita em dólares de 1987 (já considerada a paridade de poder de compra das moedas) e o ano para o qual se encontram disponíveis os dados aqui utilizados.

Tabela 1. Índice de desenvolvimento habitacional da América Latina

País	Ano	Adequação	Infraestrutura	Acomodação	IDHab	PIB per capita PPP em US$ de 1987
Uruguai	1985	0,95	0,68	0,71	0,78	4.013,40
Argentina	1991	0,93	0,71	0,65	0,76	6.307,30
Chile	1992	0,88	0,80	0,51	0,73	7.344,20
Brasil	1992	0,86	0,62	0,56	0,68	4.357,60
Cuba	1981	0,85	0,66	0,53	0,68	-
Costa Rica	1984	0,91	0,78	0,34	0,67	3.974,40
México	1990	0,88	0,70	0,32	0,63	5.933,70
Venezuela	1990	0,85	0,76	0,27	0,63	6.237,30
Colômbia*	1985	0,90	0,74	0,22	0,62	1.190,00
Panamá	1990	0,84	0,59	0,45	0,62	4.546,60
Equador	1990	0,85	0,56	0,34	0,59	3.616,40
Bolívia	1992	0,75	0,38	0,52	0,55	2.095,70
El Salvador	1992	0,75	0,49	0,36	0,53	1.930,30
Peru	1993	0,80	0,47	0,33	0,53	2.987,10
Guatemala	1994	0,81	0,51	0,12	0,48	2.684,00
Honduras	1988	0,88	0,41	0,16	0,48	1.808,00
Paraguai	1992	0,83	0,27	0,32	0,48	2.789,00

Fonte: World Bank, 1998; Mac Donald et al., 1998.
* Os dados de infraestrutura da Colômbia referem-se ao ano de 1992.

Observamos que apenas Uruguai, Argentina e Chile podem ser caracterizados como países com elevado nível de desenvolvimento habitacional (IDHab > 0,7). Já numa faixa de desenvolvimento habitacional médio (0,7 > IDHab > 0,6) situam-se sete países: Cuba, Brasil, Costa Rica, México, Venezuela, Panamá e Colômbia. No outro extremo, aparecem sete outros países com baixo nível de desenvolvimento habitacional (IDHab < 0,6), Equador, Bolívia, El Salvador, Peru, Honduras, Guatemala e Paraguai.

Uma análise mais cuidadosa permite-nos identificar as diferenças no ordenamento dos países segundo o IDHab. Nota-se que a posição do Uruguai, o país com maior IDHab, é determinada pelo baixo adensamento habitacional das famílias e pela adequação física de grande parte de suas moradias. De fato, o Uruguai é, entre os demais países da América Latina, o que apresenta os maiores indicadores de adequação física e de acomodação das habitações. A carência habitacional no Uruguai está mais relacionada ao acesso a água potável, esgoto e energia elétrica, ou seja, está relacionada à infraestrutura.[10] A Argentina, segundo maior IDHab, é o país que, relativamente, melhor distribui seus recursos entre os fatores que determinam o desenvolvimento habitacional. De modo geral, o adensamento habitacional na Argentina é baixo, e grande parte de suas moradias não só possui qualidades materiais apropriadas, como também dispõe de saneamento básico e eletricidade.

O Chile é outro exemplo interessante. É o país que, relativamente, apresenta a melhor infraestrutura voltada para habitação. Em outras palavras, o Chile é o país latino-americano cujas políticas para o desenvolvimento vêm priorizando os investimentos voltados para a universalização do acesso de sua população a água potável, rede de esgoto e energia elétrica. A estrutura física da maioria de suas habitações também é adequada, embora seja superada por um percentual maior (relativo) de moradias qualitativamente adequadas na Argentina, na Costa Rica, na Colômbia e no Uruguai. O contrapeso dessa melhor infraestrutura e boa adequação das habitações

---

10 Cabe notar que os dados para o Uruguai são referentes ao ano de 1985.

chilenas é um número baixo de domicílios por habitante ou, ainda, um maior adensamento populacional por habitação.

A posição do Brasil em relação aos países da América Latina pode ser vista no gráfico 1. Ao aparecer em quarto lugar (IDHab igual a 0,68), o Brasil (dados de 1992), além de ficar atrás de Uruguai, Argentina e Chile, também apresenta índice de desenvolvimento habitacional inferior ao de Cuba (dados de 1981).

Se voltarmos à tabela 1, podemos observar que o desenvolvimento habitacional no Brasil é comprometido pelo baixo nível do índice de acomodação, ou seja, pelo elevado adensamento das famílias por habitação. Esse fato deve ser salientado, pois revela que o déficit habitacional quantitativo no Brasil é importante e deve ser levado em conta pelas políticas habitacionais do país. Em relação ao Chile, à Costa Rica, à Colômbia, à Venezuela, à Argentina, ao México, ao Uruguai e mesmo a Cuba, a infraestrutura voltada à habitação é relativamente inferior no Brasil. Isso quer dizer que, no Brasil, junto com uma política de fomento às atividades dirigidas para a construção de moradias, isto é, para a redução do déficit quantitativo, deve-se seguir uma orientação dos investimentos para a infraestrutura de saneamento básico e de energia elétrica.

Embora se trate de uma média nacional, podemos dizer que boa parte das habitações brasileiras apresenta adequação dos materiais de que são construídas. Vale lembrar, aí estão incluídas as habitações que são "recuperáveis", ou seja, passíveis de se tornarem adequadas – segundo o significado que estamos dando aqui a esse termo.

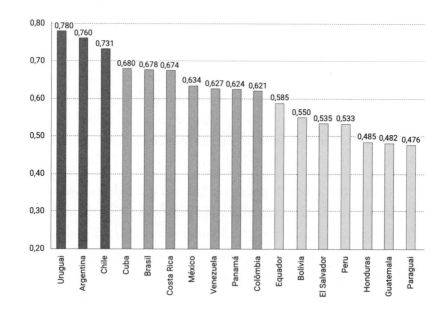

Gráfico 1. Ranking de desenvolvimento habitacional da América Latina.

O gráfico 1 também mostra que os países com baixo nível de desenvolvimento habitacional (IDHab < 0,7) podem ser dispostos em dois subgrupos. Num primeiro subgrupo, com IDHab no nível 0,5, estão Equador, Bolívia, El Salvador e Peru. Esses países apresentam duas características em comum: baixo índice de acomodação ou, ainda, elevado número de pessoas por habitação, e alguma carência de infraestrutura voltada para a habitação. De fato, ao observarmos a tabela 1, notamos que esses são os indicadores que puxam para baixo o IDHab de todos esses países. Em menor proporção, o indicador de adequação das habitações é outro que compromete o bem-estar habitacional nesses países – com as exceções de Bolívia e El Salvador, países com os menores índices de adequação, ou seja, países cujas estruturas físicas das moradias comprometem bastante o bem-estar habitacional.

O segundo subgrupo que pode ser distinguido é formado por Honduras, Guatemala e Paraguai (IDHab de cerca de 0,4). De modo geral, todos os indicadores que compõem o IDHab desses países apresentam valores mais baixos – o indicador de adequação de Honduras é a exceção. Isso significa que a carência social por serviços de habitação pode ser considerada maior nesses países. Uma outra particularidade, e que deve ser relacionada a tal carência, é o fato de esses países terem renda per capita menor em dólares, como pode ser constatado na última coluna da tabela 1.

Na próxima seção vamos tratar do desenvolvimento habitacional no Brasil de modo desagregado, ou seja, segundo seus estados. Isso nos possibilitará diferenciar as especificidades e as características locais e regionais do país ou, ainda, traçar o mapa do desenvolvimento habitacional brasileiro.

O desenvolvimento habitacional no Brasil

Os indicadores de desenvolvimento habitacional das unidades da Federação brasileira aparecem calculados, na tabela 2, para os anos de 1992 e 1997. Na última coluna dessa mesma tabela, temos a evolução do desenvolvimento habitacional por estado entre aqueles anos. No entanto, antes de nos lançarmos sobre a tabela 2, observemos os mapas a seguir, já que eles nos auxiliarão bastante no primeiro contato com tais indicadores.

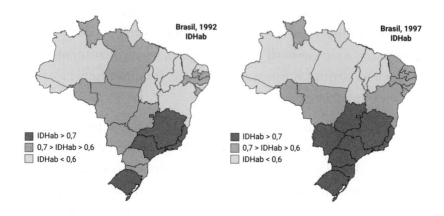

Tabela 2. Índice de desenvolvimento habitacional no Brasil

Estados	IDHab 1992	IDHab 1997	Evolução do IDHab (%) 1992/1997
Rondônia	0,60	0,66	10,0
Acre	0,53	0,57	7,5
Amazonas	0,51	0,54	5,9
Roraima	0,66	0,68	3,0
Pará	0,61	0,56	-8,2
Amapá	0,52	0,58	11,5
Tocantins	0,45	0,53	17,8
Maranhão	0,35	0,42	20,0
Piauí	0,43	0,54	25,6
Ceará	0,51	0,60	17,6

(cont.)

Estados	IDHab		Evolução do IDHab (%)
	1992	1997	1992/1997
Rio Grande do Norte	0,57	0,65	14,0
Paraíba	0,60	0,68	13,3
Pernambuco	0,61	0,68	11,5
Alagoas	0,56	0,63	12,5
Sergipe	0,62	0,67	8,1
Bahia	0,58	0,65	12,1
Minas Gerais	0,71	0,79	11,3
Espírito Santo	0,71	0,77	8,5
Rio de Janeiro	0,78	0,84	7,7
São Paulo	0,80	0,86	7,5
Paraná	0,69	0,76	10,1
Santa Catarina	0,65	0,73	12,3
Rio Grande do Sul	0,70	0,75	7,1
Mato Grosso do Sul	0,65	0,71	9,2
Mato Grosso	0,60	0,66	10,0
Goiás	0,67	0,75	11,9
Distrito Federal	0,75	0,82	9,3
Brasil	0,68	0,74	8,8

Fonte: Pnad, 1992, 1997.

Notamos que São Paulo, Rio de Janeiro, Minas Gerais, Espírito Santo e Rio Grande do Sul eram os estados que, em 1992, juntamente com o Distrito Federal, apresentavam níveis relativamente elevados de desenvolvimento habitacional (IDHab > 0,7).

Em outro patamar, estavam Paraná, Goiás, Roraima, Santa Catarina, Mato Grosso do Sul, Sergipe, Pernambuco, Pará, Mato Grosso, Paraíba e Rondônia, ou seja, onze estados com nível médio de desenvolvimento habitacional (0,7 > IDHab > 0,6). Na outra ponta, aparecem outros dez estados com baixo nível de desenvolvimento habitacional (IDHab < 0,6): Bahia, Rio Grande do Norte, Alagoas, Acre, Amapá, Ceará, Amazonas, Tocantins, Piauí e Maranhão.

O mapa obtido para 1997 permite que comparemos, de modo simples, a evolução do desenvolvimento habitacional no Brasil. Notamos que ocorreram algumas alterações. Os estados do Paraná, Santa Catarina, Mato Grosso do Sul e Goiás, todos com nível médio de desenvolvimento habitacional em 1992, passam a ter IDHab > 0,7 no ano de 1997. Isto é, nesses estados, os serviços de habitação foram melhorados e/ou ampliados. Outros quatro estados também apresentaram índices favoráveis e, ao mesmo tempo, mudaram sua classificação no desenvolvimento habitacional (de baixo para médio) em 1997, quais sejam: Bahia, Ceará, Rio Grande do Norte e Alagoas. O único estado em que os serviços de habitação declinaram, em 1997 com relação a 1992, foi o do Pará. O IDHab desse estado passou de 0,61 em 1992 para 0,56 em 1997, o que redundou em uma classificação entre os estados com baixo nível de desenvolvimento habitacional.[11]

Examinemos mais de perto as características do desenvolvimento habitacional dos estados brasileiros ou, ainda, os indicadores que estão determinando o IDHab de cada estado. Para tanto, retomemos a tabela 2 e consideremos as tabelas 2.1 e 2.2.

Entre os anos de 1992 e 1997, o IDHab do Brasil passou de 0,68 para 0,74 – conforme a tabela 2. Nota-se, na mesma tabela, que isso está refletindo o fato de os índices de desenvolvimento habitacional de todos os estados terem aumentado naquele período (a exceção é o Pará, como havíamos dito). Podemos também observar que as variações dos IDHab de muitos estados são, em termos percentuais, elevadas. De modo geral, poderíamos dizer que os serviços de habitação nesses estados foram dotados com alguma prerrogativa que os levou a uma melhora significativa. Entretanto, deve-se considerar que, para alguns estados (todos os do Norte), os dados da Pnad dizem respeito apenas à capital ou região metropolitana. Como nessas

---

[11] Esse fato deveu-se ao aumento da área geográfica de cobertura da pesquisa realizada nesse estado.

regiões o processo de desenvolvimento urbano é mais acelerado, a evolução do IDHab pode estar superestimada quando nos referimos ao estado como um todo. Feita essa ressalva, é verdade também que a elevada variação percentual do IDHab de alguns estados é favorecida pelos baixos índices de desenvolvimento habitacional que o Brasil apresentava no início da década de 1990 – observe que, a despeito da variação de 25,6% entre 1992 e 1997, o Piauí permaneceu sob a classificação de baixo nível de desenvolvimento habitacional.

Esse resultado indica que há certa convergência do desenvolvimento habitacional brasileiro, como ilustra o gráfico 2, que relaciona a variação no período 1992/1997 com o nível verificado em 1992. Isso significa que o desenvolvimento habitacional mais acelerado nas regiões onde o IDHab é menor poderá levar, no futuro, a uma melhor distribuição do bem-estar advindo dos serviços de habitação no Brasil.

A despeito do crescimento observado nos últimos anos, vale ressaltar que o Brasil ainda não havia atingido, em 1997, os patamares de desenvolvimento habitacional apresentados por Argentina e Uruguai no final da década de 1980 e início da de 1990. Os dados mais recentes do Chile também apontam para um desenvolvimento habitacional acelerado na década de 1990.[12] Isso significa que, apesar do desenvolvimento recente, o Brasil ainda permaneceu em quarto lugar no ranking latino-americano.

Nas tabelas 2.1 e 2.2, encontramos os fatores componentes do IDHab (indicadores de adequação, de infraestrutura e de acomodação) para todos os estados brasileiros nos anos de 1992 e 1997, ou seja, os fatores que possibilitam identificar as especificidades do desenvolvimento habitacional dos estados. Vale dizer, já que levamos em consideração o IDHab brasileiro calculado para o ano de 1992,

---

12 Em 1996, o Chile já atingia IDHab de 0,80 – índice calculado a partir de estatísticas de Chile, Ministerio de Planificación y Cooperación, *Encuesta de caracterización socioeconómica nacional: módulo vivienda* (Santiago: Mideplan, 1998).

em relação aos países da América Latina, estaremos agora dirigindo nossa atenção para o ano de 1997 (tabela 2.2).

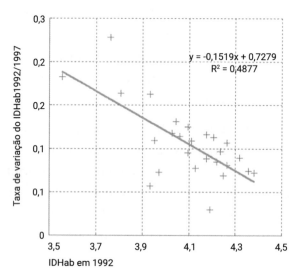

Gráfico 2. Convergência do IDHab.

Tabela 2.1. IDHab, estados e Brasil, 1992

Estados	Fatores			IDHab	PIB per capita PPP em US$ de 1987
	Adequação	Infraestrutura	Acomodação		
Rondônia	0,87	0,42	0,52	0,60	4.088,19
Acre	0,41	0,60	0,56	0,53	4.726,79
Amazonas	0,52	0,59	0,42	0,51	3.364,00
Roraima	0,83	0,58	0,56	0,66	5.174,04
Pará	0,71	0,74	0,38	0,61	3.179,97
Amapá	0,75	0,54	0,29	0,52	3.049,64
Tocantins	0,61	0,31	0,43	0,45	2.258,77
Maranhão	0,36	0,30	0,39	0,35	1.297,87
Piauí	0,62	0,32	0,34	0,43	1.765,49
Ceará	0,77	0,33	0,43	0,51	2.176,22
Rio Grande do Norte	0,78	0,48	0,44	0,57	2.708,71

(cont.)

Estados	Fatores			IDHab	PIB per capita PPP em US$ de 1987
	Adequação	Infraestrutura	Acomodação		
Paraíba	0,84	0,48	0,46	0,60	2.099,93
Pernambuco	0,83	0,51	0,49	0,61	2.588,36
Alagoas	0,82	0,44	0,42	0,56	2.637,40
Sergipe	0,82	0,51	0,52	0,62	2.865,74
Bahia	0,84	0,42	0,49	0,58	2.454,74
Minas Gerais	0,89	0,70	0,55	0,71	3.887,95
Espírito Santo	0,90	0,65	0,57	0,71	3.608,89
Rio de Janeiro	0,90	0,75	0,70	0,78	6.309,60
São Paulo	0,90	0,88	0,63	0,80	6.295,56
Paraná	0,90	0,57	0,61	0,69	4.072,25
Santa Catarina	0,89	0,47	0,59	0,65	5.473,74
Rio Grande do Sul	0,84	0,54	0,72	0,70	5.799,23
Mato Grosso do Sul	0,87	0,48	0,59	0,65	4.409,60
Mato Grosso	0,81	0,45	0,54	0,60	3.356,00
Goiás	0,89	0,52	0,61	0,67	4.376,91
Distrito Federal	0,83	0,87	0,55	0,75	7.262,13
Brasil	0,84	0,62	0,56	0,68	4.357,60

Fonte: World Bank, 1998; Pnad, 1997.

Tabela 2.2. IDHab, estados e Brasil, 1997

Estados	Fatores			IDHab	PIB per capita PPP em US$ de 1987
	Adequação	Infraestrutura	Acomodação		
Rondônia	0,96	0,43	0,61	0,66	4.950,23
Acre	0,67	0,47	0,56	0,57	4.718,02
Amazonas	0,65	0,57	0,42	0,54	3.994,22
Roraima	0,95	0,59	0,51	0,68	4.327,09
Pará	0,87	0,39	0,43	0,56	3.289,59
Amapá	0,95	0,41	0,39	0,58	3.758,82
Tocantins	0,74	0,33	0,54	0,53	2.678,50
Maranhão	0,51	0,31	0,45	0,42	1.870,36

(cont.)

Estados	Fatores			IDHab	PIB per capita PPP em US$ de 1987
	Adequação	Infraestrutura	Acomodação		
Piauí	0,81	0,32	0,50	0,54	1.997,67
Ceará	0,90	0,39	0,50	0,60	2.533,46
Rio Grande do Norte	0,94	0,51	0,50	0,65	2.980,34
Paraíba	0,95	0,52	0,56	0,68	2.989,15
Pernambuco	0,95	0,54	0,56	0,68	2.700,92
Alagoas	0,93	0,44	0,52	0,63	2.847,56
Sergipe	0,92	0,49	0,61	0,67	2.734,85
Bahia	0,93	0,44	0,59	0,65	2.636,62
Minas Gerais	0,98	0,75	0,65	0,79	4.446,56
Espírito Santo	0,97	0,66	0,68	0,77	4.381,91
Rio de Janeiro	0,98	0,75	0,80	0,84	6.575,44
São Paulo	0,98	0,89	0,71	0,86	7.357,57
Paraná	0,94	0,62	0,72	0,76	5.079,23
Santa Catarina	0,97	0,51	0,69	0,73	5.720,47
Rio Grande do Sul	0,92	0,53	0,81	0,75	5.633,48
Mato Grosso do Sul	0,95	0,50	0,68	0,71	4.570,00
Mato Grosso	0,86	0,46	0,66	0,66	5.011,34
Goiás	0,96	0,56	0,72	0,75	4.203,41
Distrito Federal	0,94	0,88	0,63	0,82	9.546,95
Brasil	0,94	0,64	0,65	0,74	4.911,00

Fonte: World Bank, 1998; Pnad, 1997.

Iniciaremos com alguns comentários gerais sobre os componentes do IDHab. O indicador de adequação da estrutura das habitações é aquele, em relação aos outros dois indicadores, que apresenta maior homogeneidade entre os estados, bem como níveis mais elevados. Para vinte estados, o indicador de adequação situa-se entre 0,90 e 0,98. Pará, Mato Grosso e Piauí estão posicionados mais abaixo (0,87, 0,86 e 0,81, respectivamente). Porém, é nos estados do Acre, do Amazonas e sobretudo do Maranhão onde encontramos um número relativamente maior de moradias com estrutura física inadequada (parede, teto, etc.) no ano de 1997 – isso também era verdade para o ano de 1992 (tabela 2.1). Por outro lado, os estados em que as habitações apresentavam, relativamente, melhores condições estruturais em 1997 eram São Paulo, Rio de Janeiro e Minas Gerais.

O indicador de infraestrutura – terceira coluna da tabela 2.2 – é o que apresentava maior variância em 1997. Ao observarmos melhor os dados, notamos que, na maior parte dos estados brasileiros, o acesso a água, esgoto e energia elétrica é precário. De fato, os valores do indicador de infraestrutura são baixos em quase todos os estados. Aliás, dentre os indicadores que compõem o IDHab, é no de infraestrutura que encontramos os menores valores (0,31 para o Maranhão, 0,32 para o Piauí e 0,33 para Tocantins, por exemplo). O que explica a maior variância é o fato de haver, numa outra ponta, um grupo pequeno de estados em que a infraestrutura voltada para a habitação é mais desenvolvida e que, por isso, os distingue: São Paulo, Rio de Janeiro e Minas Gerais, juntamente com o Distrito Federal (> 0,7), por um lado, e Espírito Santo e Paraná (entre 0,6 e 0,7), por outro. Em 1997, se considerarmos a média nacional, o indicador de infraestrutura era o pior componente do IDHab brasileiro (0,64), ou seja, era o indicador que mais comprometia o desenvolvimento habitacional. Vale notar que isso não acontecia em 1992 (compare as últimas linhas das tabelas 2.1 e 2.2).

Por fim, os valores do indicador de acomodação também não são tão positivos para os estados brasileiros em 1997. Isso significa que o número médio de domicílios por habitante em cada unidade da Federação é, em geral, baixo – ou, o que é o mesmo, o adensamento é alto.

Consideremos alguns dos estados da tabela 2.2 e façamos breves comentários em relação a eles, a saber: (i) São Paulo, Rio de Janeiro, Minas Gerais, Espírito Santo, Paraná e Rio Grande do Sul, estados com maiores índices de desenvolvimento habitacional, assim como o Distrito Federal; e (ii) Maranhão, Tocantins, Amazonas, Piauí,

Acre, Pará e Amapá, estados para os quais os valores do IDHab são menores.

Em primeiro lugar, podemos observar um aspecto comum a todos os estados dos grupos (i) e (ii): a estrutura física das moradias (adequação) é o fator que mais está contribuindo para o desenvolvimento habitacional. Segundo, no que respeita aos estados do item (i), se por um lado o adensamento habitacional é o fator que puxa para baixo o IDHab dos estados de São Paulo, Minas Gerais e do Distrito Federal, por outro, ele fortalece a posição do Rio de Janeiro e do Rio Grande do Sul, ou seja, nesses dois estados a acomodação é melhor. Se observarmos a tabela 2.2, notaremos também que os estados do item (i) são aqueles com melhor infraestrutura voltada para a habitação.

Quanto aos estados do item (ii), notamos que os três fatores componentes do IDHab apresentam valores baixos. De modo geral, a infraestrutura é o que mais compromete o bem-estar social resultante dos serviços de habitação nesses estados. Outra observação diz respeito aos estados do Acre, Amazonas e sobretudo Maranhão, isto é, estados em que a estrutura física das habitações é precária para grande parte de sua população. Para finalizar, podemos notar na tabela 2.2 que há alguma correlação entre a renda per capita de todos os estados brasileiros e o IDHab, como discutiremos na próxima seção.

Variáveis que influenciam o IDHab

Como foi discutido nas seções anteriores, há um grande diferencial de desenvolvimento habitacional entre os países latino-americanos e entre as unidades da Federação brasileira, a despeito de haver, neste último caso, convergência dos indicadores ao longo do tempo. Um questionamento que naturalmente surge a esta altura é saber quais os fatores determinantes desse desenvolvimento.

Do ponto de vista econômico, podemos considerar que o grau de desenvolvimento habitacional medido pelo IDHab corresponde a um estoque de capital que é empregado para a geração de serviços de moradia. Esse estoque, por sua vez, pode ser tratado como o fluxo acumulado, descontada a depreciação, dos investimentos em moradias e infraestrutura a serviço da habitação.

Considerando essa característica, podemos dizer que um IDHab maior ou menor resulta das variáveis que influenciam o investimento em capital habitacional. Nesse aspecto vale destacar os estudos desenvolvidos por Rebelo[13] e Garcia e Rebelo,[14] os quais apontam a importância da renda e da distribuição de renda na determinação do investimento habitacional.

O gráfico 3 ilustra a relação entre o IDHab, a renda média[15] e a distribuição de renda[16] de diferentes regiões da América Latina e do Brasil.

Nota-se uma clara associação positiva entre a renda per capita e o IDHab (ambos em termos logarítmicos), indicando que a uma maior disponibilidade de bens e serviços, no país ou na região, está associado um maior grau de desenvolvimento habitacional. Já a relação entre o IDHab e o índice de Gini é negativa, o que revela que a uma maior desigualdade da distribuição de renda está associado um

---

13 A. M. Rebelo, "O mercado habitacional brasileiro: aspectos teóricos e empíricos do investimento habitacional nas unidades da federação", em *Estudos Econômicos da Construção*, 3 (2), São Paulo, Sinduscon-SP, 1998.

14 F. Garcia & A. M. Rebelo, *Housing Deficit and Household Income in Brazil: Theory and Evidence*, Textos para discussão, nº 3 (São Paulo: Programa de Estudos Pós-Graduados em Economia Política da PUC, 1998).

15 A renda média é medida em dólares constantes de 1987, considerada a paridade do poder de compra. Os dados internacionais foram obtidos em World Bank, *World Development Indicators 1998* (Washington: World Bank, 1998, CD-ROM). No caso das unidades da Federação brasileira, os dados de renda média referem-se à renda domiciliar e foram obtidos de microdados em Instituto Brasileiro de Geografia e Estatística, *Pesquisa Nacional por Amostra de Domicílios de 1997* (Rio de Janeiro: IBGE, 1998, CD-ROM).

16 A desigualdade de renda foi medida pelo índice de Gini dos decis da distribuição. Os dados dos países da América Latina foram extraídos de H. Tabatabai, *Statistics on Poverty and Income Distribution* (Genebra: ILO, 1996), e os dados para o Brasil foram calculados a partir da Pnad.

menor desenvolvimento habitacional. A influência dessas variáveis na determinação do IDHab foi estimada por meio de regressões lineares. A tabela 3 traz os coeficientes estimados e as estatísticas das regressões do IDHab em relação à renda média, ao índice de desigualdade e, no caso brasileiro, a uma variável *dummy*, que distingue as unidades da Federação em que a pesquisa é realizada apenas nas capitais e regiões metropolitanas daquelas em que a pesquisa abrange todo o estado.[17]

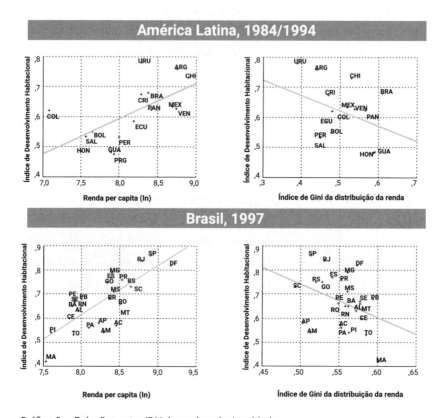

Gráfico 3. Relações entre IDHab, renda e desigualdade.

---

17 Para os estados no Norte brasileiro, com exceção de Tocantins, a Pnad é realizada apenas nas capitais ou regiões metropolitanas. A consequência disso é que o IDHab desses estados está superestimado devido à omissão das pequenas e médias cidades e da área rural. A *dummy* Norte-BR foi criada para corrigir essa distorção. Nela, as referidas unidades da Federação recebem valor 0, e as demais, valor 1.

Nota-se que, em ambas as regressões, os coeficientes associados à renda e à desigualdade são significativos a menos de 5%. Os valores do R² são elevados, principalmente na amostra de unidades da Federação brasileira, e não há problemas de autocorrelação de resíduos e multicolinearidade.

Tabela 3. Renda e desigualdade como determinantes do IDHab*

Variáveis explicativas	América Latina	UFs do Brasil
Constante	-0,039	-0,643
	(-0,130)	(-1,949)
Renda média (ln)	0,116	0,190
	(3,413)	(6,956)
Índice de Gini	-0,563	-0,665
	(-2,023)	(-2,104)
Dummy Norte-BR	-	0,135
	-	(5,080)
Estatísticas		
R² ajustado	48,1	77,7
F	7,481	31,135
D.W.	1,896	2,298
Multicolinearidade**	Não	Não
D.f.	14	26

* Os valores entre parênteses denotam os valores *t* de Student.
** A multicolinearidade foi observada por meio dos valores de tolerância e VIF.

A renda média afeta positivamente o desenvolvimento habitacional, indicando que, quanto maior a riqueza de um país, maior a disponibilidade de capital habitacional. Por outro lado, a maior concentração de renda, ou seja, a maior desigualdade social, influencia negativamente o bem-estar proveniente dos serviços de habitação. Comparando os coeficientes estimados para a América Latina e para o Brasil, vê-se que a influência da renda e da distribuição de renda são ligeiramente maiores neste último caso, o que parece refletir a maior dispersão do IDHab entre os estados brasileiros.

Portanto, as regressões estimadas neste trabalho revelam que, de fato, o desenvolvimento habitacional é uma questão de caráter social, visto que a pobreza e a exclusão são fatores determinantes do subdesenvolvimento de algumas regiões.

Nesse sentido, a superação dos problemas relativos à adequação, ao adensamento e à disponibilidade de infraestrutura das habitações passa necessariamente por políticas públicas ativistas que visam a redistribuição de ativos na sociedade.

Esse aspecto fica ainda mais claro quando relacionamos o IDHab com o Índice de Desenvolvimento Humano das várias unidades da Federação brasileira. Conforme ilustra o gráfico 4, existe uma aderência entre esses dois indicadores, o que acentua nossa discussão inicial, ou seja, de que o bem-estar decorrente dos serviços de habitação é parte integrante do próprio desenvolvimento nacional.

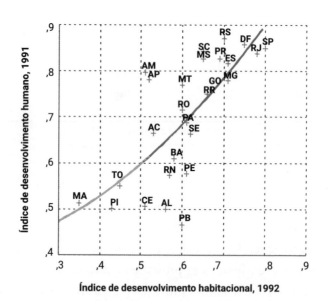

Gráfico 4. Brasil: IDH × IDHab.

Considerações finais

Este texto teve como objetivo apresentar o IDHab. Ao considerarmos que as condições habitacionais são essenciais para a qualidade de vida e, portanto, para o desenvolvimento humano, justificamos a sua criação. Acreditamos que o índice favoreça as análises sobre o desenvolvimento habitacional e suas consequências diretas sobre o bem-estar social e sirva para nortear políticas habitacionais em diferentes regiões.

Nosso próximo passo será a análise do IDHab em contextos mais amplos, considerando os ambientes institucionais das regiões e as políticas públicas orientadas à habitação, por serem esses os fatores que mais influenciam o desenvolvimento habitacional dos países e estados.

Referências

Banco Mundial. *Relatório sobre o desenvolvimento mundial: o Estado num mundo em transformação*. Washington: Banco Mundial, 1997.

Chile. Ministerio de Planificación y Cooperación. *Encuesta de caracterización socioeconómica nacional: módulo vivienda*. Santiago: Mideplan, 1998.

Garcia, F. & Rebelo, A. M. *Housing Deficit and Household Income in Brazil: Theory and Evidence*. Textos para discussão, nº 3. São Paulo: Programa de Estudos Pós-Graduados em Economia Política da PUC, 1998.

Instituto Brasileiro de Geografia e Estatística. *Pesquisa Nacional por Amostra de Domicílios de 1992 e de 1997*. Rio de Janeiro: Instituto Brasileiro de Geografia e Estatística, 1993/1998, CD-ROM.

Instituto de Pesquisa Econômica Aplicada & Programa das Nações Unidas para o Desenvolvimento. *Relatório sobre o desenvolvimento humano no Brasil*. Brasília: Ipea/Pnud, 1996.

Mac Donald, J. et al. *Desarrollo sustentable de los asentamientos humanos: logros y desafíos de las políticas habitacionales y urbanas de América Latina y el Caribe*. Serie Medio Ambiente y Desarrollo. Santiago: Naciones Unidas/ Cepal, 1998.

Rebelo, A. M. "O mercado habitacional brasileiro: aspectos teóricos e empíricos do investimento habitacional nas unidades da federação", em *Estudos Econômicos da Construção*, 3 (2), São Paulo, Sinduscon-SP, 1998.

Tabatabai, H. *Statistics on Poverty and Income Distribution*. Genebra: ILO, 1996.

World Bank. *World Development Indicators 1998*. Washington: World Bank, 1998, CD-ROM.

Pobreza, trabalho infantil e renda familiar per capita no Brasil

SÉRGIO GOLDBAUM
FERNANDO GARCIA
CLÁUDIO RIBEIRO DE LUCINDA

Introdução

Em 1998, segundo dados da Pesquisa Nacional por Amostra de Domicílios (Pnad), do Instituto Brasileiro de Geografia e Estatística(IBGE), havia no Brasil aproximadamente 17 milhões de crianças entre 10 e 14 anos, das quais 3,22 milhões (19%) declararam-se economicamente ativas.[1] Dessas, 390 mil também não frequentavam a escola. Considerando apenas o Brasil urbano, 1,59 milhão (isto é, 12,2%) dos 13 milhões de crianças de 10 a 14 anos que moram em zonas urbanas faziam parte da população economicamente ativa (PEA) e, nas regiões metropolitanas, aproximadamente 8,4% (390 mil) das crianças nessa idade encontravam-se nessas condições.

Considerando-se crianças de 5 a 9 anos, do total de 15,5 milhões de crianças, 446 mil (2,87%) tiveram algum trabalho ao longo do ano que antecedeu a pesquisa, incluindo-se aí as que exerceram tarefas destinadas à alimentação (cultivo, pesca ou criação de animais) ou

---
[1] Isto é, declararam fazer parte da população economicamente ativa ao longo do ano que antecedeu a pesquisa.

ao uso (construção) das pessoas moradoras do domicílio. Dessas, 57 mil não frequentavam a escola, além de trabalhar. Nas regiões metropolitanas, 34,7 mil (0,83%) dos 4,2 milhões de crianças nessa faixa etária trabalhavam, e aproximadamente 7 mil também não frequentavam a escola.

A incidência de taxas persistentes e significativas de participação de mão de obra infantil no mercado de trabalho do Brasil e da América Latina motivou a publicação relativamente recente de diversos trabalhos por parte de pesquisadores do Instituto de Pesquisa Econômica Aplicada (Ipea),[2] entre outros.[3] Dois trabalhos de Barros, Mendonça e Velazco discutem, por meio de análise teórica e observação de dados empíricos, a suposta relação que deveria haver, segundo a literatura econômica prevalecente, entre pobreza e trabalho infantil.

Os autores definem "pobreza" em dois níveis distintos: (i) em um nível específico – microeconômico – de pobreza familiar; e (ii) em um nível de pobreza agregado – macroeconômico – da sociedade. Assim, no nível microeconômico, "pobreza" significa renda familiar per capita (isto é, renda da família dividida pelo número de seus membros, incluindo agregados). No nível macroeconômico,

---

[2] Notadamente R. P. Barros & R. S. P. Mendonça, "Infância e adolescência no Brasil: as consequências da pobreza diferenciadas por gênero, faixa etária e região de residência", em *Pesquisa e Planejamento Econômico*, 21 (2), Rio de Janeiro, Ipea, 1991, pp. 355-376; R. P. Barros *et al.*, *Is Poverty the Main Cause of Child Work in Urban Brazil?*, Texto para discussão, nº 351 (Rio de Janeiro: Ipea, 1994); R. P. Barros *et al.*, "Trabalho infantil no Brasil urbano", em *Pesquisa & Debate*, 9 (1), São Paulo, PUC, 1998, pp. 139-174.

[3] Artigos mais recentes sobre o tema incluem N. Menezes-Filho *et al.*, "The Choice between School and Work in Latin America", em *Anais do 28º Encontro da Anpec*, Campinas, Anpec, 2000, CD-ROM; R. P. Barros *et al.*, *Is Poverty the Main Cause of Child Work in Urban Brazil?*, *op. cit.*; M. C. Neri *et al.*, "The Effects of Idiosyncratic Shocks to Father's Income on Child Labor, School Drop-Outs and Repetition Rates in Brazil", em *Anais do 28º Encontro da Anpec*, Campinas, Anpec, 2000, CD-ROM; M. C. S. Leme & S. Wajnman, "Só estudar, só trabalhar, fazer ambas as coisas ou não fazer nenhuma delas? A decisão de alocação de tempo dos adolescentes brasileiros", em *Anais do 28º Encontro da Anpec*, Campinas, Anpec, 2000, CD-ROM; e C. Cavalieri, "Trabalho infantil e desempenho escolar", em *Anais do 28º Encontro da Anpec*, Campinas, Anpec, 2000, CD-ROM.

"pobreza" significa baixos níveis de renda per capita, de um lado, e altos índices de concentração de renda de Gini, de outro.[4]

Tabela 1. Crianças de 10 a 14 anos: participação da PEA e não frequência à escola

Crianças de 10 a 14 anos	Total	Fazem parte da PEA (A)	(%) do total	Não frequentam escola (B)	(%) do total	(A) e (B)	(%) de (A)
Brasil	16.997.277	3.222.118	18,96	930.376	5,47	390.472	12,12
Zonas urbanas	12.996.305	1.587.695	12,22	568.470	4,37	190.948	12,03
Região metropolitana	4.649.172	389.906	8,39	172.322	3,71	49.808	12,77
Belém	100.344	9.390	9,36	4.247	4,23	755	8,04
Fortaleza	293.794	34.476	11,73	16.931	5,76	3.510	10,18
Recife	318.318	33.726	10,60	17.658	5,55	4.819	14,29
Salvador	302.917	32.645	10,78	16.004	5,28	4.845	14,84
Belo Horizonte	384.628	36.593	9,51	16.433	4,27	3.734	10,20
Rio de Janeiro	837.558	36.519	4,36	38.244	4,57	9.853	26,98
São Paulo	1.667.178	136.193	8,17	38.170	2,29	13.014	9,56
Curitiba	231.116	21.961	9,50	7.057	3,05	2.616	11,91
Porto Alegre	316.002	36.883	11,67	12.760	4,04	4.986	13,52
Distrito Federal	197.317	11.520	5,84	4.818	2,44	1.676	14,55
Total reg. metr.	4.649.172	389.906	8,39	172.322	3,71	49.808	12,77

Fonte: elaborado a partir de Pnad/IBGE, 1998.

Para examinar a influência de condicionantes da taxa de participação do trabalho infantil, imaginou-se um modelo de escolha racional, cuja formalização se encontra em um estudo do Ipea.[5] Nesse modelo, a alocação do tempo útil das crianças entre educação, trabalho e lazer[6] é uma decisão familiar, a qual procura maximizar seu nível de bem-estar, sujeito a uma série de restrições de recursos e preços.

---

4 Ver R. P. Barros et al., "Trabalho infantil no Brasil urbano", op. cit.
5 Cf. R. P. Barros et al., Is Poverty the Main Cause of Child Work in Urban Brazil?, op. cit.
6 "Lazer" nesse contexto inclui "trabalhos domésticos".

Tabela 2. Crianças de 5 a 9 anos: participação da PEA e não frequência à escola ou creche

Crianças de 5 a 9 anos	Total	Trabalham (A)	(%) do total	Não frequentam escola (B)	(%) do total	(A) e (B)	(%) de (A)
Brasil	15.515.558	445.711	2,87	2.349.344	15,14	57.390	12,88
Zonas urbanas	11.688.860	126.547	1,08	1.486.420	12,72	13.548	10,71
Região metropolitana	4.185.203	34.675	0,83	567.810	13,57	6.932	19,99
Belém	85.941	760	0,88	10.911	12,70	0	0,00
Fortaleza	296.052	4.334	1,46	33.035	11,16	620	14,31
Recife	293.622	5.618	1,91	31.502	10,73	804	14,31
Salvador	240.339	2.737	1,14	29.070	12,10	421	15,38
Belo Horizonte	372.166	1.743	0,47	51.280	13,78	249	14,29
Rio de Janeiro	812.081	2.899	0,36	84.622	10,42	580	20,01
São Paulo	1.376.620	9.543	0,69	187.359	13,61	2.602	27,27
Curitiba	242.102	1.829	0,76	51.505	21,27	261	14,27
Porto Alegre	290.078	4.584	1,58	63.796	21,99	1.395	30,43
Distrito Federal	176.202	628	0,36	24.730	14,04	0	0,00
Total reg. metr.	4.185.203	34.675	0,83	567.810	13,57	6.932	19,99

Fonte: elaborado a partir de Pnad/IBGE, 1998.

No modelo de Barros, Mendonça e Velazco, ainda, a educação é vista como um "bem de investimento", que proporciona ganhos de renda e de utilidade no futuro.[7] Além disso, supõe-se que os pais não têm acesso ao crédito, de forma que a renda total dos filhos é gasta ou com educação, ou com consumo corrente. Isto é, não há poupança para o consumo futuro dos filhos, e todo o investimento realizado pelos pais relacionado ao consumo futuro dos filhos é feito na forma de educação. Considera-se também que a quantia que os pais querem transferir para cada filho é crescente com o nível de renda familiar per capita. Assim:

---

[7] "Bens de investimento" contrastam com "bens de consumo", os quais proporcionam ganhos de utilidade no presente. Desconsideram-se dessa forma, por motivo de simplificação, os ganhos de utilidade da educação decorrentes do processo de aprendizagem

Dadas estas hipóteses, o consumo imediato das crianças e sua renda futura ficam definitivamente determinados uma vez que os pais tenham decidido sobre as transferências e a alocação do tempo dos filhos. Na realidade, o consumo imediato das crianças é igual às transferências de renda dos pais [para as crianças] mais o próprio rendimento do trabalho da criança menos os gastos em educação.[8]

A construção do modelo permite analisar a alocação ótima do tempo da criança como uma função de três variáveis: a renda per capita familiar, o custo monetário da educação e a estrutura de salários.

Os autores estavam particularmente interessados em saber como as decisões de alocação de tempo das crianças são afetadas pelo nível específico (microeconômico) de pobreza familiar e pelo nível macroeconômico de pobreza da sociedade: mudanças nos níveis de pobreza de uma economia afetam aquelas três variáveis (renda per capita familiar, custo monetário da educação e estrutura de salários); essas variáveis, por sua vez, afetam a distribuição do tempo das crianças entre educação, lazer e trabalho.

Quadro 1. Impacto de crescimento econômico sobre a taxa de participação na força de trabalho (TPFT) de menores

Nível	Fator	Impacto
Microeconômico	1. Aumenta renda familiar per capita	Reduz TPFT
Macroeconômico	2. Reduz custo de educação de qualidade	Reduz TPFT
	3. Aumenta salários	Aumenta TPFT
	4. Reduz diferencial salarial entre trabalhadores	Aumenta TPFT

Fonte: Barros et al., 1998.

---

8 R. P. Barros et al., "Trabalho infantil no Brasil urbano", op. cit., p. 147.

Assim, a redução da "pobreza" de uma economia afetaria o trabalho infantil em dois níveis: (i) no nível específico, aumentaria a renda da família (o que tenderia a reduzir o trabalho infantil e a estimular a educação); e (ii) no nível agregado, reduziria o custo relativo da educação (o que também atuaria no sentido de reduzir o trabalho infantil e estimular a educação), mas aumentaria os salários[9] e, hipoteticamente, reduziria o hiato de salários entre trabalhadores qualificados e não qualificados[10] (efeitos que, por outro lado, tenderiam a estimular a participação de menores no mercado de trabalho em detrimento da educação). O quadro 1 sintetiza esses efeitos.

Observa-se no quadro 1 que, considerando os efeitos descritos, a relação entre crescimento econômico e trabalho infantil fica indeterminada: de um lado, o crescimento econômico estimula a educação em detrimento do trabalho infantil; e, de outro lado, estimula o trabalho infantil em detrimento da educação.[11]

Análise da evidência empírica

Para observar a relação entre trabalho infantil e pobreza, Barros, Mendonça e Velazco recorreram à análise de três tipos de evidências: (i) evidências macroeconômicas (renda per capita e índice de Gini) dos países da América Latina; (ii) evidências macroeconômicas (proporção de pessoas vivendo abaixo da linha de pobreza) das regiões metropolitanas do Brasil; e (iii) evidências microeconômicas (renda familiar per capita obtida a partir das pesquisas domiciliares) das regiões metropolitanas brasileiras.

---

9 Uma vez que o possível avanço tecnológico associado ao crescimento econômico também elevaria a produtividade marginal do trabalho.

10 Esse último efeito apoiar-se-ia na observação empírica que relaciona desenvolvimento e redução do hiato de salários entre países da Organização para a Cooperação e Desenvolvimento Econômico (OCDE) e da América Latina.

11 O estudo do modelo desenvolvido pelos pesquisadores do Ipea permite compreender melhor essas relações. Veja R. P. Barros *et al.*, *Is Poverty the Main Cause of Child Work in Urban Brazil?*, op. cit.

Macroevidências

a) Comparações internacionais

Segundo dados de 1996 do Banco Mundial, a taxa de participação na força de trabalho (TPFT) de crianças entre 10 e 14 anos na América Latina varia bastante, de 0% no Chile até 24% no Haiti (16% no Brasil); entretanto, salienta-se que, nesse ano, mais da metade dos países latino-americanos apresentava TPFT menor que 2,3%. A TPFT média do grupo de países da América Latina caiu entre 1960 e 1996, de acordo com a tabela 3.

Tabela 3. TPFT média do grupo de países da América Latina, 1960-1996

Ano	1960	1970	1980	1990	1996
TPFT	11,8%	9,8%	8,2%	6,6%	5,4%

Fonte: Banco Mundial, 1998.

As comparações internacionais realizadas em 1998, por Barros, Mendonça e Velazco, utilizam-se de dados da taxa de participação na força de trabalho de crianças de 10 a 14 anos para o ano de 1985, tal como apresentados no relatório da Comissão Econômica para a América Latina e o Caribe (Cepal) de 1991. Nos relatórios da Cepal de 1992 e de 1995, no entanto, esses dados foram revisados e profundamente alterados, de forma tal que, no relatório de 1996, os dados referentes ao ano de 1985 foram suprimidos, e no relatório de 1997 a série inteira foi suprimida. Por outro lado, as séries de índices de concentração de renda de Gini foram calculadas com base no relatório do Banco Mundial (*World Development Report*) de 1993, que apresentava dados sobre distribuição de renda apurados em anos muito dispersos. Devido a essas restrições,[12] decidiu-se utilizar exclusivamente, neste trabalho, dados do Banco Mundial, procurando, desta forma, compatibilizar ao máximo possível as séries.

---
12 Restrições que já haviam sido aventadas por R. P. Barros *et al.*, "Trabalho infantil no Brasil urbano", *op. cit.*, p. 156.

Para analisar, no presente trabalho, a relação entre TPFT e os níveis de pobreza, reuniu-se uma amostra correspondente a um subgrupo de países da América Latina para os quais havia disponibilidade de todos os dados envolvidos: renda per capita e índice de concentração, além, é claro, da TPFT.[13] O gráfico 1 mostra o desvio da média de cada país, a partir de dados do Banco Mundial, ilustrando a variação da TPFT entre os países da amostra. Especificamente, o Brasil apresenta uma TPFT 7,2 pontos percentuais acima da média latino-americana.

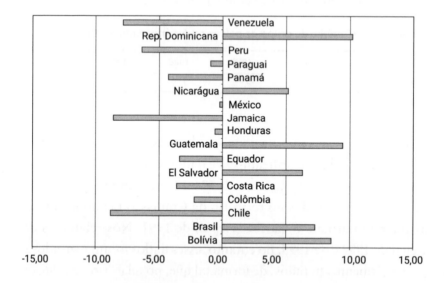

Gráfico 1. TPFT, América Latina, desvio da média.
Fonte: elaborado a partir de Banco Mundial, 1998.

Para examinar a relação entre pobreza e TPFT, regrediu-se, em primeiro lugar, esta última variável com relação à renda per capita de cada país e computou-se o desvio entre a TPFT observada

---

13 Veja os dados utilizados no apêndice "Dados do Banco Mundial: comparações internacionais".

de cada país e a TPFT que foi prevista pela linha de regressão.[14] O resultado está no gráfico 2.

Se a renda per capita fosse relevante para a explicação da TPFT, esses desvios deveriam ser significativamente menores do que os do gráfico 1. Não apenas isso não se verificou, como, no caso brasileiro, o desvio aumentou, o que torna a renda per capita uma variável especificamente pouco explicativa para o caso brasileiro. É o mesmo que afirmar que a TPFT no Brasil, além de ser 7 pontos percentuais maior do que a média dos países selecionados, é também 11 pontos percentuais maior do que a TPFT de países que apresentam renda per capita semelhante.

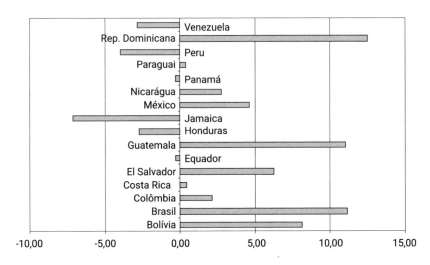

Gráfico 2. TPFT, desvio observado-previsto (Y/CAP), América Latina.
Fonte: elaborado a partir de Banco Mundial, 1998.

---

14 Para essa regressão, excluiu-se o Chile, pois a regressão logística não aceita que a variável dependente seja igual a zero quando é usado o método dos mínimos quadrados. Uma opção alternativa teria sido a estimação por meio do método de máxima verossimilhança. Veja o resultado da regressão no apêndice "Regressões: comparações internacionais".

Mesmo considerando o fato de que a relação entre renda per capita e TPFT é empiricamente fraca (o R^2 é de 0,08) e que o coeficiente da renda per capita não é significante, é possível imaginar, a partir dos sinais dos coeficientes da regressão, uma relação negativa entre renda per capita e TPFT. O gráfico 3 normaliza essa relação a partir da regressão. Observa-se que seria necessário um aumento de aproximadamente 160% da renda per capita de um país (de US$ 940,00 para US$ 2.450,00) para que sua TPFT fosse reduzida de 16% para 8%, isto é, para reduzir pela metade uma TPFT semelhante à do Brasil. Em Barros, Mendonça e Velazco, a variação da renda per capita correspondente a uma redução da TPFT de 10% para 5% era um pouco menor, de 135%.[15]

Em uma segunda regressão, incluiu-se o índice de Gini de distribuição de renda como variável explicativa para a TPFT. O R^2 aumentou de 0,08 da primeira regressão para 0,36,[16] mas os desvios entre valores observados e valores estimados, conforme mostra o gráfico 4, pouco se reduziram. No caso do Brasil, essa diferença caiu para aproximadamente 4,2%, por causa da alta concentração de renda (o índice de Gini em 1995, para o país, era de 0,60, o mais alto entre os países da amostra).

Assim, conclui-se que nem a renda per capita nem o índice de Gini (as duas *proxies* da pobreza no nível "agregado") apresentam-se como boas variáveis explicativas da TPFT, ao menos em nível internacional.

---

15 Em R. P. Barros *et al.*, "Trabalho infantil no Brasil urbano", *op. cit.* O texto original indica que essa variação deveria ser de 120%, mas cálculos realizados a partir da mesma base de dados corrigiram o dado para 135%.

16 Nesse trabalho de Barros, Mendonça e Velazco, o R^2 aumentou de 0,42 para 0,52.

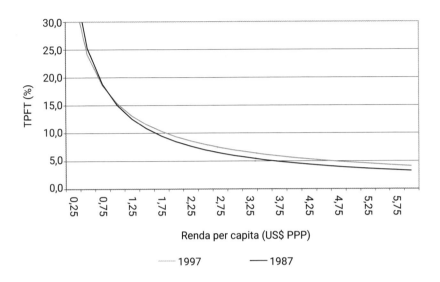

Gráfico 3. TPFT × renda per capita, América Latina.

Fonte: elaborado a partir de Banco Mundial, 1998.

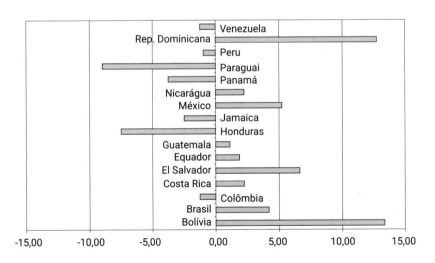

Gráfico 4. Desvio observado-previsto (Y/CAP e Gini), América Latina.

Fonte: elaborado a partir de Banco Mundial, 1998.

b) Comparações inter-regionais e intertemporais

As vantagens da análise das evidências empíricas das regiões metropolitanas brasileiras são a consistência dos dados, obtidos a partir das pesquisas domiciliares, e a possibilidade de examinar a variação da TPFT ao longo do tempo.[17]

As disparidades inter-regionais e intertemporais de pobreza apresentadas por Rocha em 1991 persistem em seu trabalho de 1998: a incidência de pobreza varia não apenas entre as regiões metropolitanas, mas também ao longo do tempo, sensível que é a flutuações econômicas. Assim, se o nível de pobreza fosse o principal determinante da TPFT, seriam de se esperar maiores TPFTs nas regiões metropolitanas mais pobres e em períodos de maior pobreza.[18]

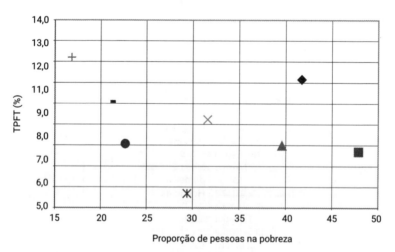

Gráfico 5. TPFT × pobreza, regiões metropolitanas.
Fonte: Barros *et al.*, 1998; Rocha, 1998; Pnad/IBGE, 1996.

---

17 Veja os dados no apêndice "Modelo econométrico: evidências microeconômicas".
18 S. Rocha, "Pobreza metropolitana: balanço de uma década", em *Perspectivas da Economia Brasileira: 1992* (Brasília: Ipea, 1991), pp. 449-470; "Pobreza no Brasil: principais tendências da espacialização", em *Anais do 26º Encontro da Anpec,* Vitória, Anpec, 1998, CD-ROM.

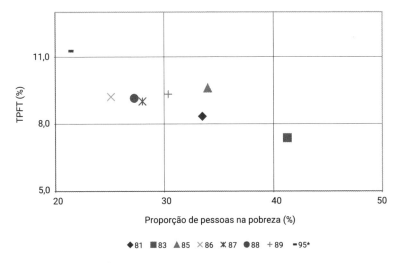

Gráfico 6. TPFT × Pobreza, anos.
Fonte: Barros *et al.*, 1998; Rocha, 1998; Pnad/IBGE, 1996.

No entanto, o gráfico 5 refuta essa hipótese. Caso houvesse alguma relação significativa entre pobreza e TPFT, os pontos do gráfico 5 deveriam situar-se ao longo de uma linha ascendente, o que não ocorre. Ao contrário, observa-se, no mesmo gráfico, que regiões com alta incidência de pobreza podem apresentar baixas TPFTs, como é o caso de Recife; e vice-versa, como é o caso – surpreendente – de Curitiba. Esse gráfico difere muito pouco do de Barros, Mendonça e Velazco, de 1998, pois, tratando-se de médias, os valores pouco mudaram com a inclusão da evidência do ano de 1995.

Com relação ao comportamento intertemporal, o gráfico 6 também refuta a hipótese de relação direta entre TPFT e pobreza. Os pontos do gráfico encontram-se dispersos, em vez de também estarem situados ao longo de uma reta ascendente, como seria de se esperar, caso aquela relação se verificasse. Além disso, o ano de maior pobreza, 1983, apresenta a menor TPFT, contraditoriamente.

O gráfico 7 confirma a ausência de relação entre pobreza e TPFT no Brasil metropolitano, opondo a TPFT metropolitana no ano de maior pobreza (1983) à TPFT vigente no ano de menor pobreza (1995). Ao contrário do que supõe a hipótese usual, os pontos não se situam majoritariamente na área acima, mas abaixo, da linha de 45° que divide o gráfico.

Portanto, assim como para o caso da análise a partir de dados internacionais, a análise a partir de macroevidências também não corrobora a hipótese da relação entre TPFT de menores entre 10 e 14 anos e proporção de pessoas vivendo abaixo da linha da pobreza, quando são utilizados dados inter-regionais no Brasil.

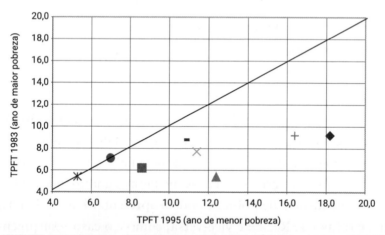

Gráfico 7. TPFT (1983) × TPFT (1995), regiões metropolitanas.
Fontes: Barros et al., 1998; Rocha, 1998; Pnad/IBGE, 1996.

Microevidências de pesquisas domiciliares

Utilizando dados da Pnad de 1987, Barros e Mendonça estudaram a relação entre a TPFT e a taxa de não frequência à escola (TNFE) de menores entre 10 e 14 anos, nas regiões metropolitanas, de um lado, e a renda familiar per capita, de outro. Os autores demonstraram que a TPFT e a TNFE são: (a) crescentes com a idade; (b) mais baixas para as meninas do que para os meninos; (c) maiores em São Paulo e em Porto Alegre do que em Fortaleza; e (d) decrescentes com os recursos econômicos da unidade doméstica em que vivem.[19]

Além disso, os autores destacaram:

- A importância do fato de que as meninas apresentam uma TNFE menor que a dos meninos; este fato constituir-se-ia em uma característica rara entre países em desenvolvimento (onde há, geralmente, um viés contra a educação de meninas) e poderia facilitar, se complementado com políticas públicas adequadas, a redução da desnutrição e da mortalidade infantil no Brasil.
- A importância do fato de a TPFT e a TNFE serem menores em Fortaleza do que em São Paulo e em Porto Alegre. Esse fato parecia indicar que, a despeito do custo de educação em São Paulo ser supostamente mais baixo do que em Fortaleza, "a decisão dos menores de trabalhar e de abandonar a escola era decisivamente influenciada pela atratividade do mercado de trabalho em que se inserem, e não somente pela escassez de recursos econômicos das unidades domésticas em que vivem".[20]

Utilizando a mesma metodologia[21] e o mesmo procedimento econométrico utilizado no trabalho de Barros e Mendonça, os coeficientes obtidos pelos autores foram atualizados a partir dos dados da Pnad de 1997.[22] Os resultados obtidos são analisados a seguir.

---

19 R. P. Barros & R. S. P. Mendonça, "Infância e adolescência no Brasil: as consequências da pobreza diferenciadas por gênero, faixa etária e região de residência", *op. cit.*

20 *Ibid.*, p. 375.

21 Veja a metodologia utilizada no apêndice "Modelo econométrico: evidências microeconômicas".

22 Veja os coeficientes obtidos nas duas pesquisas no apêndice "Regressões logísticas".

No gráfico 8, observa-se que a TPFT de meninos da região metropolitana de São Paulo é menos sensível com relação à idade do que nesse estudo de Barros e Mendonça; por outro lado, observa-se, no gráfico 9, que a TPFT de menores de 16 anos que moram em São Paulo caiu tanto para meninos quanto para meninas, mas de forma mais acentuada para as meninas paulistanas de 16 anos.

No gráfico 10, mostra-se que a participação de meninos e meninas paulistanos de 16 anos na força de trabalho também apresentou-se, em 1997, menos sensível a variações de renda do que em 1987. Da mesma forma, o gráfico 11 indica que variações de idade também não tornam a participação de menores paulistanos mais sensível a variações de renda: tanto a TPFT de meninos de 12 anos quanto a de meninos de 16 anos são menos sensíveis em 1997 do que em 1987.

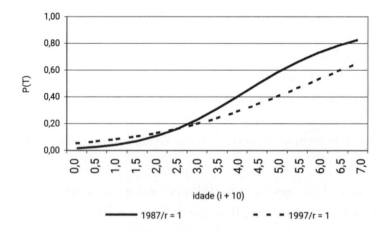

Gráfico 8. TPFT/idade, meninos, região metropolitana de São Paulo, renda = 1.
Fonte: elaborado a partir de Barros & Mendonça, 1991; IBGE, 1998.

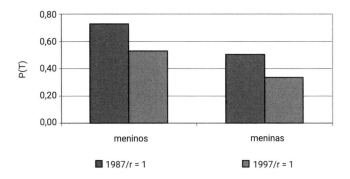

Gráfico 9. TPFT/gênero, 16 anos, região metropolitana de São Paulo, renda = 1.
Fonte: elaborado a partir de Barros & Mendonça, 1991; IBGE, 1998.

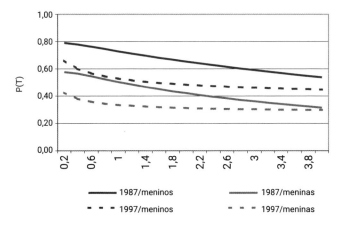

Gráfico 10. TPFT/renda, gênero, 16 anos, região metropolitana de São Paulo.
Fonte: elaborado a partir de Barros & Mendonça, 1991; IBGE, 1998.

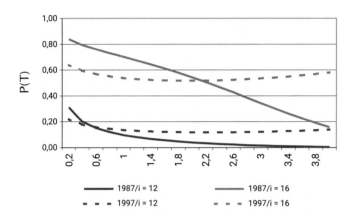

Gráfico 11. TPFT/renda, 12-16 anos, meninos, região metropolitana de São Paulo.
Fonte: elaborado a partir de Barros & Mendonça, 1991; IBGE, 1998.

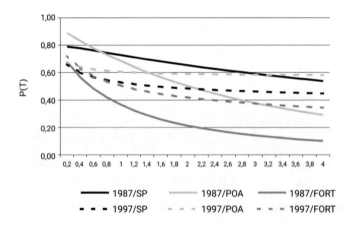

Gráfico 12. TPFT/renda, regiões metropolitanas, 16 anos, meninos.
Fonte: elaborado a partir de Barros & Mendonça, 1991.

No gráfico 12, é possível observar que a participação de meninos de 16 anos é também menos sensível à variação da renda em São Paulo, Fortaleza e Porto Alegre. Entretanto, observa-se que, ao contrário do estudo de Barros e Mendonça, a TPFT de meninos de Porto Alegre de 16 anos, quando controlados pela renda familiar per capita, mostra-se superior à de São Paulo.

A TPFT de Porto Alegre também é maior no gráfico 13, que mostra a relação entre a TPFT de meninos de 12 anos de São Paulo, Porto Alegre e Fortaleza com relação à renda familiar per capita.

Tanto no trabalho de Barros e Mendonça quanto no presente trabalho, a probabilidade de que um menor de 16 anos esteja participando da força de trabalho é maior em São Paulo do que em Fortaleza. Esse fato sustentava uma das principais conclusões do trabalho de Barros e Mendonça, de que a atratividade de mercado supera a qualidade de escolas (que deve ser, supostamente, melhor em regiões metropolitanas ricas) como fator decisivo para a participação do menor na força de trabalho.

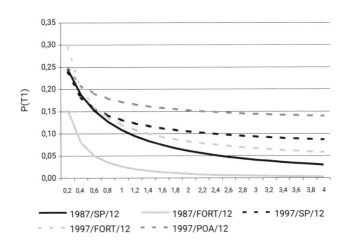

Gráfico 13. TPFT/renda, regiões metropolitanas, meninos, 12 anos.
Fonte: elaborado a partir de Barros & Mendonça, 1991.

Conclusões

A ideia deste trabalho era a de estudar os modelos propostos por Barros e Mendonça, em 1991, e por Barros, Mendonça e Velazco, em 1994, para explicar a incidência de altas taxas de participação de trabalho infantil de crianças de 10 a 14 anos no Brasil, atualizando os dados da Pnad de 1987 com os da Pnad de 1997.

As conclusões obtidas podem ser assim sintetizadas:

a) O estudo das evidências macroeconômicas dos países da América Latina reafirmou, com novos dados, a conclusão de Barros, Mendonça e Velazco, segundo a qual a relação entre TPFT, de um lado, e renda per capita e índice de Gini, de outro, é empiricamente fraca.[23]

b) O estudo das evidências macroeconômicas das regiões metropolitanas brasileiras confirmou que, ao longo do período que vai de 1981 a 1995, não se verifica uma relação definida entre TPFT e proporção de pessoas abaixo da linha de pobreza.

c) O estudo das evidências microeconômicas das regiões metropolitanas brasileiras mostrou que (i) a TPFT é menos sensível com relação à idade e a variações da renda familiar per capita em 1997 do que em 1987; e (ii) a atratividade do mercado parece superar a qualidade das escolas (que deve ser, supostamente, melhor em regiões metropolitanas ricas) como fator decisivo para a participação do menor na força de trabalho.

Apesar das evidências em contrário, a influência das condições macroeconômicas sobre a incidência de trabalho infantil não pode ser simplesmente descartada. Azevedo, por exemplo, retoma a questão da relação entre a inserção de crianças e adolescentes no mercado de trabalho e o ciclo econômico:

---

23 Cf. R. P. Barros *et al.*, "Trabalho infantil no Brasil urbano", *op. cit.*

> Em períodos recessivos, a oferta de trabalho de crianças e adolescentes tende a aumentar uma vez que o nível de receitas [da família] tende a ser menor e, em um efeito-renda, a família necessita inserir no mercado de trabalho seus membros mais jovens a fim de sustentar um nível de consumo prevalecente [...] Por outro lado, a inserção de crianças e adolescentes também reflete um efeito-substituição sobre a demanda de trabalho. Uma crise realoca trabalhadores adultos ao desemprego, disponibilizando-os para o trabalho, competindo com as crianças e adolescentes que estão entrando no mercado de trabalho.[24]

Isto é, o crescimento econômico em uma região metropolitana pode estimular uma maior participação de crianças no mercado de trabalho através de um efeito substituição, no qual crianças e adolescentes ocupam os mesmos postos antes ocupados por adultos. Analogamente, a relativa desaceleração econômica pode diminuir a participação de menores na força de trabalho, uma vez que seus postos de trabalho passam a ser ocupados por adultos que perderam seus empregos.

Com relação às variáveis microeconômicas, deve-se ressaltar a importância de outras variáveis ligadas ao ambiente familiar, além da renda familiar per capita. Estudos mais recentes enfatizam, especificamente, a importância da escolaridade dos pais na determinação da participação de crianças no mercado de trabalho. Menezes-Filho, Barros e outros, por exemplo, chamam a atenção para o fato de que a proporção de crianças e adolescentes ocupados no Brasil e na América Latina declina com o aumento da escolaridade dos pais para todas as faixas etárias.[25]

---

24 J. S. G. Azevedo, *Different Impacts of the Family Decision on the Labor Supply of Children Adolescents and Adults* (Salvador: Universidade Federal da Bahia, 1999), mimeo, p. 5. O trabalho explora, de forma empírica, a influência de variáveis como a estrutura familiar e características individuais na inserção de crianças, adolescentes e adultos no mercado de trabalho.

25 N. Menezes-Filho *et al.*, "The Choice between School and Work in Latin America", *op. cit.*

Assim, políticas públicas que desejassem erradicar o trabalho infantil nas regiões metropolitanas no Brasil deveriam levar em conta não apenas a renda per capita e o índice de Gini, mas também o impacto diferenciado do crescimento e da desaceleração econômica sobre a situação de emprego de crianças e adolescentes em diferentes regiões metropolitanas. E não apenas a renda familiar per capita, mas também a estrutura e o ambiente familiar das crianças que ingressam precocemente no mercado de trabalho.

Apêndices

Dados do Banco Mundial: comparações internacionais

	Trabalho infantil		Renda/cap		Gini		Desvio da média
	Ano	%	Ano	Y/CAP	Ano	Índice	
Bolívia	1990	17,36	1990	2.038	1990	0,42	8,54
Brasil	1995	16,09	1995	4.622	1995	0,60	7,27
Chile	1994	0,00	1994	7.818	1994	0,57	-8,82
Colômbia	1995	6,62	1995	5.336	1995	0,57	-2,20
Costa Rica	1996	5,21	1996	4.903	1996	0,47	-3,61
El Salvador	1995	15,12	1995	2.155	1995	0,50	6,30
Equador	1995	5,43	1994	3.869	1994	0,47	-3,39
Guatemala	1990	18,26	1989	2.819	1989	0,60	9,44
Honduras	1996	8,23	1996	1.614	1996	0,54	-0,59
Jamaica	1990	0,21	1991	2.792	1991	0,41	-8,61
México	1990	8,59	1992	6.196	1992	0,50	-0,23
Nicarágua	1995	13,98	1993	1.563	1993	0,50	5,16
Panamá	1992	4,53	1991	4.828	1991	0,57	-4,29
Paraguai	1995	7,88	1995	2.719	1995	0,59	-0,94
Peru	1994	2,48	1994	3.300	1994	0,45	-6,34
Rep. Dominicana	1990	19,01	1989	3.236	1989	0,51	10,19
Venezuela	1995	0,95	1995	6.598	1995	0,47	-7,87

Fonte: Banco Mundial, 1998.

Regressões: comparações internacionais

Variável (2000)	ln [TPFT/(1-TPFT)]			
	BM&V (1998)	BM&V (1998)	G&G (2000)	G&G (2000)
Constante	-1,73	-2,99	-1,71	-7,07
	(0,0005)	(0,03)	(0,08)	(0,011)
Ln(Y/cap)	-0,93	-0,88	-0,81	-0,97
	(0,0068)	(0,011)	(0,278)	(0,142)
Índice de Gini		2,3		10,92
		(0,294)		(0,033)
R^2	0,47	0,52	0,08	0,36

Fonte: elaborado a partir de dados do Banco Mundial, 1998.
Nota: números em parênteses representam os valores-p das estatísticas.

Evidências macroeconômicas: comparações inter-regionais

Tabela A.1. Taxa de participação na força de trabalho de crianças de 10 a 14 anos

Reg. metrop.	81	82	83	84	85	86	87	88	89	90	93	95*	96*	Média
Fortaleza	9,3	10,0	9,2	9,5	12,7	12,2	9,7	12,9	9,0	na	na	18,2	10,1	11,2
Recife	7,3	8,5	6,2	7,0	8,5	9,2	7,8	7,2	6,3	na	na	8,6	8,1	7,7
Salvador	7,5	8,1	5,4	7,6	8,8	6,3	6,8	8,7	9,6	na	na	12,4	6,7	8,0
Belo Horizonte	8,7	9,8	7,7	6,6	8,3	9,5	10,0	8,9	9,4	na	na	11,4	11,2	9,2
Rio de Janeiro	5,8	6,0	5,4	4,9	6,6	4,9	6,7	5,0	6,0	na	na	5,3	5,9	5,7
São Paulo	7,4	7,7	7,1	7,9	10,1	9,2	8,2	7,2	9,6	na	na	7,0	7,4	8,1
Curitiba	12,0	12,3	9,2	11,8	12,3	10,2	11,8	12,6	14,4	na	na	16,4	11,3	12,2
Porto Alegre	8,8	9,4	8,8	8,7	9,6	12,2	11,1	10,8	10,4	na	na	10,8	10,4	10,1
Média	8,4	9,0	7,4	8,0	9,6	9,2	9,0	9,2	9,3	na	na	11,3	8,9	9,0

Fonte: Barros et al., 1998; Pnad/IBGE, 1996, 1997.
* Elaboração própria.

Tabela A.2. Proporção dos indivíduos abaixo da linha de pobreza

Reg. metrop.	81	82	83	84	85	86	87	88	89	90	93	95*	96*	Média
Fortaleza	54	na	56	na	37	30	38	36	41	41	39	26	na	42
Recife	56	na	57	na	48	40	43	44	47	49	51	34	na	48
Salvador	43	na	44	na	40	38	39	34	39	39	45	35	na	40
Belo Horizonte	31	na	44	na	36	26	28	29	27	30	32	17	na	32
Rio de Janeiro	27	na	35	na	37	23	26	25	33	33	33	22	na	29
São Paulo	22	na	34	na	27	17	20	18	21	22	29	17	na	23
Curitiba	17	na	30	na	24	11	11	11	14	12	14	8	na	17
Porto Alegre	18	na	30	na	23	16	19	21	21	21	24	12	na	21
Média	34	na	41	na	34	25	28	27	30	31	33	21		31

Fonte: Barros *et al.*, 1998; Pnad/IBGE, 1996, 1997.
* Elaboração própria.

Modelo econométrico: evidências microeconômicas

Em Barros e Mendonça, o modelo utilizado foi:

$$\ln \{P(T)/[1 - P(T)]\} = a_0 + a_1 i + a_2 i^2 + a_3 g + a_4 f + a_5 p$$
$$[b_0 + b_1 i + b_2 g + b_3 f + b_4 p] [\ln(r)]$$
$$d_t [\ln(r)]^2$$

onde i é idade menos 10; g é gênero (0 para homens, 1 para mulheres); f é região metropolitana de Fortaleza; p é região metropolitana de Porto Alegre; e r é renda.[26]

Trata-se de um modelo logístico composto de cinco termos independentes, quatro dos quais dependem do logaritmo da renda e um

---
[26] R. P. Barros & R. S. P. Mendonça, "Infância e adolescência no Brasil: as consequências da pobreza diferenciadas por gênero, faixa etária e região de residência", *op. cit.*

do logaritmo da renda ao quadrado. A região metropolitana de São Paulo é representada quando f e p são iguais a zero.[27]

No presente trabalho incluíram-se variáveis *dummy* para todos os estados brasileiros, além de uma variável categórica para diferenciar região rural ("região" = 1), região urbana não metropolitana ("região" = 2) e região metropolitana ("região" = 0). Dessa forma, a amostra aumentou de 5.899 para 57.638 pesquisas.

Regressões logísticas

PEA/ano		Pnad 1987		Pnad 1997	
		Beta	Sig	Beta	Sig
Constante	A0	-4,140	Sim	-2,8612	0,0000
I	a1	1,100	Sim	0,4792	0,0000
i2	a2	-0,041	Sim	0,0028	0,2830
G	a3	-0,970	Sim	-0,7995	0,0000
F	a4	-1,530	Sim	-0,0953	0,1199
P	a5	-0,210	Sim	0,3178	0,0000
Ln(r)	b0	-1,020	Sim	-0,4382	0,0000
i*ln(r)	b1	0,100	Sim	0,0255	0,0000
G*ln(r)	b2	0,030	Não	0,1081	0,0000
f*ln(r)	b3	-0,590	Sim	-0,2453	0,0000
P*ln(r)	b4	-0,600	Sim	-0,1589	0,0008
[ln(r)]2	dt	-0,130	Sim	-0,0376	0,0000
RegMet					0,000
Rural				1,2651	0,000
Urb				0,4573	0,000
Ln (veros)		-2.185,32		-27.167,09	
Amostra		5.899		57.638	

Fonte: elaborado a partir de Barros & Mendonça, 1991.

---

27 Detalhes adicionais sobre o modelo podem ser encontrados nos trabalhos de R. P. Barros & R. S. P. Mendonça, "Infância e adolescência no Brasil: as consequências da pobreza diferenciadas por gênero, faixa etária e região de residência", *op. cit.*; R. S. Pindyck & D. L. Rubinfeld, *Econometric Models and Economic Forecasting* (Nova York: McGraw-Hill, 1998).

Referências

Azevedo, J. S. G. *Different Impacts of the Family Decision on the Labor Supply of Children Adolescents and Adults*. Salvador: UFBA, 1999, mimeo.

Barros, R. P. & Mendonça, R. S. P. "Infância e adolescência no Brasil: as consequências da pobreza diferenciadas por gênero, faixa etária e região de residência", em *Pesquisa e Planejamento Econômico*, 21 (2), Rio de Janeiro, Ipea, 1991, pp. 355-376.

Barros, R. P. et al. *Is Poverty the Main Cause of Child Work in Urban Brazil?* Texto para discussão, nº 351. Rio de Janeiro: Ipea, 1994.

_____. "Trabalho infantil no Brasil urbano", em *Pesquisa & Debate*, 9 (1), São Paulo, PUC, 1998, pp. 139-174.

_____. "O trabalho doméstico infanto-juvenil no Brasil", em *Anais do 28º Encontro da Anpec*. Campinas, Anpec, 2000, CD-ROM.

Basu, K. "Child Labor: Cause, Consequence and Cure, with Remarks on International Labor Standards", em *Journal of Economic Literature*, 37 (3), Pittsburgh, American Economic Association, setembro de 1999, pp. 1083-1119.

Cavalieri, C. "Trabalho infantil e desempenho escolar", em *Anais do 28º Encontro da Anpec*. Campinas, Anpec, 2000, CD-ROM.

Instituto Brasileiro de Geografia e Estatística. *Pesquisa Nacional por Amostra de Domicílios*. Brasília, vários anos, CD-ROM.

Kassouf, A. L. "Trabalho infantil: escolaridade x emprego", em *Anais do 28º Encontro da Anpec*. Campinas, Anpec, 2000, CD-ROM.

Leme, M. C. S. & Wajnman, S. "Só estudar, só trabalhar, fazer ambas as coisas ou não fazer nenhuma delas? A decisão de alocação de tempo dos adolescentes brasileiros", em *Anais do 28º Encontro da Anpec*. Campinas, Anpec, 2000, CD-ROM.

Menezes-Filho, N. et al. "The Choice between School and Work in Latin America", em *Anais do 28º Encontro da Anpec*. Campinas, Anpec, 2000, CD-ROM.

Neri, M. C. et al. "The Effects of Idiosyncratic Shocks to Father's Income on Child Labor, School Drop-Outs and Repetition Rates in Brazil", em *Anais do 28º Encontro da Anpec*. Campinas, Anpec, 2000, CD-ROM.

Pindyck, R. S. & Rubinfeld, D. L. *Econometric Models and Economic Forecasting*. Nova York: McGraw-Hill, 1998.

Reis, J. G. A. & Barros, R. P. "Desigualdade salarial e distribuição de educação: a evolução das diferenças regionais no Brasil", em *Pesquisa e Planejamento Econômico*, 20 (3), Rio de Janeiro, Ipea, dezembro de 1990, pp. 415-478.

Rocha, S. "Linhas de pobreza para as regiões metropolitanas na primeira metade da década de 80", em *Anais do 16º Encontro da Anpec*. Belo Horizonte, Anpec, 1988.

_____. "Pobreza metropolitana: balanço de uma década", em *Perspectivas da Economia Brasileira: 1992*. Brasília: Ipea, 1991, pp. 449-470.

_____. *Renda e pobreza: os impactos do Plano Real*. Texto para discussão, nº 439. Rio de Janeiro: Ipea, 1996.

_____. "Pobreza no Brasil: principais tendências da espacialização", em *Anais do 26º Encontro da Anpec*. Vitória, Anpec, 1998, CD-ROM.

Violência e mortalidade nas áreas metropolitanas: adolescentes e adultos jovens do sexo masculino[1]

SAMUEL KILSZTAJN
IVAN LOPES BEZERRA FERRAZ

Introdução

Agressões/homicídios e acidentes de transporte são destacados na Classificação Internacional de Doenças (CID) como causas externas de morbidade e mortalidade. Talvez não pudessem ser considerados propriamente doenças no sentido estrito da palavra, mas certamente indicam uma anomalia em dimensões sociais.[2]

Do ponto de vista da saúde pública, a violência poderia ser comparada a doenças endêmicas e transmissíveis.[3] No Brasil, em 1996, as causas externas foram responsáveis por 58,5% do total de óbitos de adolescentes e adultos jovens do sexo masculino de 15

---

1 Este trabalho, desenvolvido com a participação de Aissa Rendall de Carvalho, Celina Martins Ramalho Laranjeira, Cláudia Maria Cirino de Oliveira, Dorivaldo Francisco da Silva, Lígia Maria de Vasconcellos e Otilia Maria Lúcia Barbosa Seiffert, é parte do projeto de pesquisa Nutrição e Saúde Pública na América Latina e no Brasil.
2 M. H. P. M. Jorge & R. Laurenti, "Apresentação", em *Revista de Saúde Pública*, vol. 31, supl. 4, São Paulo, FSP/USP, 1997, pp. 1-4.
3 M. S. Carvalho & O. G. Cruz, "Mortalidade por causas externas: análise exploratória espacial: região Sudeste do Brasil", em *Anais do XI Encontro Nacional de Estudos Populacionais*, Caxambu, Abep, 1998, pp. 3153-3165.

a 39 anos (mortalidade proporcional). Para os adolescentes de 15 a 19 anos o percentual atingiu 75,8%, ou seja, as causas externas foram responsáveis por três a cada quatro mortes de adolescentes masculinos nessa faixa etária.[4]

Esses índices e o coeficiente de mortalidade por causas externas (178/100 mil para homens de 15 a 39 anos de idade) refletem a gravidade com que a violência atinge o Brasil como um todo. Para as áreas metropolitanas o problema é ainda maior. As causas externas foram responsáveis por 255 mortes a cada 100 mil habitantes de 15 a 39 anos do sexo masculino residentes nas áreas metropolitanas.

Para o presente trabalho selecionamos quinze áreas metropolitanas: as doze regiões metropolitanas (Belém, Fortaleza, Natal, Recife, Salvador, Belo Horizonte, Vitória, Rio de Janeiro, São Paulo, Baixada Santista, Curitiba e Porto Alegre), os municípios de Manaus e Goiânia, e Brasília.

Causas externas de morbidade e mortalidade

As causas externas de morbidade e mortalidade compreendem agressões/homicídios, acidentes de transportes, afogamentos, quedas, acidentes com fogo, envenenamentos, operações de guerra e suicídios. As causas externas, que foram responsáveis por 9,2% do total de óbitos no Brasil em 1979 (mortalidade proporcional), alcançaram 13,1% dos óbitos em 1996 (ver tabela 1).[5]

---

4 S. Kilsztajn, *Esperança de vida: um estudo sobre as taxas de mortalidade no Brasil* (São Paulo: Programa de Estudos Pós-Graduados em Economia Política/PUC-SP, 1998), mimeo.

5 O Sistema de Informação sobre Mortalidade (SIM) do Sistema Único de Saúde (SUS) apresenta os dados para 1979-1995 de acordo com a CID em sua 9ª revisão e, para 1996, de acordo com a 10ª revisão (todos os dados de mortalidade no presente trabalho referem-se a óbitos por residência). O número de óbitos por causas externas do SIM pode ainda estar subestimado devido à falta de registro em cartório e à falta de notificação do cartório ao sistema. Ver A.B.M. Camargo *et al.*, "Evolução da mortalidade por acidentes e violências em áreas metropolitanas", em C.A. Monteiro (org.), *Velhos e novos males da saúde no Brasil* (São Paulo: Hucitec, 1995), pp. 256-267.

Tabela 1. Causas externas, mortalidade proporcional, Brasil, 1979-1996

Ano	Causas externas mil (a)	Total de óbitos mil (b)	(a)/(b) %
1979	65,3	711,7	9,2
1980	70,2	750,7	9,4
1981	71,8	750,3	9,6
1982	73,5	741,6	9,9
1983	78,0	771,2	10,1
1984	82,4	809,8	10,2
1985	85,8	788,2	10,9
1986	96,0	811,6	11,8
1987	94,4	799,6	11,8
1988	96,2	834,3	11,5
1989	102,3	815,8	12,5
1990	100,7	817,3	12,3
1991	102,0	803,8	12,7
1992	99,1	827,7	12,0
1993	103,8	878,1	11,8
1994	107,3	887,6	12,1
1995	114,9	893,9	12,9
1996	118,7	906,0	13,1

Fonte: elaborado a partir de Brasil, 1998a.

A violência, contudo, não atinge todas as camadas da sociedade com a mesma intensidade. Afeta principalmente os homens e especificamente os adolescentes e adultos jovens do sexo masculino envolvidos em agressões/homicídios e acidentes de transporte. Em 1996, a participação dos homens no total de mortes por causas externas foi de 82,1%, e dos homens entre 15 e 39 anos, 49,8% (ver tabela 2).

Tabela 2. Coeficientes de mortalidade por causas externas, Brasil, 1996

Grupo	Óbitos (a) mil	População %	População milhões (b)	Coef. por 100 mil (a)/(b)
Causas externas	118,7	100,0	157	76
Homens	97,5	82,1	77	126
15 a 39 anos	59,1	49,8	33	178
15 metrópoles	29,7	25,0	12	255
demais áreas	29,4	24,7	22	136
demais idades	38,4	32,3	44	87
Mulheres	21,2	17,9	80	27
15 a 39 anos	7,9	6,7	34	23
demais idades	13,3	11,2	45	29

Fonte: elaborado a partir de Brasil, 1998a; IBGE/SUS, 1998.

Em relação aos coeficientes de mortalidade, as causas externas foram responsáveis por 76 mortes a cada 100 mil habitantes em 1996.[6] Mas o coeficiente de mortalidade por causas externas foi de 27/100 mil para as mulheres e de 126/100 mil para os homens. E o coeficiente de mortalidade para os homens de 15 a 39 anos de idade registrou 178/100 mil, o dobro do coeficiente dos homens nas demais faixas etárias (87/100 mil).

Os coeficientes de mortalidade por causas externas agravam-se ainda mais quando isolamos os homens de 15 a 39 anos de idade residentes em áreas metropolitanas. Em 1996, o coeficiente de mortalidade para homens de 15 a 39 anos residentes nas áreas metropolitanas atingiu 255/100 mil, enquanto para as demais áreas o coeficiente foi de 136/100 mil.

A tabela 3 apresenta o coeficiente de mortalidade por causas externas dos adolescentes e adultos jovens do sexo masculino por

---

[6] O coeficiente de mortalidade (ou taxa de mortalidade) é o resultado do número de óbitos ponderado (dividido) pelo número de habitantes da população de referência. A mortalidade proporcional refere-se à distribuição do número de óbitos, ou seja, à participação de cada uma das causas de mortalidade no total de óbitos.

área metropolitana. Para os homens de 15 a 39 anos de idade em 1996, os maiores coeficientes de mortalidade por causas externas foram registrados nas regiões metropolitanas de Vitória, Rio de Janeiro, São Paulo e Baixada Santista, que apresentaram coeficientes de 303 a 322/100 mil.

Tabela 3. Coeficientes de mortalidade por causas externas, homens de 15 a 39 anos, metrópoles, 1996

Metrópole	Óbitos	População (mil)	Coeficiente por 100 mil
Belém, R.M.	492	354	139
Fortaleza, R.M.	1.020	540	189
Natal, R.M.	303	194	157
Recife, R.M.	1.609	665	242
Salvador, R.M.	1.131	608	186
Belo Horizonte, R.M.	1.296	849	153
Vitória, R.M.	841	261	322
Rio de Janeiro, R.M.	6.575	2.101	313
São Paulo, R.M.	11.451	3.674	312
Baixada Santista, R.M.	844	279	303
Curitiba, R.M.	1.040	543	192
Porto Alegre, R.M.	1.221	683	179
Manaus, Mun.	575	265	217
Goiânia, Mun.	437	227	192
Brasília	882	415	212
Total	29.717	11.658	255

Fonte: elaborado a partir de Brasil, 1998a; IBGE/SUS, 1998.

As regiões metropolitanas de Belém, Belo Horizonte e Natal apresentaram os menores coeficientes de mortalidade por causas externas (139 a 157/100 mil). As demais áreas metropolitanas registraram coeficientes de 179 a 242 mortes por 100 mil habitantes por causas externas.

Tabela 4. Internações e óbitos por causas externas, homens de 15 a 39 anos, metrópoles, 1996

Metrópole	Internações SIH (a)	Óbitos SIH (b)	(a)/(b)	Óbitos SIM (c)	(b)/(c) %
Belém, R.M.	5.095	133	38,3	492	27,0
Fortaleza, R.M.	5.822	225	25,9	1.020	22,1
Natal, R.M.	948	71	13,4	303	23,4
Recife, R.M.	4.257	211	20,2	1.609	13,1
Salvador, R.M.	4.199	139	30,2	1.131	12,3
Belo Horizonte, R.M.	10.177	324	31,4	1.296	25,0
Vitória, R.M.	1.721	83	20,7	841	9,9
Rio de Janeiro, R.M.	8.903	481	18,5	6.575	7,3
São Paulo, R.M.	21.565	1.165	18,5	11.451	10,2
Baixada Santista, R.M.	2.756	114	24,2	844	13,5
Curitiba, R.M.	5.003	111	45,1	1.040	10,7
Porto Alegre, R.M.	7.136	254	28,1	1.221	20,8
Manaus, Mun.	2.016	63	32,0	575	11,0
Goiânia, Mun.	4.104	148	27,7	437	33,9
Brasília	3.614	171	21,1	882	19,4
Total	87.316	3.693	23,6	29.717	12,4

Fonte: elaborado a partir de Brasil, 1998a, 1998b; IBGE/SUS, 1998.

Além dos óbitos do Sistema de Informação sobre Mortalidade (SIM), dispomos de dados para internações e óbitos do Sistema de Informações Hospitalares (SIH). A tabela 4 apresenta o total de internações e óbitos por causas externas em 1996 para adolescentes e adultos jovens do sexo masculino nas metrópoles selecionadas (conforme CID/9ª revisão).[7] Para um total de 87.316 internações por causas externas, foram registrados 3.693 óbitos na rede hospitalar do SUS. Ou seja, o número de internações por causas externas, como uma das formas de se mensurar o grau de violência, foi 23,6 vezes

---

[7] Para morbidade hospitalar, as causas externas são classificadas de acordo com a natureza da lesão (fraturas do crânio e da face, ferimentos do pescoço e tronco, etc.). Para a análise da morbidade hospitalar por causas externas (lesões e envenenamentos), ver M. L. Lebrão *et al.*, "Morbidade hospitalar por lesões e envenenamentos", em *Revista de Saúde Pública*, vol. 31, supl. 4, São Paulo, FSP/USP, 1997. Para a morbidade hospitalar entre os jovens, ver C. Travassos & M. L. Lebrão. "Morbidade hospitalar nos jovens", em *Jovens acontecendo na trilha das políticas públicas* (Brasília: CNPD, 1998), pp. 165-196.

o número de óbitos. Note-se que o número de óbitos por causas externas na rede hospitalar (SIH) para o total das áreas metropolitanas em 1996 corresponde apenas a 12,4% do total de óbitos registrados pelo SIM no mesmo ano (ver tabela 4). Ou seja, 87,6% dos óbitos por causas externas de homens de 15 a 39 anos residentes nas áreas metropolitanas ocorreram fora da rede hospitalar do SUS.[8]

Tabela 5. Óbitos por causas externas, mortalidade proporcional, homens de 15 a 39 anos, metrópoles, 1996

Causas externas	Número	%
Acidente/transporte	5.782	19,5
Queda	602	2,0
Afogamento	1.288	4,3
Fogo	109	0,4
Envenenamento	9	0,0
Suicídio	1.156	3,9
Agressão/homicídio	17.033	57,3
Indeterminada	1.922	6,5
Guerra	11	0,0
Outras	1.805	6,1
Total	29.717	100,0

Fonte: elaborado a partir de Brasil, 1998a.

Como vimos, as causas externas de morbidade e mortalidade (capítulo XX da CID/10ª revisão) incluem afogamentos, quedas, acidentes com fogo, envenenamentos, operações de guerra e suicídios. Mas, no Brasil, a maior parte dos óbitos por causas externas refere-se a agressões/homicídios e acidentes de transporte. As agressões/homicídios foram responsáveis por 57,3% do total de óbitos por causas externas de homens de 15 a 39 anos residentes nas áreas metropolitanas em 1996, e os acidentes de transporte por 19,5% (ver

---

[8] Deve-se considerar, contudo, que no SIH tanto a causa de internação como o óbito são associados à causa de morbidade por ocasião da internação, que não necessariamente coincide com a causa básica de mortalidade, a causa que dá origem ao processo que leva um indivíduo à morte, critério utilizado pelo SIM.

tabela 5).⁹ É necessário considerar ainda que as causas externas "indeterminadas" e "outras" somavam 3.727 óbitos e representavam 12,5% do total de óbitos por causas externas. Os 1.922 óbitos com intenção indeterminada e 1.805 óbitos por outras causas externas podem estar subestimando o número de agressões/homicídios e óbitos por acidentes de transportes em todas as áreas metropolitanas.¹⁰

Tabela 6. População, homens de 15 a 39 anos, metrópoles, 1996

Metrópole	Grupo etário					
	15-19	20-24	25-29	30-34	35-39	Total
Belém, R.M.	90,9	82,2	69,7	59,6	52,0	354,5
Fortaleza, R.M.	132,2	117,2	109,4	102,1	79,1	539,9
Natal, R.M.	48,2	41,7	38,2	35,9	29,5	193,5
Recife, R.M.	166,4	150,4	128,6	118,1	101,1	664,6
Salvador, R.M.	158,2	132,2	116,7	107,2	93,4	607,6
Belo Horizonte, R.M.	204,1	183,5	164,8	156,7	140,1	849,2
Vitória, R.M.	63,6	54,0	49,8	49,1	44,9	261,4
Rio de Janeiro, R.M.	467,5	436,7	407,4	409,4	380,2	2.101,3
São Paulo, R.M.	802,4	792,6	750,3	701,8	627,0	3.674,1
Baixada Santista, R.M.	63,9	59,7	54,6	52,2	48,5	278,8
Curitiba, R.M.	123,3	119,1	110,5	102,1	87,8	542,7
Porto Alegre, R.M.	153,5	137,5	129,2	136,5	126,1	682,9
Manaus, Mun.	68,0	59,5	53,0	45,2	39,1	264,9
Goiânia, Mun.	53,8	51,6	45,2	41,5	35,1	227,2
Brasília	100,8	94,6	85,5	74,7	59,7	415,2
Total	2.696,9	2.512,3	2.312,7	2.192,1	1.943,7	11.657,7

Fonte: elaborado a partir de IBGE/SUS, 1998.

---

9 Estamos utilizando o termo "homicídio" para designar exclusivamente os óbitos por agressões, isto é, no nosso estudo os homicídios não incluem os óbitos por acidentes de transportes (a Secretaria de Segurança Pública de São Paulo distingue homicídios por agressões de homicídios por acidentes de trânsito). Para uma análise do crescimento do coeficiente de mortalidade por agressões/homicídios e acidentes de transporte nas oito grandes regiões metropolitanas entre 1980 e 1989, ver A.B.M. Camargo *et al.*, *op. cit.* Para as capitais brasileiras entre 1977 e 1994, ver M.H.P.M. Jorge *et al.*, "Análise dos dados de mortalidade", em *Revista de Saúde Pública*, vol. 31, supl. 4, São Paulo, FSP/USP, 1997, pp. 5-25.

10 Os 1.922 óbitos com intenções indeterminadas e 1.805 óbitos por outras causas externas estão registrados como mortes por causas externas (capítulo XX da CID/10ª revisão) e, portanto, não incluem os 1.720 óbitos com causas mal definidas (capítulo XVIII da CID/10ª revisão – SIM 1998); ver M.H.P.M. Jorge *et al.*, *op. cit.*

Dada a sua relevância no total dos óbitos por causas externas, as agressões/homicídios e os acidentes de transportes serão analisados por área metropolitana e desdobrados por idade. Para o cálculo dos coeficientes de mortalidade por agressões/homicídios e acidentes de transporte por área metropolitana e faixa etária, a tabela 6 apresenta estimativas do IBGE/SUS para a população de 15 a 39 anos, subdivididas em cinco faixas etárias com intervalos de cinco anos.

Antes de introduzirmos a análise dos coeficientes de mortalidade por causas externas para o sexo masculino por metrópole e faixa etária, apresentamos ainda o número de ocorrências policiais da Região Policial da Grande São Paulo (RPGSP) como uma das formas de mensurar a violência urbana que atinge hoje o país. De acordo com a Secretaria de Segurança Pública do Estado de São Paulo, foram registradas 715 mil ocorrências policiais na Região Policial da Grande São Paulo. As agressões/homicídios foram responsáveis por 8,3% das ocorrências, os acidentes de transporte por 5,5%, e as ameaças e outros crimes contra a pessoa por 6,2% do total de ocorrências policiais. Os crimes contra o patrimônio (roubos, furtos, etc.) somaram 51,8% das ocorrências policiais (ver tabela 7).[11]

Ainda de acordo com dados da Secretaria de Segurança Pública do Estado de São Paulo, o número de ocorrências envolvendo agressões/homicídios é 7 vezes o número de ocorrências com homicídios por agressões, e o número de ocorrências de acidentes de transporte é 15,8 vezes o número de ocorrências com óbito por acidentes de transporte. É importante esclarecer que as ocorrências policiais com óbito da tabela 7 referem-se ao número de ocorrências com óbito, e não ao número de óbitos (uma ocorrência com óbito pode corresponder a mais de um óbito); que as lesões corporais não fatais por ocasião da ocorrência policial podem acabar resultando em posterior morte; e

---

[11] A Região Policial da Grande São Paulo corresponde à região metropolitana de São Paulo com a exclusão dos municípios de Salesópolis e Santa Isabel. O número de ocorrências policiais com "morte suspeita" (22.962 para um total de 34.584 ocorrências com óbito) é extremamente elevado e não apresenta relação alguma com o número de óbitos por causas externas para a região metropolitana de São Paulo do SIM (19.075 óbitos para homens e mulheres em todas as faixas etárias).

que é bastante significativo o número de ocorrências com óbito por acidentes de transporte nas rodovias estaduais e federais (fora da área de residência). O número de ocorrências policiais com óbito por agressões para a Região Policial da Grande São Paulo foi de 8.394 em 1996,[12] e o número de óbitos por agressões/homicídios (por residência) para a região metropolitana de São Paulo foi de 9.216 (SIM). A diferença é mais acentuada para os acidentes de transporte, com o número de ocorrências policiais registrando 2.489 óbitos, e o número de óbitos por residência do SIM registrando 4.182 mortes.[13]

Tabela 7. Ocorrências policiais na região metropolitana de São Paulo, 1996

Natureza da ocorrência	Ocorrências Número (a)	%	C/óbito	(a)/(b) (b)
Região policial (RPGSP)	714.952	100,0	34.584	20,7
Agressão	59.167	8,3	8.394	7,0
Acidente de trânsito	39.222	5,5	2.489	15,8
Outros crimes contra a pessoa	43.982	6,2	-	-
Roubo	132.133	18,5	-	-
Furto	193.209	27,0	-	-
Outros crimes contra o patrimônio	45.161	6,3	-	-
Suicídio	1.609	0,2	739	2,2
Queda	1.033	0,1	-	-
Demais ocorrências	199.436	27,9	22.962	8,7
Demais regiões	2.363	0,3	-	-
Região metropolitana	717.315	100,3	-	-

Fonte: elaborado a partir de Seade, 1998. Nota: "c/óbito" refere-se ao número de ocorrências com óbito, e não ao número de óbitos; "c/óbito" em "demais ocorrências" refere-se a "morte suspeita".

Construímos a tabela 8 para uma análise integrada dos indicadores de violência apresentados para a região metropolitana de São Paulo. O número de internações na rede SUS foi 3,6 vezes o número

---

12 Dados de 1998, conforme Fundação Sistema Estadual de Análise de Dados (Seade), *Ocorrências policiais e inquéritos policiais instaurados segundo a natureza do crime: RPGSP: 1955-1997* (São Paulo: Seade, 1998).

13 Os números referem-se ao total de óbitos de homens e mulheres em todas as faixas etárias.

de óbitos por causas externas para a população total da região, e 1,8 vez o número de óbitos para os homens de 15 a 39 anos (como ressaltamos, 87,6% dos óbitos por causas externas dessa faixa etária ocorreram fora da rede hospitalar do SUS). O número de ocorrências policiais, por sua vez, foi 37,6 vezes o número de óbitos por causas externas da região metropolitana de São Paulo.

Tabela 8. Indicadores de violência na região metropolitana de São Paulo, 1996

	Homens 15-39 anos	Total
Número absoluto:		
População (mil)	3.674	16.582
Ocorrências policiais (RPGSP)	-	717.315
Internações por causas externas (SIH)	21.565	59.825
Óbitos por causas externas (SIM)	11.451	19.075
Índice (óbitos = 100):		
Ocorrências policiais	-	3.760
Internações por causas externas	188	314
Óbitos por causas externas	100	100
Taxa (por 100 mil):		
Ocorrências policiais	-	4.326
Internações por causas externas	587	361
Coeficiente de mortalidade: causas externas	312	115

Fonte: elaborado a partir de IBGE/SUS, 1998; Seade, 1998; Brasil, 1998a, 1998b.

Em relação ao total da população da região metropolitana de São Paulo, foram registradas 4.326 ocorrências policiais por 100 mil habitantes em 1996; o número de internações por causas externas na rede hospitalar do SUS para o mesmo período registrou uma taxa de 361/100 mil para o total da região e 587/100 mil para a população masculina de 15 a 39 anos de idade; e, em relação aos óbitos (SIM), o coeficiente para a população residente na região foi de 115/100 mil, e o coeficiente para os homens de 15 a 39 anos 312/100 mil.

Agressões/homicídios

Para o total das áreas metropolitanas, os óbitos por agressões/homicídios entre homens de 15 a 39 anos registraram 146 mortes por 100 mil habitantes em 1996 (ver tabelas 9 e 10). Nas regiões metropolitanas de Vitória, Rio de Janeiro e São Paulo, as agressões/homicídios nessa faixa etária atingiram 192 a 219/100 mil. Vale lembrar que o Rio de Janeiro e São Paulo somavam 50% do total da população masculina entre 15 e 39 anos nas áreas metropolitanas (e 67% das agressões/homicídios nessa camada da população).

Tabela 9. Número de agressões/homicídios, homens de 15 a 39 anos, metrópoles, 1996

Metrópole	15-19	20-24	25-29	30-34	35-39	Total
Belém, R.M.	43	77	47	35	22	224
Fortaleza, R.M.	69	116	110	61	46	402
Natal, R.M.	17	33	19	14	9	92
Recife, R.M.	218	302	253	182	120	1.075
Salvador, R.M.	178	230	158	84	52	702
Belo Horizonte, R.M.	71	115	103	72	61	422
Vitória, R.M.	115	163	94	98	102	572
Rio de Janeiro, R.M.	961	1.287	939	720	500	4.407
São Paulo, R.M.	1.216	1.980	1.783	1.285	798	7.062
Baixada Santista, R.M.	64	102	80	63	55	364
Curitiba, R.M.	51	76	91	56	42	316
Porto Alegre, R.M.	96	127	118	102	67	510
Manaus, Mun.	82	84	61	50	38	315
Goiânia, Mun.	24	36	32	21	22	135
Brasília	98	126	84	62	65	435
Total	3.303	4.854	3.972	2.905	1.999	17.033

Fonte: elaborado a partir de Brasil, 1998a.

Tabela 10. Coeficientes de mortalidade por agressões/homicídios (por 10 mil), homens de 15 a 39 anos, metrópoles, 1996

Metrópole	Grupo etário					
	15-19	20-24	25-29	30-34	35-39	Total
Belém, R.M.	47	94	67	59	42	63
Fortaleza, R.M.	52	99	101	60	58	74
Natal, R.M.	35	79	50	39	30	48
Recife, R.M.	131	201	197	154	119	162
Salvador, R.M.	113	174	135	78	56	116
Belo Horizonte, R.M.	35	63	63	46	44	50
Vitória, R.M.	181	302	189	200	227	219
Rio de Janeiro, R.M.	206	295	230	176	132	210
São Paulo, R.M.	152	250	238	183	127	192
Baixada Santista, R.M.	100	171	147	121	114	131
Curitiba, R.M.	41	64	82	55	48	58
Porto Alegre, R.M.	63	92	91	75	53	75
Manaus, Mun.	121	141	115	111	97	119
Goiânia, Mun.	45	70	71	51	63	59
Brasília	97	133	98	83	109	105
Total	122	193	172	133	103	146

Fonte: elaborado a partir de IBGE/SUS, 1998; Brasil, 1998a.

As áreas metropolitanas de Natal, Belo Horizonte, Curitiba, Belém, Goiânia, Fortaleza e Porto Alegre apresentaram os menores coeficientes de mortalidade por agressões/homicídios (48/100 mil a 75/100 mil), e as demais áreas (Brasília, Salvador, Manaus, Baixada Santista e Recife, em ordem crescente) apresentaram coeficientes de 105/100 mil a 162/100 mil.

Em relação à faixa etária, os maiores coeficientes de mortalidade por agressões/homicídios ocorreram entre os homens de 20 a 29 anos (193/100 mil para a faixa 20-24 e 172/100 mil para a faixa 25-29). A faixa etária de 20 a 29 anos apresenta os maiores coeficientes de mortalidade por agressões/homicídios tanto para o total das áreas metropolitanas como para cada uma das áreas considerada isoladamente. Mas, para as regiões metropolitanas de Vitória, Rio de Janeiro e São Paulo, coeficientes entre 176/100 mil e 302/100 mil foram registrados em quase todas as cinco faixas etárias entre 15 e 39 anos de idade.

Seguindo Vitória, Rio de Janeiro e São Paulo, as áreas metropolitanas com maiores coeficientes relativos de mortalidade para homens de 20 a 29 anos de idade são as mesmas que para a faixa dos 15 a 39 anos (Brasília, Salvador, Manaus, Baixada Santista e Recife). Cabe ressaltar, entretanto, o elevado coeficiente de mortalidade por agressões/homicídios da região metropolitana de Recife para homens de 20 a 29 anos (cerca de 200/100 mil).

Tabela 11. Coeficientes de mortalidade por agressões/homicídios (por 100 mil), análise comparada

Local	Ano	Coeficiente por 100 mil	Índice Brasil = 100 (a)	100/(a)
Brasil	1996	24,6	100	1,0
a) homens	1996	45,1	183	0,5
15 a 39 anos	1996	79,3	322	0,3
15 metrópoles	1996	146,1	594	0,2
Argentina	1991	4,3	17	5,7
Chile	1992	3,0	12	8,2
Colômbia	1991	89,6	364	0,3
México	1993	17,6	72	1,4
Venezuela	1989	12,1	49	2,0
EUA	1993	9,9	40	2,5
França	1994	1,1	4	22,3
Japão	1994	0,6	2	41,0

Fonte: elaborado a partir de Brasil, 1998a; IBGE/SUS 1998; United Nations, 1997 (nesse trabalho, o coeficiente de mortalidade por agressões/homicídios para o Brasil é de 20,2 em 1989).

Para uma análise comparada dos coeficientes de mortalidade por agressões/homicídios, apresentamos a tabela 11. O coeficiente de mortalidade por agressões/homicídios para homens de 15 a 39 anos residentes nas quinze áreas metropolitanas selecionadas alcançou

146,1/100 mil em 1996. O coeficiente de mortalidade por agressões/homicídios reduz-se para 79,3/100 mil quando passamos para o total de homens de 15 a 39 anos, e para 45,1/100 mil quando incluímos todos os habitantes do sexo masculino. Para o país como um todo, o coeficiente de mortalidade por agressões/homicídios registrou 24,6 óbitos por 100 mil habitantes em 1996. O coeficiente de mortalidade por agressões/homicídios para adolescentes e adultos jovens do sexo masculino residentes em áreas metropolitanas é seis vezes o coeficiente registrado para o Brasil como um todo (ver penúltima coluna da tabela 14).

A violência dentro das áreas metropolitanas, de forma geral, é mais acentuada nas regiões periféricas mais carentes das grandes metrópoles. Nesse sentido, as agressões/homicídios atingem a população urbana marginalizada tanto no sentido físico como social. Em estudo realizado para o município de São Paulo, Márcia Regina da Costa aponta a periferia da cidade como a área de maior violência, onde impera o tráfico de drogas e a ação criminosa de grupos de matadores, de extermínio, de segurança privada e de policiais.[14]

A tabela 11 também compara o coeficiente de mortalidade por agressões/homicídios do Brasil com indicadores internacionais. O Brasil como um todo, em relação aos países da América Latina listados, apresenta um coeficiente de mortalidade por agressões/homicídios 1,4 vez o do México, 2 vezes o da Venezuela, 5,7 vezes o da Argentina e 8,2 vezes o do Chile.[15] Em relação aos países desenvolvidos, o coeficiente de mortalidade por agressões/homicídios do

---

14 O estudo de Márcia Regina da Costa apresenta um histórico da violência que atinge a cidade de São Paulo e, com base nas estatísticas do Programa de Aprimoramento das Informações de Mortalidade do Município de São Paulo (Proaim), aponta como os distritos mais violentos da cidade Brasilândia, Jardim Ângela, Guaianases e Capão Redondo, onde o coeficiente de mortalidade por agressões/homicídios para o total da população em 1996 atingiu 73/100 mil a 85/100 mil (quando a média era 48/100 mil para a cidade e 6/100 mil para o Jardim Paulista). Ver Márcia Regina da Costa, *Juventude, violência e assassinatos em São Paulo, Brasil* (São Paulo: Programa de Estudos Pós-Graduados em Ciências Sociais/PUC, 1998), mimeo.

15 O coeficiente de mortalidade por homicídio da Colômbia, com a escalada do narcotráfico e do terrorismo, é 3,6 vezes o coeficiente do Brasil.

Brasil é 2,5 vezes o dos Estados Unidos, 22,3 vezes o da França e 41 vezes o do Japão (ver última coluna da tabela 11).

Acidentes de transporte

Os acidentes de transporte foram responsáveis por 19,5% do total de óbitos por causas externas de homens entre 15 e 39 anos de idade nas áreas metropolitanas pesquisadas em 1996. O coeficiente de mortalidade por acidentes de transporte registrou 50/100 mil para o total das áreas, mas atingiu 63/100 mil a 77/100 mil em Goiânia, Curitiba, Brasília e Baixada Santista. Salvador, no extremo oposto, registrou apenas 11 óbitos por 100 mil habitantes do sexo masculino de 15 a 39 anos em 1996 (ver tabelas 12 e 13). Goiânia e Curitiba, ao contrário das demais áreas metropolitanas, apresentaram coeficientes de mortalidade por acidentes de transporte 30% superiores aos coeficientes de mortalidade por agressões/homicídios (quando, para o total das áreas, o coeficiente de mortalidade por acidentes de transporte representou um terço do coeficiente das agressões/homicídios).

Por faixa etária, a diferença entre os coeficientes de mortalidade por acidentes de transporte entre homens de 15 a 39 anos não é muito significativa, com a natural exceção da faixa de 15 a 19 anos de idade. Por faixa etária, além das citadas áreas de Goiânia, Curitiba, Brasília e Baixada Santista, cabe destacar também o elevado número de óbitos por acidentes de transporte em Fortaleza, Belo Horizonte e Vitória (25 a 39 anos), São Paulo (20 a 39 anos), Porto Alegre (20 a 34 anos), Recife (35 a 39 anos) e Manaus (35 a 39 anos).

Tabela 12. Número de óbitos por acidentes de transporte, homens de 15 a 39 anos, metrópoles, 1996

Metrópole	\multicolumn{6}{c}{Grupo etário}
	15-19	20-24	25-29	30-34	35-39	Total
Belém, R.M.	23	35	25	27	21	131
Fortaleza, R.M.	38	49	64	58	52	261
Natal, R.M.	16	18	14	12	10	70
Recife, R.M.	37	69	66	56	60	288
Salvador, R.M.	13	20	10	11	15	69
Belo Horizonte, R.M.	87	89	102	110	73	461
Vitória, R.M.	19	26	35	33	28	141
Rio de Janeiro, R.M.	125	210	184	217	188	924
São Paulo, R.M.	302	483	414	384	366	1.949
Baixada Santista, R.M.	16	45	43	36	35	175
Curitiba, R.M.	68	91	88	88	75	410
Porto Alegre, R.M.	51	80	66	76	57	330
Manaus, Mun.	17	24	28	18	24	111
Goiânia, Mun.	28	49	38	31	30	176
Brasília	36	77	75	64	34	286
Total	876	1.365	1.252	1.221	1.068	5.782

Fonte: elaborado a partir de Brasil, 1998a.

O número de óbitos por acidentes de transporte poderia ainda ser ponderado pelo tamanho da frota de veículos de cada uma das áreas metropolitanas. Nesse caso, a violência no transporte seria analisada em relação ao número de veículos de cada uma das áreas metropolitanas, e não somente de acordo com o número de habitantes das áreas. Estudo realizado para o estado de São Paulo revela que, quanto menor o número de veículos por habitante, maior o número de acidentes de transporte por veículo (devido à falta de familiaridade natural da população com essas máquinas ambulantes).[16] O raciocínio vale tanto para o espaço como para o tempo. Cidades com maior concentração de veículos por habitante tendem a ter um menor número de

---

16 Sistema Estadual de Análise de Dados, *Acidentes de trânsito em São Paulo* (São Paulo: Seade, 1977).

acidentes de transporte por veículo, e uma mesma cidade tende a ver diminuído o número de acidentes de transporte por veículo com o desenvolvimento de sua frota por habitante.

Tabela 13. Coeficientes de mortalidade por acidentes de transporte (por 100 mil), homens de 15 a 39 anos, metrópoles, 1996

Metrópole	\multicolumn{6}{c}{Grupo etário}
	15-19	20-24	25-29	30-34	35-39	Total
Belém, R.M.	25	43	36	45	40	37
Fortaleza, R.M.	29	42	59	57	66	48
Natal, R.M.	33	43	37	33	34	36
Recife, R.M.	22	46	51	47	59	43
Salvador, R.M.	8	15	9	10	16	11
Belo Horizonte, R.M.	43	49	62	70	52	54
Vitória, R.M.	30	48	70	67	62	54
Rio de Janeiro, R.M.	27	48	45	53	49	44
São Paulo, R.M.	38	61	55	55	58	53
Baixada Santista, R.M.	25	75	79	69	72	63
Curitiba, R.M.	55	76	80	86	85	76
Porto Alegre, R.M.	33	58	51	56	45	48
Manaus, Mun.	25	40	53	40	61	42
Goiânia, Mun.	52	95	84	75	85	77
Brasília	36	81	88	86	57	69
Total	32	54	54	56	55	50

Fonte: elaborado a partir de IBGE/SUS, 1998; Brasil, 1998a.

A maior parte dos óbitos por acidentes de transporte ocorre por atropelamento, e os acidentes de transporte guardam relação com o nível da atividade econômica que regula a circulação das pessoas e mercadorias.[17] Para o Brasil como um todo, as taxas brutas de mortalidade por acidentes de transporte decresceram durante a "crise da dívida" no início dos anos 1980, subiram significativamente

---

17 A. M. N. Vasconcelos & D. D. Lima, "A mortalidade por acidentes de trânsito no Brasil", em *Anais do XI Encontro Nacional de Estudos Populacionais*, Caxambu, Abep, 1998, pp. 2109-2130.

na recuperação econômica entre 1984 e 1986, que culminou com o Plano Cruzado, caíram em seguida, principalmente por ocasião do Plano Collor, e voltaram a subir em 1994-1995 com o aquecimento econômico do início do Plano Real.[18]

Tabela 14. Coeficientes de mortalidade por acidentes de transporte (por 100 mil), análise comparada

Local	Ano	Coeficiente por 100 mil	Índice Brasil = 100 (a)	100/(a)
Brasil	1996	22,5	100	1,0
a) homens	1996	35,9	146	0,7
15 a 39 anos	1996	46,3	188	0,5
15 metrópoles	1996	49,6	202	0,5
Argentina	1991	9,4	38	2,6
Chile	1992	11,3	46	2,2
Colômbia	1991	14,4	59	1,7
México	1993	15,7	64	1,6
Venezuela	1989	20,7	84	1,2
EUA	1993	15,8	64	1,6
França	1994	14,2	58	1,7
Japão	1994	10,9	44	2,3

Fonte: elaborado a partir de Brasil, 1998a; IBGE/SUS, 1998; United Nations, 1997 (nesse trabalho, o coeficiente de mortalidade por agressões/homicídios para o Brasil é de 20,2 em 1989).

Na tabela 14, apresentamos a análise comparada dos coeficientes de mortalidade por acidentes de transporte. O coeficiente de mortalidade por acidentes de transporte para homens de 15 a 39 anos residentes nas quinze áreas metropolitanas selecionadas alcançou 49,6/100 mil em 1996. O coeficiente de mortalidade por acidentes de transporte reduz-se para 46,3/100 mil quando passamos para o

---

18 Nossa análise do ciclo econômico segue o gráfico 2 ("Taxas brutas de mortalidade por acidentes de trânsito entre 1979 e 1995") de A. M. N. Vasconcelos & D. D. Lima, op. cit., p. 2118.

total de homens de 15 a 39 anos[19] e 35,9/100 mil quando incluímos todos os habitantes do sexo masculino. Para o país como um todo, o coeficiente de mortalidade por acidentes de transporte registrou 22,5 óbitos por 100 mil habitantes em 1996. O coeficiente de mortalidade por acidentes de transporte para adolescentes e adultos jovens do sexo masculino residentes em áreas metropolitanas é duas vezes o coeficiente registrado para o Brasil como um todo (ver penúltima coluna da tabela 14).

A tabela 14 relaciona também os coeficientes de mortalidade por acidentes de transporte nos países selecionados. O Brasil como um todo apresenta um coeficiente de mortalidade por acidentes de transporte 1,2 vez o da Venezuela e 1,6 a 2,6 vezes os dos demais países da América Latina e desenvolvidos analisados (ver última coluna da tabela 11).

Demais causas externas

Em 1996, as causas externas foram responsáveis por 255 óbitos para cada 100 mil homens de 15 a 39 anos residentes nas áreas metropolitanas em análise. Desses 255 óbitos, 146 referem-se a agressões/homicídios, 50 a acidentes de transporte e 59 às demais causas externas.

De acordo com as tabelas 15 e 16, as demais causas externas (59 óbitos por 100 mil) podem ser desdobradas em afogamento (11), suicídio (10), queda (5), acidentes com fogo, envenenamento e operações de guerra (1)[20] e intenções indeterminadas e outras causas externas (32).

---

19 O coeficiente de mortalidade por acidentes de transporte de 46,3/100 mil para o total de homens de 15 a 39 anos é bastante elevado em comparação aos 49,6/100 mil para residentes nas quinze áreas metropolitanas selecionadas (considerando-se que provavelmente o número de veículos por habitante nas quinze áreas metropolitanas deve ser significativamente maior que para o total do país).

20 O coeficiente 1/100 mil, equivalente a 129 óbitos, refere-se essencialmente a acidentes com fogo (109 óbitos).

Analisado por área metropolitana, o coeficiente de mortalidade por afogamento (11/100 mil) atingiu de forma mais agressiva o município de Manaus, que apresentou 24 óbitos a cada 100 mil homens de 15 a 39 anos. Em relação ao coeficiente de mortalidade por suicídio (10/100 mil), destaca-se Brasília, com um coeficiente de 18/100 mil e, no extremo oposto, as regiões metropolitanas do Rio de Janeiro e do Nordeste (Natal, Recife e Salvador), que apresentam coeficientes de 3 a 6 óbitos por 100 mil. Entre os acidentes com fogo sobressai o coeficiente de mortalidade de Porto Alegre (4/100 mil).

Os óbitos com intenção indeterminada e outras causas externas (32/100 mil) podem estar subestimando o número de agressões/homicídios e óbitos por acidentes de transporte em todas as áreas metropolitanas do país.[21] Destacam-se, nesse caso, de acordo com a tabela 16, os elevados coeficientes de mortalidade com intenção indeterminada e outras causas externas da Baixada Santista (81/100 mil) e Natal (60/100 mil).

Tabela 15. Número de óbitos por demais causas externas, homens de 15 a 39 anos, metrópoles, 1996

Metrópole	Afogamento	Suicídio	Queda	Fogo/ env. e guerra	Indet. e outras	Total
Belém, R.M.	43	54	6	1	33	137
Fortaleza, R.M.	76	75	19	4	183	357
Natal, R.M.	12	8	1	4	116	141
Recife, R.M.	64	39	19	5	119	246
Salvador, R.M.	58	16	0	9	277	360
Belo Horizonte, R.M.	104	101	36	8	164	413
Vitória, R.M.	34	26	19	2	47	128
Rio de Janeiro, R.M.	115	91	150	26	862	1.244
São Paulo, R.M.	498	398	274	24	1.246	2.440
Baixada Santista, R.M.	36	28	9	6	226	305

(cont.)

---

21 M.H.P.M. Jorge & R. Laurenti, *op. cit.*

Metrópole	Causa					
	Afogamento	Suicídio	Queda	Fogo/env. e guerra	Indet. e outras	Total
Curitiba, R.M.	62	70	25	7	150	314
Porto Alegre, R.M.	81	105	16	24	155	381
Manaus, Mun.	63	39	9	3	35	149
Goiânia, Mun.	13	33	5	4	71	126
Brasília	29	73	14	2	43	161
Total	1.288	1.156	602	129	3.727	6.902

Fonte: elaborado a partir de Brasil, 1998a.

Tabela 16. Coeficientes de mortalidade por demais causas externas (por 100 mil), homens de 15 a 39 anos, metrópoles, 1996

Metrópole	Causa					
	Afogamento	Suicídio	Queda	Fogo/env. e guerra	Indet. e outras	Total
Belém, R.M.	12	15	2	0	9	39
Fortaleza, R.M.	14	14	4	1	34	66
Natal, R.M.	6	4	1	2	60	73
Recife, R.M.	10	6	3	1	18	37
Salvador, R.M.	10	3	0	1	46	59
Belo Horizonte, R.M.	12	12	4	1	19	49
Vitória, R.M.	13	10	7	1	18	49
Rio de Janeiro, R.M.	5	4	7	1	41	59
São Paulo, R.M.	14	11	7	1	34	66
Baixada Santista, R.M.	13	10	3	2	81	109
Curitiba, R.M.	11	13	5	1	28	58
Porto Alegre, R.M.	12	15	2	4	23	56
Manaus, Mun.	24	15	3	1	13	56
Goiânia, Mun.	6	15	2	2	31	55
Brasília	7	18	3	0	10	39
Total	11	10	5	1	32	59

Fonte: elaborado a partir de IBGE/SUS, 1998; Brasil, 1998a.

Para a análise comparada dos coeficientes de mortalidade por outras causas externas (afogamento, suicídio, queda, outros acidentes, causas com intenção indeterminada e outras causas externas), apresentamos a tabela 17. O coeficiente de mortalidade por outras causas externas para homens de 15 a 39 anos residentes nas quinze áreas metropolitanas selecionadas alcançou 59,2/100 mil em 1996. O coeficiente de mortalidade por outras causas externas reduz-se para 52,5/100 mil quando passamos para o total de homens de 15 a 39 anos, e para 44,9/100 mil quando incluímos todos os habitantes do sexo masculino. Para o país como um todo, o coeficiente de mortalidade por outras causas externas registrou 28,4 óbitos por 100 mil habitantes em 1996. O coeficiente de mortalidade por outras causas externas para adolescentes e adultos jovens do sexo masculino residentes em áreas metropolitanas é 2,4 vezes o coeficiente registrado para o Brasil como um todo (ver penúltima coluna da tabela 17).

Tabela 17. Coeficientes de mortalidade por demais causas externas (por 100 mil), análise comparada

Local	Ano	Coeficiente por 100 mil	Índice Brasil = 100 (a)	100/(a)
Brasil	1996	28,4	100	1,0
a) homens	1996	44,9	183	0,5
15 a 39 anos	1996	52,5	214	0,5
15 metrópoles	1996	59,2	241	0,4
Argentina	1991	38,0	155	0,6
Chile	1992	51,3	209	0,5
Colômbia	1991	28,3	115	0,9
México	1993	28,6	116	0,9
Venezuela	1989	30,5	124	0,8
EUA	1993	32,7	133	0,8
França	1994	62,4	254	0,4
Japão	1994	37,3	152	0,7

Fonte: elaborado a partir de Brasil, 1998a; IBGE/SUS, 1998; United Nations, 1997 (nesse trabalho, o coeficiente de mortalidade por demais causas externas para o Brasil é 31,4 em 1989).

Os indicadores internacionais apontam Colômbia, México, Venezuela e Estados Unidos com coeficientes 1,2 a 1,3 vez o coeficiente de mortalidade brasileiro para as demais causas externas especificadas. O Japão, a Argentina, o Chile e a França apresentam coeficientes 1,5 a 2,5 vezes o coeficiente do Brasil. Para esse grupo de países, de forma geral, a maior parte das demais causas externas referem-se a quedas e demais acidentes. O Chile, contudo, apresenta as demais causas externas concentradas na rubrica "outras", e os suicídios destacam-se entre as outras causas externas na França e no Japão (além dos Estados Unidos – ver tabela 18).[22]

Tabela 18. Coeficientes de mortalidade por demais causas externas (por 100 mil), análise desdobrada

Local	Ano	Queda	Suicídio	Outras	Total
Brasil	1996	8,2	4,3	15,9	28,4
a) homens	1996	13,0	6,9	25,0	44,9
15 a 39 anos	1996	14,5	9,0	29,0	52,5
15 metrópoles	1996	17,3	9,9	32,0	59,2
Argentina	1991	22,4	5,9	9,7	38,0
Chile	1992	15,2	4,9	31,2	51,3
Colômbia	1991	23,0	3,1	2,2	28,3
México	1993	18,7	4,8	5,1	28,6
Venezuela	1989	24,8	2,6	3,1	30,5
EUA	1993	19,2	12,0	1,5	32,7
França	1994	37,1	20,8	4,5	62,4
Japão	1994	18,1	16,7	2,5	37,3

Fonte: elaborado a partir de Brasil, 1998a; IBGE/SUS, 1998; United Nations, 1997 (nesse trabalho, os coeficientes de mortalidade para o Brasil em 1989 são 18,6 para quedas e outros acidentes, 3,2 para suicídios e 9,6 para outras causas externas).

O coeficiente de mortalidade por suicídio nos países desenvolvidos não é somente elevado para o padrão internacional. Além

---

22 As causas externas com intenções indeterminadas para o Brasil foram incluídas pela ONU em outros acidentes, e na nossa pesquisa em outras causas externas. Dessa forma, a tabela 18 pode estar subestimando o total de quedas e outros acidentes e superestimando as outras causas externas do Brasil. Ver United Nations, *1995 Demographic Yearbook* (Nova York: UN, 1997).

de elevado, o coeficiente de mortalidade por suicídio nos países desenvolvidos alcança a magnitude do coeficiente de mortalidade por homicídio em países como o Brasil. Entre os países desenvolvidos analisados, a França, com um coeficiente de mortalidade por agressões/homicídios de 1,1/100 mil, apresentou 20,8 suicídios a cada 100 mil habitantes em 1994, coeficiente comparável ao das agressões/homicídios no Brasil, 24,6/100 mil em 1996.[23]

Tabela 19. Coeficientes de mortalidade por causas externas (por 100 mil), análise comparada

Local	Ano	Agressões/ homicídios	Acidentes de transp.	Demais causas	Total
Brasil	1996	24,6	22,5	28,4	75,5
a) homens	1996	45,1	35,9	44,9	125,9
15 a 39 anos	1996	79,3	46,3	52,5	178,1
15 metrópoles	1996	146,1	49,6	59,2	254,9
Argentina	1991	4,3	9,4	38,0	51,7
Chile	1992	3,0	11,3	51,3	65,6
Colômbia	1991	89,6	14,4	28,3	132,3
México	1993	17,6	15,7	28,6	61,9
Venezuela	1989	12,1	20,7	30,5	63,3
EUA	1993	9,9	15,8	32,7	58,4
França	1994	1,1	14,2	62,4	77,7
Japão	1994	0,6	10,9	37,3	48,8

Fonte: elaborado a partir de Brasil, 1998a; IBGE/SUS, 1998; United Nations, 1997 (nesse trabalho, o coeficiente de mortalidade por demais causas externas para o Brasil é 71,8 em 1989).

A tabela 19 apresenta, por fim, um resumo dos coeficientes de mortalidade por causas externas para os países analisados. O Brasil como um todo apresenta coeficientes de mortalidade extremamente

---

23 Os coeficientes de mortalidade por suicídios atingiram 16 óbitos na Alemanha (1994) e Suécia (1993) por 100 mil habitantes, 18 óbitos na Bélgica (1991) e Luxemburgo (1994), 22 na Áustria (1995), 27 na Finlândia (1994), 33 na Hungria (1995) e 41 a 46 nos Países Bálticos (1994) e na Rússia (1994). Ver United Nations, *op. cit.*

elevados e recordes por acidentes de transporte e principalmente por agressões/homicídios (só inferior ao coeficiente da Colômbia).[24]

Os países industrializados, por sua vez, apresentam altos coeficientes de mortalidade pelas demais causas externas, com destaque para os suicídios. A França, especificamente, além de alto coeficiente de mortalidade por suicídios, apresenta coeficientes de mortalidade extremamente elevados por quedas e demais acidentes (o que torna seu coeficiente de mortalidade por causas externas mais elevado do que o do Brasil).

Considerações finais

O coeficiente de mortalidade por causas externas para homens de 15 a 39 anos residentes nas áreas metropolitanas atingiu 255/100 mil em 1996 (303 a 322 para as áreas metropolitanas de Vitória, Rio de Janeiro, São Paulo e Baixada Santista).

O coeficiente de mortalidade por agressões/homicídios para adolescentes e adultos jovens do sexo masculino residentes nas áreas metropolitanas parece refletir operações de guerra, um dos itens que compõem as causas externas de morbidade e mortalidade. Das causas externas, quase 60% referem-se a agressões/homicídios e 20% a acidentes de transporte. As mortes com intenções indeterminadas e outras causas externas, responsáveis por 13% do total das causas, podem ainda estar subestimando o total de mortes por agressões/homicídios e acidentes de transporte.

A violência que atinge hoje o Brasil, e em especial as áreas metropolitanas do país, tem levado consigo, anualmente, milhares de adolescentes e adultos jovens em sua luta pela vida. Esses guerreiros, filhos de Marte, Ogum e São Jorge, caem nas trincheiras periféricas da sociedade, marginalizados tanto no espaço físico como no espaço

---

24 Para o Chile, o elevado coeficiente de mortalidade por outras causas externas compromete a análise (ver tabela 19).

social das cidades. Empenhados numa revolução lenta, embora não exatamente silenciosa, entregam-se à morte com desprendimento para trilhar caminhos por nós desconhecidos.

A violência é certamente apenas uma das facetas da problemática questão social brasileira. Se, em relação a outros aspectos da injustiça social, a indiferença pode ainda encontrar adeptos, em relação à violência voltam-se todas as camadas sociais do país. As pessoas nas áreas metropolitanas fecham janelas de automóveis e se trancafiam em shopping centers e em suas casas em frente a aparelhos de TV, assustadas, maldizendo delinquentes e governantes ou mesmo indignadas com as imagens do país. Porém, indignação, tanto em relação à injustiça social como em relação à violência, não tem efeito algum além de consumir as energias das pessoas que se indignam. Para as pessoas sensíveis às questões sociais do país, independentemente da necessária ação dos governos, a energia economizada em estéril indignação talvez pudesse ser mais bem empregada para, dentro de todas as nossas limitações, viver um Brasil mais justo e melhor. Talvez abrir a janela seja um bom começo.

Referências

Araujo, H. E. "A mortalidade entre os jovens adultos brasileiros – Por que e quais morrem mais?", em *Anais do XI Encontro Nacional de Estudos Populacionais*. Caxambu: Abep, 1998, pp. 1911-1928.

Brasil. Ministério da Saúde. *Sistema de Informação sobre Mortalidade*. Brasília: Ministério da Saúde, 1998a.

_____. *Sistema de Informações Hospitalares*. Brasília: Ministério da Saúde, 1998b.

Camargo, A. B. M. *et al*. "Evolução da mortalidade por acidentes e violências em áreas metropolitanas", em Monteiro, C. A. (org.), *Velhos e novos males da saúde no Brasil*. São Paulo: Hucitec, 1995, pp. 256-267.

Carvalho, M. S. & Cruz, O. G. "Mortalidade por causas externas: análise exploratória espacial: região Sudeste do Brasil", em *Anais do XI Encontro Nacional de Estudos Populacionais*. Caxambu: Abep, 1998, pp. 3153-3165.

César, I. A. & Rodrigues, R. M. "A mortalidade por causas externas – entre adolescentes do Recife e Salvador nos anos 80", em *Anais do XI Encontro Nacional de Estudos Populacionais*. Caxambu: Abep, 1998, pp. 1947-1958.

Costa, M. R. *Juventude, violência e assassinatos em São Paulo, Brasil*. São Paulo: Programa de Estudos Pós-Graduados em Ciências Sociais/PUC, 1998, mimeo.

Fundação Sistema Estadual de Análise de Dados. *Acidentes de trânsito em São Paulo*. São Paulo: Seade, 1977.

_____. *Ocorrências policiais e inquéritos policiais instaurados segundo a natureza do crime: RPGSP: 1955-1997*. São Paulo: Seade, 1998.

Instituto Brasileiro de Geografia e Estatística & Sistema Único de Saúde. *População residente*. Rio de Janeiro: IBGE/SUS, 1998.

Jorge, M. H. P. M. & Laurenti, R. "Apresentação", em *Revista de Saúde Pública*, vol. 31, supl. 4, São Paulo, FSP/USP, 1997, pp. 1-4.

Jorge, M. H. P. M. et al. "Análise dos dados de mortalidade", em *Revista de Saúde Pública*, vol. 31, supl. 4, São Paulo, FSP/USP, 1997, pp. 5-25.

Kilsztajn, S. *Esperança de vida: um estudo sobre as taxas de mortalidade no Brasil*. São Paulo: Programa de Estudos Pós-Graduados em Economia Política/PUC-SP, 1998, mimeo.

Lebrão, M. L. et al. "Morbidade hospitalar por lesões e envenenamentos", em *Revista de Saúde Pública*, vol. 31, supl. 4, São Paulo, FSP/USP, 1997, pp. 26-37.

Medici, A. C. *O perfil da saúde no Brasil*. Brasília: Ipea, 1995, documento de apoio para o Ipea/Pnud 1996.

Organização Mundial da Saúde. *Classificação estatística internacional de doenças e problemas relacionados à saúde: 10ª revisão*. São Paulo: Edusp, 1993.

United Nations. *1995 Demographic Yearbook*. Nova York: UN, 1997.

Travassos, C. & Lebrão, M. L. "Morbidade hospitalar nos jovens", em *Jovens acontecendo na trilha das políticas públicas*. Brasília: CNPD, 1998, pp. 165-196.

Vasconcelos, A. M. N. & Lima, D. D. "A mortalidade por acidentes de trânsito no Brasil", em *Anais do XI Encontro Nacional de Estudos Populacionais*. Caxambu, Abep, 1998, pp. 2109-2130.

Jovens, educação e homicídios no município de São Paulo[1]

MÁRCIA REGINA DA COSTA
FERNANDO GARCIA
CLÁUDIO RIBEIRO DE LUCINDA

Introdução

No Brasil assistimos há várias décadas à escalada da violência e ao aumento do medo e da insegurança. Existem inúmeros indicadores que comprovam essa situação, sendo um dos mais importantes as taxas de homicídios em relação à população. Em nosso país, no ano de 1980, o número de homicídios girava em torno de 11,69 por grupo de 100 mil habitantes e, em 1995, essa cifra atingiu o patamar de 24 a 24,9 homicídios. Esses números são expressivos, uma vez que o Brasil não enfrenta oficialmente nenhum processo de guerra externa ou interna. No continente americano, só a Colômbia, um país que há anos sofre com a escalada do narcotráfico, terrorismo, guerrilha e ações de esquadrões da morte, é mais violenta do que o Brasil. Lá, a taxa de homicídios passou de 37,4 por 100 mil habitantes, em 1981, para 77 a 77,9 por 100 mil habitantes em 1995.

---

[1] Gostaríamos de agradecer a colaboração dos técnicos do Programa de Aprimoramento das Informações de Mortalidade do Município de São Paulo (Proaim), em especial a sra. Katsuy, pela ajuda na seleção dos dados. Gostaríamos de agradecer aos membros do Laboratório de Economia Social da Pontifícia Universidade Católica de São Paulo pelos comentários a uma versão preliminar deste texto. Evidentemente, quaisquer problemas são de responsabilidade dos autores.

O homicídio não é um fenômeno específico das áreas urbanas. Mas é em geral nas cidades que os homicídios atingem números expressivos, fenômeno que não se restringe ao caso brasileiro. Estima-se que, atualmente, 75% dos homicídios ocorram nas regiões metropolitanas do Brasil. No município de São Paulo eles passaram dos 5,2 em 1960 para 9,4 por 100 mil habitantes em 1975, segundo estatísticas de Jorge.[2] No ano de 1980 a taxa chegou a 17,3, de acordo com estatísticas do Programa de Aprimoramento das Informações de Mortalidade (Proaim), atingindo 48,3 por grupo de 100 mil habitantes em 1996. A tabela 1 ilustra essa evolução desfavorável da violência no município de São Paulo. Note-se que o período de maior crescimento da taxa de homicídios está compreendido entre os anos de 1975 e 1987.

Tabela 1. Evolução do número de homicídios na cidade de São Paulo

Ano	Taxa de homicídios por 100 mil habitantes	Taxa de crescimento médio anual
1960	5,2	-
1975	9,4	4,0
1980	17,3	13,0
1987	39,1	12,4
1996	48,3	2,4

Fonte: Proaim; Jorge, 1981.

Para se ter uma ideia da gravidade dessa situação, basta considerar que os homicídios foram a terceira maior causa de morte do município em 1996, perdendo apenas para doenças cardiovasculares e cerebrovasculares.[3]

É nesse cenário de expansão das mortes violentas que os jovens tornaram-se as maiores vítimas dos homicídios no município de

---

[2] M.H.P.M. Jorge, "Como morrem nossos jovens", em *Jovens acontecendo na trilha das políticas públicas*, vol. 1 (Brasília: CNPD, 1998), pp. 209-292.

[3] As principais causas de morte na cidade de São Paulo em 1996 foram: doenças coronárias, doenças cerebrovasculares, homicídios, pneumonia e aids, nessa ordem.

São Paulo. O perfil da vítima de homicídio indica que ele é jovem, do sexo masculino e solteiro. Do total de mortos por homicídio na cidade de São Paulo em 1996 – dados do Proaim –, 92,6% eram do sexo masculino, 36,3% tinham mais de 15 anos e menos de 24 anos.

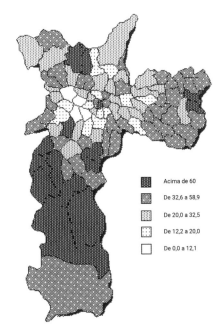

Figura 1.   O mapa da violência na cidade de São Paulo, 1996 (homicídios por 100 mil habitantes).
Fonte: Proaim.

Além de elevada e concentrada em um grupo específico da população (homens jovens), a mortalidade por homicídio não é distribuída de forma homogênea por todo o território da cidade. Como ilustra a figura 1, boa parte dos distritos mais violentos situam-se na periferia da cidade, onde, em muitos casos, impera a violência do tráfico de drogas, a ação de grupos de matadores e de grupos de extermínio e a ação violenta de policiais. Essa é também a região em que se concentram as camadas mais pobres da população, sujeitas a condições precárias de moradia, educação e saúde, aspecto já notado por Chesnais: "as desigualdades sociais também se expressam através das mortes violentas [...] e a distribuição das mortes violentas não é mais do que a imagem invertida da estratificação social".[4]

Os grupos sociais mais vulneráveis e expostos aos homicídios são os menos privilegiados social e economicamente. Em países cujas taxas de homicídios aumentam rapidamente, também se verificam índices crescentes de vitimização nas camadas e faixas socialmente mais vulneráveis. É nas periferias, favelas e cortiços das cidades, como no caso de São Paulo, que seus moradores estão mais vulneráveis à atuação de grupos de extermínio e extorsão e de grupos organizados ligados ao narcotráfico, assim como estão indefesos perante o arbítrio da polícia e da ação frequentemente criminosa ou desastrada de seguranças privados. Já os grupos sociais mais privilegiados contam com diversos recursos econômicos e políticos para melhor proteger sua vida e seu patrimônio.

Este artigo busca analisar os fatores que influenciam esse cenário alarmante de incremento da violência na cidade de São Paulo, destacando o papel de um importante condicionante socioeconômico nesse processo: a educação. No âmbito deste artigo, entende-se que, se o quadro de desigualdade social é fator determinante da incidência de homicídios, o que parece estar evidenciado pela distribuição espacial dos mesmos, a educação, por ser um fator condicionante desse quadro social, provavelmente está associada ao fenômeno da violência urbana.

O Brasil apresenta escolaridade média muito reduzida, inferior até mesmo à de outros países de desenvolvimento comparável, o que caracteriza um baixo esforço de acumulação de capital humano. Segundo Sabóia, o nível médio de escolaridade da população é de 3,9 anos no Brasil, muito inferior aos do Chile e da Argentina, que

---
4 J. C. Chesnais, *Histoire de la violence* (Paris: R. Laffort, 1981), p. 405.

têm médias próximas a 8,5 anos de estudo.[5] Na faixa de 15 a 24 anos, essa média somente alcançava 6,6 anos em 1990 e, na faixa de 15 a 19 anos, apenas 16,7% dos jovens haviam concluído ou frequentavam o ensino médio no Brasil.

Essa baixa acumulação por vezes tem um efeito perverso. Estudos recentes indicam que o nosso sistema educacional público está mal estruturado e contém mecanismos que até incentivam a evasão escolar, ao dificultar a progressão dos jovens no sistema através de repetências sucessivas.[6] Isso acaba impondo limites à acumulação de educação para as camadas mais pobres da população.

Também sobressaía o fato de que a desigualdade da distribuição de educação de uma sociedade é fator determinante da própria desigualdade da renda, como argumentam Garcia, Vasconcellos, Goldbaum e Lucinda, baseados em evidências das economias da América Latina e do Brasil.[7] Esse aspecto implica que o próprio estado de pobreza em que vive parte da periferia é fruto de políticas educacionais que não permitem a melhoria da distribuição da educação.

Na sequência deste artigo discutimos a relação entre a incidência de homicídios e algumas variáveis sociais, econômicas e demográficas. Isto é, desenvolvemos um modelo estatístico para medir a influência da escolaridade, da idade, do sexo e da região de domicílio na cidade de São Paulo sobre a probabilidade de um indivíduo morrer por homicídio. Por fim, traçamos algumas considerações na terceira seção.

---

[5] A. L. Sabóia, "Situação educacional dos jovens", em *Jovens acontecendo na trilha das políticas públicas*, vol. 2 (Brasília: CNPD, 1998), pp. 499-515.

[6] Por exemplo, F. R. Madeira, "Recado dos jovens: mais qualificação", em *Jovens acontecendo na trilha das políticas públicas*, vol. 2 (Brasília: CNPD, 1998), pp. 427-496.

[7] F. Garcia et al., *Distribuição da educação e da renda: o círculo vicioso da desigualdade na América Latina*, Textos para discussão, nº 73 (São Paulo: FGV, 1999).

Os fatores determinantes das mortes violentas

Neste artigo empregamos um modelo probabilístico, também conhecido por modelo de regressão logística, para analisar a influência de um conjunto de variáveis socioeconômicas sobre a incidência de homicídios. O modelo probabilístico busca, a partir da comparação entre grupos de indivíduos, avaliar a probabilidade de um determinado indivíduo estar sujeito a um certo tipo de evento. Em nosso caso, o evento é a própria morte por homicídio, e a amostra de indivíduos é constituída pelo grupo das pessoas que faleceram por homicídio e pelo grupo dos que morreram de outras causas.

A estrutura desse tipo de modelo pressupõe que a probabilidade de ocorrência de um evento é uma função não linear de um conjunto de variáveis contínuas e discretas. Essa função assume a forma da equação (I):

$$ln\left[\frac{P}{1-P}\right] = \alpha + \beta X + u \quad (I)$$

em que denota a constante, X, o vetor de variáveis independentes, β, o vetor de coeficientes, e P, a probabilidade de ocorrência de morte por homicídio. Uma vez que essa variável somente pode assumir valor 0 (no caso de outras causas de morte) ou 1 (no caso de homicídio), as observações da variável dependente assumem uma distribuição discreta. Mas, para uma dada amostra, a distribuição da média da variável P é contínua no intervalo]0,1[. Essa formulação impede o uso do método dos mínimos quadrados para a estimação dos coeficientes, o que torna necessário o emprego do método de máxima verossimilhança.

Uma propriedade interessante dessa estrutura estatística torna mais evidente sua utilidade. Segundo essa propriedade, se os dois grupos que assumem os valores 0 e 1 são formados pelo mesmo número de indivíduos e nada se conhece a respeito deles, a probabilidade de que um indivíduo sorteado a esmo venha a ser assassinado é de 50%. Nosso objetivo consiste em analisar se o conhecimento de algumas características socioeconômicas, tais como idade, sexo e educação, nos permitem identificar um homicídio com uma probabilidade maior que aquela que se obtém num simples jogo de cara ou coroa. Se essas informações permitem elevar a probabilidade de acerto para, digamos, 60%, isso significa que essas considerações possibilitaram um crescimento de 20% na probabilidade de sucesso do conhecimento da causa de morte do indivíduo considerado.

O procedimento estatístico desse modelo é simples: (i) considerando o perfil médio dos dois grupos e estimando a influência de um conjunto de variáveis, estima-se a probabilidade P de cada indivíduo; (ii) estimado esse valor, que se situa no intervalo entre 0 e 1, os que têm valor estimado P superior a 0,5 são considerados indivíduos com morte violenta (1), e aqueles que têm valor estimado P inferior ou igual a 0,5 são considerados indivíduos que morreram por outras causas (0); e (iii) esses procedimentos geram uma série de casos estimados para morte por homicídio, a qual é comparada com a série original, de forma a verificar a capacidade preditiva do modelo.

Note-se que as duas amostras são constituídas de indivíduos que de fato morreram. Isso implica dizer que o modelo não estima a probabilidade de um indivíduo morrer assassinado, tendo como referência a probabilidade de ele se manter vivo. O complemento de nosso experimento é a morte por outras causas, o que significa dizer que o modelo prevê a probabilidade de um morto ter morrido por homicídio.

Construção das variáveis

Em primeiro lugar, devido ao fato de o modelo logístico apresentar dificuldades na estimação dos resultados quando uma amostra apresenta grande porcentagem de casos aos quais se atribui um único valor, seja ele 0 ou 1, construiu-se uma amostra na qual, ao conjunto de pessoas mortas por homicídio, foi adicionado um conjunto aleatório de igual tamanho de pessoas mortas por outras causas. Dessa forma, a amostra resultante se compunha de 50% de pessoas que morreram de homicídio e 50% que morreram de outras causas; a seleção ao acaso de um indivíduo tem assim probabilidade de 50%.

Essa amostra foi composta por informações do banco de dados de mortalidade do município de São Paulo, coligidos pelo Proaim, para 1996. Esse banco de dados contém as informações de todos os atestados de óbito expedidos no município, tais como a causa de morte, o local de ocorrência do óbito, a idade, o sexo e a profissão do indivíduo – variáveis imprescindíveis para a identificação de um perfil da violência. Mas esse banco de dados não dispõe de outras informações socioeconômicas que julgamos relevantes para a caracterização da violência.

Por esse motivo, buscamos realizar um procedimento alternativo para ter uma aproximação de duas importantes variáveis que podem afetar o perfil da violência: a renda e a escolaridade da vítima de homicídio. Essas variáveis foram obtidas por meio do cruzamento dos dados sobre óbitos do Proaim com os dados da Pesquisa Nacional por Amostra de Domicílios (Pnad) de 1996, realizada pelo Instituto Brasileiro de Geografia e Estatística (IBGE).

O cruzamento se efetuou da seguinte forma. Em primeiro lugar, listaram-se todas as profissões dos mortos na cidade de São Paulo em 1996, constituindo uma lista de profissões. Com base nos microdados da Pnad de 1996 para a região metropolitana de São Paulo, calcularam-se os valores da renda média e da escolaridade média por profissão. Esses valores foram, então, imputados na base de dados sobre óbitos, conforme a profissão do indivíduo, criando assim as variáveis *proxy* para a renda e a escolaridade dos indivíduos.[8]

O modelo probabilístico da equação (I) empregou, dessa forma, cinco variáveis independentes: (i) sexo; (ii) idade; (iii) renda imputada; (iv) escolaridade média; e (v) local de ocorrência do óbito (segundo a divisão antiga dos distritos em São Paulo). As variáveis sexo e local de residência do morto, por terem distribuições também discretas, foram "categorizadas", ou seja, foram consideradas variáveis *dummies*, sendo que cada valor que a variável poderia assumir acabou constituindo uma nova variável com distribuição binária (0,1).

Resultados e sua interpretação

A estimação da equação (I) foi realizada por meio do processo de máxima verossimilhança, com iterações segundo o método *backward-Wald*, disponível no aplicativo Statistical Package for Social Sciences (SPSS). Na primeira estimação da equação, as variáveis renda e escolaridade resultaram excessivamente correlacionadas, o que acabou tornando uma delas (a renda) muito pouco significativa.[9] Por esse motivo, excluiu-se a variável renda para uma segunda estimação, cujos resultados estão expostos na tabela 2.

---

[8] Nem sempre as profissões coincidiam. Quando a profissão existente na listagem do Proaim não coincidia com a listagem obtida com a Pnad, dois procedimentos eram adotados. Caso a profissão fosse uma especialidade dentro de um campo (por exemplo, advogado trabalhista), era adotada a renda da profissão (advogado), desconsiderada a especialização. No entanto, se a profissão não fosse uma especialidade, optou-se por eliminar essas observações da amostra, devido ao baixo número de ocorrências.

[9] De fato, como aponta o trabalho de F. Garcia *et al.*, *op. cit.*, a renda de um indivíduo é determinada, em boa medida, por sua educação, medida em termos de anos de estudo. Essa relação torna-se ainda mais estreita quando se controla a amostra pela idade dos indivíduos, como é o caso do modelo estatístico empregado neste artigo.

Tabela 2. Estatísticas de controle da regressão logística

Estatísticas	Valores
2-Log Likelihood	4.723,618
Goodness of Fit	10.353,382
Cox & Snell	1,000
Nagelkerke	1,000

Fonte: IBGE; Proaim.

Tabela 3. Coeficientes da regressão logística

Variável	Coeficiente	Erro-padrão	Wald	df	Sig
Local de residência do morto	-	-	131,7	58	0,0000
Sexo	-	-	368,2	2	0,0000
Masculino	4,3198	1,057900	16,68	1	0,0000
Feminino	2,3058	1,061100	4,722	1	0,0298
Idade	-0,1052	0,002600	1,667	1	0,0000
Escolaridade	-0,0909	0,012600	51,68	1	0,0000
Constante	2,0364	1,058800	3,699	1	0,0544

Fonte: IBGE; Proaim.

As tabelas 2 e 3 indicam que a regressão logística obteve excelentes resultados: todos os valores apresentados na tabela são elevados. Além disso, pode-se dizer que todos os coeficientes, com exceção da constante, são significativos a 5%, incluindo as duas variáveis categorizadas (sexo e local de residência do morto). Nota-se que os homens e os jovens têm maior probabilidade de terem morrido de homicídio, o que confirma as ideias que já haviam sido antecipadas. Mas o mais importante é o fato de a educação do indivíduo estar negativamente correlacionada com as mortes por homicídio, o que indica uma maior probabilidade de assassinato associada a indivíduos jovens.

A matriz que relaciona os resultados estimados com os observados mostra que o modelo consegue prever com acerto cerca de 88% dos 7.740 casos analisados. O maior grau de acerto ocorreu nos casos em que realmente houve homicídio (91,3%), ocasionando um erro (tipo 1) de 8,7%. Já no caso dos indivíduos que morreram de outras causas, o erro (tipo 2) foi maior, de 15,22%. Esse aspecto sugere que o erro tipo 2 é maior porque deve haver alguma causa de morte, que não homicídio, também frequente entre os jovens do sexo masculino e com baixa escolaridade, diga-se, o padrão dos indivíduos que morreram por homicídio. Esse aspecto suscitou uma análise mais detalhada das causas de morte desses 589 indivíduos, a qual resultou na seguinte constatação: 194 morreram em decorrência da aids ou por acidente de trânsito, duas causas bastante frequentes nesse grupo da população.

Quando se observam as estatísticas das variáveis categorizadas do local de residência do morto, ilustradas na tabela 5, percebe-se que a maior parte é significativa a 5%. Isso significa dizer que alguns distritos, boa parte na periferia, são mais violentos que outros, já consideradas as diferenças de escolaridade, sexo e idade.

Tabela 4. Dados observados e previstos

Observado	Previsto Outras causas	Previsto Homicídio	Percentagem de acerto
Outras causas	3.281	589	84,78
Homicídio	336	3.534	91,32
Total	3.617	4.123	88,05

Fonte: IBGE; Proaim.

Com base nas estimativas do modelo de regressão logística, no que respeita às variáveis significativas na determinação da probabilidade de morte violenta, é possível estabelecer algumas simulações. Além de permitirem uma ilustração gráfica do modelo, o que contribui para a sua compreensão, essas simulações possibilitam uma análise comparativa dos efeitos das variáveis determinantes da probabilidade. Tomando os coeficientes das tabelas 3 e 5, é possível estabelecer tais simulações. Consideremos os homens de duas regiões

(Guaianases e Jardim Paulista) e duas faixas etárias (25 e 50 anos de idade). As probabilidades de morte por homicídio, segundo a escolaridade, são traçadas no gráfico 1.

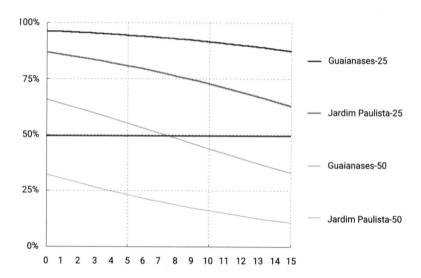

Gráfico 1.   Probabilidade de óbito por homicídio segundo a escolaridade.

O gráfico 1 permite observar algumas características interessantes. A primeira delas é o efeito da variável residência da vítima: para qualquer faixa etária e qualquer nível educacional, a probabilidade de um óbito dever-se a homicídio é maior na região de Guaianases do que no distrito de Jardim Paulista, algo que ilustra a concentração das mortes violentas na periferia. Além disso, nota-se o efeito negativo da idade: em qualquer dos distritos, os jovens (aqui ilustrados pelas curvas de 25 anos) têm maior probabilidade de morrerem violentamente. Já o efeito da educação sobre a mortalidade é mais bem apreendido pela curva "Guaianases-50". Os indivíduos com apenas o ensino fundamental completo têm probabilidade de morte por homicídio maior que 50% (são classificados como "1" no modelo logístico), enquanto aqueles que ao menos iniciaram o ensino médio têm probabilidade inferior a 50%.

Dessa comparação depreende-se a importância da variável escolaridade na determinação da probabilidade de morte por homicídio: em algumas regiões e para certas faixas etárias (Guaianases-25 e Jardim Paulista-25 e 50) essa variável não contribui significativamente na discriminação entre homicídio e outras causas de morte. Mas, em outras regiões, ela é a única variável que permite tal discriminação, como no caso do grupo Guaianases-50.

Conclusões

No presente artigo, objetivamos determinar, por meios quantitativos, o efeito da educação sobre a probabilidade de um indivíduo ser vítima de homicídio, considerando os efeitos da idade, sexo e local de falecimento. Com o uso de métodos estatísticos, conseguiu-se determinar uma relação negativa entre o número de anos dentro da escola e a probabilidade de homicídio. Além disso, como um subproduto da nossa estimação, definiu-se o papel das demais variáveis nessa probabilidade, corrigidas pelo efeito da educação.

Dessa forma, o modelo desenvolvido neste artigo possibilita uma apreciação quantitativa do papel da educação, e indiretamente da renda, sobre a violência urbana. A educação, entre outros predicados, parece contribuir positivamente para a diminuição da violência, uma vez que promove a "inclusão" do indivíduo na sociedade de mercado e eleva o grau de cidadania da população. Assim, o presente artigo vem ao encontro da literatura que aponta a desigualdade educacional como uma das variáveis fundamentais do subdesenvolvimento econômico e social.

Tabela 5. Coeficientes da regressão logística para o local de residência do morto

Região	Coeficiente	Erro-padrão	Wald	Graus de liberdade	Significância	Frequência
Vila Madalena*	0,6986	0,8684	0,6472	1	0,4211	18
Perus*	0,1073	0,9565	0,0126	1	0,9107	15
Santa Ifigênia*	-0,1568	0,5217	0,0904	1	0,7637	29
Jaguara*	-0,1994	0,6688	0,0889	1	0,7655	31
Itaim Paulista*	-0,4312	0,2785	2,3968	1	0,1216	138
Guaianases	-0,4362	0,2123	4,2195	1	0,0400	313
Capela do Socorro	-0,4367	0,1788	5,9624	1	0,0146	615
Liberdade*	-0,5096	0,6724	0,5743	1	0,4485	37
Butantã	-0,5131	0,2616	3,8475	1	0,0498	231
São Mateus	-0,5585	0,2415	5,3509	1	0,0207	217
Barra Funda*	-0,5613	0,7958	0,4974	1	0,4807	21
Santo Amaro	-0,5647	0,1695	11,1022	1	0,0009	780
Brasilândia	-0,6051	0,2292	6,9728	1	0,0083	244
Pari*	-0,6227	1,0958	0,3229	1	0,5699	14
Pirituba	-0,6581	0,3282	4,0221	1	0,0449	108
Penha de França*	-0,6586	0,4316	2,3287	1	0,1270	87
Parelheiros*	-0,6637	0,4142	2,5672	1	0,1091	54
São Miguel Paulista	-0,6759	0,2316	8,5194	1	0,0035	256
Ermelino Matarazzo	-0,7413	0,2579	8,2640	1	0,0040	197
Lapa*	-0,7967	0,5301	2,2584	1	0,1329	70
Limão	-0,8311	0,4002	4,3115	1	0,0379	72
Santana	-0,8584	0,2625	10,6969	1	0,0011	201
Ibirapuera	-0,8712	0,3707	5,5225	1	0,0188	91
Jabaquara	-0,8829	0,2423	13,2800	1	0,0003	240
Vila N. Cachoeirinha*	-0,9012	0,4653	3,7506	1	0,0528	43
Itaquera	-0,9035	0,2322	15,1438	1	0,0001	230
Vila Formosa	-0,9689	0,4268	5,1536	1	0,0232	65
Ipiranga	-0,9998	0,2992	11,1623	1	0,0008	147
Casa Verde	-1,0056	0,4631	4,7154	1	0,0299	65

(cont.)

Região	Coeficiente	Erro-padrão	Wald	Graus de liberdade	Significância	Frequência
Vila Matilde	-1,0196	0,2851	12,7910	1	0,0003	155
Sapopemba	-1,0539	0,2565	16,8793	1	0,0000	193
Tucuruvi	-1,0855	0,2240	23,4936	1	0,0000	334
Vila Prudente	-1,1143	0,3231	11,8959	1	0,0006	142
Bom Retiro*	-1,1405	2,0011	0,3249	1	0,5687	8
Jaraguá	-1,1881	0,3801	9,7706	1	0,0018	77
Bela Vista	-1,1971	0,4255	7,9149	1	0,0049	60
Perdizes	-1,2150	0,4974	5,9656	1	0,0146	75
Consolação*	-1,2337	0,6726	3,3648	1	0,0666	39
Alto da Mooca	-1,2533	0,4419	8,0448	1	0,0046	79
Vila Maria	-1,2658	0,3697	11,7231	1	0,0006	85
Brás	-1,2834	0,6315	4,1303	1	0,0421	32
Nossa Senhora do Ó	-1,3254	0,3048	18,9071	1	0,0000	129
Sé*	-1,3671	1,2361	1,2233	1	0,2687	5
Tatuapé	-1,4005	0,2859	23,9972	1	0,0000	187
Cambuci	-1,4625	0,6743	4,7039	1	0,0301	30
Saúde	-1,4842	0,2642	31,5578	1	0,0000	197
Santa Cecília	-1,5070	0,5066	8,8505	1	0,0029	52
Aclimação	-1,5251	0,7412	4,2335	1	0,0396	35
Pinheiros*	-1,5313	0,8342	3,3697	1	0,0664	34
Cerqueira César	-1,5377	0,6894	4,9755	1	0,0257	32
Vila Mariana	-1,5800	0,5259	8,9906	1	0,0027	75
Jardim América*	-1,6333	0,9291	3,0907	1	0,0787	29
Mooca	-1,7320	0,6456	7,1976	1	0,0073	31
Vila Guilherme	-1,8044	0,4592	15,4391	1	0,0001	57
Jardim Paulista	-1,8359	0,5640	10,5965	1	0,0011	59
Belenzinho	-1,8373	0,6788	7,3269	1	0,0068	35
Indianópolis	-1,9571	0,6813	8,2516	1	0,0041	39
Cangaíba	-1,9977	0,4978	16,1031	1	0,0001	46

Fonte: IBGE; Proaim.
* Indica que a variável não é significativa a 5%.

Referências

Chesnais, J. C. *Histoire de la violence*. Paris: R. Laffort, 1981.

Costa, M. R. "A violência urbana no Brasil, ou quando a serpente nasceu", em *Revista de Cultura Vozes*, 90 (3), Petrópolis, maio-junho de 1996, pp. 65-83.

Costa, M. R. *et al*. "Mortes violentas, vítimas e homicídios", em *Revista São Paulo em Perspectiva*, 9 (3), São Paulo, Fundação Seade, julho-setembro de 1995, pp. 87-93.

Ferreira, C. E. C. & Castineiras, L. L. "O rápido aumento da mortalidade dos adultos jovens em São Paulo", em *Revista São Paulo em Perspectiva*, 10 (2), São Paulo, Fundação Seade, abril-junho de 1996, pp. 34-41.

Garcia, F. *et al*. *Distribuição da educação e da renda: o círculo vicioso da desigualdade na América Latina*. Textos para discussão, nº 73. São Paulo: FGV, 1999.

Jorge, M. H. P. M. "Mortalidade por causas violentas no município de São Paulo, Brasil", em *Revista de Saúde Pública*, nº 15, São Paulo, 1981, pp. 165-193.

_____. "Como morrem nossos jovens", em *Jovens acontecendo na trilha das políticas públicas*, vol. 1. Brasília: CNPD, 1998, pp. 209-292.

Madeira, F. R. "Recado dos jovens: mais qualificação", em *Jovens acontecendo na trilha das políticas públicas*, vol. 2. Brasília: CNPD, 1998, pp. 427-496.

Sabóia, A. L. "Situação educacional dos jovens", em *Jovens acontecendo na trilha das políticas públicas*, vol. 2. Brasília: CNPD, 1998, pp. 499-515.

EDUCAÇÃO E SAÚDE PÚBLICA

Distribuição da educação e da renda: o círculo vicioso da desigualdade na América Latina[1]

FERNANDO GARCIA
LÍGIA MARIA DE VASCONCELLOS
SÉRGIO GOLDBAUM
CLÁUDIO RIBEIRO DE LUCINDA

Introdução

O tema educação e distribuição da renda tem ocupado, nos últimos anos, importantes esforços de economistas e cientistas sociais,[2] pelo fato de ser, em geral, muito mal distribuída a renda gerada pelas economias em desenvolvimento, em particular as latino-americanas, e haver um elevado hiato, em termos de escolaridade, entre os países desenvolvidos e subdesenvolvidos e, por vezes, entre diferentes regiões de um mesmo país. Este artigo pretende dar um enfoque

---

1 Esta pesquisa foi financiada pelo Núcleo de Pesquisa e Publicações da Eaesp/FGV-SP.
2 No contexto latino-americano, merecem destaque os trabalhos de R. Franco, "Los paradigmas de la política social en América Latina", em *Revista de la Cepal*, nº 56, Santiago, Cepal, abril de 1996, pp. 9-22; N. Lustig, "Pobreza y desigualdad: un desafío que perdura", em *Revista de la Cepal*, n. extraordinário, Santiago, Cepal, 1998, pp. 297-314; Comisión Económica para América Latina y el Caribe, *La brecha de la equidad: América Latina, el Caribe y la cumbre social* (Santiago: Cepal, 1997). No contexto brasileiro, os trabalhos de R. P. Barros & R. S. P. Mendonça, "Os determinantes da desigualdade no Brasil", em *Programa de Seminários Acadêmicos*, nº 22, São Paulo, IPE-USP, 1997 e R. P. Barros & L. Ramos, "A Note on the Temporal Evolution of the Relationship Between Wages and Education Among Brazilian Prime-Age Males: 1976/89", em R. S. P. Mendonça & A. Urani (orgs.), *Estudos sociais e do trabalho* (Rio de Janeiro: Ipea, 1994), pp. 31-53.

alternativo ao tema, diferenciando-se das análises convencionais, as quais relacionam a distribuição de renda ao nível de escolaridade de distintas regiões; aqui, a relação é estabelecida entre a distribuição de escolaridade e a de renda.[3] Além de estabelecer essa relação entre distribuições, que resulta da renda de um indivíduo em função de sua escolaridade, buscamos uma explicação para o fato de haver tendência à manutenção da desigualdade da distribuição de renda nos países latino-americanos.

O artigo sintetiza os achados de duas pesquisas, desenvolvidas recentemente, que se dedicaram ao assunto.[4] A pesquisa de Garcia, Goldbaum e Lucinda tratou da estreita relação que guardam entre si a distribuição da educação e a distribuição da renda. Essa relação deriva-se das proposições fundamentais da teoria do capital humano, a qual estabelece um conjunto de princípios teóricos que relacionam renda, produtividade e escolaridade.[5] A partir da constatação de ser a renda pessoal determinada, em boa medida, pelo grau de escolaridade, a pesquisa deduziu uma relação funcional entre a desigualdade de escolaridade e a de renda. As evidências empíricas para as diversas unidades da Federação brasileira corroboraram a proposição de que a desigualdade da escolaridade é o fator preponderante na determinação da desigualdade de renda – o que é fruto, muito provavelmente, da má distribuição de oportunidades e da

---

3 Exceção deve ser feita ao recente estudo de A. Martín, *Relación entre las distribuciones de ingreso y educación en la Gran Buenos Aires (1991-1998)*, Documento de Trabajo, nº 4 (Buenos Aires: Fundación Argentina para el Desarrollo con Equidad, 1998), que desenvolve um enfoque mais próximo daquele que tratamos neste artigo.

4 F. Garcia *et al. Falhas de mercado, eficiência econômica e justiça distributiva: justificativas teórico-empíricas para políticas sociais* (São Paulo: FGV Eaesp, 1998); L. M. Vasconcellos, *Uma contribuição ao estudo da exclusão na educação como causa da concentração de renda no Brasil*, dissertação de mestrado (São Paulo: FGV Eaesp, 1998).

5 A microeconomia dá ao capital humano papel fundamental na identificação das relações do mercado de trabalho e seus impactos sobre a competitividade, o comércio e a determinação dos salários. Do ponto de vista agregado, a nova teoria do crescimento econômico destaca a importância da taxa de acumulação do capital humano, juntamente com o crescimento populacional e a taxa de poupança, na determinação da renda per capita.

baixa prioridade dada às políticas sociais voltadas à população de baixa renda.

Por sua vez, o estudo de Vasconcellos buscou explicar o fato de haver, em geral, transferência de subsídios à educação relativamente maior para alunos de famílias ricas nos países em que os pobres constituem maioria. Esse fato parece contrariar, de certa forma, as predições da moderna economia política, segundo a qual o processo democrático majoritário, por meio do eleitor mediano, deveria determinar políticas de subsídios que privilegiassem os interesses de uma maioria, no caso da América Latina, pobre. A explicação desse comportamento aparentemente paradoxal é obtida a partir da combinação das proposições teóricas de Fernandez e Rogerson e de Eichenberger e Serna.[6] Essencialmente, argumenta-se que a existência de informação suja no processo eleitoral pode levar a maioria pobre e de menor escolaridade a votar em candidatos que privilegiem as classes com maior poder aquisitivo na concessão de subsídios educacionais, ocasionando a manutenção ou até a piora das disparidades de educação entre as classes sociais.

Neste artigo, agrega-se à explanação de Vasconcellos as evidências empíricas internacionais que indicam ser a relação entre as despesas públicas em educação superior e aquelas destinadas ao ensino fundamental e médio uma função da disponibilidade de recursos para investimento público em capital humano e da distribuição de renda. Sendo a educação superior mais dispendiosa que a educação fundamental e média,[7] e considerando que, em geral, são os estudantes de famílias de maior poder aquisitivo os que acessam a educação superior subsidiada, enquanto o ensino público funda-

---

[6] R. Fernandez & R. Rogerson, "On the Political Economy of Education Subsidies", em *Review of Economic Studies*, vol. 62, Londres, London School of Economics Studies, 1995, pp. 249-262; R. Eichenberger & R. Serna, "Random Errors, Dirty Information, and Politics", em *Public Choice*, vol. 86, Dordrecht, Kluwer Academic, 1996, pp. 137-156.

[7] Estimativas apontam para diferenças entre o custo unitário do ensino público superior e fundamental que chegam a 500%.

mental e médio é frequentado por famílias mais pobres, o subsídio para a classe rica resulta igual ou maior do que o destinado às classes de renda média e baixa.

A combinação dos resultados obtidos pelas referidas pesquisas mostra um quadro alarmante e fornece uma explicação plausível para o fato de a desigualdade das distribuições de renda e de educação perdurarem nos países em desenvolvimento, de maioria pobre. Uma vez que a má distribuição de escolaridade determina a má distribuição de renda, e esta última é fator determinante da distribuição de subsídios, em que as classes de maior poder aquisitivo são privilegiadas, constitui-se o que chamamos de "círculo vicioso da desigualdade", em que a má distribuição de escolaridade de um país pode gerar condições suficientes à sua perpetuação.

Na sequência deste artigo, discute-se a relação funcional entre as distribuições da escolaridade e da renda, com base em evidências empíricas para a América Latina e para as unidades da Federação brasileira, e apresentam-se os argumentos teóricos e empíricos que sustentam a ideia de que nos países com má distribuição de renda há transferências cruzadas de subsídios educacionais que favorecem as classes de maior poder aquisitivo. Por fim, são formuladas algumas considerações sobre os resultados discutidos neste artigo.

A relação entre as distribuições de escolaridade e de renda

As economias latino-americanas, a do Brasil em especial, estão entre aquelas que apresentam as piores distribuições de renda do mundo. Trata-se também de países com capital humano relativamente menor que o de países desenvolvidos e que apresentam grande contingente populacional abaixo das respectivas linhas de pobreza. Segundo dados da Organização Internacional do Trabalho e do Banco Mundial, países como Chile, Brasil, México e Argentina apresentam indicadores históricos de desigualdade da distribuição de renda significativamente superiores ao de países desenvolvidos – Estados Unidos, Japão, Alemanha e França, por exemplo.[8] Além de elevada, nota-se que a desigualdade tem perdurado ao longo das últimas duas décadas.

Um aspecto imprescindível no estudo da distribuição de renda é a constatação de ser a renda média de um grupo populacional uma função de sua escolaridade média. Seja em grupos formados por pessoas com renda semelhante – decis da distribuição, por exemplo – ou que reúnem pessoas de uma mesma região de um país, constata-se, quase sempre, forte associação positiva entre renda média e educação média desses grupos. As tabelas A.1 e A.2 do "Anexo estatístico" trazem, respectivamente, as estatísticas sobre as distribuições de renda e de escolaridade, por décimos da distribuição de renda das unidades da Federação brasileira em 1997.[9]

Essa relação entre renda e escolaridade médias pode ser descrita pela equação (1), em que y_{ij} e h_{ij} são, respectivamente, a renda e a educação médias do decil i no país j, e α_j e β_j são parâmetros comportamentais específicos a cada economia. A principal característica dessa equação é que ela assegura que a primeira e a segunda derivada da remuneração média em relação à educação média são positivas, ou seja, que a renda cresce a taxas crescentes em relação à escolaridade média.

$$y_{ij} = \alpha_j \cdot h_{ij}^{\beta_j}, \beta_j > 1 \qquad (1)$$

---

8 Cf. H. Tabatabai, *Statistics on Poverty and Income Distribution: an ILO Compendium of Data* (Genebra: International Labour Office, 1998); K. Deininger & L. Squire, "A New Data Set Measuring Income Inequality", em *The World Bank Economic Review*, 10 (3), Washington, World Bank, 1996, pp. 565-596.

9 Dados comparáveis ao acima citado, para uma amostra de catorze economias latino-americanas, encontram-se em Inter-American Development Bank, *América Latina frente a la desigualdad* (Washington: Inter-American Development Bank, 1998).

Com base nas estatísticas de renda média e escolaridade média dos décimos da população dos diversos países latino-americanos e das unidades da Federação brasileira,[10] estimaram-se os valores dos parâmetros da equação (1), os quais são apresentados na tabela 1. Nessa regressão, consideramos *dummies* de efeito fixo de país sobre os coeficientes α e β, assim como foram empregadas *dummies* de efeito fixo de intercepto para o primeiro e o último décimos da distribuição de renda.

No caso da amostra de economias latino-americanas, a regressão feita com base em 140 observações (catorze países e dez décimos da distribuição de renda por país) dos logaritmos naturais das duas variáveis confirmam a observação de que os parâmetros β são superiores a 1. O R^2 ajustado atingiu 98,5%, e os testes indicam não haver heterocedasticidade (White = 11,96). A regressão com a amostra de unidades da Federação, composta por 260 observações,[11] atingiu R^2 ajustado de 96,3%, os resíduos não são autocorrelacionados (DW = 2,01) e não há heterocedasticidade (White = 17,58). Nesse caso, os coeficientes β estimados são todos estáveis e maiores que 1.

Tabela 1. Renda média como função da escolaridade média dos décimos

Países	Ln (α_j)	β_j	Erro-padrão de β_j	t de Student de β_j
Argentina	0,643	3,751	0,253	14,83
Bolívia	-0,310	3,525	0,219	16,06
Brasil	4,840	2,053	0,100	20,58
Chile	-0,398	4,045	0,227	17,78
Costa Rica	3,496	2,521	0,172	14,68
Equador	2,318	2,817	0,137	20,54
El Salvador	5,404	1,518	0,088	17,28
México	4,634	1,677	0,099	17,03

(cont.)

---

10 Ver Inter-American Development Bank, *op. cit.* e Instituto Brasileiro de Geografia e Estatística, *Pesquisa Nacional por Amostra de Domicílios: 1997* (Rio de Janeiro: IBGE, 1998), CD-ROM.

11 Mato Grosso ficou fora da amostra. As observações desse estado foram consideradas na média de Mato Grosso do Sul.

Países	Ln (α_j)	β_j	Erro-padrão de β_j	t de Student de β_j
Nicarágua	5,094	2,095	0,109	19,30
Panamá	2,562	2,792	0,150	18,59
Paraguai	2,219	3,025	0,140	21,55
Peru	1,961	2,372	0,150	15,76
Uruguai	1,262	3,508	0,233	15,07
Venezuela	3,049	2,890	0,193	14,98
Unidades da Federação				
Acre	0,421	2,712	0,239	11,32
Alagoas	2,933	1,533	0,131	11,74
Amazonas	1,079	2,421	0,234	10,36
Amapá	1,302	2,291	0,205	11,19
Bahia	2,150	1,997	0,174	11,48
Ceará	1,926	2,087	0,162	12,85
Distrito Federal	-0,433	3,141	0,274	11,46
Espírito Santo	0,654	2,686	0,228	11,79
Goiás	0,682	2,681	0,248	10,80
Maranhão	2,096	1,991	0,151	13,21
Minas Gerais	0,392	2,898	0,240	12,06
Mato Grosso do Sul	0,915	2,573	0,222	11,57
Pará	0,113	2,932	0,256	11,47
Paraíba	1,903	2,012	0,156	12,90
Pernambuco	1,942	2,014	0,175	11,49
Piauí	1,986	1,978	0,153	12,90
Paraná	0,564	2,750	0,222	12,39
Rio de Janeiro	-0,022	2,892	0,263	10,98
Rio Grande do Norte	1,336	2,304	0,206	11,20
Rondônia	0,441	2,784	0,236	11,77
Roraima	1,144	2,264	0,302	7,50
Rio Grande do Sul	0,290	2,824	0,265	10,65
Santa Catarina	0,552	2,749	0,305	9,02
Sergipe	2,381	1,772	0,145	12,24
São Paulo	0,001	3,002	0,308	9,76
Tocantins	2,246	1,924	0,172	11,21

O fato de a renda aumentar a taxas crescentes, conforme eleva-se a escolaridade, decorre do fato de ser o trabalho qualificado relativamente escasso nos países e nas regiões que compõem a amostra. Essa justificativa é corroborada por uma característica peculiar expressa na tabela 1: as economias relativamente mais industrializadas – Argentina, Uruguai e Chile, por exemplo –[12] são as que apresentam os coeficientes β mais elevados.

Ao assumir que a renda média do grupo é uma função da respectiva escolaridade, é possível determinar a relação entre os indicadores de desigualdade das distribuições das duas variáveis. Para tal, basta tomar a equação (2), que define o índice de Gini da renda,[13] considerando a distribuição discreta dos decis, e nela substituir o valor da renda determinado pela educação e os parâmetros α e β da equação (1).[14]

$$G_y = \frac{2}{n^2 \cdot \overline{y}} \sum_{i=1}^{n} i \cdot y_i - \frac{1}{n} - 1 =$$

$$G_y = \frac{2}{n^2 \cdot \alpha \cdot \overline{h^\beta}} \sum_{i=1}^{n} i \cdot \alpha \cdot h_i^\beta - \frac{1}{n} - 1 = \quad (2)$$

$$G_y = \frac{2}{n^2 \cdot \overline{h^\beta}} \sum_{i=1}^{n} i \cdot h_i^\beta - \frac{1}{n} - 1$$

É interessante notar que, ao se introduzir a escolaridade como argumento do índice de desigualdade de renda, o próprio Gini da

---

12 São Paulo e Rio de Janeiro, no caso da amostra de unidades da Federação.
13 Sobre as medidas de desigualdade, ver R. Hoffmann, *Estatísticas para economistas* (2ª ed. São Paulo: Pioneira, 1994).
14 Neste exercício, omitiu-se o subscrito *j*, que designa o país ou unidade da Federação, para simplificar a notação.

renda pode ser definido em termos do Gini da escolaridade elevada ao coeficiente β:

$$G_y = G_{h\beta} = \frac{2}{n^2 \cdot \overline{h^\beta}} \sum_{i=1}^{n} i \cdot h_i^\beta - \frac{1}{n} - 1 \qquad (3)$$

Dessa forma, deve-se esperar que uma má distribuição de escolaridade na sociedade resulte numa distribuição de renda também ruim, visto que, formalmente, essas medidas respondem a uma relação funcional entre educação e renda.

Para avaliar melhor essa relação, procedeu-se à análise de regressão entre os dois coeficientes de Gini, considerando como observações as economias latino-americanas e as unidades da Federação brasileira analisadas neste artigo (n = 40). Incluíram-se como variável independente os coeficientes β de cada região, estimados na tabela 1, de forma a considerar o efeito da escassez relativa de mão de obra qualificada sobre a desigualdade da renda. Essas regressões – equações (5) e (6) – são comparadas com a da equação (4), a qual associa o índice de Gini à média de escolaridade de cada observação.

$G_{y_j} = 0{,}632 - 0{,}068 \cdot h_j$ $\qquad R^2 \text{ ajustado} = 25{,}8\%, DW = 2{,}070$ (4)
$\quad\;\;(10{,}470)\;\;(-2{,}177)$

$G_{y_j} = 0{,}424 + 0{,}436 \cdot G_{h_j}$ $\qquad R^2 \text{ ajustado} = 41{,}1\%, DW = 1{,}987$ (5)
$\quad\;\;(18{,}916)\;\;(3{,}916)$

$G_{y_j} = 0{,}016 + 1{,}288 \cdot G_{h_j} + 0{,}090 \cdot \beta_j$ $\qquad R^2 \text{ ajustado} = 74{,}8\%, DW = 1{,}826$ (6)
$\quad\;\;(0{,}268)\;\;(9{,}087)\;\;\;\;(7{,}007)$

A regressão entre os dois coeficientes de Gini, equação (5), apresentou R² de 41,1%, reduzido erro-padrão das estimativas e coeficientes significativos, como indicam os valores entre parênteses abaixo da equação. Já a equação (4), a qual considera a relação entre o Gini da renda e a escolaridade média, apresentou R^2 inferior, de 25,8%, e coeficiente relativo à escolaridade média menos significativo do que o do Gini da escolaridade. A inclusão do coeficiente β estimado na regressão entre os dois índices de Gini, como formula a equação (6), resultou a melhor regressão de todas. O R^2 elevou-se para 74,8%, e o coeficiente entre os dois indicadores de desigualdade ficou mais significativo.

Dessa forma, pode-se concluir que a distribuição de escolaridade é fator determinante da desigualdade de renda, o que implica dizer que políticas de redistribuição da renda devem considerar a mudança na distribuição da educação entre os indivíduos da sociedade.

A economia política da distribuição de subsídios educacionais

Sem dúvida alguma, a dinâmica de crescimento da escolaridade e de sua distribuição está estreitamente associada à política pública de educação, ou seja, à distribuição de subsídios educacionais. Políticas que ampliem a oferta de mão de obra de maior qualificação, ao mesmo tempo que promovam uma distribuição menos desigual da educação, são capazes de tornar a distribuição da renda mais igualitária ao longo do tempo. Nesse sentido, a manutenção da desigualdade de renda pode ser fruto de políticas de educação que mantêm desigual a distribuição de educação.

Como exposto no início do artigo, busca-se entender, além da relação entre a desigualdade de renda e de educação, a razão de perdurar a má distribuição de renda nas economias latino-americanas. Para tal, empregamos o modelo de economia política desenvolvido por Vasconcellos, o qual combinou as hipóteses das teorias de Fernandez e Rogerson e de Eichenberger e Serna.

O artigo de Fernandez e Rogerson situa-se na literatura de crescimento, educação e distribuição. Destaca-se dos demais modelos dessa linha pelo fato de prever um resultado de distribuição de renda desfavorável à parcela mais pobre da população em função da intervenção governamental. A hipótese fundamental do modelo que permite tal resultado é a suposição, bastante realista, de que os impostos que sustentam o subsídio à educação são pagos por toda a população, enquanto os subsídios são distribuídos apenas aos indivíduos que estudam. A questão principal é entender os mecanismos que impedem que todos os indivíduos tenham acesso ao estudo, supondo um processo decisório democrático de eleições majoritárias e que há um retorno positivo da educação percebido por todos os indivíduos.

Considera-se a existência de três classes de renda que decidem, por meio do voto majoritário, o nível de imposto a ser cobrado e que será utilizado para o pagamento do subsídio. Dado o montante de imposto arrecadado, o subsídio pode cobrir totalmente, ou não, os custos do ensino,[15] mas é, por hipótese, igual para todos os indivíduos que o recebem. Nesse modelo, cada classe de renda vota de acordo com o montante de recursos complementares necessários ao pagamento do estudo. Se a maioria votante necessitar de um pequeno complemento, a alíquota de imposto e a arrecadação determinadas pela maioria serão baixas, podendo ser insuficientes para complementar a renda dos mais pobres, os quais deixam de estudar. Dessa forma, a população de menor poder aquisitivo não só é excluída da educação como contribui para o subsídio que será transferido a outras classes, sendo, portanto, duplamente prejudicada.

Considerando que a educação determina a renda, resultado já discutido na seção anterior, tal resultado político estaria determinando

---

15 Nesse modelo, supõe-se que os indivíduos recebem uma espécie de bônus para complementar o pagamento do ensino e o custo de oportunidade representado pelo fato de o indivíduo abrir mão da remuneração que ele auferiria se estivesse trabalhando.

a polarização da renda entre educados e não educados. Essa má distribuição de renda pode se perpetuar caso as gerações seguintes mantenham as decisões políticas que respeitam à distribuição de subsídios. Portanto, ter-se-ia a manutenção da desigualdade da renda e da educação enquanto houvesse uma maioria da população decidindo por um nível de subsídio inferior ao necessário para viabilizar a educação da minoria pobre.

Apesar de engenhosa, a argumentação de Fernandez e Rogerson é válida apenas no caso de haver uma maioria rica. Ela não dá conta de explicar, pois, a manutenção da desigualdade em economias cuja maioria da população é composta por pobres, questão que permanece aberta.

Há, pelo menos, três abordagens alternativas que possibilitariam explicar esse fenômeno: (i) a ausência de democracia, (ii) a possibilidade de barganha entre classes sociais e (iii) a ocorrência de informação imperfeita, a qual torna os custos e benefícios da educação de difícil apreensão para a população.

Em verdade, o modelo discutido anteriormente não exclui a possibilidade de barganha. As classes de renda decidem o montante de subsídios que serão destinados, em iguais partes, a uma parcela da população. Mas nada impede que uma barganha venha formar uma coalizão entre as classes rica e média da população para gerar uma maioria. Contudo, vale destacar que, novamente, essa solução não se aplica ao caso de um país cujo eleitor mediano pertence à classe pobre. De outro lado, no que respeita à hipótese de autocracia, há suficientes evidências de que, mesmo em países com eleições majoritárias, as desigualdades da educação e da renda perduram. Portanto, parece mais razoável explorar a hipótese de informação imperfeita.

Eichenberger e Serna analisam a possibilidade de erros aleatórios no processo de decisão majoritária terem efeitos sistemáticos em seus resultados. Isso seria possível em função da informação imperfeita e pelo fato de o processo de decisão não considerar a intensidade das preferências. A possibilidade de alteração no resultado das eleições levaria grupos de interesse a espalhar "informação suja" a seu favor. Dada a existência de custos para obter e disseminar informação, a classe de maior poder aquisitivo não só obtém maior volume de informação como tem condições de disseminar informações sujas. Além disso, e de acordo com o que foi discutido na seção "A relação entre as distribuições de escolaridade e de renda", as classes rica e média têm maior grau de escolaridade, o que possibilita uma menor suscetibilidade à informação suja.

Vasconcellos analisa a situação em que a distribuição dos subsídios educacionais é determinada por um sistema de eleição majoritária e a população está sujeita à informação suja. Nesse caso, mesmo em países cujo eleitor mediano pertence à classe pobre, a influência de informações sujas pode levar a uma decisão majoritária que privilegia uma minoria de maior poder aquisitivo. Dessa forma, observa-se a possibilidade de transferências regressivas de renda em sociedades democráticas e de maioria pobre, que privilegiam a educação destinada às classes de maior poder aquisitivo. Não apenas essa transferência piora a distribuição da renda, por retirar impostos da classe baixa e transferir para as classes média e alta, como ela não promove a redistribuição das oportunidades de ensino, constituindo condição suficiente à manutenção da desigualdade da renda no futuro.

Assim, a própria distribuição de renda no presente, por meio de processos eleitorais majoritários, e a disponibilidade de recursos para investimentos educacionais estariam determinando políticas educacionais que privilegiam as classes de maior poder aquisitivo, o que tem impacto sobre a distribuição de renda futura. Nesse caso, em países de maioria constituída por pobres de baixa escolaridade, seriam possíveis políticas que destinam subsídio relativamente maior ao ensino superior, frequentado pelos filhos de famílias das classes média e alta, do que o destinado ao ensino fundamental e médio, frequentado pelos filhos de famílias das classes desfavorecidas.

Buscou-se identificar os fatores que influenciam a distribuição dos recursos públicos entre o ensino superior e o ensino fundamental com base em estatísticas de uma amostra de 84 economias na segunda metade da década de 1980. Para tal, realizaram-se três regressões – equações (7) a (9) –, que relacionam a razão entre as despesas públicas per capita no ensino superior e as destinadas ao ensino fundamental com o índice de desigualdade de renda e com a disponibilidade de recursos para o investimento educacional.[16]

Parte-se da ideia de que, quanto maior o índice de Gini, ou seja, quanto mais desigual a distribuição de renda, maior a relação entre as despesas com o ensino superior e aquelas destinadas ao ensino fundamental. As equações (7) a (9) – em que s_j denota as despesas relativas superior-fundamental; G_y, os índices de Gini; y_j, o Produto Interno Bruto (PIB) per capita; e b_j, o total das despesas per capita no ensino superior e fundamental, todos expressos em logaritmos neperianos – trazem as regressões realizadas para uma amostra de 84 países, entre 1988 e 1990. Elas corroboram a ideia de que a má distribuição inicial de renda afeta a distribuição de subsídios educacionais, e indicam também que países com maior disponibilidade de recursos para investimento em educação têm menor proporção de despesas no ensino superior.

$$s_j = -3{,}661 + 0{,}895 \cdot G_{y_j} \qquad R^2 ajustado = 6{,}7\%,\ DW = 1{,}902 \quad (7)$$
$$(-6{,}228)\ \ (5{,}472)$$

$$s_j = -0{,}489 + 0{,}756 \cdot G_{y_j} - 0{,}306 \cdot y_j \qquad R^2 ajustado = 72{,}4\%,\ DW = 1{,}783 \quad (8)$$
$$(-0{,}883)\ \ (6{,}917)\ \ \ (-8{,}030)$$

$$s_j = -0{,}448 + 0{,}664 \cdot G_{y_j} - 0{,}199 \cdot b_j \qquad R^2 ajustado = 69{,}9\%,\ DW = 1{,}627 \quad (9)$$
$$(-0{,}756)\ \ (5{,}674)\ \ \ (-7{,}423)$$

---

16 Os dados de renda, gastos sociais no ensino público fundamental e superior e população foram obtidos em World Bank, *World Development Indicators* (Washington: World Bank, 1998), CD-ROM, e as estatísticas de desigualdade em K. Deininger & L. Squire, *op. cit.* Para calcular as despesas per capita, consideraram-se diferentes populações para o ensino fundamental e superior. Para estimar o público-alvo do ensino fundamental, considerou-se a população com menos de 14 anos de idade, e para o público do ensino superior considerou-se a força de trabalho de cada país.

Há, pois, suficientes evidências que permitem afirmar que, nas economias de maioria pobre e pouco instruída, a distribuição de subsídios educacionais favorece o ensino superior, geralmente frequentado pelos filhos de famílias de renda mais elevada.

Considerações finais

Em resumo, da análise precedente pode-se concluir que a distribuição de renda está estreitamente associada à distribuição de escolaridade, o que permite inferir que, numa economia com elevado índice de Gini da renda, a maioria da população é pobre e dispõe de pouca escolaridade. Além disso, observou-se que, em determinadas circunstâncias, a democracia não é condição suficiente para a diminuição da desigualdade de renda e oportunidades. Ao contrário, se a maioria pobre e menos instruída for suscetível à informação suja do processo eleitoral, a decisão majoritária pode resultar desfavorável a essa própria maioria. Nesse caso, seriam possíveis políticas que destinam subsídios relativamente maiores ao ensino superior do que o destinado ao ensino fundamental e médio.

Essa possibilidade, apesar de teórica, parece encontrar respaldo nas evidências aqui apresentadas. Sobre a política educacional na América Latina, lê-se em *La brecha de la equidad: América Latina, el Caribe y la cumbre social*:

> A iniquidade também se expressa na distribuição do gasto em educação, pois no final da década passada se destinavam mais de 25% para a educação superior, e atualmente o quintil socioeconômico mais alto recebe 50% desse subsídio, enquanto o quintil de renda mais baixa só se beneficia com 5%.[17]

---

17 Comisión Económica para América Latina y el Caribe, *op. cit.*, p. 110.

Como indicado na introdução deste artigo, a combinação dos resultados obtidos fornece uma explicação plausível para o fato de a desigualdade das distribuições de renda e de educação perdurar nos países em desenvolvimento, de maioria pobre e de baixa escolaridade. A má distribuição da escolaridade determina a desigualdade da distribuição da renda, e esta última acaba favorecendo as classes de maior poder aquisitivo na distribuição de subsídios educacionais. Constitui-se, pois, o que chamamos de "círculo vicioso da desigualdade", em que a má distribuição de escolaridade de um país pode gerar condições suficientes à sua perpetuação, implicando a manutenção da desigualdade na distribuição da renda.

Nesse sentido, políticas redistributivas de renda coerentes, que visam diminuir a desigualdade ao longo do tempo, devem se fundar na redistribuição da educação na sociedade, ou seja, na melhoria continuada das oportunidades das classes de menor poder aquisitivo. Mas como não se "transfere" educação de uma pessoa ou família para a outra, como pode ser feito no caso da renda, é claro que a redistribuição da renda requer uma política de subsídios educacionais que privilegie a maioria pobre e com pouca educação, tornando menores as diferenças de escolaridade que existem nos países latino-americanos.

Visto que o processo eleitoral majoritário, nas condições de maioria pouco instruída e suscetível à informação suja, não garante a eleição de políticas que redistribuem renda e oportunidades, a pergunta que fica para posterior reflexão diz respeito às alternativas políticas para a constituição de um plano educacional como esse. Ou ainda, posto o problema do círculo vicioso da desigualdade, cabe discutir as formas de atuação política capazes de rompê-lo num ambiente de consolidação democrática como o que vive o Brasil e a América Latina.

Anexo estatístico

Tabela A.1. Renda média mensal por décimo da distribuição de renda e índice de Gini da distribuição de renda

Unidades da Federação	\multicolumn{10}{c}{Décimos da distribuição de renda}	Gini
	1	2	3	4	5	6	7	8	9	10	
Rondônia	74,30	120,00	158,44	220,99	283,25	337,89	428,71	576,12	971,03	2.667,10	0,549
Acre	67,24	120,00	156,43	223,59	282,54	374,19	535,94	714,83	1.077,39	2.776,43	0,552
Amazonas	105,80	133,52	161,16	215,64	281,47	341,13	408,06	549,59	854,44	2.319,30	0,513
Roraima	107,85	151,37	209,90	276,96	322,22	370,45	467,92	641,39	847,42	1.485,45	0,411
Pará	55,91	99,47	120,00	147,31	186,52	234,76	298,14	399,93	631,33	1.985,79	0,553
Amapá	74,13	120,00	164,17	219,33	265,57	324,04	448,05	610,04	897,94	2.005,53	0,503
Tocantins	36,70	71,75	116,29	128,89	146,34	174,24	217,94	298,52	454,50	1.926,51	0,585
Maranhão	21,29	38,59	55,23	84,58	118,57	132,37	160,87	219,10	354,47	1.347,34	0,601
Piauí	19,43	43,49	70,13	99,76	120,01	132,71	164,58	231,87	359,16	1.167,72	0,563
Ceará	25,85	57,40	89,48	119,05	134,45	164,04	217,51	287,71	454,57	1.591,54	0,579
R. G. do Norte	43,10	88,22	119,34	123,33	148,40	187,48	233,79	309,19	514,32	1.742,78	0,558
Paraíba	32,47	68,38	100,32	120,00	140,57	181,13	232,87	308,86	518,81	1.910,47	0,594
Pernambuco	43,55	88,53	119,46	128,42	151,54	189,72	239,66	337,85	538,31	1.662,14	0,548
Alagoas	48,76	89,73	119,17	136,38	162,07	204,02	247,58	344,86	587,10	1.997,39	0,572
Sergipe	40,66	77,27	100,02	120,00	141,05	181,51	234,68	330,83	542,96	1.790,64	0,577
Bahia	43,80	79,19	101,61	120,00	142,16	171,90	216,26	298,81	475,57	1.654,19	0,562
Minas Gerais	66,19	119,69	133,91	166,61	220,29	278,77	347,51	449,97	731,23	2.427,45	0,561
Espírito Santo	64,15	119,32	142,39	175,27	223,03	278,62	365,70	524,28	836,60	2.165,84	0,541
Rio de Janeiro	104,32	150,01	197,16	246,52	310,72	384,44	481,74	646,35	988,86	2.896,88	0,531
São Paulo	111,03	206,01	280,40	336,82	393,94	493,20	632,62	878,62	1.341,07	3.364,82	0,513
Paraná	69,84	120,54	160,32	216,36	278,25	341,97	440,15	609,16	944,01	2.731,07	0,553
Santa Catarina	100,33	160,62	220,94	278,39	337,05	400,37	502,72	673,65	1.002,80	2.484,37	0,493
R. G. do Sul	97,27	141,93	185,30	231,31	277,81	345,93	447,25	612,30	934,63	2.499,98	0,520
M. G. do Sul	64,16	119,62	145,56	186,41	231,45	279,24	348,90	459,64	751,32	2.526,90	0,561
Goiás	66,89	119,68	143,35	174,09	220,29	281,46	345,52	441,47	662,03	2.067,67	0,528
Distrito Federal	101,10	174,04	238,40	312,48	439,33	581,35	847,50	1.296,97	2.008,14	4.720,39	0,573

Fonte: IBGE, 1998, tabulação própria.

Tabela A.2. Escolaridade média por décimo da distribuição de educação e índice de Gini da distribuição de educação

Unidades da Federação	1	2	3	4	5	6	7	8	9	10	Gini
Rondônia	4,5	5,4	5,5	5,5	6,3	7,4	8,4	7,7	10,0	10,9	0,154
Acre	4,4	5,3	5,9	6,5	8,0	7,4	8,3	8,9	10,8	12,3	0,167
Amazonas	4,9	4,7	5,7	6,1	6,9	8,0	8,1	7,9	10,1	11,4	0,153
Roraima	6,5	6,5	7,9	5,9	9,2	7,8	7,8	9,3	11,4	11,2	0,105
Pará	4,4	4,8	5,5	5,2	5,6	6,2	6,4	7,5	8,1	10,8	0,147
Amapá	4,7	5,0	4,9	6,3	6,5	7,1	7,5	9,6	10,1	12,7	0,182
Tocantins	3,0	3,9	4,1	2,6	4,1	4,8	5,3	5,9	7,4	9,8	0,201
Maranhão	2,2	2,6	3,2	3,1	4,1	3,0	4,2	4,8	6,4	10,3	0,251
Piauí	2,5	2,6	3,3	3,6	3,9	4,0	4,2	5,5	7,4	10,5	0,251
Ceará	2,8	3,3	3,2	3,8	3,6	4,5	5,0	5,5	7,6	10,9	0,236
R. G. do Norte	3,9	4,0	4,5	5,2	4,2	5,8	5,8	6,1	8,0	11,3	0,180
Paraíba	3,3	3,3	3,8	4,3	3,7	5,5	5,4	6,8	8,8	12,2	0,243
Pernambuco	3,5	3,6	4,2	3,9	4,5	5,1	6,0	6,6	8,6	11,4	0,218
Alagoas	2,5	3,3	3,7	3,3	3,5	4,6	5,8	7,4	9,6	12,5	0,287
Sergipe	2,9	3,0	2,9	4,4	4,5	5,5	6,0	6,8	8,9	11,3	0,253
Bahia	3,4	3,2	3,1	3,9	4,0	4,2	4,8	5,9	7,5	10,4	0,220
Minas Gerais	4,4	4,7	4,5	5,3	5,6	6,4	6,9	7,4	8,8	11,3	0,170
Espírito Santo	4,9	4,4	4,9	5,5	6,1	6,3	6,6	8,3	9,2	11,1	0,162
Rio de Janeiro	5,6	6,2	6,5	6,9	7,4	7,7	8,4	9,1	10,8	13,1	0,144
São Paulo	5,9	6,1	6,7	6,9	7,0	7,7	8,4	9,4	10,6	12,6	0,136
Paraná	4,6	4,9	5,1	5,7	6,4	6,6	7,4	8,3	10,0	11,6	0,169
Santa Catarina	5,1	5,6	5,9	6,7	7,1	7,0	7,2	8,3	9,5	11,6	0,134
R. G. do Sul	5,0	5,8	6,1	6,0	6,9	7,2	7,8	8,3	9,8	11,8	0,142
M. G. do Sul	4,4	5,1	4,9	5,6	5,5	5,9	6,2	7,4	9,4	11,9	0,171
Goiás	4,5	5,2	4,8	5,1	5,7	6,4	7,0	7,3	8,5	10,8	0,151
Distrito Federal	6,0	6,0	6,5	7,5	8,1	7,9	10,1	11,4	12,9	13,9	0,168

Fonte: IBGE, 1998, tabulação própria.

Referências

Barros, R. P. & Mendonça, R. S. P. "Os determinantes da desigualdade no Brasil", em *Programa de Seminários Acadêmicos*, nº 22. São Paulo, IPE-USP, 1997.

Barros, R. P. & Ramos, L. "A Note on the Temporal Evolution of the Relationship Between Wages and Education Among Brazilian Prime-Age Males: 1976/89", em Mendonça, R. S. P. & Urani, A. (orgs.), *Estudos sociais e do trabalho*. Rio de Janeiro: Ipea, 1994, pp. 31-53.

Comisión Económica para América Latina y el Caribe. *La brecha de la equidad: América Latina, el Caribe y la cumbre social*. Santiago: Cepal, 1997.

_____. *Panorama social de América Latina: 1997*. Santiago: Cepal, 1998.

Deininger, K. & Squire, L. "A New Data Set Measuring Income Inequality", em *The World Bank Economic Review*, 10 (3), Washington, World Bank, 1996, pp. 565-596.

Eichenberger, R. & Serna, R. "Random Errors, Dirty Information, and Politics", em *Public Choice*, vol. 86, Dordrecht, Kluwer Academic, 1996, pp. 137-156.

Fernandez, R. & Rogerson, R. "On the Political Economy of Education Subsidies", em *Review of Economic Studies*, vol. 62, Londres, London School of Economics Studies, 1995, pp. 249-262.

Franco, R. "Los paradigmas de la política social en América Latina", em *Revista de la Cepal*, nº 56, Santiago, Cepal, abril de 1996, pp. 9-22.

Garcia, F. et al. *Falhas de mercado, eficiência econômica e justiça distributiva: justificativas teórico-empíricas para políticas sociais*. São Paulo: FGV Eaesp, 1998.

Hoffmann, R. *Estatística para economistas*. 2ª ed. São Paulo: Pioneira, 1994.

Instituto Brasileiro de Geografia e Estatística. *Pesquisa Nacional por Amostra de Domicílios: 1997*. Rio de Janeiro: IBGE, 1998, CD-ROM.

Inter-American Development Bank. *América Latina frente a la desigualdad*. Washington: Inter-American Development Bank, 1998.

Jiménez, L. F. & Ruedi, N. *Algunos factores que inciden en la distribución del ingreso en Argentina, 1980-1992: un análisis descriptivo*. Serie Financiamiento del Desarrollo. Santiago: Cepal, 1997.

Lustig, N. "Pobreza y desigualdad: un desafío que perdura", em *Revista de la Cepal*, número extraordinário, Santiago, Cepal, 1998, pp. 297-314.

Martín, A. *Relación entre las distribuciones de ingreso y educación en la Gran Buenos Aires (1991-1998)*. Documento de Trabajo, nº 4. Buenos Aires: Fundación Argentina para el Desarrollo con Equidad, 1998.

Tabatabai, H. *Statistics on Poverty and Income Distribution: an ILO Compendium of Data*. Genebra: International Labour Office, 1998.

Vasconcellos, L. M. *Uma contribuição ao estudo da exclusão na educação como causa da concentração de renda no Brasil*, dissertação de mestrado. São Paulo: FGV Eaesp, 1998.

World Bank. *World Development Indicators*. Washington: World Bank, 1998, CD-ROM.

A produção discente
de programas de
pós-graduação stricto sensu
em economia (1990-1998):
resgatando olhares
sobre a educação

OTÍLIA MARIA LÚCIA BARBOSA SEIFFERT
CLÁUDIA MARIA CIRINO DE OLIVEIRA

Introduzindo a temática

O presente texto tem como objetivo central apresentar um estudo sobre produção científica discente em educação nos programas de pós-graduação stricto sensu em economia no Brasil, socializada por meio de dissertações e teses.

A origem deste trabalho vincula-se aos objetivos do Laboratório de Economia Social do Programa de Estudos Pós-Graduados em Economia Política da Pontifícia Universidade Católica de São Paulo, que tem o propósito de realizar pesquisas e debates sobre questões socioeconômicas da realidade brasileira, privilegiando atualmente as seguintes linhas de estudo: família, domicílios e segurança pública; emprego e seguridade social; educação e saúde pública.

No contexto desse compromisso, buscou-se, inicialmente, a sistematização e a análise da produção discente orientadas pelas seguintes questões: qual tem sido o espaço para as pesquisas em educação no contexto global da produção discente nos cursos de mestrado e doutorado? Que temas têm constituído eixos de estudos das dissertações e teses? Conhecer o estágio da produção científica sobre educação como objeto de estudo de economistas mostra-se necessário e relevante para a evolução da produção científica.

Ao refletirmos sobre o significado de "produção científica", entendemos ser relevante considerar, como nos aponta Fávero, que:

> a produção científica se caracteriza como uma atividade essencialmente humana e tem relação com as necessidades e o contexto histórico e social. [...] não podemos esquecer que a produção científica é datada, respondendo a interesses e a necessidades determinadas.[1]

Assim sendo, compreender a produção científica em qualquer campo do conhecimento implica assumir a complexidade da própria produção e seus múltiplos determinantes históricos e sociais.

Nessa perspectiva, Miriam Limoeiro Cardoso comenta:

> O conhecimento que vai sendo produzido na filosofia, na ciência, na política, não é alheio à vida dos homens, não é neutro frente aos problemas concretos que os homens vivem num determinado tempo e lugar, numa sociedade específica. Antes de mais nada, o que se deve marcar é esta relação entre a produção de um conhecimento e as necessidades humanas (sociais), porque são estas necessidades que estão na origem da reflexão que irá constituir-se num conhecimento específico, seja filosófico ou científico, artístico ou político. O que dá origem e força à promoção da pesquisa com vistas à produção de conhecimento verdadeiro, rigoroso, é a necessidade que os

---

[1] M. L. A. Fávero, "A produção científica sobre educação superior: anotações para um debate", em M. Morosini & W. Sguissardi (orgs.), *A educação superior em periódicos nacionais* (Vitória: FCAA/Ufes, 1998), p. 37.

homens têm de saber, de discernir, de explicar, de entender seu próprio mundo.[2]

Tal reflexão nos conduz a assumir, no âmbito desta investigação, a necessidade de identificar programas de pós-graduação stricto sensu que abrem espaços para estudos sobre questões da educação, os temas privilegiados e a periodicidade da produção existente.

Características do estudo

A construção deste trabalho assume dois eixos norteadores: a trajetória da pesquisa educacional revista por autores que a têm tomado como objeto de estudo e o perfil da produção científica discente: instituição, ano de defesa, tipo de produção (mestrado e doutorado) e assuntos pesquisados.

Por ser este estudo classificado como censitário, buscou-se levantar informações nas coordenações de todos os programas de mestrado e doutorado em economia vinculados à Associação Nacional dos Centros de Pós-Graduação em Economia (Anpec) – Caen/UFC, Cedeplar/UFMG, EPGE/FGV-SP, FGV-RJ, IE/Unicamp, Iepe/UFRGS, IPE/USP, Naea/UFPA, Pimes/UFPE, PUC-SP, PUC-RJ, Ufba, UFF, UFPR, UFRJ, UFSC, UnB –, através de correspondência direta, à Coordenação de Aperfeiçoamento de Pessoal de Nível Superior (Capes) e ao Banco de Dados do Instituto de Economia da UFRJ, disponível na internet.

A fotografia que procuramos construir neste momento, e que futuramente deveremos ampliar, delineia-se a partir de informações, nem sempre completas, de quinze programas.

---

[2] M.L. Cardoso, *apud* M.L.A. Fávero, *op. cit.*, p. 37-38.

A sistematização e a análise dos dados[3] processaram-se por meio dos seguintes procedimentos:

- *Bibliografia anotada*, constituindo-se da composição das referências bibliográficas sobre educação no período de 1990 a 1998, observando as Normas Bibliográficas da Associação Brasileira de Normas Técnicas (ABNT);
- *Bibliografia temática*, objetivando a identificação de temas pesquisados nas dissertações e teses.

A pesquisa em educação: revisitando alguns estudos

Ao examinarmos o percurso da pesquisa educacional no Brasil, somos convidados a resgatar estudos que têm relatado de forma crítica essa trajetória e provocado reflexões e questionamentos sobre as pesquisas realizadas e o seu papel na construção de uma educação democrática e de qualidade voltada à formação do cidadão.[4]

Esses estudos indicam ter como cenários institutos de pesquisa e programas de pós-graduação stricto sensu em educação, deixando

---

3 A metodologia utilizada tem como referência o projeto integrado de pesquisa "A avaliação da produção científica sobre educação superior no Brasil, 1968-1995", desenvolvido por pesquisadores que integram o GT Política de Educação Superior da Associação Nacional de Pós-Graduação e Pesquisa em Educação (Anped).

4 M. A. Gouveia, "A pesquisa educacional no Brasil", em *Cadernos de Pesquisa*, nº 1, São Paulo, Fundação Carlos Chagas, 1971, pp. 1-47; "A pesquisa sobre educação no Brasil: de 1970 para cá", em *Cadernos de Pesquisa*, nº 19, São Paulo, Fundação Carlos Chagas, 1976, pp. 75-79; B. A. Gatti, "Retrospectiva da pesquisa educacional no Brasil", em *Anais do Seminário Pesquisa Educacional e Política Educacional no Brasil e na América Latina*, Brasília, UnB, 1986, pp. 29-42; "Pós-graduação e pesquisa em educação no Brasil, 1978-1981", em *Cadernos de Pesquisa*, nº 44, São Paulo, Fundação Carlos Chagas, 1983, pp. 3-17; M. Warde, *A produção discente dos programas de pós-graduação em educação no Brasil (1982-1991): avaliação e perspectivas* (São Paulo: Anped, 1993); "O papel da pesquisa na pós-graduação em educação", em *Cadernos de Pesquisa*, nº 73, São Paulo, Fundação Carlos Chagas, 1990, pp. 67-75; M. M. Campos & O. Fávero, "A pesquisa em educação no Brasil", em *Cadernos de Pesquisa*, nº 88, São Paulo, Fundação Carlos Chagas, 1994, pp. 5-17; S. Weber, "A produção recente na área da educação", em *Cadernos de Pesquisa*, nº 81, São Paulo, Fundação Carlos Chagas, 1992, pp. 22-32; M. Morosini & W. Sguissardi (orgs.), *A educação superior em periódicos nacionais* (Vitória: FCAA/Ufes, 1998); M. Morosini (org.), *Educação superior, estado da arte em periódicos nacionais, 1968-1995* (Brasília: Comped/Inep/Anped, 2000); E. S. Barreto & R. Pinto (orgs.), *Estado da arte: avaliação na educação básica* (Brasília: Inep/Comped/Pnud, 2000).

ainda para sistematização e análise outros lugares e sujeitos da produção científica na área.

Ao se analisar o processo de expansão da pesquisa educacional no Brasil, observa-se que esta só começou a emergir de forma mais sistemática no final da década de 1930, com a criação do Instituto Nacional de Estudos Pedagógicos (Inep), destinado a realizar pesquisas sobre problemas do ensino nos seus diferentes aspectos. Duas décadas depois, o Inep passou a contar com cinco centros regionais de pesquisa, com o objetivo de promover pesquisas sobre as condições culturais e escolares e sobre as tendências de desenvolvimento de cada região e da sociedade brasileira, tendo em vista a construção gradual de uma política educacional no país.[5] Há a intenção do governo federal de instituir a pesquisa como fonte de esclarecimento para a administração da educação.

No âmbito das universidades, a produção do pensamento educacional brasileiro continuou esparsa e só começou a se diversificar e a ser divulgada a partir do final da década de 1950. Verificou-se uma movimentação em prol de sua consolidação nas universidades, no final da década de 1960, diante da implantação e regulamentação de programas de pós-graduação stricto sensu, da reforma universitária e da intensificação de programas de formação no exterior, e ainda em razão do retorno desses docentes com mestrado e doutorado às universidades brasileiras.[6]

Com a expansão dos programas de mestrado e doutorado em educação, a produção de estudos e pesquisas cresceu em escala e abrangência, concentrando-se, principalmente, nas dissertações e teses e nos trabalhos de pesquisa de seus professores. Paralelamente, alguns centros de pesquisa independentes foram consolidando grupos de pesquisadores permanentes, em função de condições

---

[5] Ver M. A. Gouveia, "A pesquisa educacional no Brasil", *op. cit.*
[6] Cf. B. A. Gatti, "Retrospectiva da pesquisa educacional no Brasil", *op. cit.*

institucionais (financeiras e infraestruturais) para o desenvolvimento de pesquisas metodologicamente mais complexas e com prazos mais longos de realização.[7]

Nessa trajetória, a tendência temática surge como desdobramento de determinados paradigmas que fundamentam o pensamento educacional brasileiro. Até o início dos anos 1950, há uma ênfase nos temas psicopedagógicos fundamentados na psicometria, abrangendo estudos do desenvolvimento psicológico, processos de ensino e instrumentos de medida de aprendizagem. A partir dos meados dessa década, privilegiam-se os estudos sociológicos voltados às condições culturais e tendências de desenvolvimento da sociedade brasileira, cujo objeto de atenção passa a ser as relações entre o sistema escolar e certos aspectos da sociedade. As pesquisas são incentivadas não apenas por órgãos federais preocupados com a política desenvolvimentista, mas também por fontes externas de financiamento, cujos países de origem tinham interesse no Brasil como estratégia para a política econômica internacional. É nos meados da década de 1960 que as pesquisas de natureza econômica começam a se destacar. Surgem trabalhos sobre a educação como investimento, custos da educação, relações entre mercado de trabalho e formação profissional, formação de recursos humanos, entre outros. Na década de 1970, as temáticas são ampliadas e há também um avanço quanto a aspectos metodológicos, ou seja, utilizam-se tanto instrumentos quantitativos mais sofisticados de análise como um referencial teórico.

Nessa época, começam a surgir novamente estudos psicopedagógicos, mas com enfoque técnico. Diferentes problemáticas são abordadas: tecnologia educacional, currículos, avaliação de programas, caracterização de redes e recursos educativos, relações de educação e trabalho, características de alunos, famílias e ambiente de origem,

---

[7] Ver M. M. Campos & O. Fávero, *op. cit.*

nutrição e aprendizagem, validação e crítica de instrumentos de diagnóstico e avaliação, estratégias de ensino, etc. Apesar da predominância da técnica (quantificação e mensuração sofisticadas), no final da década de 1970 começa a ser introduzido um referencial teórico mais crítico (teorias crítico-reprodutivistas que apontam para a natureza classista da educação). Registra-se ainda, no final dessa década e no início dos anos 1980, o surgimento de estudos sobre política educacional e análise institucional e organizacional. Além desses assuntos, as pesquisas realizadas tematizam Estado e educação, universidade e sociedade, professor e sua prática pedagógica, educação popular. Embora não tenhamos uma avaliação sobre a produção durante toda a década de 1990, observa-se em publicações de livros, periódicos, estudos pontuais e bancos de dados que as produções de pós-graduandos, docentes e pesquisadores têm permitido uma abrangência de temas, desenvolvidos principalmente a partir da abordagem qualitativa numa perspectiva histórico-social.

A produção científica discente de programas de pós--graduação em economia: o que se pesquisa sobre educação?

A análise da produção discente focaliza a quantidade de estudos desenvolvidos e sua frequência em relação à produção global ao longo da série histórica considerada nesta investigação e a trajetória temática a partir da identificação dos temas principais das dissertações e teses, destacando as instituições de origem.

Nessa direção, foram identificadas 39 dissertações e 13 teses, que se distribuem em 12 dos 15 programas pesquisados, cujas informações estão indicadas na tabela 1.

Tabela 1. Participação percentual da produção científica discente sobre educação em cursos de pós-graduação stricto sensu em economia, segundo instituição e ano, 1990-1998

Instituições	Subtotal educação (a) D	T	Total (b) D	T	Participação em % (a)/(b) D	T
Caen/UFC	-	-	26	-	-	-
FGV-SP	8	7	48	19	16,6	36,8
FGV-RJ/EPGE	1	1	69	11	1,4	9,0
PUC-RJ	2	-	96	2	2,0	-
PUC-SP	3	-	54	-	5,5	-
Ufba	1	-	40	-	2,5	-
UFMG/Cedeplar	-	-	85	-	-	-
UFRGS/Iepe	3	-	80	2	3,7	-
UFRJ	2	1	113	46	1,7	2,1
Unicamp/IE	2	-	44	50	4,5	-
USP	1	4	96	83	1,0	4,8
UnB	2	-	64	-	3,1	-
UFF	1	-	42	-	2,3	-
UFPR	-	-	46	-	-	-
UFPA/Naea	13	-	87	-	14,9	-
Total	39	13	990	213	3,9	6,0

Legenda: D: dissertações; T: teses.
Fonte: Banco de Dissertações e Teses da Capes, dados dos programas de pós-graduação stricto sensu em economia.

É possível evidenciar o caráter esporádico dessa produção. Do total de 990 dissertações e 213 teses defendidas, apenas 3,9% e 6%, respectivamente, têm a educação como temática central.

Ao se considerar os dados da tabela 2, verifica-se que há uma pequena produção na grande maioria dos programas. Esse traço parece revelar o isolamento da educação em relação às demais temáticas no próprio campo da economia. Além disso, há uma indicação de que a interlocução dessa produção discente com a realizada ou em realização em programas de pós-graduação em educação é ainda tímida, tanto no que se refere às tendências temáticas como no que diz respeito às questões teórico-metodológicas.

A análise interna da temática, referente à frequência de pesquisas nos diversos cenários da pós-graduação em economia, revela que as instituições que apresentam os maiores índices de estudos são: Fundação Getulio Vargas-SP, com 8 dissertações e 7 teses, e a Universidade Federal do Pará/Núcleo de Altos Estudos Amazônicos, com 13 dissertações, totalizando 27,7% e 24%, respectivamente, de toda a produção discente em educação.

Tabela 2. Produção científica discente sobre educação em cursos de pós--graduação stricto sensu em economia, segundo instituição e ano, 1990-1998

Instituições	1990 D	1990 T	1991 D	1991 T	1992 D	1992 T	1993 D	1993 T	1994 D	1994 T	1995 D	1995 T	1996 D	1996 T	1997 D	1997 T	1998 D	1998 T	Subtotal D	Subtotal T	Total D/T
FGV/SP	1	-	-	1	-	-	-	-	-	-	-	-	2	4	4	3	-	-	8	7	15
FGV/RJ	1	-	-	-	-	-	-	-	-	-	-	-	-	1	-	-	-	-	1	1	2
PUC/RJ	-	-	1	-	-	-	1	-	-	-	-	-	-	-	-	-	-	-	2	-	2
PUC/SP	-	-	-	-	1	-	-	-	-	-	-	-	2	-	-	-	-	-	3	-	3
Ufba	-	-	-	-	-	-	-	-	1	-	-	-	-	-	-	-	-	-	1	-	1
UFRGS	-	-	-	-	-	-	1	-	-	-	-	-	-	-	2	-	-	-	3	-	3
UFRJ	1	-	-	-	-	-	-	-	1	-	-	-	-	-	1	-	-	-	2	1	3
Unicamp	-	-	-	-	-	-	1	-	-	-	-	-	-	-	1	-	-	-	2	-	2
USP	-	-	-	-	-	-	-	-	-	-	2	-	-	1	1	-	1	1	4	5
UnB	-	-	-	-	-	-	-	-	-	-	2	-	-	-	-	-	-	-	2	-	2
UFF	-	-	-	-	-	-	-	-	-	-	1	-	-	-	-	-	-	-	1	-	1
UFPA/Naea	-	-	-	-	2	-	2	-	5	-	-	-	-	-	-	-	4	-	13	-	13
Total	3	-	1	1	3	-	5	-	6	-	4	4	6	5	7	2	4	1	39	13	52

Legenda: D: dissertações; T: teses.
Fonte: Banco de Dissertações e Teses da Capes, dados dos programas de pós-graduação stricto sensu em economia.

A análise transversal da produção sobre educação possibilita o desenho de um quadro que identifica os assuntos principais, sinalizando o acúmulo de conhecimento dessa produção.

A tabela 3 apresenta um agrupamento dos assuntos principais estudados: universidade brasileira; educação, crescimento econômico e inovações tecnológicas; financiamento da educação; educação e trabalho; ensino fundamental e médio; e outros.

A *universidade brasileira* foi objeto de dezessete estudos (32,6%), nos quais destacam-se os seguintes temas: evasão no ensino superior, crise na universidade, gestão na universidade, universidade pública, orçamento, custo, ingresso na universidade, universidade e sociedade, universidade e produção do conhecimento, o ensino na universidade, democracia e a universidade.

Educação, crescimento econômico e inovações tecnológicas foi o assunto privilegiado em oito estudos (15,3%), os quais trataram sobre educação e crescimento econômico regional, economia da educação e indústrias inovadoras, ciência, tecnologia e desenvolvimento regional.

Tabela 3. **A produção científica discente sobre educação em cursos de pós-graduação stricto sensu em economia, segundo assuntos principais e ano, 1990-1998**

Categorias temáticas	1990	1991	1992	1993	1994	1995	1996	1997	1998	Total
Universidade brasileira	1	-	2	-	1	2	8	2	1	17
Educação, crescimento econômico e inovações tecnológicas	1	-	-	3	2	1	-	-	1	8
Financiamento da educação	-	-	-	1	-	1	2	1	-	5
Educação e trabalho	-	1	-	1	-	4	1	4	-	11
Ensino fundamental e médio	1	-	-	-	3	-	-	-	2	6
Outros	-	1	1	-	-	-	-	2	1	5
Total	3	2	3	5	6	8	11	9	5	52

Fonte: Banco de Dissertações e Teses da Capes, dados dos programas de pós-graduação stricto sensu em economia.

Sobre *educação e trabalho* foram realizados onze estudos (21,1%), privilegiando os seguintes temas: escolaridade e emprego, educação e capital humano, sistema de carreira profissional, educação e desigualdade salarial, formação do trabalhador e novas demandas tecnológicas, escolaridade, emprego e gênero.

O *financiamento da educação* foi trabalhado em cinco pesquisas (9,6%), que se voltavam para questões como: resultados do investimento em educação, financiamento da educação e o Estado, critérios para investimento em educação.

O *ensino fundamental e médio* constituiu o objeto de estudo de seis pesquisas (11,5%), com o seguinte desdobramento temático: formação profissional, trabalho docente e saúde mental, políticas públicas, experiências inovadoras, missão da escola.

No tópico *outros* foram agrupadas cinco pesquisas (9,6%) que tratam sobre assuntos diversos: merenda escolar, pré-escola, aprendizagem, arte-educação e ensino de economia.

A participação dos programas pesquisados na construção de conhecimento sobre esses assuntos está demonstrada na tabela 4. Apesar da insuficiência de dados para uma compreensão do processo de produção discente, chama a atenção a frequência intermitente de estudos sobre esses assuntos entre os programas, podendo sinalizar a não consolidação de determinadas linhas de pesquisa em educação e o possível vínculo dessas temáticas a interesses particulares dos pós-graduandos.

A descontinuidade de pesquisa dos assuntos principais no contexto da produção manifesta a necessidade de se avaliar qual o espaço para reflexão, construção e socialização de conhecimentos sobre a educação brasileira na perspectiva das ciências econômicas e quais suas possíveis contribuições.

Tabela 4. A produção científica discente sobre educação em cursos de pós-graduação stricto sensu em economia segundo instituição e assuntos principais, 1990-1998

Instituições	Universidade brasileira	Educação, crescimento econômico e inovações tecnológicas	Financiamento da educação	Educação e trabalho	Ensino fundamental e médio	Outros	Total
FGV-SP	9	-	1	1	1	3	15
FGV-RJ	1	1	-	-	-	-	2
PUC-RJ	-	-	-	2	-	-	2
PUC-SP	-	-	1	1	-	1	3
Ufba	-	-	1	-	-	-	1
UFRGS	1	-	1	1	-	-	3
UFRJ	-	3	-	-	-	-	3
Unicamp	-	-	-	2	-	-	2
USP	2	-	1	2	-	-	5
UFF	-	1	-	-	-	-	1
UnB	-	-	-	2	-	-	2
UFPA/Naea	4	3	-	-	5	1	13
Total	17	8	5	11	6	5	52

Cabeçalho de colunas: Assuntos principais.

Fonte: Banco de Dissertações e Teses da Capes, dados dos programas de pós-graduação stricto sensu em economia.

Considerações finais

A avaliação da produção científica e seu impacto têm nos últimos anos constituído objeto de estudos apoiados por agências nacionais de fomento à pesquisa com o objetivo de sistematizar a produção existente e dar subsídios para o redimensionamento de determinadas linhas de estudo e cenários de construção do saber.

A intenção central nesta pesquisa foi levantar, sistematizar e analisar a produção discente sobre educação no contexto de programas de mestrado e doutorado em economia, procurando contribuir para a montagem do panorama da pesquisa educacional no Brasil.

Ao concluir este trabalho, podemos afirmar que essa produção discente representa peça significativa ao acúmulo de conhecimentos sobre a educação brasileira. Contudo, apesar de a educação constituir uma dimensão básica do sistema econômico, portanto objeto de reflexão, questionamento e tomada de decisão no âmbito das políticas públicas, a produção de conhecimento nesse campo do saber em cenários de formação de economistas de alto nível precisa de uma avaliação mais consequente pelos atores diretamente envolvidos (docentes e alunos), no sentido de se buscar sua consolidação e contribuições para o debate que se realiza sobre a problemática da educação nacional.

Referências

Livros e artigos

Barreto, E. S. & Pinto, R. (orgs.). *Estado da arte: avaliação na educação básica*. Brasília: Inep/Comped/Pnud, 2000.

Campos, M. M. & Fávero, O. "A pesquisa em educação no Brasil", em *Cadernos de Pesquisa*, nº 88, São Paulo, Fundação Carlos Chagas, 1994, pp. 5-17.

Fávero, M. L. A. "A produção científica sobre educação superior: anotações para um debate", em Morosini, M. C. & Sguissardi, W. (orgs.). *A educação superior em periódicos nacionais*. Vitória: FCAA/Ufes, 1998.

Gatti, B. A. "Pós-graduação e pesquisa em educação no Brasil, 1978-1981", em *Cadernos de Pesquisa*, nº 44, São Paulo, Fundação Carlos Chagas, 1983, pp. 3-17.

_____. "Retrospectiva da pesquisa educacional no Brasil", em *Anais do Seminário Pesquisa Educacional e Política Educacional no Brasil e na América Latina*. Brasília: UnB, 1986, pp. 29-42.

Gouveia, M. A. "A pesquisa educacional no Brasil", em *Cadernos de Pesquisa*, nº 1, São Paulo, Fundação Carlos Chagas, 1971, pp. 1-47.

_____. "A pesquisa sobre educação no Brasil: de 1970 para cá", em *Cadernos de Pesquisa*, nº 19, São Paulo, Fundação Carlos Chagas, 1976, pp. 75-79.

GT Política de Educação Superior da Anped. *A avaliação da produção científica sobre educação superior no Brasil, 1968-1995*. São Paulo, julho de 1997, mimeo.

Morosini, M. C. (org.). *Educação superior, estado da arte em periódicos nacionais, 1968-1995*. Brasília: Comped/Inep/Anped, 2000.

Morosini, M. C. & Sguissardi, W. (orgs.). *A educação superior em periódicos nacionais*. Vitória: FCAA/Ufes, 1998.

Vasconcelos, H. C. et al. "A comunidade universitária em debate: o que dizem, interdizem e silenciam os estudos e pesquisa", em Morosini, M. C. (org.). *Educação superior, estado da arte em periódicos nacionais, 1968-1995*. Brasília: Comped/Inep/Anped, 1999.

Velloso, J. "Pesquisa educacional na América Latina: tendências, necessidades e desafios", em *Cadernos de Pesquisa*, nº 81, São Paulo, Fundação Carlos Chagas, 1992, pp. 5-21.

Warde, M. "O papel da pesquisa na pós-graduação em educação", em *Cadernos de Pesquisa*, nº 73, São Paulo, Fundação Carlos Chagas, 1990, pp. 67-75.

Warde, M. *A produção discente dos programas de pós-graduação em educação no Brasil (1982-1991): avaliação e perspectivas*. São Paulo: Anped, 1993.

Weber, S. "A produção recente na área da educação", em *Cadernos de Pesquisa*, nº 81, São Paulo, Fundação Carlos Chagas, 1992, pp. 22-32.

Dissertações e teses

Abreu, A. L. V. *Competitividade e o papel da empresa na educação*, dissertação de mestrado. Rio de Janeiro: UFRJ, 1994.

Amorim, A. J. A. *Espaços temporários: torneiras e sede de cidadania (duas experiências da relação entre comunitários, a universidade e o Estado nas décadas de 80 e 90)*, dissertação de mestrado. Belém: UFPA, 1993.

Andrade, J. P. *O ensino de introdução à economia no Brasil: manifestações e mecanismos*, dissertação de mestrado. Brasília: UnB, 1980.

Araújo, M. A. D. *Gestão de recursos humanos docentes em universidade federal: o caso da UFRN*, tese de doutorado. São Paulo: FGV, 1996.

Barbosa, C. *Escolaridade como investimento em capital humano e o seu impacto sobre a distribuição dos rendimentos do trabalho: um estudo para a Região Metropolitana de Salvador*, dissertação de mestrado. Salvador: Ufba, 1995.

Barbosa, F. G. *Pesquisa preliminar sobre os fatores de motivação dos candidatos da Universidade Paulista (Unip)*, dissertação de mestrado. São Paulo: FGV, 1996.

Barros, A. A. *A contribuição da economia da educação nas indústrias inovadoras*, dissertação de mestrado. Rio de Janeiro: UFRJ, 1997.

Beltrão, R. E. V. *Os mais pobres nas políticas de assistência social: o caso das creches em São Paulo*, dissertação de mestrado. São Paulo: FGV, 1997.

Borges, D. F. *Modelos decisórios e alocação orçamentária em universidade: o caso da UFRN*, dissertação de mestrado. São Paulo: FGV, 1996.

Botelho, D. *Organizações de aprendizagem*, dissertação de mestrado. São Paulo: FGV, 1997.

Braga, H. M. C. B. *Universidade brasileira: trajetória em busca de um projeto*, dissertação de mestrado. São Paulo: FGV, 1996.

Buccelli, R. L. *Autonomia universitária: a experiência das universidades estaduais paulistas (1989/95)*, dissertação de mestrado. São Paulo: FGV, 1996.

Carvalho, H. T. T. K. *Professores, trabalho e saúde mental: o primeiro grau menor em escolas públicas*, dissertação de mestrado. Belém: UFPA, 1994.

Costa, M. J. *Política e administração da produção científica das instituições de ensino superior: o caso da UFRJ*, tese de doutorado. São Paulo: FGV, 1991.

Diaz, M. D. M. *Permanência prolongada na graduação da Universidade de São Paulo: custos e fatores associados*, tese de doutorado. São Paulo: USP, 1997.

Duclos, M. T. M. *A contribuição do capital humano no crescimento econômico do Brasil: mensuração e análise para as décadas de 50 a 80*, tese de doutorado. Rio de Janeiro: FGV, 1990.

Faria, A. A. *O uso educacional dos computadores: um estudo da formação dos administradores de empresa*, dissertação de mestrado. São Paulo: FGV, 1997.

Fernandes, R. *Qualificação da mão de obra e mercado de trabalho não regulamentado*, tese de doutorado. São Paulo: USP, 1995.

Ferreira, A. T. *Disciplinas metodológicas e a prática da pesquisa em alguns cursos da área das ciências humanas na Universidade Federal do Pará*, dissertação de mestrado. Belém: UFPA, 1992.

Ferrer, V. A. B. *Universidad de la Amazonia, la economía campesina en el Caquetá: la unidad de lo diverso*, dissertação de mestrado. Belém: UFPA, 1994.

Fialho, R. P. B. *Repasses de ciência e tecnologia na Amazônia: o déficit da pesquisa tecnológica na UFPA*, dissertação de mestrado. Belém: UFPA, 1998.

Fonseca, M. F. *Políticas públicas no setor educacional de 1º grau na Região Metropolitana de Belém*, dissertação de mestrado. Belém: UFPA, 1994.

Fracalanza, P. S. *O financiamento da educação: a ação do governo do estado de São Paulo (1980-1993)*, tese de doutorado. São Paulo: USP, 1995.

Fuentes, V. L. P. *Custos de ensino superior: um ensaio para a Universidade de São Paulo*, tese de doutorado. São Paulo: USP, 1998.

Gibbon, V. H. S. *Taxas de retorno dos investimentos em educação no Brasil: uma análise desagregada*, dissertação de mestrado. Rio de Janeiro: FGV, 1976.

Godinho, M. G. M. *A luta dos estudantes paraenses pela democratização da universidade: por que reprimir?*, dissertação de mestrado. Belém: UFPA, 1992.

Gonçalves, R. A. *Uma avaliação do financiamento da educação no estado de São Paulo 1988/1992*, dissertação de mestrado. São Paulo: PUC, 1996.

Gonzales, J. R. *Desigualdade salarial e educação em Lima Metropolitana: 1970-1984*, tese de doutorado. Rio de Janeiro: PUC, 1991.

Guariso, M. C. *Missão em escolas particulares de 1º e 2º graus: sua implementação através das variáveis organizacionais segundo a teoria do desenho organizacional*, dissertação de mestrado. São Paulo: FGV, 1990.

Jesus, R. J. N. *A campanha "Escola para todos": movimentos sociais, Estado e partidos políticos na transição democrática no Pará*, dissertação de mestrado. Belém: UFPA, 1998.

Lorenzoni, L. L. *O sistema de carreira profissional como mecanismo de conformismo social*, dissertação de mestrado. São Paulo: FGV, 1989.

Macedo, P. B. R. *Escolaridade, experiência no trabalho e salários do setor de processamento eletrônico de dados no Brasil*, dissertação de mestrado. Rio de Janeiro: FGV, 1982.

Machado, D. L. *A qualificação da mão de obra no comércio internacional brasileiro: um teste do teorema de Heckscher-Ohlin*, dissertação de mestrado. Brasília: UnB, 1995.

Marinho, A. *Avaliação organizacional de uma universidade pública: uma abordagem não paramétrica da Universidade Federal do Rio de Janeiro (UFRJ)*, tese de doutorado. Rio de Janeiro: FGV, 1996.

Melo, M. J. C. M. *Comunidade científica e um projeto de desenvolvimento na Amazônia: Usina Hidroelétrica de Tucuruí-Pará-Brasil*, dissertação de mestrado. Belém: UFPA, 1993.

Mendonça, R. S. P. *A qualidade da educação no Brasil e a igualdade de oportunidades*, tese de doutorado. Rio de Janeiro: PUC, 1993.

Moretto, C. F. *A elasticidade-renda dos gastos públicos em educação no Brasil*, dissertação de mestrado. Porto Alegre: UFRGS, 1993.

Morita, F. O. *Investimento em educação e "turnover": critérios para otimização do investimento em educação nas empresas*, dissertação de mestrado. São Paulo: FGV, 1996.

Muterli, M. C. C. *A educação básica na formação dos trabalhadores da indústria e no contexto das novas tecnologias*, dissertação de mestrado. São Paulo: PUC, 1996.

Oliveira, J. A. *A qualidade de vida no Brasil: a influência do desenvolvimento tecnológico, considerando a situação nas regiões brasileiras nos anos 1960, 1970 e 1980*, tese de doutorado. São Paulo: FGV, 1995.

Petitinga, L. A. B. *Avaliação do diferencial de renda entre graduação e pós-graduação em economia*, dissertação de mestrado. Salvador: Ufba, 1980.

Rosa, E. *Evasão no ensino superior: causas e consequências: um estudo sobre a Universidade Federal de Goiás*, tese de doutorado. São Paulo: FGV, 1995.

Sá, R. C. R. *Universidades federais brasileiras: uma contribuição à discussão sobre crise e declínio nas organizações*, tese de doutorado. São Paulo: FGV, 1995.

Saré, L. L. P. *Fundação Curro Velho: uma proposta de arte-educação*, dissertação de mestrado. Belém: UFPA, 1998.

Silva, C. S. G. *Centro de Referência em Educação Ambiental Escola Bosque Professor Eidorfe Moreira: gênese e trajetória*, dissertação de mestrado. Belém: UFPA, 1998.

Silva, L. F. *As inovações tecnológicas e seus impactos sobre a qualificação da mão de obra na indústria mecânica*, dissertação de mestrado. Porto Alegre: UFRGS, 1997.

Solino, A. S. *Planejamento e gestão na instituição universitária: um enfoque multidimensional*, tese de doutorado. São Paulo: FGV, 1996.

Souza, O. N. B. *O ensino agrícola: do instituído aos novos horizontes profissionais*, dissertação de mestrado. Belém: UFPA, 1994.

Souza, S. C. I. *Merenda escolar na complexidade do quadro institucional: a experiência do Paraná*, dissertação de mestrado. São Paulo: PUC, 1992.

Valentim, R. F. *Desenvolvimento regional: a inserção da Universidade de Santa Cruz do Sul no Vale do Rio Pardo*, dissertação de mestrado. Porto Alegre: UFRGS, 1997.

Vieira, M. L. *Impactos do progresso técnico sobre a formação profissional na América Latina*, dissertação de mestrado. Rio de Janeiro: UFRJ, 1990.

Weigel, P. *Ciência e desenvolvimento: dificuldades de diálogo na experiência do Instituto Nacional de Pesquisa da Amazônia (Inpa)*, dissertação de mestrado. Belém: UFPA, 1994.

Distribuição regional dos serviços de saúde no Brasil

SAMUEL KILSZTAJN
DORIVALDO FRANCISCO DA SILVA

Introdução

O presente artigo tem por objetivo analisar a distribuição regional dos serviços de saúde no país. Num primeiro momento, apresentamos e discutimos as estimativas de organismos nacionais e internacionais para o quadro profissional da área da saúde, consultórios médicos, produção ambulatorial, leitos hospitalares e gastos públicos em saúde no Brasil.

Conforme especificado no decorrer do trabalho, algumas estimativas referem-se ao setor de saúde como um todo, e outras especificamente aos serviços do Sistema Único de Saúde (SUS) do Ministério da Saúde. Vários bancos de dados foram estudados e confrontados, e as estimativas foram conceitualmente definidas para permitir uma análise integrada dos serviços de saúde no país. Nesta introdução, como exemplo, podemos destacar a significativa diferença entre o número de leitos credenciados pelo SUS e o número de leitos efetivamente ocupados pela rede.

A partir das estimativas em âmbito nacional, selecionamos os indicadores mais significativos e para os quais se dispõe de estimativas regionais, utilizando-se a população total de cada uma das macrorregiões do país como referência (os números absolutos para serviços e gastos públicos em saúde encontram-se no final do artigo, na tabela anexa). Para uniformizar a análise dos diferentes indicadores regionais de saúde por habitante, construímos índices regionais a partir dos indicadores médios do país. O artigo destaca ainda alguns indicadores internacionais de serviços de saúde.

Quadro profissional da área da saúde

Segundo a Pesquisa de Assistência Médico-Sanitária (Pams) do Instituto Brasileiro de Geografia e Estatística (IBGE), o número de empregos na área da saúde no país era de 1,4 milhão em 1992. As unidades hospitalares eram responsáveis por 64% do total de empregos, e as unidades ambulatoriais (postos e centros de saúde, ambulatórios, clínicas e unidades de complementação diagnóstica) eram responsáveis pelos demais 36% (ver tabela 1).[1]

Destes 1,4 milhão de empregos na área da saúde em 1992, 21% correspondiam a empregos médicos, com um índice de 2,1 empregos médicos para cada mil habitantes. O índice dos outros empregos de nível superior (dentistas, nutricionistas, enfermeiros, psicólogos, etc.) era de 1,0 por mil habitantes, e os técnicos e auxiliares somavam 3,9 empregos para cada mil habitantes. As funções administrativas ocupavam 30% dos empregos das unidades hospitalares e 25% dos empregos das unidades ambulatoriais.

---

[1] Agrupamos os tipos de unidades em hospitalares e ambulatoriais. As unidades mistas dispõem de leitos e, portanto, foram incluídas nas unidades hospitalares.

Tabela 1. Empregos na área da saúde, Brasil, 1992

Emprego	Unidade hospitalar*		Unidade ambulatorial		Total	
Número total (por mil)	926		512		1.439	
Distribuição (%)	64		36		100	
Por mil habitantes	Índice	(%)	Índice	(%)	Índice	(%)
Médico	1,2	20	0,8	24	2,1	21
Outro de nível superior	0,4	7	0,5	15	1,0	10
Técnico com diploma	0,3	5	0,1	4	0,5	5
Técnico sem diploma	0,1	1	0,1	2	0,2	2
Auxiliar c/ certificado	1,1	17	0,4	11	1,4	15
Auxiliar s/ certificado	1,2	19	0,6	19	1,8	19
Função administrativa	1,9	30	0,9	25	2,7	28
Total	6,2	100	3,4	100	9,7	100

Fonte: elaborado a partir de IBGE, 1992, 1999.
* Inclui unidade mista.

A tabela 2 reúne algumas estimativas de instituições nacionais e internacionais para o número de médicos no Brasil entre 1988 e 1999 que registram índices num intervalo de 1,2 a 1,6 médico para cada mil habitantes. Se compararmos o número de empregos médicos registrado pela Pesquisa de Assistência Médico-Sanitária (2,1 por mil habitantes) com o número de médicos ativos registrado pelo Ministério da Saúde (1,3 por mil habitantes), podemos estimar uma média de 1,5 emprego por médico no país em 1992.[2]

---

[2] O IBGE registra 307.952 empregos médicos, e o Ministério da Saúde registra 210.666 médicos ativos em 1992 (307.952/210.666 = 1,5). Ver Instituto Brasileiro de Geografia e Estatística, *Pesquisa de Assistência Médico-Sanitária* (Rio de Janeiro: IBGE, 1992); Brasil, Ministério da Saúde, *Profissionais de saúde: situação em 1996* (Brasília: Ministério da Saúde, 1999b).

Tabela 2. Médicos (por mil habitantes), Brasil

Fonte	1988	1990	1991	1992	1993	1994	1995	1996	1997	1998	1999
Conselho Federal de Medicina[1]	-	-	-	-	-	-	1,3	1,3	1,3	1,4	1,4
Ministério da Saúde[2]	-	-	1,3	1,4	1,4	1,3	1,3	1,3	-	-	-
Ipea/Pnud[3]	-	-	1,6	-	-	-	-	-	-	-	-
Cepal[4]	1,2	-	-	-	-	-	-	-	-	-	-
Organização Mundial da Saúde[5]	-	-	-	1,3	-	-	-	-	-	-	-
Banco Mundial[6]	1,2	-	-	-	-	-	-	-	-	-	-
Banco Mundial[7]	-	1,4	-	-	-	-	1,4	-	-	-	-

Fonte: [1] Conselho Federal de Medicina, 1999a; [2] Brasil, 1999b; [3] Ipea/Pnud, 1996; [4] Cepal, 1995; [5] WHO, 1999; World Bank, 1997; [6] World Bank, 1999; [7] IBGE, 1999.

Tabela 3. Outros profissionais na área da saúde (por mil habitantes), Brasil

Fonte	1988	1991	1992	1993	1994	1995	1996	1997
Dentista (Ministério da Saúde)[1]	-	0,7	0,7	0,7	0,8	0,8	0,9	-
Nutricionista (Ministério da Saúde)[1]	-	0,1	0,1	0,1	0,1	0,1	0,1	-
Enfermeiro								
Programa de Formação de Trabalhadores na Área de Enfermagem[2]	-	-	-	-	-	-	-	0,4
OMS[3]	-	-	-	0,4	-	-	-	-
Ministério da Saúde[1]	-	-	0,4	0,4	0,4	0,4	0,4	-
Banco Mundial[4] M/97	0,3	-	-	-	-	-	-	-
Profissionais de enfermagem								
Cepal[5]	-	1,6	-	-	-	-	-	-
Ipea/Pnud[6]	1,0	-	-	-	-	-	-	-

Fonte: [1] Brasil, 1999b; [2] Brasil, 1998; [3] WHO, 1999; [4] World Bank, 1997; [5] Cepal, 1995; [6] Ipea/Pnud, 1996; IBGE, 1999.

Segundo dados coletados pelo Ministério da Saúde nos conselhos profissionais, o país dispunha de 0,9 profissional em odontologia, 0,4 em enfermagem e 0,1 em nutrição por mil habitantes em 1996 (ver tabela 3). Os índices estimados para o número de profissionais na área da saúde por mil habitantes que figuram na tabela 3 não são compatíveis com as estimativas dos índices para outros empregos de nível superior, técnicos e auxiliares da tabela 1.

Consultórios médicos e produção ambulatorial na rede SUS

Segundo o Sistema de Informações Ambulatoriais (SIA) do Sistema Único de Saúde, a rede ambulatorial do SUS contava com 100 mil consultórios médicos em dezembro de 1995 e 172 mil em dezembro de 1998.[3] Aproximadamente um terço desses consultórios pertencia às unidades hospitalares e mistas, e dois terços às demais unidades, que estamos denominando de ambulatoriais (ver tabela 4).

Em 1998, a rede SUS registrava 0,3 consultório nas unidades hospitalares por mil habitantes e 0,7 consultório nas unidades ambulatoriais, totalizando 1,1 consultório por mil habitantes no país.

O SIA fornece ainda a produção ambulatorial do SUS com procedimentos que incluem consultas médicas, atendimento por profissionais de nível médio, atendimento odontológico, patologia clínica, aplicação de vacinas, etc.[4] A tabela 5 apresenta o número total de procedimentos aprovados, com destaque para as consultas médicas. O número absoluto de procedimentos manteve-se praticamente estável entre 1995 e 1998, e as consultas médicas, que representavam cerca de um quarto do total da produção ambulatorial, apresentaram ligeiro declínio entre 1995 e 1998 em relação ao total da população. Em

---

[3] Ver Brasil, Ministério da Saúde, *Sistema de Informações Ambulatoriais* (Brasília: Ministério da Saúde, 1999c).

[4] A produção ambulatorial inclui os procedimentos do Piso Assistencial Básico (PAB).

1998 foram realizadas pela rede SUS aproximadamente duas consultas médicas e outros seis procedimentos ambulatoriais por habitante/ano (mais especificamente 1.907 consultas e 5.891 outros procedimentos por mil habitantes – os tetos físicos para a produção ambulatorial são estabelecidos a partir do padrão histórico dos serviços prestados).[5]

Tabela 4. Consultórios da rede ambulatorial, SUS, Brasil

Consultório	Dez/95	Dez/96	Dez/97	Dez/98
Número total (por mil)	100	115	131	174
Distribuição (%)				
Unidade hospitalar*	32	32	34	30
Unidade ambulatorial	68	68	66	70
Total	100	100	100	100
Por 1.000 habitantes				
Unidade hospitalar*	0,2	0,2	0,3	0,3
Unidade ambulatorial	0,4	0,5	0,5	0,8
Total	0,6	0,7	0,8	1,1

Fonte: elaborado a partir de Brasil, 1999c; IBGE, 1999.
*Inclui unidade mista.

Tabela 5. Produção ambulatorial, SUS, Brasil

Produção ambulatorial	1995	1996	1997	1998
Número total (milhões)	1.231	1.251	1.283	1.262
Distribuição (%)				
Consulta médica	26	25	25	24
Outros	74	75	75	76
Total	100	100	100	100
Por 1.000 habitantes				
Consulta médica	2.051	2.014	1.998	1.907
Outros	5.873	5.927	6.041	5.891
Total	7.925	7.941	8.039	7.798

Fonte: elaborado a partir de Brasil, 1999c; IBGE, 1999.

---

5 Ver S. Corrêa *et al.*, *Cairo em ação: estudo de caso Brasil* (Nova York: Population Reference Bureau, 1998), p. 14, mimeo.

Leitos hospitalares

Segundo a Pams, o país contava, em 1992, com 544 mil leitos, 25% públicos e 75% privados, que correspondiam a um índice de 3,7 leitos para cada mil habitantes (ver tabela 6). A Federação Brasileira de Hospitais registra 503 mil leitos em 1996 (que correspondem a 3,2 leitos para cada mil habitantes), e as estimativas de outros organismos registram 3,0 a 3,7 leitos por mil habitantes no intervalo entre 1988 e 1997 (ver tabela 7).[6]

Do total de 544 mil leitos registrados pela Pams em 1992, a rede SUS, segundo o Sistema de Informações Hospitalares (SIH), mantinha 501 mil leitos credenciados em dezembro de 1992 (ver tabela 8). Embora a rede SUS tivesse 501 mil leitos credenciados em dezembro de 1992, o número de Autorizações para Internações Hospitalares (AIH) tinha sido formalmente limitado a partir de 1991 em 10 por 100 habitantes/ano.[7] Com uma população estimada em 148,7 milhões em 1992, o teto físico implicaria um limite máximo de 14,9 milhões de AIH.[8] Considerando-se que em 1992 foi registrada uma média de 6,5 dias de internação por AIH, o teto físico de AIH corresponderia a uma média de 263 mil leitos ocupados.[9]

Concretamente, durante o ano de 1992, foram registradas 10,3 AIH por 100 habitantes/ano. Dado o número de AIH emitidas em 1992, a rede SUS manteve ocupados apenas 273 mil dos 501 mil leitos

---

6 Federação Brasileira de Hospitais, *Distribuição dos leitos de acordo com o porte do hospital* (Brasília: FBH, 1999).

7 S. M. Viana & S. F. Piola, "Descentralização e gestão do gasto público com saúde no Brasil", em Comisión Económica para América Latina y el Caribe, *Taller sobre evaluación de la gestión del gasto público en salud* (Brasília: Cepal, 1999), p. 128.

8 Instituto Brasileiro de Geografia e Estatística, *Projeção da população do Brasil por sexo e idade para o período 1980-2020* (Rio de Janeiro: IBGE/DPE/Depis/Diead, 1999).

9 Brasil, Ministério da Saúde, *Sistema de Informações Hospitalares* (Brasília: Ministério da Saúde, 1999); 14,9 milhões de AIH vezes 6,5 dias totalizam 96,2 milhões de dias de internações no ano, que, divididos por 365 dias, resultam numa média diária de 263 mil leitos ocupados.

credenciados, ou seja, 54% do total.[10] Se em 1992 foram ocupados 273 mil leitos, com uma taxa ideal de 80% de ocupação, pode-se estimar em 341 mil o número total de leitos efetivamente utilizados pela rede SUS (média de 273 leitos ocupados e 68 leitos em manutenção).

Tabela 6. Número de leitos hospitalares, Brasil, 1992

Leito	Mil	(%)	por mil habitantes
Público	135	25	0,9
Privado	409	75	2,8
Total	544	100	3,7

Fonte: elaborado a partir de IBGE, 1992, 1999.

Tabela 7. Leitos hospitalares (por mil habitantes), Brasil

Fonte	1988	1990	1995	1996	1997
Federação Brasileira de Hospitais[1]	-	-	-	3,2	-
Ministério da Saúde[2]	-	-	-	-	3,1
Banco Mundial[3]	-	3,3	-	-	-
Banco Mundial[4]	-	-	3,0	-	-
Cepal[5]	3,7	-	-	-	-

Fonte: [1] Federação Brasileira de Hospitais, 1999; [2] Brasil, 1999b; [3] World Bank, op. cit.; [4] World Bank, op. cit.; [5] Cepal, 1995.

Deve-se considerar ainda que, desses 273 mil leitos ocupados, 72 mil correspondiam a leitos de pacientes com transtornos mentais, pacientes que apresentam longo período de internação em hospitais com instalações muito particulares. Excluídos os pacientes com transtornos mentais, foram registrados 200 pacientes-dia em 1992, 40% do total de leitos da rede SUS.

---

10 Algumas internações comportam mais de uma AIH e, durante todo o período analisado, o número total de AIH excedeu em 5% o número de internações. O número de pacientes-dia (número total de dias de internação por ano dividido por 365) pode ser utilizado como número de leitos ocupados. Ver M. L. Lebrão, *Estudos da morbidade* (São Paulo: Edusp, 1997), especialmente capítulo 3.

O número total de leitos foi reduzido de 544 mil em 1992 para 503 mil em 1996, e o número de leitos credenciados pela rede SUS, de 501 mil em 1992 para 500 mil em dezembro de 1996 e 491 mil em dezembro de 1998.[11] O número de AIH, por outro lado, que foi formalmente reduzido de 10% para 8% da população ao ano, caiu concretamente de 10,3% em 1992 para 7,6% em 1998.[12] Dada a limitação de AIH, o número de pacientes-dia registrado foi reduzido de 273 mil em 1992 para 203 mil em 1998, passando de 54% para 41% do total de leitos credenciados pelo SUS (redução de 200 mil pacientes-dia em 1992 para 147 mil em 1998, se excluirmos os pacientes com transtornos mentais).

Para 1992, se a Pams indicava 3,7 leitos hospitalares por mil habitantes (total de leitos) e o SIH 3,4 para a rede SUS, o número de pacientes-dia registrava 1,8 leito hospitalar ocupado pela rede SUS para cada mil habitantes. Entre 1992 e 1998 o índice de leitos hospitalares ocupados pela rede SUS por mil habitantes sofre forte redução, atingindo, em 1998, 1,3 leito por mil habitantes (0,9 por mil habitantes, se excluirmos os pacientes com transtornos mentais).

A partir do índice de 1,3 leito ocupado pela rede SUS, considerando-se a taxa ideal de 80% de ocupação, pode-se estimar em 1,6 o número de leitos utilizados pela rede SUS por mil habitantes. Se considerarmos ainda que o SUS é responsável por 73% dos serviços ambulatoriais e hospitalares no Brasil, o índice para o país poderia ser estimado em 2,1 leitos por mil habitantes.[13]

---

11 Instituto Brasileiro de Geografia e Estatística, *Pesquisa de Assistência Médico-Sanitária, op. cit.*; Federação Brasileira de Hospitais, *op. cit.*

12 S. Corrêa *et al.*, *op. cit.*

13 Ver C. Almeida, *O mercado privado de serviços de saúde no Brasil: panorama atual e tendências da assistência médica suplementar*, Texto para discussão, nº 599 (Rio de Janeiro: Ipea, 1998), p. 15, 2,1 = 1,3/0,80/0,73. Especificando: 1,3 (ou 1,253 com melhor aproximação), 0,80 (80% de ocupação) e 0,73 (73% de cobertura SUS).

Tabela 8. Leitos e pacientes da rede hospitalar, SUS, Brasil

Leitos e internações	1992	1993	1994	1995	1996	1997	1998
Número (por mil)							
Leitos/dezembro (a)	501	507	509	500	500	497	491
Pacientes-dia (b)	273	273	257	228	215	207	203
Pacientes-dia: mentais (c)	72	69	62	59	57	56	56
Pacientes-dia (− mentais) (d = b − c)	200	204	195	169	158	151	147
(b/a: %)	54	54	51	46	43	42	41
(d/a: %)	40	40	38	34	32	30	30
Por mil habitantes							
Leitos/dezembro	3,4	3,4	3,3	3,2	3,2	3,1	3,0
Pacientes-dia	1,8	1,8	1,7	1,5	1,4	1,3	1,3
Pacientes-dia (− mentais)	1,3	1,4	1,3	1,1	1,0	0,9	0,9
AIH e internações							
AIH (e: mil)	15.381	15.617	15.367	13.275	12.531	12.351	12.249
Internações (f: mil)	14.583	14.830	14.699	12.646	11.933	11.772	11.715
AIH/internações (e/f)	1,05	1,05	1,05	1,05	1,05	1,05	1,05
AIH/população (%)	10,3	10,3	10,0	8,5	8,0	7,7	7,6

Fonte: elaborado a partir de Brasil, 1999d; IBGE, 1999.

Gastos públicos em saúde

Os gastos públicos em saúde (federais, estaduais e municipais) serão aqui analisados segundo dois parâmetros: de acordo com a participação percentual no PIB; e segundo o valor em reais correntes por habitante. A tabela 9 apresenta as estimativas da participação percentual dos gastos públicos em saúde em relação ao PIB segundo quatro fontes que registram gastos públicos federais, estaduais e municipais consolidados em saúde num intervalo de 1,6% a 3,4% do PIB entre 1990 e 1995. As estimativas são conflitantes, destacando-se a alteração do percentual para 1994 dos indicadores do Banco Mundial em 1998 e 1999 (respectivamente 2,7% e 1,9%).[14]

---

14 World Bank, *World Development Indicators* (Washington: World Bank, 1998), CD-ROM; World Bank, *World Development Indicators* (Washington: World Bank, 1999), CD-ROM.

Tabela 9. Gastos públicos em saúde, porcentagem do PIB

Fontes	1990	1991	1992	1993	1994	1995
Medici[1]	2,8	2,4	2,1	-	-	-
Fernandes et al.[2]	-	-	-	-	-	3,4
Cepal[3]	2,9	-	-	-	-	-
Banco Mundial[4]	3,0	-	-	-	2,7	-
Banco Mundial[5]	3,0	1,9	1,6	2,1	1,9	-

Fonte: [1] Medici, 1995; [2] Fernandes et al., 1998a; [3] Cepal, 1995; [4] World Bank, 1998; [5] World Bank, 1999.

Tabela 10. Gasto público em saúde por origem dos recursos, 1995

	% PIB	R$ milhões	R$ por habitante	(%)
Total	3,4	21.737	139,95	100
Federal	2,1	13.686	88,11	63
Estadual	0,7	4.493	28,93	21
Municipal	0,6	3.558	22,91	16

Fonte: elaborado a partir de Fernandes et al., 1998b; IBGE, 1999.

A tabela 10 apresenta as estimativas de Fernandes *et al.* para 1995, desdobradas nas três esferas de governo por origem dos recursos, e introduz o valor dos gastos públicos em saúde em reais correntes por habitante. No conceito origem dos recursos, os gastos federais incluem gastos diretos e transferências negociadas para governos estaduais e municipais; e os gastos estaduais incluem transferências negociadas para governos municipais.[15] Por origem dos recursos, 63% do total de gastos públicos em saúde correspondiam a gastos federais, 21% a gastos estaduais e 16% a gastos municipais. Segundo as estimativas de Fernandes *et al.*, de forma consolidada, o setor público gastou R$ 139,95 em saúde por habitante em 1995.[16]

---

15 Os gastos estaduais e municipais, dessa forma, são apresentados líquidos de transferências. Além do conceito de gastos por origem de recursos, Fernandes *et al.* apresentam também o conceito de gastos por responsabilidade na execução. Cf. M. A. C. Fernandes *et al.*, *Gasto social das três esferas de governo: 1995*. Texto para discussão, nº 598 (Rio de Janeiro: Ipea, 1998b).

16 *Ibidem*.

As estimativas de Fernandes *et al.* para o gasto público federal em saúde por origem dos recursos, 2,1% do Produto Interno Bruto (PIB) em 1995,[17] excluem amortizações das dívidas, pessoal inativo, combate a carências nutricionais e gastos com saneamento do orçamento do Ministério da Saúde. Por outro lado, incluem gastos com saúde de outros ministérios, notadamente do Ministério da Educação (responsável pelos hospitais universitários).[18]

Tabela 11. Ministério da Saúde, orçamentos executados (R$ bilhões)

Denominação	1995	1996	1997	1998
Ministério da Saúde — total (a)	14,9	14,4	18,8	19,3
Amortização da dívida (b)	1,4	0,5	1,8	2,3
Pessoal inativo (c)	1,5	1,5	1,6	1,6
Gasto federal em saúde (d = a − b − c)	12,0	12.4	15,5	15,4
SIA +PAB + AIH (e)	7,3	8,0	9,8	9,3
Pessoal ativo (f)	2,2	2,4	2,4	2,4
Outros (g = d − e − f)	2,5	2,1	3,3	3,7
(e/d) − (%)	61	64	63	60

Fonte: elaborado a partir de Brasil, 1999a; Carvalho, 1998; Viana & Piola, 1999.

A tabela 11, por sua vez, apresenta os orçamentos executados do Ministério da Saúde entre 1995 e 1998, com destaque para os valores da produção ambulatorial (SIA + PAB)[19] e internações hospitalares (AIH). O total dos valores SIA + PAB + AIH equivale a cerca de 60%

---

17 *Ibidem.* O Banco Mundial pode estar utilizando como gasto público em saúde apenas o gasto federal. Fernandes estima o gasto público federal em saúde, por responsabilidade na execução, em 1,95% do PIB em 1995. A estimativa do Banco Mundial para gasto público em saúde é de 1,9% do PIB em 1994 (ver tabela 9).

18 O gasto público federal em saúde, estimado em M. A. C. Fernandes *et al.*, *Dimensionamento e acompanhamento do gasto social federal*, Texto para discussão, nº 547 (Rio de Janeiro: Ipea, 1998) e *Gasto social das três esferas de governo*, *op. cit.*, não inclui também a assistência médico-odontológica a servidores públicos (contabilizados como gastos sociais na forma de benefícios a servidores).

19 A sigla SIA – referente a Sistema de Informações Ambulatoriais – é usualmente utilizada como referência ao total da produção ambulatorial. Os valores apresentados na tabela 11 incluem as consultas médicas e outros procedimentos do Piso Assistencial Básico (PAB).

do total do gasto público federal em saúde (líquido de amortizações das dívidas e pagamento de pessoal inativo do Ministério da Saúde).

A tabela 12 apresenta o gasto público federal em saúde por habitante no conceito do orçamento executado com destaque para os valores SIA + PAB + AIH. Para o valor da produção ambulatorial e internações hospitalares por habitante, a tabela 12 apresenta também dados segundo outros conceitos: valor aprovado para SIA + PAB e valor pago no período para AIH (valores que serão utilizados para a análise da distribuição regional dos gastos públicos em saúde – ver item "Análise dos serviços de saúde por macrorregião", a seguir).

Tabela 12. Gasto público federal (R$ por habitante)

Gasto/conceito	1995	1996	1997	1998
Conceito orçamento executado				
Gasto federal em saúde*	77,57	78,81	96,80	95,12
SIA + PAB + AIH	47,16	50,55	61,11	57,24
Outros conceitos				
SIA + PAB + AIH	41,92	41,77	42,96	48,67
SIA + PAB (valor aprovado)	21,37	21,57	22,87	25,13
AIH (valor pago no período)	20,55	20,21	20,08	23,54

Fonte: elaborado a partir de Brasil, 1999a, 1999c, 1999d; Carvalho, 1998; Viana & Piola, 1999; IBGE, 1999.
* Líquido de amortização da dívida e pessoal inativo.

Como vimos nos itens "Consultórios médicos e produção ambulatorial na rede SUS" e "Leitos hospitalares", em 1998 foram registradas pela rede SUS 2 consultas, 6 outros procedimentos ambulatoriais e 0,076 AIH por habitante. Além de limites físicos, são também estabelecidos tetos financeiros para a produção ambulatorial (PAB incluído) e para as internações hospitalares. Os valores da produção ambulatorial do PAB compreendem uma parte fixa (R$ 10,00 por habitante/ano) e outra variável, destinada ao Programa de Agentes Comunitários de Saúde (Pacs), ao Programa Saúde da Família (PSF), etc.[20] Em 1998, o valor aprovado pelo SUS para a produção ambulatorial (PAB incluído) foi de R$ 25,13 por habitante, e o valor pago para internações hospitalares, R$ 23,54 (ver tabela 12).

O Sistema Único de Saúde criado pela Constituição de 1988 é considerado o marco histórico que estabelece o direito universal à saúde no Brasil. Os conselhos municipais, estaduais e nacional têm como meta promover o controle social e a democratização dos serviços de saúde.[21] Em relação aos gastos públicos, especificamente, a tabela de remuneração do SUS precisa ser urgentemente reavaliada para que se possa viabilizar o princípio de equidade do sistema e o próprio SUS.[22] O SUS paga, por exemplo, R$ 4,30 por uma diária hospitalar que inclui cama, comida e enfermagem, e R$ 2,50 por consulta médica.[23]

Cabe ressaltar, por fim, que a criação do Sistema Único de Saúde com assistência universal e integral foi acompanhada, no Brasil, por um expressivo crescimento do sistema privado de saúde (planos e seguros).[24] O gasto privado total em saúde no Brasil em 1996 é estimado em R$ 27,2 bilhões, que corresponde a um gasto per capita de R$ 172,72 (ver tabela 13). Embora a rede SUS seja responsável por 73% dos serviços ambulatoriais e hospitalares, o gasto público em

---

20 Brasil, Ministério da Saúde, *Norma Operacional Básica NOB/SUS/96* (Brasília: Ministério da Saúde, 1997a); *Portarias nºs 1883, 1884, 1885/GM* (Brasília: Ministério da Saúde, 18 de dezembro de 1997b).

21 G. Carvalho, *Controle social: radicalização da democracia* (São José dos Campos: Conasems, 1998), mimeo.

22 Ver documento aprovado no I Encontro Nacional dos Conselhos de Medicina do ano de 1999, com propostas para o pleno funcionamento do SUS. Cf. Conselho Federal de Medicina, *Cadastro Nacional dos Médicos* (Brasília: CFM, 1999a), p. 23.

23 Ver destaque sobre as verbas da saúde em Federação Brasileira de Hospitais, *Jornal da Federação Brasileira de Hospitais*, 8 (63), Brasília, dezembro de 1997, p. 6. O reajuste de 25%, autorizado em 1995, ainda não foi incorporado à tabela SUS e está sendo pago com irregularidade na forma de abono. O valor mínimo da consulta médica vigente desde maio de 1996 para os planos e seguros privados de saúde é de R$ 30,00. Cf. Associação Médica Brasileira, *Lista de procedimentos médicos* (São Paulo: AMB, 1999).

24 Ver o criterioso estudo de C. Almeida sobre a assistência médica suplementar no Brasil. A expansão do mercado privado de serviços de saúde parece depender da "deterioração ainda maior da capacidade do setor público de atender à *demanda reprimida*", cf. C. Almeida, *op. cit.*

saúde representa apenas 45% do total de gastos em saúde no país.[25] Em relação ao produto, o gasto total em saúde (público e privado) é estimado por Corrêa et al. em 7% do PIB em 1995-1996.[26]

Tabela 13. Estimativas de gastos* e serviços em saúde

Gasto/serviço	Gasto total R$ milhões	Gasto per capita/ano R$	Gasto per capita/ano (%)	Serviço (%)
Público	21.737	139,95	45	73
Privado	27.200	172,72	55	27
Total	48.937	312,67	100	100

Fonte: elaborado a partir de Corrêa et al., 1998; Almeida, 1998; IBGE, 1999.
* Gasto público em 1995 e privado em 1996.

Análise dos serviços de saúde por macrorregião

Para a análise dos serviços de saúde por região, apresentamos a tabela 14, com alguns indicadores selecionados: médicos ativos, empregos totais na área da saúde, consultas médicas e outros procedimentos da produção ambulatorial SUS, número de leitos hospitalares, número total de AIH emitidas, leitos ocupados pela rede SUS (número de pacientes-dia, excluídos os pacientes com transtornos mentais), gastos públicos em saúde e valor pago pelo SUS em SIA + PAB e AIH. A maior parte dos indicadores se refere a 1998.[27] Os indicadores de serviços de saúde (quantidade) são apresentados

---

25 Ibid., p. 15.
26 S. Corrêa et al., op. cit., p. 40.
27 A fonte e o período a que se referem os dados estão listados no corpo da tabela 14. Os indicadores de produção, AIH e gastos referem-se a fluxos anuais, ou seja, número médio de consultas realizadas ao ano, etc. Os demais indicadores referem-se a estoques, isto é, número de médicos, empregos e leitos disponíveis por habitantes no ano (o conceito pacientes-dia, construído a partir do fluxo de dias de internação, também é um conceito de estoque: número de leitos que permanecem ocupados em média por dia).

por mil habitantes, e os indicadores de gastos (valores) são apresentados em reais correntes por habitante.[28]

Na tabela 15, os diferentes indicadores dos serviços e gastos em saúde por região foram transformados em índices e distribuídos em três grupos, tomando-se o país como referência (Brasil = 100): gerais, produção ambulatorial e leitos/internações.

Para os indicadores gerais dos serviços de saúde (médicos ativos, empregos totais na área da saúde, gasto público consolidado em saúde e valor total pago pelo SUS para produção ambulatorial e internações), a região Sudeste apresenta os maiores índices do país, seguida pelas regiões Sul e Centro-Oeste. Em relação ao número de médicos ativos por habitante, por exemplo, o Sudeste atingiu um índice 36% superior ao do país, e o Norte e o Nordeste alcançaram, respectivamente, apenas 45% e 61% da média nacional.[29] As estimativas do número de médicos por mil habitantes da tabela 14 indicam 0,6 médico por mil habitantes no Norte e 0,8 no Nordeste do país, indicadores que não atingem o número mínimo de 1 médico por mil habitantes recomendado pela Organização Mundial da Saúde (OMS).[30]

Em relação aos gastos, o Sudeste apresentou gastos públicos em saúde 25% superiores à média nacional em 1995, enquanto o Norte e o Nordeste ficaram respectivamente com 78% e 69% da média

---

[28] Para o total da população brasileira, foram utilizadas as estimativas da Divisão de Estudos e Análise da Dinâmica Demográfica; para a distribuição regional, foram utilizadas as estimativas do IBGE/SUS, ajustadas às estimativas do IBGE. Ver Instituto Brasileiro de Geografia e Estatística, *Projeção da população do Brasil por sexo e idade para o período 1980-2020*, op. cit.; Instituto Brasileiro de Geografia e Estatística & Sistema Único de Saúde, *População residente* (Rio de Janeiro: IBGE/SUS, 1999).

[29] Deve-se ainda considerar que a média nacional é fortemente influenciada pelos indicadores da região Sudeste, dado o peso relativo de sua população. Em relação aos indicadores da região Sudeste, o Norte registrou um terço e o Nordeste 45% do número de médicos por habitantes em 1998.

[30] Conselho Federal de Medicina, *Medicina: Conselho Federal*, 14 (104), Brasília: CFM, abril de 1999b, p. 11.

nacional. A descentralização propiciada pelo SUS não eliminou a forte concentração dos gastos no Sudeste do país.[31]

É importante salientar que os índices foram calculados com a distribuição dos gastos públicos em saúde ponderados pela população de cada uma das regiões. Se, alternativamente, considerarmos a participação dos gastos públicos em saúde em relação ao PIB regional de 1995, a ordem de importância dos gastos públicos em saúde altera-se radicalmente, com o Nordeste atingindo 4,5%, o Norte 3,3%, o Centro-Oeste 3,2%, o Sudeste 2,7% e o Sul 2,4%.[32] Embora o gasto público em saúde em relação ao PIB do Nordeste (4,5%) seja dois terços superior ao da região Sudeste (2,7%), seu gasto público em saúde por habitante (R$ 85,15) é aproximadamente a metade do gasto por habitante no Sudeste do país em 1995 (R$ 153,98).[33]

---

31 Ver também A. C. Medici, *O perfil da saúde no Brasil: documento de apoio para o Ipea/Pnud/96* (Brasília: Ipea, 1995). Merece destaque especial a participação dos governos municipais da região Sudeste nos gastos públicos com saúde. A elevada participação dos governos estaduais da região Centro-Oeste nos gastos públicos com saúde deve-se essencialmente ao gasto do Distrito Federal.
32 M. A. C. Fernandes *et al.*, *Gasto social das três esferas de governo: 1995*, op. cit., p. 27.
33 O que significa que os gastos públicos em saúde por habitante são regionalmente mais bem distribuídos que o total da renda.

Tabela 14. Indicadores dos serviços e gastos em saúde por macrorregião

Indicador	Fonte	Ano	NO	NR	SD	SL	CO	Brasil
(por mil habitantes)								
Médicos ativos	Conselho Federal de Medicina[1]	1998	0,6	0,8	1,8	1,4	1,3	1,4
Empregos totais em saúde	IBGE[2]	1992	6,0	7,5	11,9	9,5	9,3	9,7
Produção ambulatorial (nº)		1998	6.001	7.159	8.555	7.518	8.260	7.798
Consultas médicas SUS	SUS[3]	1998	1.158	1.579	2.291	1.844	1.808	1.907
Produção ambulatorial SUS	SUS[3]	1998	4.843	5.580	6.264	5.674	6.452	5.891
(outros)								
Total de leitos	Ministério da Saúde[4]	1997	2,0	2,9	3,3	3,3	3,6	3,1
AIH (nº)	SUS[5]	1998	72	79	71	84	79	76
Pacientes-dia SUS (– mentais)	SUS[5]	1998	0,7	0,8	0,9	1,1	1,0	0,9
(R$ por habitante)								
Gasto público em saúde*		1995	95,50	85,15	153,98	113,79	140,06	139,95
Federal*/Fernandes et al.[6]		1995	61,03	55,69	79,26	78,46	81,90	88,12
Estadual/Fernandes et al.[6]		1995	29,74	17,31	39,19	10,83	53,29	28,92
Municipal/Fernandes et al.[6]		1995	4,72	12,15	35,53	24,49	4,87	22,92
SIA + PAB + AIH		1998	29,42	40,60	55,64	53,90	47,69	48,67
SIA + PAB (valor aprovado)	SUS[3]	1998	14,85	20,54	30,43	24,42	23,53	25,13
AIH (valor pago no período)	SUS[5]	1998	14,57	20,06	25,20	29,49	24,16	23,54

Fonte: [1] Conselho Federal de Medicina, 1999a; [2] IBGE, 1992; [3] Brasil, 1999c; [4] Brasil, 1999b; [5] Brasil, 1999d; [6] Fernandes et al., 1998b; IBGE, 1999.

* O total inclui R$ 16,91 de gastos federais no âmbito nacional.

Tabela 15. Índices de serviços e gastos em saúde por macrorregião (Brasil = 100)

Índice	Ano	NO	NR	SD	SL	CO	Brasil
Médicos ativos	1998	45	61	136	102	94	100
Empregos totais em saúde	1992	62	77	123	98	96	100
Gastos públicos em saúde*	1995	78	69	125	92	114	100
Federais*	1995	86	78	111	110	115	100
Estaduais	1995	103	60	136	37	184	100
Municipais	1995	21	53	155	107	21	100
SIA + PAB + AIH (aprovado/pago)	1998	60	83	114	111	98	100
Produção ambulatorial							
Produção ambulatorial (nº)	1998	77	92	110	96	106	100
Consultas médicas SUS	1998	61	83	120	97	95	100
Prod. ambul. SUS (outros)	1998	82	95	106	96	110	100
SIA + PAB (valor aprovado)	1998	59	82	121	97	94	100
Leitos/internações							
Total de leitos	1997	65	94	106	106	116	100
AIH (nº)	1998	95	104	94	110	105	100
Pacientes-dia SUS (− mentais)	1998	79	93	101	118	108	100
AIH (valor pago no período)	1998	62	85	107	125	103	100

Fonte: Conselho Federal de Medicina, 1999a; IBGE, 1992; Brasil, 1999b, 1999c, 1999d; Fernandes et al., 1998b; IBGE, 1999.
* Em relação ao total da tabela 14 menos R$ 16,91 de gastos federais em âmbito nacional.

Além dos baixos valores por habitante, as regiões mais pobres do país são também aquelas que mais dependem dos serviços do SUS. Segundo pesquisa realizada pelo Ibope em fevereiro de 1998, 39% das pessoas no Sul e 35% no Sudeste utilizavam frequente ou exclusivamente os serviços privados de saúde, contra 14% no Nordeste e 25% nas regiões Norte e Centro-Oeste (ver tabela 16).[34] Se utilizarmos, por exemplo, os gastos públicos em saúde por habitante do Sudeste e Nordeste em 1995 (respectivamente R$ 153,98 e R$ 85,15) ponderados pelo percentual de utilização exclusiva ou frequente da rede SUS dessas regiões (respectivamente 53% e 80%), os gastos no Sudeste

---

34 A pesquisa do Ibope é citada por S. M. Viana & S. F. Piola, *op. cit.*, p. 11. Para a distribuição regional dos serviços SUS/privado, ver também as estimativas de C. Almeida, *op. cit.*

por habitante passam de R$ 153,98 para R$ 290,53 (R$ 153,98/0,53), e os gastos no Nordeste de R$ 85,15 para R$ 106,44 (R$ 85,15/0,80). Dessa forma, os gastos públicos por habitante no Nordeste passam de 55% dos gastos no Sudeste (R$ 85,15/R$ 153,98) para apenas 37% (R$ 106,44/R$ 290,53).

Tabela 16. Utilização dos serviços públicos e privados de saúde*, 1998 (%)

Serviço	NO/CO	NR	SD	SL	Brasil
SUS**	69	80	53	55	63
SUS/privado	6	5	12	6	7
Privado**	25	14	35	39	30
Total	100	100	100	100	100

Fonte: elaborado a partir de Viana & Piola, 1999.
* Não foram consideradas as pessoas que não vão ao médico, não sabem ou não opinaram (7% do total dos entrevistados).
** Exclusivo e frequente.

A tabela 15, como vimos, destaca os índices de produção ambulatorial e de leitos/internações. A região Sudeste, que apresenta os maiores índices gerais, também apresenta os maiores índices para a produção ambulatorial, tanto em números (10% acima da média nacional) como em valores (21% acima da média nacional). Em relação às internações hospitalares, contudo, é a região Sul que apresenta os maiores índices de número de AIH, pacientes-dia e valor pago pelo SUS, respectivamente 10%, 18% e 25% acima da média nacional.

Construímos dois indicadores para mensurar o padrão de serviço de saúde, dividindo a produção ambulatorial (consultas médicas e outros procedimentos) pelas internações hospitalares em números e valores (ver tabela 17). A região Sul apresenta o menor número de produção ambulatorial em relação ao número de leitos ocupados (com um índice igual a 82% da média do país) e o menor valor pago/SIA + PAB em relação ao valor pago/AIH (com um índice de 78% da média do país). O Sudeste, no extremo oposto, apresenta a melhor relação produção ambulatorial/internações tanto em números como em valores (respectivamente 8% e 13%, superiores à média do país).

Para melhor visualização da distribuição dos serviços e gastos em saúde por macrorregião, o gráfico 1 apresenta os principais índices da tabela 15. Como salientamos, o Sudeste apresenta os maiores indicadores de serviços e gastos em saúde por habitante, seguido das regiões Sul e Centro-Oeste. As regiões com menores índices são o Nordeste e principalmente o Norte do país. Destacam-se também os elevados índices de pacientes-dia e valor das AIH do Sul do país, que refletem o intensivo padrão de serviços em internações utilizado pela região.[35]

Tabela 17. Produção ambulatorial/internações hospitalares, rede SUS, por macrorregião, 1998

Razão/índice	NO	NR	SD	SL	CO	Brasil
Produção ambulatorial diária*/pacientes-dia (– mentais)						
Razão	23,0	23,4	25,6	19,3	23,1	23,6
Brasil = 100	97	99	108	82	98	100
(SIA + PAB)/AIH (valor aprovado/pago)						
Razão	1,02	1,02	1,21	0,83	0,97	1,07
Brasil = 100	96	96	113	78	91	100

Fonte: Conselho Federal de Medicina, 1999a; IBGE, 1992; Brasil, 1999b, 1999c, 1999d; Fernandes et al., 1998b; IBGE, 1999.
* Consultas médicas e outros procedimentos.

---

35 Embora o Sudeste apresente concretamente os melhores índices do país, a relativa estabilidade entre os índices no Sudeste é efeito derivado do peso da população da região no total do país.

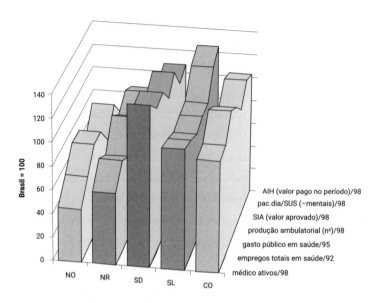

Gráfico 1. Serviços e gastos em saúde por macrorregião por mil habitantes.

Indicadores internacionais

Para a análise comparada dos serviços de saúde em âmbito internacional, apresentamos as estimativas dos serviços e gastos em saúde de sete países latino-americanos (que representam 80% da população da América Latina e Caribe) e três países desenvolvidos (Estados Unidos, França e Japão). Para o número de médicos e enfermeiros por mil habitantes, utilizamos as estimativas da OMS; para o número de leitos por mil habitantes e gastos em saúde em relação ao PIB e em PPP, utilizamos as estimativas do Banco Mundial (ver tabela 18

– os países foram listados em ordem crescente de gastos totais em saúde por habitante em PPP).[36]

Para o Brasil, as estimativas para médicos e enfermeiros são consistentes com a análise dos dados da seção "Quadro profissional da área da saúde" deste trabalho. Em relação aos leitos, deve-se lembrar que o índice, por nós estimado na seção "Leitos hospitalares" deste trabalho, é de 2,1 leitos por mil habitantes (e não 3,3, de acordo com as estimativas da OMS). Quanto ao gasto total em saúde em relação ao PIB, as estimativas do Banco Mundial (6,8% para 1994) são também compatíveis com as estimativas de Corrêa *et al.*, 7% em 1995-1996.[37]

Para a visualização da tabela 18, construímos o gráfico 2, com os serviços de saúde e o gasto total em saúde dos países em PPP por habitante. O número de médicos, enfermeiros e leitos por habitante segue, grosso modo, o gasto total em saúde em PPP por habitante. O número de leitos para o Brasil, corrigido pela nossa estimativa (de 3,3 do gráfico 2 para 2,1 por mil habitantes), parece ajustar-se melhor às estimativas dos demais países analisados.

Os países da América Latina apresentam reduzido número de enfermeiros em relação ao número de médicos, enquanto os países desenvolvidos, principalmente os Estados Unidos, apresentam

---

36 Não utilizamos as estimativas para o número de dentistas de World Health Organization, WHO *Estimates of Health Personnel* (Genebra: WHO, 1999), porque o número de dentistas por mil habitantes, a partir de um determinado nível de renda, apresenta relação inversa com o desenvolvimento do país. PPP (em inglês) – PPA (em espanhol) ou PPC (paridade do poder de compra) ou simplesmente "dólar internacional" – é uma moeda desenhada para possibilitar a comparação internacional do poder de compra nacional de cada moeda e, portanto, da renda e consumo real de cada país. Os preços absolutos (e relativos) em dólares americanos das mercadorias e serviços variam de país para país, sendo em geral mais baixos nos países mais pobres. Para análises setoriais são utilizadas PPP específicas por tipo de mercadoria e serviço (saúde, etc.). Ver R. Summers & A. Heston, "The Penn World Table (Mark 5): an Expanded Set of International Comparisons 1950-1988", em *Quarterly Journal of Economics*, 106 (2), Harvard, MIT, 1991; World Bank, *World Development Indicators* (Washington: World Bank, 1999), CD-ROM, tabelas 4.11 e 4.12.

37 Cf. S. Corrêa *et al.*, *op. cit.*, p. 40. Na distribuição do gasto em saúde entre públicos e privados, o Banco Mundial parece estar utilizando como público apenas o gasto federal em saúde (ver a seção "Gastos públicos em saúde" deste trabalho).

elevado número de enfermeiros em relação ao número de médicos. O Japão, especificamente, apresenta um reduzido número de médicos e elevado número de leitos. O elevado número relativo de leitos na França, e principalmente no Japão, deve estar refletindo, entre outros fatores, a estrutura etária envelhecida da população desses países. Deve-se fazer referência também ao elevado gasto em saúde na França e principalmente nos Estados Unidos em relação ao número de médicos, enfermeiros e leitos. A tabela 18 permite ainda destacar o Japão e a França como países que possuem um padrão de serviços de saúde essencialmente público.

Tabela 18. Análise comparativa dos serviços e gastos em saúde

País	Médicos	Enfermeiros	Leitos	Público	Privado	Total	PPP por habitante
Peru	0,7	0,5	1,4	2,2	1,5	3,7	156
México	1,1	0,4	0,8	2,7	2,0	4,7	373
Brasil	1,3	0,4	3,3	1,9	4,9	6,8	382
Colômbia	1,1	0,5	1,3	2,9	4,4	7,4	477
Venezuela	1,9	0,8	2,7	3,0	4,5	7,5	617
Chile	1,1	0,4	3,2	4,2	3,7	7,9	783
Argentina	2,7	0,5	4,6	4,3	5,4	9,7	931
Japão	1,8	6,4	16,0	5,4	1,6	7,0	1.484
França	2,8	3,9	9,7	7,6	2,1	9,7	1.962
EUA	2,5	8,8	4,7	6,3	7,8	14,1	3.683

Serviços em saúde*: Taxas por mil habitantes. Gastos em saúde – 1994: % PIB.

Fonte: WHO, 1999; World Bank, 1999.
* Para médicos e enfermeiros, anos específicos entre 1992 e 1994; leitos em 1990.

Em relação aos países analisados, o gasto em saúde por habitante em PPP no Brasil só é superior ao do Peru e do México. O PIB per capita do Brasil (PPP$ 5.840 em 1994), contudo, também só é superior ao do Peru (PPP$ 4.090 em 1994). O México, embora com um

PIB per capita de PPP$ 8.070 em 1994, apresenta gastos em saúde relativamente muito baixos (4,7% do PIB – ver tabela 18).[38]

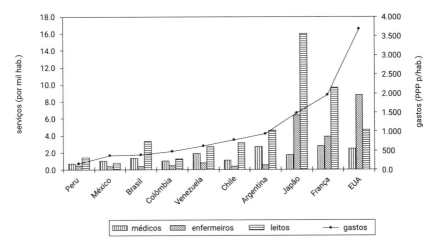

Gráfico 2. Análise comparativa dos serviços e gastos em saúde.

A tabela 19, por fim, apresenta o número de leitos por médico e enfermeiro. As estimativas corrigidas para o Brasil com base em 2,1 leitos por mil habitantes são de 1,6 leito por médico e 5,2 leitos por enfermeiro. Além do já mencionado elevado número de leitos em relação ao número de médicos no Japão, a tabela 19 destaca o elevado número de leitos por enfermeiro na Argentina, Chile e Brasil (mesmo com 5,5 leitos por enfermeiro) e o reduzido número de leitos por enfermeiro nos Estados Unidos.

---

38 Em 1994, segundo as estimativas do Banco Mundial, o PIB dos demais países citados atingia PPP$ 6.280 (Colômbia), PPP$ 8.360 (Venezuela), PPP$ 9.530 (Argentina), PPP$ 10.190 (Chile), PPP$ 20.310 (França), PPP$ 21.930 (Japão) e PPP$ 26.170 (EUA). Cf. World Bank, *World Development Indicators*, 1997, 1998 e 1999.

Tabela 19. Leitos por médico e enfermeiro*

País	Por médico	Por enfermeiro
Peru	1,9	2,9
México	0,7	2,0
Brasil	2,5	8,0
Colômbia	1,2	2,7
Venezuela	1,4	3,5
Chile	3,0	7,6
Argentina	1,7	8,5
Japão	9,0	2,5
França	3,5	2,5
EUA	1,9	0,5

Fonte: WHO, 1999; World Bank, 1999.
* Estimativas entre 1990-1994.

Conclusão

Entre os sete maiores países latino-americanos, que somam 80% da população da América Latina e Caribe, o poder de compra da renda per capita do Brasil é inferior ao de Chile, Argentina, Venezuela, México e Colômbia (só superior ao do Peru). O gasto total em saúde no Brasil por habitante é também um dos mais baixos dentre os países citados, menor que a metade do gasto na Argentina e no Chile. O Brasil, além da baixa renda e do baixo gasto total em saúde por habitante, destaca-se ainda como um dos países com pior distribuição de renda do mundo.

Em relação ao número médio de médicos, enfermeiros e leitos por habitante, por sua vez, o Brasil apresenta uma posição razoável para o padrão latino-americano (mesmo considerando-se que o número de leitos esteja superestimado). Em relação à distribuição regional dos serviços de saúde, contudo, o Nordeste e principalmente o Norte do país dispõem de menos que a metade do número de médicos ativos por habitante da região Sudeste. A rede SUS, em

1998, foi responsável por 2,3 consultas por pessoa/ano na região Sudeste e apenas 1,2 consulta no Norte e 1,6 no Nordeste do país. Quanto aos outros procedimentos ambulatoriais da rede SUS, o número médio registrado por pessoa/ano foi de 6,3 no Sudeste, 4,8 no Norte e 5,6 no Nordeste.

A diferença regional entre os serviços de saúde pode também ser mensurada pelos gastos públicos em saúde, que em 1995 somavam R$ 153,98 no Sudeste, R$ 95,50 no Norte e R$ 85,15 no Nordeste por habitante. Da mesma forma, a soma dos valores aprovados para a produção ambulatorial (que inclui o PAB) e pagos para as internações hospitalares pela rede SUS por pessoa/ano atingiram, em 1998, R$ 55,64 no Sudeste, R$ 29,42 no Norte e R$ 40,60 no Nordeste do país.

O Sudeste é a região que possui o mais amplo serviço de saúde do país, seguido pelas regiões Sul e Centro-Oeste. No caso específico do Sul do país, é importante ressaltar que a região apresenta um padrão de serviços de saúde intensivo em internações hospitalares, com 8,4% de AIH e um valor pago para internações de R$ 29,49 por pessoa/ano em 1998, enquanto o Sudeste registrou 7,1% de AIH e R$ 25,20 (o número de consultas médicas e o valor aprovado para a produção ambulatorial em 1998 foram respectivamente 1,8 e R$ 24,42 por pessoa/ano no Sul e 2,3 e R$ 30,43 no Sudeste).

A distribuição regional dos serviços e gastos públicos em saúde, de acordo com os indicadores analisados neste trabalho, apresenta um perfil perverso, uma vez que privilegia as regiões mais ricas do país e penaliza as regiões mais carentes. É importante lembrar ainda que as regiões do país com serviços públicos de saúde mais precários são também aquelas que mais dependem desses serviços. No Nordeste e no Norte/Centro-Oeste, respectivamente, 80% e 69% das pessoas utilizam exclusiva ou frequentemente o Sistema Único de Saúde, enquanto no Sudeste e Sul esse percentual é de, respectivamente, 53% e 55%.

A aprovação de tetos financeiros para a produção ambulatorial e internações hospitalares pelo padrão histórico perpetua a má distribuição regional dos serviços de saúde no país. Além disso, como todos os indicadores de saúde revelam serviços mais precários e valores mais baixos para as regiões mais pobres do país, pode-se afirmar que existe um círculo vicioso entre, por um lado, o número de médicos e outros profissionais da área da saúde, equipamentos e instalações disponíveis e, por outro, a possibilidade das regiões mais pobres elaborarem projetos que atraiam verbas para melhorar os serviços de saúde dessas regiões. Nesse sentido, acreditamos que a descentralização e a autonomia administrativa propiciadas pelo SUS, embora estejam trazendo contribuições significativas para o aprimoramento dos serviços de saúde em todas as regiões, deveriam vir acompanhadas de uma efetiva política nacional de apoio a projetos de saúde que possam atrair profissionais e verbas para as áreas mais carentes do país.

Anexo

Números absolutos de serviços e gastos em saúde por macrorregião

Dado	Fonte	Ano	NO	NR	SD	SL	CO	Brasil
Empregos (por mil)	IBGE[1]	1992	61	321	754	213	89	1.439
Médicos	IBGE[1]	1992	8	55	177	49	18	308
Outros de nível superior	IBGE[1]	1992	5	33	75	22	9	143
Técnico com diploma	IBGE[1]	1992	4	12	41	7	6	69
Técnico sem diploma	IBGE[1]	1992	2	6	13	4	2	26
Auxiliar com certificado	IBGE[1]	1992	10	46	112	32	15	215
Auxiliar sem certificado	IBGE[1]	1992	13	73	126	47	14	273
Função administrativa	IBGE[1]	1992	20	97	210	52	25	404
Médicos ativos (por mil)	Conselho Federal de Medicina[2]	1998	7,3	37,6	126,9	33,2	14,0	219,0
Dentistas (por mil)	Ministério da Saúde[3]	1996	3,3	17,5	87,3	20,0	9,6	137,6
Nutricionistas (por mil)	Ministério da Saúde[3]	1996	0,5	4,0	11,0	3,8	1,4	20,6
Enfermeiros (por mil)	Ministério da Saúde[3]	1996	3,0	14,8	34,4	10,5	4,1	66,9
Nº consultórios SUS (por mil)	SUS[4]	Dez/98	9	45	71	36	13	174
Produção ambulatorial SUS (milhões)	SUS[4]	1998	71	328	590	182	91	1.262
Consultas médicas	SUS[4]	1998	14	72	158	45	20	309
Outros procedimentos	SUS[4]	1998	57	256	432	137	71	953

(cont.)

Dado	Fonte	Ano	NO	NR	SD	SL	CO	Brasil
Leitos hospitalares (por mil)	Federação	1996	24	130	230	80	39	503
Leitos - rede SUS (por mil)	SUS[6]	Dez/98	24	129	221	77	39	491
Nº AIH (por mil)	SUS[6]	1998	852	3.602	4.904	2.020	871	12.249
Nº internações (por mil)	SUS[6]	1998	849	3.508	4.550	1.958	849	11.715
Dias de internação (por mil)	SUS[6]	1998	3.249	18.285	35.506	12.004	4.936	73.981
Mentais	SUS[6]	1998	146	4.259	12.431	2.611	1.004	2.0451
Outros	SUS[6]	1998	3.103	14.027	23.075	93.94	39.32	53.530
Pacientes-dia (por mil)	SUS[6]	1998	8,9	50,1	97,3	32,9	13,5	202,7
Mentais	SUS[6]	1998	0,4	11,7	34,1	7,2	2,8	56,0
Outros	SUS[6]	1998	8,5	38,4	63,2	25,7	10,8	146,7
Gasto público em saúde* (R$ milhões)		1995	1.062	3.817	10.174	2.623	1.434	21.738
Federal[7]		1995	679	24.97	5.237	1.809	839	13.686
Estadual[7]		1995	331	776	2.590	250	546	4.492
Municipal[7]		1995	53	545	2.348	565	50	3.559
SIA + PAB + AIH (R$ milhões)		1998	349	1.860	3.837	1.302	524	7.874
SIA + PAB (valor aprovado)	SUS[4]	1998	176	941	2.099	590	259	4.066
AIH (valor pago no período)	SUS[6]	1998	173	919	1.738	712	266	3.808
População (por mil)	IBGE/SUS/99	1998	11.869	45.811	68.961	24.154	10.995	16.1790

Fonte: [1] IBGE, 1992; [2] Ipea/Pnud, 1996; [3] Brasil, 1999b; [4] Brasil, 1999c; [5] Federação Brasileira de Hospitais, 1997; [6] Brasil, 1999d; [7] Fernandes et al., 1998b.

* O total inclui R$ 2,6 bilhões de gastos federais em âmbito nacional.

Referências

Almeida, C. *O mercado privado de serviços de saúde no Brasil: panorama atual e tendências da assistência médica suplementar*. Texto para discussão, nº 599. Rio de Janeiro: Ipea, 1998.

Associação Médica Brasileira. *Lista de procedimentos médicos*. São Paulo: AMB, 1999.

Brasil. Ministério da Saúde. *Norma Operacional Básica NOB/SUS/96*. Brasília: Ministério da Saúde, 1997a.

_____. *Portarias nºˢ 1883, 1884, 1885/GM*. Brasília: Ministério da Saúde, 18 de dezembro de 1997b.

_____. *Mercado de trabalho em enfermagem no Brasil*. Brasília: Ministério da Saúde, 1998.

_____. *Execução orçamentária e financeira (1997-99)*. Brasília: Ministério da Saúde, 1999a.

_____. *Profissionais de saúde: situação em 1996*. Brasília: Ministério da Saúde, 1999b.

_____. *Sistema de Informações Ambulatoriais*. Brasília: Ministério da Saúde, 1999c.

_____. *Sistema de Informações Hospitalares*. Brasília: Ministério da Saúde, 1999d.

Carvalho, G. *Controle social: radicalização da democracia*. São José dos Campos: Conasems, 1998, mimeo.

Comisión Económica para América Latina y el Caribe. *Anuário estadístico de América Latina y el Caribe*. Santiago: Cepal, 1995.

Conselho Federal de Medicina. *Cadastro Nacional dos Médicos*. Brasília: Conselho Federal de Medicina, 1999a.

_____. *Medicina: Conselho Federal*, 14 (104), Brasília, Conselho Federal de Medicina, abril de 1999b.

Corrêa, S. et al. *Cairo em ação: estudo de caso Brasil*. Nova York: Population Reference Bureau, 1998, mimeo.

Federação Brasileira de Hospitais. *Jornal da Federação Brasileira de Hospitais*, 8 (63), Brasília, Federação Brasileira de Hospitais, dezembro de 1997.

_____. *Distribuição dos leitos de acordo com o porte do hospital*. Brasília, FBH, 1999.

Fernandes, M. A. C. *et al. Dimensionamento e acompanhamento do gasto social federal*. Texto para discussão, nº 547. Rio de Janeiro: Ipea, 1998a.

_____. *Gasto social das três esferas de governo: 1995*. Texto para discussão, nº 598. Rio de Janeiro: Ipea, 1998b.

Instituto Brasileiro de Geografia e Estatística. *Pesquisa de Assistência Médico-Sanitária*. Rio de Janeiro: IBGE, 1992.

_____. *Projeção da população do Brasil por sexo e idade para o período 1980-2020*. Rio de Janeiro: IBGE/DPE/Depis/Diead, 1999.

Instituto Brasileiro de Geografia e Estatística & Sistema Único de Saúde. *População residente*. Rio de Janeiro: IBGE/SUS, 1999.

Instituto de Pesquisa Econômica Aplicada & Programa das Nações Unidas para o Desenvolvimento. *Relatório sobre o desenvolvimento humano no Brasil*. Brasília: Ipea/Pnud, 1996.

Lebrão, M. L. *Estudos da morbidade*. São Paulo: Edusp, 1997.

Medici, A. C. *O perfil da saúde no Brasil: documento de apoio para o Ipea/Pnud/96*. Brasília: Ipea, 1995.

Summers, R. & Heston, A. "The Penn World Table (Mark 5): an Expanded Set of International Comparisons 1950-1988", em *Quarterly Journal of Economics*, 106 (2), Harvard, MIT, 1991.

Viana, S. M. & Piola, S. F. "Descentralização e gestão do gasto público com saúde no Brasil", em Comisión Económica para América Latina y el Caribe, *Taller sobre evaluación de la gestión del gasto público en salud*. Brasília: Cepal, 1999.

World Bank. *World Development Indicators*. Washington: World Bank, 1997, CD-ROM.

_____. *World Development Indicators*. Washington: World Bank, 1998, CD-ROM.

_____. *World Development Indicators*. Washington: World Bank, 1999, CD-ROM.

World Health Organization. *WHO Estimates of Health Personnel*. Genebra: WHO, 1999.

Análise espacial e saúde pública

HELENA RIBEIRO SOBRAL

A análise dos padrões espaciais e temporais das condições de saúde e doença de uma população constitui um dos ramos auxiliares da medicina e da saúde pública. Ela utiliza conceitos e técnicas da geografia para investigar problemas de saúde coletiva.

A evolução desse ramo da geografia já foi descrita em trabalhos anteriores, de modo que não se abordará aqui esse tema.[1] No entanto, cabe lembrar que ele tem tanto uma perspectiva muito antiga, quanto constitui uma nova especialidade, cujo campo de pesquisas tem se ampliado bastante nas últimas décadas.

Os trabalhos de Hipócrates, considerado o pai da medicina, de cerca de 400 a.C., foram chamados de *Dos ares, das águas e dos lugares*, denotando a importância da inter-relação medicina e geografia.

No entanto, consta que o termo "geografia médica" tenha aparecido pela primeira vez em 1792, na obra de Leonhard Ludwig Finke, apesar de seu conceito ter sido explicitado em inúmeras outras obras antes desta.[2]

---

[1] H. Ribeiro Sobral, *A crise ambiental e o ressurgimento da geografia médica*, Coleção Pré-Print (São Paulo: Educ, 1986); *Poluição do ar e doenças respiratórias em crianças da Grande São Paulo: um estudo de geografia médica*, tese de doutorado (São Paulo: Instituto de Geografia/USP, 1988).

[2] F. A. Barrett, *Medical Geography as a Foster Child*, Studies in Geography, nº 15 (Chapel Hill: University of North Carolina, 1980).

Por volta de 1850, Schnurrer assim definiu o objeto de estudo da geografia médica:

> primeiramente analisar doenças com as quais estamos familiarizados nas variedades encontradas nas diferentes regiões e nas diferentes raças humanas e, secundariamente, analisar as doenças peculiares a muitas regiões ou raças, a fim de adicioná-las à lista das doenças que existem e tornar possível a elaboração de leis de validade geral.[3]

Entretanto, na segunda metade do século XIX e início do século XX, o interesse pelos aspectos geográficos das patologias arrefeceu bastante, em virtude das importantes descobertas realizadas na área de controle das doenças: a identificação das bactérias como agente causador e a invenção da penicilina como agente curativo. Aumentou, na época, o interesse pelos agentes causadores, e foi deixado de lado o enfoque holístico, sobre todo o ser humano e seu ambiente.[4]

Na segunda metade do século XX, ressurgiu o interesse pela análise dos problemas de saúde pública numa abordagem ambiental e geográfica, à medida que se registravam o surgimento de novas patologias e o agravamento de outras, ligadas a modos de vida e a perturbações ambientais deles decorrentes. Verificou-se também um aumento da resistência dos patógenos e vetores.

Dentro das políticas de saúde buscavam-se perspectivas mais amplas para o enfrentamento das doenças, e as condições de saúde de uma população passaram a ser vistas como componentes importantes de sua qualidade de vida. Além disso, como a maior parte dos países do mundo atravessava, na década de 1970, uma crise financeira e de paradigmas do setor da saúde, as propostas de alterações nas suas políticas vinham enfatizando a atenção primária, o desenvolvimento

---

[3] Schnurrer, *apud* Barrett, *op. cit.*, p. 2.
[4] Cf. J. M. Hunter (org.), *The Geography of Human Health and Disease*, Studies in Geography, nº 6 (Chapel Hill: University of North Carolina, 1974).

comunitário e a medicina preventiva. Desenvolveu-se o conceito de promoção da saúde, apresentado como um novo paradigma na I Conferência Internacional de Promoção da Saúde, realizada em Ottawa, Canadá, em 1986. Nessa conferência foi assinada a Carta de Ottawa, que veio a influenciar políticas nacionais de saúde em todo o mundo.[5]

A geografia médica, por fornecer uma visão mais abrangente do que a sintomatologia, pode ter um papel importante, juntamente com outras ciências, na concepção e no desenvolvimento de políticas de saúde pública, tanto preventivas quanto corretivas.

Como afirmou Monteiro,

> É natural que as pesquisas de Geografia Médica sejam realizadas mais no campo da Medicina do que naquele da Geografia. Mas as interdisciplinares, tão raras entre nós, talvez fossem formas adequadas de ataque aos problemas. Mesmo que não envolvido na parte biológica e sanitária da questão, o geógrafo poderia prestar colaboração a esse tema em suas implicações climáticas.[6]

A contribuição da geografia não precisa se ater às condições climáticas. Considera-se, hoje, que o estudo do ambiente social, natural e construído, é tão importante quanto o estudo dos agentes das doenças. A doença é vista como uma interação entre o agente, o hospedeiro e o ambiente, de forma que os estudos e as ações visando a saúde da população devem também enfocar esses três elementos.

A definição de saúde constante do preâmbulo da Constituição da Organização Mundial da Saúde (OMS), em 1946, é: "saúde é o

---

[5] R. M. M. Motta, *A participação da população no estabelecimento e na gerência de políticas públicas saudáveis*, tese de doutorado (São Paulo: Faculdade de Saúde Pública/USP, 1999).

[6] C. A. F. Monteiro, *O clima e a organização do espaço no estado de São Paulo: problemas e perspectivas*, Série Teses e Monografias, nº 28 (São Paulo: Instituto de Geografia/USP, 1976), p. 39.

estado de completo bem-estar físico, mental e social, e não meramente a ausência de doenças".

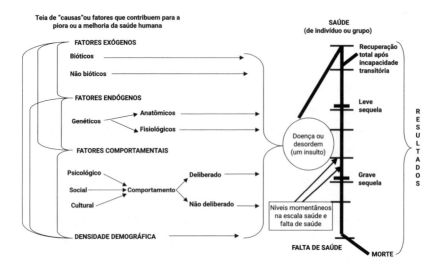

Figura 1.   Fatores que contribuem para a saúde.
Fonte: Audy, 1971.

Em que pese a concepção de saúde da OMS abranger as dimensões física, mental e social, várias argumentações vêm se contrapondo a ela, pois dificilmente um indivíduo conseguiria manter esse estado de completo bem-estar, nas três dimensões, em todas as etapas de sua vida. Alguns autores, como Dubos e Audy, veem a saúde como um processo contínuo de reação e adaptação. Para Dubos, "estados de saúde ou doença são a expressão do sucesso ou do fracasso experimentado pelo organismo no seu esforço de resposta adaptável aos desafios do meio ambiente".[7] Para Audy, "saúde é uma propriedade contínua, potencialmente mensurável,

---

[7] R. Dubos, *apud* J. R. Audy, "Measurement and Diagnosis of Health", em P. Shepard & D. McKinley, *Environ/Mental: Essays on the Planet as a Home* (Nova York: Houghton Mifflin, 1971), p. 142.

da habilidade de um indivíduo reagir a insultos químicos, físicos, infecciosos, psicológicos ou sociais".[8]

Encontra-se nessas definições uma maior presença de fatores responsáveis por condições de saúde ou de ausência de saúde, que se prestam maravilhosamente a uma análise geográfica. A figura 1, retirada de trabalho de Audy e traduzida por esta autora, mostra a teia de causas responsáveis pela produção da saúde e pelo processo de adoecimento. Nela verifica-se o relevante papel dos fatores exógenos, tanto bióticos quanto não bióticos, na promoção da saúde e da doença e sua intrínseca inter-relação com os outros fatores: endógenos, comportamentais e demográficos.

No volume 1 de sua obra *Les fondements de la géographie humaine*, publicada na França em 1951, Max Sorre discutiu a importância do estudo dos complexos patogênicos e dedicou o capítulo 3 à geografia médica. Sorre situava a geografia médica como parte da geografia humana, uma vez que:

> Toda geografia comporta um duplo ponto de vista. Primeiro um ponto de vista geral: o geógrafo procura se inteirar da extensão de um fenômeno na superfície do globo. Em seguida um ponto de vista regional: cada região é caracterizada por uma associação de endemias e de epidemias em ligação com o restante dos caracteres geográficos, físicos, biológicos e humanos.[9]

Em suma, distribuição geográfica e ecologia das doenças seriam os objetos de estudo da geografia médica. Sorre enfatizava que a análise do ambiente deve levar em conta tanto o ambiente físico quanto o meio vivo, que compreende o estudo dos complexos patogênicos e seu funcionamento, bem como dados tirados do meio humano:

---

8 J. R. Audy, *op. cit.*, p. 142.
9 M. Sorre, *Les fondements de la géographie humaine*, tomo 1 (Paris: Armand Colin, 1951), p. 363.

vestimenta, alimentação, ocupação e grau de desenvolvimento de grupos humanos, forma de povoamento, grau de concentração urbana ou de dispersão rural, grau de estabilidade do povoamento, comunicação e transporte, relações com o resto do mundo.

Posteriormente, um médico e geógrafo norte-americano, Jacques May, graças à sua longa experiência no Sudeste asiático, veio a despertar o interesse de geógrafos por temas médicos nos Estados Unidos. May não somente se preocupava com as influências culturais e ambientais na distribuição das principais doenças infecciosas como também com a geografia da nutrição.[10] Outro importante aspecto enfocado por May era a influência das transformações ambientais em mudar o mapa das doenças.[11] Esse tema vai servir de base a vários estudos posteriores de geógrafos-médicos.

No Brasil, anteriormente aos trabalhos de May, o médico-geógrafo Josué de Castro, com sua obra *Geografia da fome*, publicada pela primeira vez em 1946, estava fazendo geografia médica, uma vez que, correlacionando carências alimentares com doenças delas decorrentes, acabava por mapear várias enfermidades causadas pela desnutrição no Brasil e por tratar dos diferentes fatores biológicos, econômicos e sociais envolvidos nessa distribuição espacial. Segundo Castro, o método geográfico é o "único que permite estudar o problema em sua realidade total, sem arrebentar-lhe as raízes que o ligam subterraneamente a inúmeras outras manifestações econômicas e sociais da vida dos povos".[12]

Também a criação do Instituto de Medicina Tropical de São Paulo, em 1959, teve como um dos principais objetivos o incentivo

---

[10] J. M. May, "The Geography of Nutrition", em J. M. Hunter (ed.). *The Geography of Health and Disease: papers of the first Carolina Geographical Symposium*, Chapel Hill: University of North Carolina, 1974, pp. 32-45.

[11] J. M. May, "Influence of Environmental Transformation in Changing the Map of Disease", em M. T. Farvar & J. P. Milton (orgs.), *The Careless Technology* (Nova York: Natural History Press, 1972).

[12] J. Castro, *Geografia da fome* (10ª ed. Rio de Janeiro: Antares, 1982), p. 2.

a pesquisas sobre geografia médica.[13] Os seus fins geopolíticos foram mencionados na sua inauguração, quando Pupo Neto afirmou que a geografia médica serviria para permitir que os brasileiros fossem às mais longínquas terras, implantando o vínculo do *uti possidetis*.[14]

No entanto, a geografia médica brasileira, em seus primórdios, se concentrou principalmente em estudos de doenças típicas dos trópicos, procurando determinar sua área de ocorrência através da análise de condições ecológicas favoráveis ao desenvolvimento de patógenos e vetores. É ilustrativa a citação de Lacaz, em seu livro *Introdução à geografia médica do Brasil*:

> É no domínio da patologia infecciosa e parasitária que a Geografia Médica apresenta grande interesse e importância, principalmente no estudo das chamadas doenças metaxênicas, isto é, aquelas que possuem um reservatório na natureza e um vetor biológico no qual se passa uma das fases do ciclo evolutivo do agente.[15]

Nessa mesma obra pioneira, Lacaz destaca a importância da geografia:

> A Geografia Médica resulta da interligação dos conhecimentos geográficos e médicos, mostrando a importância do meio geográfico no aparecimento e distribuição de uma determinada doença, visando também fornecer bases seguras para os programas de saúde.[16]

---

13 C. S. Lacaz *et al.*, *Introdução à geografia médica do Brasil* (São Paulo: Edgard Blucher, 1972), p. 20.
14 *Ibidem*.
15 *Ibidem*, p. 5.
16 *Ibidem*, p. 1.

No âmbito internacional, mais recentemente, Meade, Florin e Gesler[17] identificaram as seguintes áreas de pesquisa da geografia médica:

1. A indagação das causas da distribuição espacial de um fenômeno. Há uma enorme variação na incidência e na prevalência das mais diferentes doenças e padrões de saúde sobre a superfície terrestre, nas mais variadas escalas, tanto em nível mundial quanto em nível meso e microrregional. Há também enorme variedade no acesso a serviços médicos e hospitalares e a medicamentos. Segundo esses autores, o primeiro passo na abordagem do fenômeno deve ser a descrição cuidadosa de sua distribuição espacial. Para tanto, a cartografia fornece o instrumental mais importante, e os mapas constituem a primeira ferramenta acurada de análise.

Corroborando essa ideia, afirma Forattini,

> O mapeamento representa o meio mais eficiente de demonstrar a distribuição espacial de um fenômeno. E isso com precisão que dificilmente poderá ser alcançada através da simples descrição. Em vista disso, constitui-se em valioso instrumento de pesquisa que propicia a análise e a formulação de hipótese [...] o uso de mapas permite o estabelecimento de possíveis associações com os vários determinantes, em face dos aspectos de distribuição do agravo e dos fenômenos que lhe são consequentes.[18]

Obviamente, a definição da escala de estudo e de mapeamento dos diferentes fenômenos é de importância crucial para que se detectem as variações espaciais mais significativas e as relações entre estas e as variáveis ecológicas, demográficas, sociais, culturais, etc.

---

17 F. Meade *et al.*, *Medical Geography* (Nova York: Guilford Press, 1988), p. 8.
18 O. P. Forattini, *Ecologia, epidemiologia e sociedade* (São Paulo: Artes Médicas/Edusp, 1992), p. 407.

2. A indagação da causa da existente distribuição espacial dos equipamentos e serviços de saúde. Ou seja, por que os consultórios médicos, as clínicas, os hospitais, os centros de diagnóstico e as diferentes terapias especializadas estão localizados em determinadas áreas e não em outras. Ou, então, se a localização dos serviços é a mais eficiente para o atendimento dos usuários ou poderia ser otimizada. Esse gênero de pesquisa foi primeiramente desenvolvido nos Estados Unidos, mas cada vez mais tem sido adotado em outros países, para dar subsídios a uma racionalização dos gastos com equipamentos de saúde. Por outro lado, permite avaliar as carências regionais de equipamentos e serviços médico-hospitalares, bem como a adequação ou não dos serviços existentes às principais enfermidades de uma dada região.
3. A indagação de por que as pessoas se deslocam para certos locais e não para outros, e que distância estão dispostas a viajar para ser atendidas em serviços de saúde.

O estudo geográfico dos processos migratórios é extremamente importante, pois a mobilidade humana também interfere na transmissão e difusão das doenças infectocontagiosas e na exposição de indivíduos a endemias regionais. Segundo Mott *et al.*, podem ocorrer as seguintes situações:[19]

a) Pessoas infectadas entrarem em áreas não endêmicas e onde não existe o vetor. Neste caso elas só vão necessitar de tratamento.

b) Pessoas infectadas entrarem em áreas não endêmicas onde existe o vetor. Neste caso, além do tratamento, é necessário estabelecer a vigilância dos migrantes e dos vetores para evitar o início da transmissão da doença.

---

[19] K. E. Mott *et al.* "Parasitic Diseases and Urban Development", em *Bulletin of the World Health Organization*, 68 (6), Genebra, WHO, 1990.

c) Pessoas infectadas entrarem em áreas onde a doença já é endêmica. Os migrantes infectados contribuem para a difusão e o agravamento da enfermidade na região.
d) Pessoas não infectadas entrarem em áreas endêmicas, estando sujeitas a consequências clínicas e epidemiológicas mais severas que os habitantes locais.
e) Urbanização e domesticação de focos de zoonoses silvestres. A inclusão do homem em ciclos selvagens de doenças pode desencadear epidemias graves.
f) Vetores entrarem em áreas não endêmicas através de pessoas infectadas ou favorecidos por alterações ambientais no local.

4. A indagação de como e por que a tecnologia médica – como mudanças na forma de diagnosticar, nos procedimentos, na nomenclatura, nos conceitos de causalidade, etc. – segue um certo padrão de difusão.
5. A indagação de como as pessoas, ou grupos humanos, variam em sua percepção do meio ambiente e dos fatores causadores das doenças. A sua percepção do que causa uma doença vai se refletir em seu comportamento preventivo ou curativo. É também importante sua percepção da eficácia dos diferentes serviços médicos, sua percepção dos riscos à saúde e, finalmente, seus diferentes comportamentos em face de semelhantes agravos à saúde.
6. A indagação de como os objetos, as ideias, os processos e os seres humanos interagem para constituir uma região, que pode ser sadia ou não. Segundo Meade, Florin e Gesler, têm havido poucas tentativas para o entendimento de como o estado sanitário de uma certa população, num certo local, resulta da interação de seu povo, seu ambiente, sua cultura, e de como isso pode se alterar no futuro.

Como se depreende do exposto, as possibilidades de estudos de geografia médica e as contribuições que ela pode dar à saúde pública são bastante amplas e expressivas. Resta aos geógrafos se interessarem e se dedicarem mais ao tema e a pesquisas na área.

Referências

Audy, J. R. "Measurement and Diagnosis of Health", em Shepard, P. & McKinley, D. *Environ/Mental: Essays on the Planet as a Home*. Nova York: Houghton Mifflin, 1971.

Barrett, F. A. *Medical Geography as a Foster Child*. Studies in Geography, nº 15. Chapel Hill: University of North Carolina, 1980.

Castro, J. *Geografia da fome*. 10ª ed. Rio de Janeiro: Antares, 1982.

Dubos, R. *Man Adapting*. New Haven: Yale University Press, 1961.

Forattini, O. P. *Ecologia, epidemiologia e sociedade*. São Paulo: Artes Médicas/ Edusp, 1992.

Hunter, J. M. (org.). *The Geography of Human Health and Disease*. Studies in Geography, nº 6. Chapel Hill: University of North Carolina, 1974.

Lacaz, C. S. *et al*. *Introdução à geografia médica do Brasil*. São Paulo: Edgard Blucher, 1972.

Meade, F. *et al*. *Medical Geography*. Nova York: Guilford Press, 1988.

Monteiro, C. A. F. *O clima e a organização do espaço no estado de São Paulo: problemas e perspectivas*. Série Teses e Monografias, nº 28. São Paulo: Instituto de Geografia/USP, 1976.

Mott, K. E. *et al*. "Parasitic Diseases and Urban Development", em *Bulletin of the World Health Organization*, 68 (6), Genebra, WHO, 1990, pp. 691-698.

Motta, R. M. M. *A participação da população no estabelecimento e na gerência de políticas públicas saudáveis*, tese de doutorado. São Paulo: Faculdade de Saúde Pública/USP, 1999.

Ribeiro Sobral, H. *A crise ambiental e o ressurgimento da geografia médica*. Coleção Pré-Print. São Paulo: Educ, 1986.

_____. *Poluição do ar e doenças respiratórias em crianças da Grande São Paulo: um estudo de geografia médica*, tese de doutorado. São Paulo: Instituto de Geografia/USP, 1988.

Casos notificados de aids no estado de São Paulo – a geração vulnerável: nascidos entre 1955 e 1971

SAMUEL KILSZTAJN
MARCELO BOZZINI DA CAMARA

Introdução

O número absoluto de óbitos por aids tem declinado tanto para o segmento masculino como para o segmento feminino da capital e do interior do estado de São Paulo. As análises dos casos notificados de aids são normalmente apresentadas por categorias de transmissão, perfil socioeconômico e faixa etária da população no ano de diagnóstico. O presente estudo introduz a análise da evolução do número de casos notificados de aids por categoria de transmissão no ano de infecção pelo HIV, e analisa os dados por geração, isto é, de acordo com o ano de nascimento das pessoas notificadas com aids.

Os casos de aids são de notificação compulsória. Pessoas infectadas pelo vírus (HIV), sem manifestação da doença (aids), não são compulsoriamente notificadas. De forma geral, pessoas contaminadas pelo HIV, sem tratamento direto contra o vírus, manifestam sintomas de aids após um período assintomático médio de oito anos da infecção; o período médio de sobrevida com aids é de aproximadamente dois anos.[1] Nem todas as pessoas que entram em contato com o vírus são contaminadas pelo HIV. Pessoas contaminadas (HIV positivas), por sua vez, podem transmitir o vírus, mas, a princípio, podem não manifestar sintomas da doença ao longo da vida.

Como marco da disseminação da aids no estado de São Paulo, para a análise dos casos notificados por categoria de transmissão e geração, escolhemos o ano de 1985, que assistiu à quadruplicação do número de casos notificados de aids no estado, de 76 em 1984 para 328 em 1985.[2] Os óbitos por aids, 53 casos em 1984, atingiram 173 pessoas em 1985.[3]

Ordens de fatores devem estar contribuindo hoje para o declínio do número absoluto de óbitos por aids em São Paulo, estado que concentra aproximadamente metade do número de casos notificados e óbitos por aids do país.

Em primeiro lugar, deve-se considerar que o número de óbitos por aids tem declinado como reflexo das medidas profiláticas e terapêuticas que têm elevado o período de sobrevida dos pacientes com aids.

Em segundo lugar, deve-se levar em conta que a taxa de crescimento do número de óbitos por aids começou a declinar nos anos 1980, refletindo o declínio da taxa de crescimento do número de infecções nos anos 1970 (considerando-se a média de oito anos assintomáticos e dois anos de sobrevida), período em que o HIV não era sequer conhecido.

Em terceiro lugar, o número absoluto de casos diagnosticados de aids de homens que fazem sexo com homens começou a declinar

---

1 J. G. Bartlett, *Medical Care of Patients with HIV Infection* (Filadélfia: LWW, 2000).
2 Brasil, Ministério da Saúde, *Banco de dados: aids* (Brasília: Ministério da Saúde, 2000a), http://www.aids.gov.br.
3 Centro de Referência e Treinamento DST/Aids-SP, *Boletim epidemiológico*, 18 (1), São Paulo, CRT DST/Aids-SP, 2000.

em 1993, e o número absoluto de casos diagnosticados de aids de usuários de drogas injetáveis (UDI) começou a declinar em 1994, refletindo a queda do número de contaminações já em 1985-1986, por ocasião da maior divulgação da doença e das medidas preventivas contra a infecção.

Por fim, a geração que nasceu a partir de 1972 (que tinha 13 anos e não era sexualmente ativa em 1985) não havia sido contaminada e formou-se num meio social em que a aids já tinha sido incorporada à cultura local, e pôde, portanto, alterar desde cedo o padrão de comportamento que caracterizou a geração nascida entre 1955 e 1971. A geração vulnerável, examinada neste trabalho, corresponde aos nascidos entre 1955 e 1971, que tinham de 14 a 30 anos de idade no período da disseminação da aids (1985) e hoje ingressam na casa dos 40.

Casos notificados e óbitos por aids no estado de São Paulo (1980-1998)

O Setor de Vigilância Epidemiológica do Centro de Referência e Treinamento – Doenças Sexualmente Transmissíveis/Aids da Secretaria de Saúde do Estado de São Paulo (CRT DST/Aids-SP) recebe e analisa os dados provenientes das notificações de casos diagnosticados e óbitos por aids no estado de São Paulo. Os dados da série histórica a partir de 1980 são continuamente revisados para corrigir subnotificações. Nossa análise restringe-se ao período 1980-1998 porque os anos mais recentes padecem de retardo na notificação.[4]

---

[4] Para uma análise dos métodos de correção do atraso da notificação, ver M. T. S. Barbosa & C. J. Struchiner, "Estimativas do número de casos de aids: comparação de métodos que corrigem o atraso da notificação", em Brasil, Ministério da Saúde, *A epidemia da aids no Brasil: situação e tendências* (Brasília: Ministério da Saúde, 1997), pp. 15-26.

A Fundação Sistema Estadual de Análise de Dados (Seade), por sua vez, apresenta o número de óbitos registrados nos cartórios de registro civil dos municípios paulistas. A série histórica da Seade para óbitos por aids tem início em 1988 e não sofre atualização.

A tabela 1 apresenta o número de óbitos por aids da população residente no estado de São Paulo segundo as duas fontes primárias citadas. O número de óbitos atualizado do CRT DST/Aids-SP é superior ao número de óbitos registrado pela Seade entre 1988 e 1990. A partir de 1991, os números do CRT DST/Aids-SP são inferiores aos números da Seade (ver terceira coluna da tabela 1). Para a análise da evolução (taxa de crescimento) do número de óbitos por aids no período 1980-1998, combinamos as estimativas do CRT DST/Aids-SP para 1980-1990 com as estimativas da Seade para 1991-1998 (a tabela 1 destaca, em negrito, os pontos máximos de óbitos no ano de ocorrência).

De acordo com as estimativas combinadas do CRT DST/Aids-SP e da Seade, o número de óbitos por aids atingiu 56 mil residentes no estado entre 1980 e 1998. A evolução do número de óbitos por aids, como salientamos na introdução deste trabalho, apresentou taxa de crescimento em queda nos anos 1980, refletindo o declínio da taxa de crescimento do número de infecções nos anos 1970, período em que o HIV não era sequer conhecido (ver penúltima coluna da tabela 1).

O ano de 1995, segundo a tabela 1, corresponde ao ponto máximo do número de óbitos por aids no estado de São Paulo. A partir de 1996, decresce o número absoluto de óbitos tanto para o segmento masculino como para o segmento feminino da população da capital e do interior do estado de São Paulo.[5]

---

[5] B. Waldvogel & L. C. C. Morais, "Mortalidade por aids em São Paulo: dezoito anos de história", em *Anais do XI Encontro Nacional de Estudos Populacionais*, Caxambu, Abep, 1998, pp. 2131-2145. Mais precisamente: 1995 para homens na capital, 1996 para homens no interior e mulheres na capital e 1997 para mulheres no interior do estado de São Paulo.

Tabela 1. Óbitos por aids por ano de ocorrência, estado de São Paulo

Ano de ocorrência	Óbitos no ano CRT (a)	Óbitos no ano Seade (b)	Óbitos no ano (a/b)	CRT (80-90) e Seade (91-98) No ano	CRT (80-90) e Seade (91-98) Evolução	CRT (80-90) e Seade (91-98) Acumulado
1980	0	-	-	0	-	0
1981	1	-	-	1	-	1
1982	2	-	-	2	2,00	3
1983	16	-	-	16	8,00	19
1984	50	-	-	50	3,13	69
1985	173	-	-	173	3,46	242
1986	296	-	-	296	1,71	538
1987	698	-	-	698	2,36	1.236
1988	1.377	1.071	1,29	1.377	1,97	2.613
1989	2.172	1.661	1,31	2.172	1,58	4.785
1990	3.152	3.098	1,02	3.152	1,45	7.937
1991	4.052	4.218	0,96	4.218	1,34	12.155
1992	4.717	5.021	0,94	5.021	1,19	17.176
1993	5.601	6.433	0,87	6.433	1,28	23.609
1994	6.184	7.091	0,87	7.091	1,10	30.700
1995	**7.526**	**7.739**	0,97	**7.739**	1,09	38.439
1996	6.684	7.269	0,92	7.269	0,94	45.708
1997	4.013	5.536	0,72	5.536	0,76	51.244
1998	4.060	4.591	0,88	4.591	0,83	55.835
Total	50.774	53.728	-	55.835	-	-

Fonte: elaborado a partir de Seade, 2000; CRT DST/Aids-SP, 2000 (atualizado em 31-3-2000).

Além do número de óbitos por ano de ocorrência, o CRT DST/Aids-SP apresenta dados relativos ao número de casos notificados e óbitos por ano de diagnóstico de aids. Nesse caso, os óbitos são remetidos ao ano de diagnóstico dos casos notificados, isto é, não correspondem ao ano de ocorrência da morte. Entre 1980 e 1998 foram diagnosticados 84,4 mil casos de aids com 51,3 mil óbitos (ver tabela 2).

Tabela 2. Casos notificados e óbitos por aids por ano de diagnóstico, estado de São Paulo

Ano de diagnóstico	Casos (a)	Óbitos (b)	(a − b)	(b/a)* (%)	Evolução Casos	Evolução Óbitos
1980	1	1	0	100,0	-	-
1981	0	0	0	-	-	-
1982	8	8	0	100,0	-	-
1983	24	24	0	100,0	3,00	3,00
1984	76	53	23	69,7	3,17	2,21
1985	328	262	66	79,9	4,32	4,94
1986	598	448	150	74,9	1,82	1,71
1987	1.493	1.183	310	79,2	2,50	2,64
1988	2.495	2.034	461	81,5	1,67	1,72
1989	3.425	2.752	673	80,4	1,37	1,35
1990	4.970	3.893	1.077	78,3	1,45	1,41
1991	6.503	4.991	1.512	76,7	1,31	1,28
1992	8.081	5.844	2.237	72,3	1,24	1,17
1993	8.658	6.095	2.563	70,4	1,07	1,04
1994	8.943	6.037	2.906	67,5	1,03	0,99
1995	9.686	6.034	3.652	62,3	1,08	1,00
1996	10.505	5.166	5.339	49,2	1,08	0,86
1997	9.760	3.579	6.181	36,7	0,93	0,69
1998	8.866	2.897	5.969	32,7	0,91	0,81
Total	84.420	51.301	33.119	60,8	-	-

Fonte: elaborado a partir de Brasil, 2000a.
* Taxa de letalidade.

O número de óbitos em relação ao número de casos notificados de aids por ano de diagnóstico corresponde à taxa de letalidade por aids. Para o total dos casos diagnosticados entre 1980 e 1998, essa taxa registra 60,8%. A taxa de letalidade para um mesmo ano de diagnóstico tende a elevar-se no tempo com a contínua ocorrência de óbitos após a data de notificação. A diferença entre o número de casos notificados e o número de óbitos segundo o ano de diagnóstico refere-se a casos notificados sem registro de óbito. De acordo com a tabela 2, permanecem vivos ou sem registro de óbito 33,1 mil casos diagnosticados entre 1980 e 1998.

O número máximo de óbitos por ano de diagnóstico foi atingido em 1993, dois anos, portanto, antes do número máximo de óbitos por ano de ocorrência (1995 – ver tabela 1). A defasagem de dois anos entre o número máximo de óbitos por ano de diagnóstico e o número máximo de óbitos por ano de ocorrência reflete o período médio de aproximadamente dois anos de sobrevida estimado para os pacientes com aids.[6]

Embora o número máximo de óbitos por ano de diagnóstico tenha sido atingido em 1993, o número absoluto de casos diagnosticados de aids continuou subindo até 1996. É importante considerar que os casos notificados apresentam superestimação da evolução dos casos diagnosticados devido a mudanças nos critérios de notificação da aids ao longo do período 1980-1998. Os critérios de notificação têm sofrido várias revisões que têm aumentado a abrangência e consequentemente o número de casos notificados: do "CDC-Modificado" ao "CD4" de 1º de janeiro de 1998, passando pelos "Rio/Caracas" de 1992, "Excepcional-CDC", "Excepcional-Óbito" e "Excepcional-ARC+Óbito" de 1995.[7]

O gráfico 1 apresenta o número de casos notificados por critério de notificação para pessoas com 13 e mais anos de idade. Os critérios CDC-Modificado, Rio/Caracas e CD4 não são excludentes, isto é, um mesmo caso pode ser notificado em mais de um dos

---

[6] Para o período médio de sobrevida, ver D. O. Sawyer *et al.*, "Aspectos demográficos da epidemia de aids no Brasil", em Brasil, Ministério da Saúde, *A epidemia da aids no Brasil: situação e tendências* (Brasília: Ministério da Saúde, 1997), pp. 55-63; J. C. Moraes *et al.*, "São Paulo", em Brasil, Ministério da Saúde, *A epidemia da aids no Brasil: situação e tendências* (Brasília: Ministério da Saúde, 1997), pp. 145-192.

[7] Brasil, Ministério da Saúde, *Revisão da definição nacional de casos de aids em indivíduos com 13 anos ou mais, para fins de vigilância epidemiológica* (Brasília: Ministério da Saúde, 1998). Além disso, o número de subnotificações decresceu com a divulgação da distribuição gratuita do AZT em 1991. Ver C. Bastos *et al.*, "Introdução", em R. Parker *et al.* (orgs.), *A aids no Brasil* (Rio de Janeiro: Abia, 1994), p. 22.

três critérios. De acordo com os critérios CDC-Modificado e Rio/Caracas, o número de casos diagnosticados permaneceu relativamente estável entre 1993 e 1996 e apresentou queda entre 1996 e 1998, de 36% (CDC-Modificado) e 39% (Rio/Caracas).

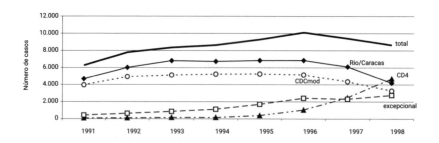

Gráfico 1. Casos notificados de aids por ano de diagnóstico e critério de notificação (13 anos e mais), estado de São Paulo.
Fonte: elaborado a partir de Brasil, 2000b (atualizado em 2-9-2000).

O crescimento do total de casos diagnosticados entre 1993 e 1996 deve-se à atualização das notificações pela incorporação dos casos excepcionais relativos a óbitos a partir dos registros da Seade.[8] Entre 1996 e 1998, o decréscimo registrado de 14% no total de casos diagnosticados encontra-se subestimado pela introdução do critério CD4 (menor que 350 mm^3), que é significativamente mais abrangente do que os critérios CDC-Modificado e Rio/Caracas.[9]

O critério CD4 começou a ser utilizado a partir de 1998, mas, devido ao retardo nas notificações, teve efeito relevante a partir de 1996 (os casos notificados pelo critério CD4 cresceram de 391 em 1995 para 4.715 em 1998). A inclusão do CD4 na série histórica

---

[8] A atualização (realizada para óbitos em 1995, 1996 e 1998) encontra-se ainda em fase de andamento. Conforme a tabela 1, a diferença entre os óbitos por ano de ocorrência da Seade em relação ao CRT DST/Aids-SP é 166 em 1991, 304 em 1992, 832 em 1993, 907 em 1994, 213 em 1995, 585 em 1996, 1.523 em 1997 e 531 em 1998. Esses óbitos, caso não correspondam a casos notificados sem registro de óbito, deverão ser notificados como casos e óbitos com ano de diagnóstico igual ao ano de ocorrência do óbito.

[9] Internacionalmente, utiliza-se o CD4 < 200 mm^3 para efeito de notificação de aids. Sem tratamento, a evolução do CD4 de 350 mm^3 para 200 mm^3 leva em média de dois a três anos (ver J. G. Bartlett, *op. cit.*).

prejudica a análise da evolução dos casos notificados pois confunde evolução de casos de aids com abrangência de critérios. O mesmo fenômeno ocorreu quando, em 1992, foi introduzido o critério Rio/Caracas, que é mais abrangente que o critério CDC-Modificado.

Evolução dos casos notificados de aids por categoria de transmissão

As categorias de transmissão são apenas uma aproximação para identificar o comportamento e a vulnerabilidade de determinados grupos em determinado tempo e espaço. A transmissão do HIV, depois da disseminação da aids, está associada mais a comportamentos de risco (sexo desprotegido, compartilhamento de seringas, etc.) que a grupos de risco. A prática de sexo seguro independe de preferências sexuais, e a utilização de seringas descartáveis (não compartilhadas) protege igualmente os usuários de drogas injetáveis. Nesse sentido, o conceito de vulnerabilidade não está associado a grupos de risco, mas sim ao comportamento das pessoas de cada um dos "grupos" (e subgrupos socioeconômicos, culturais, etc.) num determinado tempo e espaço.[10]

A tabela 3 apresenta o total de casos notificados de aids por categoria de transmissão e ano de diagnóstico.[11] Para deslocar a análise do período do diagnóstico da aids para o período de infecção pelo HIV, consideramos que os portadores de HIV manifestam sintomas de aids após aproximadamente oito anos da infecção.[12] Para auxiliar a análise da tabela 3, além dos pontos máximos em negrito, destacamos o ano de 1993, que corresponde a 1985 como ano de

---

10 J. Mann *et al.* (orgs.), *A aids no mundo* (Rio de Janeiro: Abia, 1993), capítulo 11.
11 A análise da evolução dos casos de aids por categoria de transmissão utiliza o total de casos notificados para o conjunto dos critérios de notificação.
12 O período assintomático médio de oito anos (cf. J. G. Bartlett, *op. cit.*) pode ser utilizado para o Brasil na série 1980-1998, em que predominam os critérios CDC-Modificado e Rio/Caracas.

infecção que estamos utilizando como marco de referência para a disseminação e maior divulgação da aids no estado de São Paulo.

Apesar do número total de casos notificados de aids por ano de diagnóstico ter crescido até 1996, o número absoluto de casos por transmissão sexual entre homens que fazem sexo com homens começou a declinar a partir de 1993, que corresponde a 1985 como ano de infecção. Os homossexuais e os bissexuais do sexo masculino constituíam, no início da manifestação da aids, a categoria com maior número de casos diagnosticados e óbitos. Nesse sentido, a reversão do número de casos diagnosticados de aids entre homens que fazem sexo com homens em 1993 parece refletir a utilização de medidas preventivas por parte dessa categoria já por ocasião da maior divulgação da doença em 1985.[13]

Depois dos homo/bissexuais, os usuários de drogas injetáveis (UDI) constituíram a segunda categoria com maior incidência de transmissão. Com acentuado crescimento diagnosticado durante os anos 1980, o número de casos notificados por ano de diagnóstico de usuários de drogas injetáveis começou a declinar a partir de 1994, que corresponde a 1986 como ano de infecção.[14]

---

[13] Para um estudo do comportamento da população homossexual e bissexual no Brasil, ver R. Parker, "Sexo entre homens: consciência da aids e comportamento sexual entre homens homossexuais e bissexuais no Brasil", em R. Parker *et al.* (orgs.), *A aids no Brasil* (Rio de Janeiro: Abia, 1994).

[14] A prática dos usuários de drogas injetáveis é objeto de estudo de O. F. R. L. Fernandez, "A prática de injeções de drogas, o uso comunitário de seringas e a redução dos riscos ao HIV", em R. Parker *et al.* (orgs.), *A aids no Brasil* (Rio de Janeiro: Abia, 1994).

Tabela 3. Casos notificados de aids por categoria de transmissão, estado de São Paulo

Ano diagn.	Ano infec.	Homo + bi	UDI	Hétero Homem	Hétero Mulher	Outros* Homem	Outros* Mulher	Total Homem	Total Mulher**	Total
1980	1972	1	0	0	0	0	0	1	0	1
1981	1973	0	0	0	0	0	0	0	0	0
1982	1974	7	0	1	0	0	0	8	0	8
1983	1975	18	2	1	1	2	0	22	2	24
1984	1976	62	1	2	0	8	3	73	3	76
1985	1977	261	9	6	4	42	6	318	10	328
1986	1978	443	39	15	10	79	12	569	29	598
1987	1979	847	261	66	40	230	49	1.336	157	1.493
1988	1980	1.180	597	131	73	375	139	2.138	357	2.495
1989	1981	1.437	965	234	151	476	162	2.917	508	3.425
1990	1982	1.767	1.688	285	257	770	203	4.201	769	4.970
1991	1983	2.042	2.280	520	406	903	352	5.346	1.157	6.503
1992	1984	**2.274**	2.714	732	690	1.231	440	6.427	1.654	8.081
1993	1985	1.998	**2.783**	937	858	1.498	584	6.731	1.927	8.658
1994	1986	1.905	2.537	1.047	984	1.783	687	6.844	2.099	8.943
1995	1987	1.842	2.454	1.135	1.206	2.134	915	7.165	2.521	9.686
1996	1988	1.813	2.480	1.356	1.527	**2.317**	**1.012**	**7.500**	3.005	**10.505**
1997	1989	1.839	2.219	1.358	1.713	1.689	942	6.694	**3.066**	9.760
1998	1990	1.702	1.587	**1.451**	**1.878**	1.453	795	5.871	2.995	8.866
Total		21.438	22.616	9.277	9.798	14.990	6.301	64.161	20.259	84.420

Fonte: elaborado a partir de Brasil, 2000a (atualizado em 3-6-2000).
* Total de 21.291 casos: 373 hemofílicos, 637 transfusão de sangue, 2.333 perinatal e 17.948 categoria ignorada.
** Inclui mulheres UDI.

A disseminação da aids atingiu os heterossexuais com relativo atraso e retardou significativamente as medidas preventivas contra a transmissão do HIV por parte dessa categoria. De acordo com a tabela 4, entre 1980 e 1990, os homo/bissexuais e os UDI representavam 88,2% do total de casos diagnosticados de aids.[15] A defasagem da disseminação da aids e o retardo das medidas preventivas de homens e mulheres heterossexuais parecem explicar o crescimento do número absoluto de casos diagnosticados de aids de heterossexuais pelo menos até 1998, que corresponde a 1990 como ano de infecção.

Enquanto atingia essencialmente homo/bissexuais masculinos e UDI, a aids era uma doença quase que exclusivamente masculina. O crescimento de casos notificados por transmissão heterossexual, nesse sentido, foi acompanhado pelo crescimento de casos notificados de mulheres, fenômeno que é normalmente denominado feminilização da doença. Há que se considerar ainda que, por categoria, além de parceiras de homens heterossexuais, as mulheres heterossexuais são parceiras de usuários de drogas injetáveis e bissexuais masculinos.

O decréscimo do número absoluto de infecções por categoria guarda relação com o período de disseminação dos casos e óbitos por aids em cada uma das categorias de transmissão. Assim, os homo/bissexuais, que constituíram a primeira categoria atingida, viram decrescer seu número de infecções a partir de 1985, os usuários de drogas injetáveis viram decrescer seu número de infecções a partir de 1986, e os homens e mulheres heterossexuais podem ter diminuído o número absoluto de infecções nos anos 1990. Os atuais casos notificados de aids entre homens e mulheres heterossexuais por ano de diagnóstico ainda estão crescendo em decorrência da contaminação no final dos anos 1980 e, como esperamos, devem apresentar queda em futuro próximo.

---

15 Para o cálculo desse percentual foram excluídos os casos ignorados, hemofílicos, transfusão de sangue e perinatal.

Tabela 4. Participação dos casos notificados de aids por principais categorias de transmissão, estado de São Paulo

Ano de diagnóstico	Ano de infecção	Homo + bi + UDI	Hétero Homem	Hétero Mulher	Total*
1980-90	1972-82	88,2	6,8	4,9	100,0
1991	1983	82,4	9,9	7,7	100,0
1992	1984	77,8	11,4	10,8	100,0
1993	1985	72,7	14,2	13,0	100,0
1994	1986	68,6	16,2	15,2	100,0
1995	1987	64,7	17,1	18,2	100,0
1996	1988	59,8	18,9	21,3	100,0
1997	1989	56,9	19,0	24,0	100,0
1998	1990	49,7	21,9	28,4	100,0

Fonte: Brasil, 2000a (atualizado em 3-6-2000).
* Total das três colunas.

Há que se considerar ainda que, embora a participação no total de casos diagnosticados de aids em 1998 seja maior entre homens e mulheres heterossexuais que entre usuários de drogas injetáveis e entre homo/bissexuais masculinos, os heterossexuais representam a maior parte da população do estado de São Paulo. O número absoluto de casos de homens e mulheres heterossexuais diagnosticados com aids em 1998 é superior ao número absoluto de casos de usuários de drogas injetáveis e de homo/bissexuais, mas, em proporção ao total da população de cada uma das categorias, a incidência (taxa, coeficiente) de casos de aids é maior para os usuários de drogas injetáveis e para os homo/bissexuais que para os heterossexuais. Isso porque os homo/bissexuais e os usuários de drogas injetáveis correspondem a grupos minoritários da população.

Além da tendência à heterossexualização da aids, a doença tem sofrido um processo de pauperização e interiorização. A maior parte dos estudos sobre a pauperização da aids tem como referência o nível de escolaridade[16] e as categorias ocupacionais dos casos notificados.[17] A crescente participação das classes de baixa renda no total de casos de aids, contudo, não significa necessariamente maior incidência de aids nessas classes, se ponderarmos os casos de aids por classe de renda pela população total de cada uma das classes.[18] Diversos estudos específicos analisam ainda a incidência de HIV/aids entre prostitutas, presidiários, portuários, caminhoneiros, etc.

Casos notificados de aids segundo o ano de nascimento

Para o estudo dos casos notificados de aids por ano de nascimento da população, partimos dos casos notificados de aids por faixa etária. A tabela 5 apresenta o número absoluto de casos notificados por faixa etária. O ponto máximo de casos notificados de aids por ano de diagnóstico foi atingido em 1991 para as faixas etárias de 13 a 19 anos, 1993 para a faixa etária de 20-24 anos, 1995 para a faixa de 25-29 anos e 1996 para as faixas com 30 e mais anos de idade.[19]

Deslocando o ano de diagnóstico para o ano de infecção, os pontos máximos de infecção seriam 1983 para as faixas etárias de 5 a 11 anos por ocasião da infecção, 1985 para a faixa etária de 12-16 anos, 1987 para a faixa de 17-21 anos e 1988 para as faixas com 22 e mais anos de idade.

---

16 E. A. Castilho & C. L. Szwarcwald, "Mais uma pedra no meio do caminho dos jovens brasileiros: a aids", em Comissão Nacional de População e Desenvolvimento, *Jovens acontecendo nas trilhas das políticas públicas* (Brasília: CNPD, 1998).

17 A. Grangeiro, "O perfil socioeconômico dos casos de aids da cidade de São Paulo", em R. Parker *et al.* (orgs.), *A aids no Brasil* (Rio de Janeiro: Abia, 1993).

18 Para a interiorização da aids entre 1992 e 1994, ver C. L. Szwarcwald *et al.*, "Aids: o mapa ecológico do Brasil, 1982-1994", em Brasil, Ministério da Saúde, *A epidemia de aids no Brasil: situação e tendências* (Brasília: Ministério da Saúde, 1997).

19 A participação relativa de cada uma das faixas etárias e os coeficientes de incidência dos casos notificados por 100 mil habitantes por ano de diagnóstico apresentam os mesmos resultados.

Tabela 5. Casos notificados de aids por faixa etária no ano de diagnóstico (1988-1998), estado de São Paulo

Ano diag.	Até 12	13-14	15-19	20-24	25-29	30-34	35-39	40 e +[*]	Total
1988	101	10	112	371	510	511	365	515	2.495
1989	123	8	152	498	756	705	508	675	3.425
1990	168	6	199	826	1.129	970	711	961	4.970
1991	213	**18**	**271**	1.005	1.432	1.412	897	1.255	6.503
1992	255	11	216	1.109	1.914	1.730	1.199	1.647	8.081
1993	275	13	193	**1.171**	2.085	1.934	1.251	1.736	8.658
1994	296	6	169	995	2.066	2.105	1.467	1.839	8.943
1995	361	7	141	925	**2.299**	2.149	1.615	2.189	9.686
1996	**387**	7	130	875	2.280	**2.600**	**1.846**	**2.380**	**10.505**
1997	343	7	118	827	2.064	2.403	1.698	2.300	9.760
1998	213	3	108	672	1.801	2.229	1.575	2.265	8.866

Fonte: elaborado a partir de Brasil, 2000a (atualizado em 3-6-2000).
[*] Inclui idade ignorada.

A análise dos casos notificados de aids por faixa etária segundo o ano de diagnóstico (ou infecção) revela o deslocamento contínuo da incidência de aids das faixas etárias inferiores para as faixas superiores. Numa tentativa de explicar o deslocamento da incidência dos casos notificados de aids das faixas etárias inferiores para as faixas superiores, desdobramos os casos notificados segundo o ano de nascimento das pessoas infectadas.

O gráfico 2 apresenta o total de casos diagnosticados entre 1980 e 1998 por ano de nascimento. A mediana dos casos corresponde a 1962, e a geração nascida entre 1955 e 1971 representa 66% do total de casos notificados. A análise do gráfico 2 sugere que a incidência de aids no estado de São Paulo está associada à geração que nasceu entre 1955 e 1971, que atingia 14 a 30 anos em 1985 e que, com o passar do tempo, migra para as faixas etárias superiores.

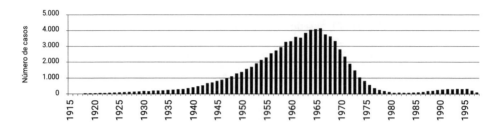

Gráfico 2. Casos diagnosticados de aids entre 1980 e 1998 por ano de nascimento, estado de São Paulo.

Fonte: elaborado a partir de Brasil, 2000a (atualizado em 3-6-2000).

Considerações finais

A pesquisa desenvolvida neste trabalho revela que a maior parte dos casos diagnosticados de aids concentra-se na geração que nasceu entre 1955 e 1971, que tinha 14 a 30 anos em 1985 quando a aids se disseminou no estado de São Paulo. A geração que nasceu entre 1945 e 1954 e viveu os anos dourados do pós-guerra é conhecida como a geração que ousou. Da juventude transviada aos hippies de Woodstock, passando pelos movimentos contra a Guerra do Vietnã e pelas barricadas de Maio de 1968, os rebeldes com ou sem causa acalentaram sonhos com o beneplácito dos semideuses Che Guevara e James Dean. Esses filhos de Marx e Coca-Cola, na expressão do cineasta Jean-Luc Godard, acabaram por abrir caminho para o mundo de sexo, drogas e rock 'n' roll que seria desfrutado pela geração seguinte, que nasceu entre 1955 e 1971.

Em 1985, ano que marcou a disseminação da aids no estado de São Paulo, a geração que nasceu entre 1955 e 1971 atingia de 14 a 30 anos de idade. Essa geração, que não confiava em ninguém com mais de 30 anos, viveu o chamado amor livre, com práticas heterossexuais e crescente permissividade homossexual. A utilização de narcóticos também popularizou-se nessa geração, em que "qualquer maneira de amor vale amar", como cantava Milton Nascimento, e que acompanhava a difusão da pílula e de outros métodos anticoncepcionais em substituição ao preservativo. Apesar da alteração da participação relativa por categoria de transmissão (elevação relativa de casos notificados entre homens e mulheres heterossexuais), vale lembrar que sexo (homo, bi ou heterossexual) e drogas configuram as causas quase que exclusivas de transmissão. Há que se considerar também que a cultura da geração "sexo, drogas e rock'n'roll", embora identificada como "cultura de classe média", atingiu a sociedade como um todo, inclusive as classes de baixa renda que sofrem o processo de pauperização da aids.

O estado de São Paulo tem apresentado queda tanto do número absoluto de óbitos por ano de ocorrência como do número absoluto de casos notificados e óbitos por ano de diagnóstico. Considerando-se a defasagem média de oito anos entre a infecção e a manifestação da aids, o atual retrocesso do número de casos diagnosticados de aids no estado reporta-se a uma redução do número de infecções que, para os homossexuais masculinos e UDI, ocorreu já a partir de 1985-1986, como reflexo das medidas tomadas por ocasião da disseminação e maior divulgação dos casos diagnosticados e óbitos por aids. Nesse sentido, as projeções catastróficas sobre a evolução da aids realizadas em meados dos anos 1980, embora não se tenham verificado, serviram para conter o avanço da contaminação e, muito provavelmente, contribuíram para que tais projeções não se confirmassem.

Os homo/bissexuais e os usuários de drogas injetáveis foram as primeiras categorias atingidas pela aids, as primeiras que adotaram medidas preventivas e as primeiras que tiveram redução do número absoluto de casos infectados (1985-1986) e diagnosticados (1993-1994). A manifestação tardia da aids entre homens e mulheres heterossexuais retardou as medidas de proteção dessa categoria.

O número de óbitos por aids apresenta-se hoje em queda absoluta tanto para a população masculina como para a população feminina do estado de São Paulo. O número absoluto de casos diagnosticados para heterossexuais também pode estar em via de redução. Como em 1998 estavam sendo diagnosticados casos de aids de pessoas contaminadas antes de 1990, pode-se esperar, e assim esperamos, que o número de casos diagnosticados de aids de homens e mulheres heterossexuais em São Paulo esteja entrando em processo de desaceleração. Do ponto de vista da saúde pública, entretanto, é importante considerar que a geração nascida entre 1955 e 1971 contaminou-se, adquiriu e provavelmente ainda conserva hábitos culturais que a caracterizam como uma geração vulnerável.

A geração nascida a partir de 1972 tinha 13 anos em 1985 e alcançava 26 anos em 1998. Segundo pesquisa realizada pelo Ministério da Saúde em 1998,[20] 66,4% dos jovens entre 16 e 25 anos eram sexualmente ativos nos últimos doze meses (88,5% dos adultos entre 26 e 40 anos eram sexualmente ativos). Entre a população sexualmente ativa nos últimos doze meses, o preservativo era utilizado por 44% dos jovens e apenas por 24% dos adultos de 26 a 40 anos. Excluindo-se as pessoas unidas sem relações eventuais, o uso de preservativos sobe para 60% entre os jovens e para 41% entre os adultos de 26 a 40 anos. As características dessa nova geração podem também estar contribuindo para a atual redução do número de casos diagnosticados e óbitos por aids no estado de São Paulo.

Referências

Barbosa, M. T. S. & Struchiner, C. J. "Estimativas do número de casos de aids: comparação de métodos que corrigem o atraso da notificação", em Brasil,

---

[20] Brasil, Ministério da Saúde, *Comportamento sexual da população brasileira e percepções do HIV/aids* (Brasília: Ministério da Saúde, 2000), http://www.aids.gov.br.

Ministério da Saúde, *A epidemia da aids no Brasil: situação e tendências*. Brasília: Ministério da Saúde, 1997, pp. 15-26.

Bartlett, J. G. *Medical Care of Patients with HIV Infection*. Filadélfia: LWW, 2000.

Bastos, C. et al. "Introdução", em Parker, R. *et al.* (orgs.). *A aids no Brasil*. Rio de Janeiro: Abia, 1994.

Brasil. Ministério da Saúde. *Revisão da definição nacional de casos de aids em indivíduos com 13 anos ou mais, para fins de vigilância epidemiológica*. Brasília: Ministério da Saúde, 1998.

_____. *Banco de dados: aids*. Brasília: Ministério da Saúde, 2000a, http://www.aids.gov.br.

_____. *Banco de dados: aids*. Brasília: Ministério da Saúde, 2000b. Informações disponibilizadas pelo CRT DST/Aids-SP via e-mail em 17-11-2000.

_____. *Comportamento sexual da população brasileira e percepções do HIV/aids*. Brasília: Ministério da Saúde, 2000c.

Buchalla, C. M. "Aids: o surgimento e a evolução da doença", em Monteiro, C. A. (org.). *Velhos e novos males da saúde no Brasil*. São Paulo: Hucitec, 1995.

Castilho, E. A. & Szwarcwald, C. L. "Mais uma pedra no meio do caminho dos jovens brasileiros: a aids", em Comissão Nacional de População e Desenvolvimento, *Jovens acontecendo na trilha das políticas públicas*. Brasília: CNPD, 1998.

Centro de Referência e Treinamento DST/Aids-SP. *Boletim epidemiológico*, 18 (1), São Paulo, CRT DST/Aids-SP, 2000.

Fernandez, O. F. R. L. "A prática de injeções de drogas, o uso comunitário de seringas e a redução dos riscos ao HIV", em Parker, R. *et al.* (orgs.). *A aids no Brasil*. Rio de Janeiro: Abia, 1994.

Grangeiro, A. "O perfil socioeconômico dos casos de aids da cidade de São Paulo", em Parker, R. *et al.* (orgs.). *A aids no Brasil*. Rio de Janeiro: Abia, 1994.

Mann, J. *et al.* (orgs.). *A aids no mundo*. Rio de Janeiro: Abia, 1993.

Moraes, J. C. *et al.* "São Paulo", em Brasil, Ministério da Saúde, *A epidemia da aids no Brasil: situação e tendências*. Brasília: Ministério da Saúde, 1997, pp. 145-192.

Parker, R. "Sexo entre homens: consciência da aids e comportamento sexual entre homens homossexuais e bissexuais no Brasil", em Parker, R. *et al.* (orgs.). *A aids no Brasil*. Rio de Janeiro: Abia, 1994.

Sawyer, D. O. *et al.* "Aspectos demográficos da epidemia de aids no Brasil", em Brasil, Ministério da Saúde, *A epidemia da aids no Brasil: situação e tendências*. Brasília: Ministério da Saúde, 1997, pp. 55-63.

Sistema Estadual de Análise de Dados. *Sistema de mortalidade por aids*. São Paulo: Fundação Seade, 2000.

Szwarcwald, C. L. *et al.* "Aids: o mapa ecológico do Brasil, 1982-1994", em Brasil, Ministério da Saúde, *A epidemia da aids no Brasil: situação e tendências*. Brasília: Ministério da Saúde, 1997.

Waldvogel, B. & Morais, L. C. C. "Mortalidade por aids em São Paulo: dezoito anos de história", em *Anais do XI Encontro Nacional de Estudos Populacionais*. Caxambu, Abep, 1998, pp. 2131-2145.

EMPREGO E SEGURIDADE SOCIAL

Uma tentativa de avaliação das possibilidades de geração de emprego da agricultura brasileira

CÉSAR ROBERTO LEITE DA SILVA

Introdução

A evolução dos índices de desemprego no Brasil preocupa não apenas os estudiosos do mercado de trabalho como também as autoridades e os pesquisadores em geral. Em 1985, a taxa média anual de desemprego aberto, segundo o Instituto Brasileiro de Geografia e Estatística (IBGE), foi de 5,25% nas seis regiões metropolitanas pesquisadas.[1] Apesar de diminuir em 1990 para 4,28%, recrudesceu a partir de 1995, registrando 4,64%, 4,69% e 5,66% nos anos seguintes.

Esse fenômeno preocupante provocou o surgimento de um quase programa de pesquisa, no qual os atores, como sindicatos, acadêmicos, eventuais candidatos, organizações não governamentais, autoridades e imprensa, dentre os principais, se esmeraram em apresentar soluções para, se não superar, pelo menos atenuar essa difícil situação.

---
1 Rio de Janeiro, São Paulo, Belo Horizonte, Porto Alegre, Recife e Salvador.

A diversidade de propostas surgidas nesse processo foi a principal motivação deste trabalho, que procura avaliar a exequibilidade daquelas que acentuam o desenvolvimento setorial, em especial agrícola, como possível saída para a crise do emprego. Para tanto, o item seguinte expõe, em linhas gerais, as principais alterações ocorridas no mercado de trabalho brasileiro, enfatizando o que há de acordo e de desacordo entre as diferentes interpretações do desemprego crescente. No mesmo item discute-se brevemente os impactos da reestruturação produtiva que se seguiu à abertura econômica, iniciada em 1990, nos principais setores da economia. No item "Metodologia e base empírica", é apresentada a técnica empregada para descrever o comportamento da estrutura ocupacional brasileira entre 1980--1995 e um modelo que permite, mesmo limitadamente, estimar o potencial da necessidade setorial por trabalho. A origem dos dados também é relatada aqui. Em seguida, apresentam-se os resultados e, finalmente, são feitas algumas considerações que encerram esse texto, enfatizando as possibilidades da agricultura enquanto empregadora.

Alguns comentários sobre o desemprego brasileiro

As análises do crescimento do desemprego no Brasil podem ser divididas em duas categorias. Na primeira estão os que julgam que o desemprego deve ser tratado macroeconomicamente, justamente porque o modesto desempenho da economia, causado basicamente pela reduzida taxa de investimento, impede que a demanda por trabalho absorva um contingente maior de trabalhadores. Um princípio de solução seria uma política econômica que estimulasse o crescimento.

Na segunda categoria, a atenção se volta para o mercado de trabalho. Um primeiro grupo de propostas, que sai dessa vertente, diz respeito à flexibilização do mercado de trabalho brasileiro, caracterizado por excessiva regulamentação, que, além de dificultar os ajustes, encarece a contratação da mão de obra. O segundo grupo, mesmo em alguns casos não concordando com o diagnóstico da rigidez do mercado de trabalho, propõe políticas ativas para diminuir o desemprego friccional e gerar novos empregos, como a requalificação da mão de obra e estímulo às iniciativas com elevado potencial para criar novos postos de trabalho.[2] Entretanto, há algo em comum nessas abordagens: o impacto das mudanças tecnológicas e a abertura econômica ocorrida no início dos anos 1990, na indústria brasileira, considerada até então a atividade geradora de empregos por excelência.

O desenvolvimento econômico brasileiro foi alicerçado na indústria de transformação. Perseguido de forma mais consistente no período que se inicia no pós-guerra, seguiu o padrão das economias avançadas, privilegiando as atividades industriais com maior potencial de geração de emprego e renda, que eram sobretudo as dos complexos químico e metal-mecânico, que em 1980 eram responsáveis por 58,8% do produto industrial.[3] Esse paradigma tecnológico, metal-mecânico, foi substituído pelo eletrônico, prevalecente nos anos 1990, que se apoiou nos avanços da microeletrônica, setor que atualmente é o principal indutor do progresso técnico. No início desse processo, a indústria foi o setor que mais se aproveitou das novas possibilidades tecnológicas. Como consequência, segundo a Pesquisa Industrial Mensal do IBGE, registrou-se a redução de mais de 25% no pessoal ocupado e nas horas pagas na produção, no período 1990-1995, conforme relatam Maria Cristina Cacciamali e Lindemberg de Lima Bezerra.[4]

---

2 L. Ramos & J. G. A. Reis, "Emprego no Brasil nos anos 90", em *A economia brasileira em perspectiva*, vol. 2 (Rio de Janeiro: Ipea, 1998), pp. 501-531.

3 L. Coutinho & J. C. Ferraz (orgs.), *Estudo da competitividade da indústria brasileira* (Campinas: Papirus/Editora da Unicamp, 1994).

4 M. C. Cacciamali & L. L. Bezerra, "Produtividade e emprego industrial no Brasil", em L. Carleial & R. Valle (orgs.), *Reestruturação produtiva e mercado de trabalho no Brasil* (São Paulo: Hucitec/Abet, 1997), pp. 15-34.

O crescimento das atividades de serviços, que já começam a ser chamadas de indústria de serviços, tem sido responsável, no período recente, pela maior parcela na geração de renda e emprego, uma tendência observada em todas as economias industrializadas.[5] Mas, aparentemente, o dinamismo desse setor não produziu os efeitos esperados sobre o mercado de trabalho. Uma das possíveis razões é que a indústria de serviços também absorveu eficientemente os benefícios do progresso técnico. Como observa Kon, esse conjunto de atividades, além de operarem com economias de escala, utilizam a informática, telefonia, telemática e outras inovações.[6] Além disso, não se pode pensar mais os serviços como pertencendo à categoria dos *non-tradable*, pois é crescente sua participação no comércio internacional. Este último aspecto ajuda a entender o crescimento do setor, que, infelizmente, não tem se refletido na demanda por trabalho.

Restaria a agricultura como possível fonte de novos empregos. Mas aqui a situação não parece melhor. A modernização do setor, que adota novas tecnologias de plantio, tratos culturais e colheita, poupadoras de mão de obra, não favorece o emprego nas atividades diretamente ligadas à produção agrícola. Nesse sentido, é importante citar o interessante trabalho de José Graziano da Silva e Mauro Eduardo Del Grossi, que constata que a população rural, apesar de crescer nos anos 1990, depois de décadas de declínio, está trabalhando cada vez menos na agricultura.[7] Isso pôde acontecer graças ao desenvolvimento de uma série de atividades ligadas ao setor de serviços, que ocupam cada vez mais a mão de obra rural.

---

[5] A esse respeito, ver A. Kon, *Service Industries and Service Economy*, Texto para discussão, nº 63 (São Paulo: Eaesp/FGV, 1996).

[6] A. Kon, "Da desindustrialização manufatureira à industrialização dos serviços", em *Pesquisa & Debate*, vol. 8, n. esp. (12), São Paulo, 1997, pp. 26-50.

[7] J. G. Silva & M. E. Del Grossi, "A evolução do emprego não agrícola no meio rural brasileiro", em *Anais do XXV Encontro Nacional de Economia*, vol. 2, Recife, Anpec, 1997, pp. 940-954.

Metodologia e base empírica

Análise do emprego[8]

A população ocupada de um país, em t,

$$E_t = \sum_{i=1}^{n} \sum_{j=1}^{m} E_{ijt} \qquad (1)$$

onde E_{ijt} é o número de pessoas ocupadas no setor i na região j, em t. Em 0, obviamente:

$$E_0 = \sum_{i=1}^{n} \sum_{j=1}^{m} E_{ij0} \qquad (2)$$

As mudanças setoriais na ocupação entre os períodos 0 e t podem ser estimadas por:

$$E_{it} - E_{i0} = \sum_{j=1}^{m} E_{ijt} - \sum_{j=1}^{m} E_{ij0}$$

---

[8] A origem desse modelo pode ser apreciada no clássico de W. C. Curtis, "Shift-Share Analysis as a Technique in Rural Development Research", em *American Journal of Agricultural Economics*, 54 (2), Ithaca, maio de 1972, pp. 267-270. Algumas aplicações para problemas da economia agrícola brasileira podem ser encontradas em M. A. Carvalho & C. R. L. Silva, *Uma análise dos fatores que influenciam a produção agrícola no estado de São Paulo: alimentos vs. produtos exportáveis*, Relatório de pesquisa, nº 14 (São Paulo: Secretaria de Agricultura e Abastecimento/ IEA, 1987); C. R. L. Silva *et al.*, "O processo de modernização e o uso de tratores na agricultura brasileira", em *Agricultura em São Paulo*, 37 (3), São Paulo, 1990, pp. 119-128; e C. R. L. Silva & M. A. Carvalho, "Taxa de câmbio e preço de *commodities* agrícolas", em *Informações Econômicas*, 25 (5), São Paulo, 1995, pp. 23-35.

Como:

$$E_{it} - E_{i0} = \sum_{j=1}^{m} \left(\frac{E_{ijt}}{E_{jt}} \frac{E_{jt}}{E_{t}} E_{t} \right) - \sum_{j=1}^{m} \left(\frac{E_{ij0}}{E_{j0}} \frac{E_{j0}}{E_{0}} E_{0} \right)$$

Denominando de α_{ij0} a participação relativa da ocupação da região j na população ocupada total,

$$\alpha_{j0} = \frac{\sum_{i=1}^{m} E_{ij0}}{E_{0}}$$

pode-se escrever

$$E_{i}^{e} = \sum_{j=1}^{m} \left(\alpha_{j0} \frac{E_{ij0}}{E_{j0}} E_{t} \right) \quad (3)$$

$$E_{i}^{r} = \sum_{j=1}^{m} \left(\alpha_{j0} \frac{E_{ijt}}{E_{jt}} E_{t} \right) \quad (4)$$

e obter os seguintes efeitos:

- $E_{i}^{e} - E_{i0}$ = efeito crescimento da ocupação. O crescimento da ocupação regional devido ao simples aumento do nível geral de ocupação do país.
- $E_{i}^{r} - E_{i}^{e}$ = efeito reestruturação setorial intrarregional. Reflete mudanças na participação relativa, em termos de ocupação, dos ramos de atividade numa região.

- $E_{it} - E_i^r$ = efeito reestruturação setorial inter-regional. Procura captar os efeitos das alterações ocorridas na taxa de ocupação nacional de cada ramo de atividade.

Esse conjunto de efeitos se preocupa com a dinâmica espacial das atividades econômicas, podendo servir como um indicador aproximado de vantagens locacionais regionais.

Pode-se ainda, definindo β_{i0} como a participação da ocupação do setor i na população ocupada total,

$$\beta_{i0} = \frac{\sum_{j=1}^{n} E_{ij0}}{E_0}$$

escrever

$$E_j^e = \sum_{j=1}^{n} \left(\beta_{j0} \frac{E_{ij0}}{E_{i0}} E_t \right) \quad (5)$$

$$E_j^0 = \sum_{i=1}^{n} \left(\beta_{i0} \frac{E_{ijt}}{E_{it}} E_t \right) \quad (6)$$

que possibilitam estimar os seguintes efeitos:

- $E_j^e - E_{j0}$ = efeito crescimento da população ocupada. Reflete o efeito da variação do nível de ocupação total sobre a ocupação setorial.
- $E_{ij}^0 - E_j^e$ = efeito reestruturação regional intrassetorial. Indica o deslocamento de cada ramo da atividade econômica, considerada individualmente, entre as regiões.

- $E_{jt} - E_j^0$ = efeito reestruturação regional intersetorial. Estima os efeitos da reorganização espacial dos ramos da atividade econômica no seu conjunto.

Análise das necessidades de trabalho

O emprego ou o volume de pessoas ocupadas em um país, no período 0, E_0, e no período t, E_t, podem ser escritos como a soma dos empregos setoriais do período,

$$E_0 = \sum_{i=1}^{n} E_{i0} \qquad (7)$$

$$E_t = \sum_{i=1}^{n} E_{it} \qquad (8)$$

que, por sua vez, podem ser expressos como:

$$E_{i0} = D_{i0} \times Q_{i0}$$

onde Q_{i0} é o produto do setor i no período 0, e $D_{i0} = E_{i0}/Q_{i0}$, o inverso da produtividade do trabalho no setor i, que pode ser interpretada como a necessidade de trabalho setorial, ou seja, a quantidade de trabalho necessária para produzir uma unidade do produto de i.

A variação no emprego, entre os períodos 0 e t, pode ser representada por:

$$E_t - E_0 = \sum_{i=1}^{n} (D_{i0} \times Q_{i0}) - \sum_{i=1}^{n} (D_{it} \times Q_{it})$$

Considerando $\chi_{i0} = Q_{i0}/Q_0$ a participação do produto de i no produto nacional, podemos ter

$$E_t^Q = \sum_{i=1}^{n} (\chi_{i0} \times D_{i0} \times Q_{it}) \qquad (9)$$

$$E_t^D = \sum_{i=1}^{n} (\chi_{i0} \times D_{it} \times Q_{it}) \qquad (10)$$

e a variação no emprego, entre 0 e t, pode ser decomposta nos seguintes efeitos:

- $E_t^Q - E_0$ = efeito crescimento econômico. Indica a simples influência das variações do produto nas necessidades de trabalho.
- $E_t^D - E_t^Q$ = efeito crescimento setorial. Mostra como a variação do produto setorial interfere nas necessidades de trabalho.
- $E_t - E_t^D$ = efeito mudança estrutural da economia, entendida como o impacto da alteração na importância relativa das atividades nas necessidades de trabalho.

Os resultados, expressos em taxa, são obtidos aplicando-se logaritmo natural nas expressões numeradas de 1 a 10, e depois calculando-se as diferenças.

Dados utilizados

Os dados de produto e emprego são do IBGE. No primeiro caso, foi considerado o produto interno bruto, a custo de fatores, porque essas informações estão disponíveis, distribuídas em doze ramos de atividade econômica. Originalmente disponíveis em termos nominais, foram deflacionados usando o Deflator Implícito do Produto Interno Bruto, publicado pela revista *Conjuntura Econômica*.[9] O número de pessoas ocupadas, por sua vez, está distribuído em onze ramos um pouco diferentes e é obtido da Pesquisa Nacional por Amostra de Domicílios (Pnad). A compatibilização dessas variáveis implicou a perda de algum detalhamento, mas mesmo assim foi possível organizar as variáveis demandadas pelo modelo em oito ramos de atividade econômica.

É conveniente observar que os indicadores obtidos no trabalho devem ser interpretados com cautela, pois a disponibilidade de dados não permite que a medida dos conceitos seja rigorosa, mas sim aproximativa. Este é o caso da demanda estilizada por trabalho, ou da produtividade do trabalho, seu inverso. O produto é um fluxo, no caso, medido no período de um ano. A quantidade de trabalho necessária para produzir esse produto também é um fluxo, correspondente aos serviços do fator no mesmo período. Entretanto, a única informação sobre o trabalho disponível é o número de pessoas ocupadas no período de referência, que, no caso do Brasil, é a última semana de setembro. As pessoas ocupadas, segundo a Pnad, são aquelas que estiveram economicamente ativas durante todo o período de referência, ou parte dele.

Quando se analisa o produto setorial, as dificuldades não ficam menores. Nesse caso, o conceito de pessoa ocupada diz respeito àquelas que, no período de referência, tiveram num ramo de atividade seu trabalho, se não único, principal, em termos de horas de dedicação. Quando há empate no tempo despendido em dois ou mais empregos, considera-se a ocupação que gerou mais rendimentos. No caso da estimativa da produtividade do trabalho na agricultura,

---

[9] Fundação Getulio Vargas, *Conjuntura Econômica*, 52 (12), Rio de Janeiro, FGV, dezembro de 1998.

esses problemas ficam maiores, inicialmente por conta da natural sazonalidade do emprego que caracteriza a atividade. Além disso, como observam José Graziano da Silva e Mauro Eduardo Del Grossi, em algumas regiões, como na zona rural de São Paulo, é cada vez maior o número de pessoas que combinam uma atividade agrícola com uma não agrícola.[10] Por tais razões, pode-se acreditar que a produtividade do trabalho na agricultura esteja substancialmente subestimada.

Resultados

Os resultados do primeiro plano de análise – fatores regionais que explicam as variações no nível de ocupação – indicam que a ocupação aumentou mais no primeiro período, 1985-1990, que no segundo, 1990-1995, com exceção do Nordeste. É importante destacar que, nos dois períodos, o fator responsável pelo aumento do emprego foi a reestruturação setorial intrarregional, que indica uma forte mudança na estrutura econômica ocorrida dentro de cada região. Esse fato é reforçado pela reestruturação inter-regional, que, na maioria dos casos, contribuiu para o aumento da ocupação. Esses resultados sugerem que a melhor alocação dos recursos, inter e intrarregionalmente, imprime uma certa dinâmica espacial da atividade econômica (tabela 1).

---

10 J. G. Silva & M. E. Del Grossi, *op. cit.*

Tabela 1. Taxa de variação do nível de ocupação nas grandes regiões, Brasil, 1985-1995

Efeitos		Regiões				
		NO	NE	SE	SU	CO
Crescimento da ocupação	85-90	-0,75	-0,26	-0,58	-0,34	-0,58
	90-95	-0,53	-0,26	-0,45	-0,31	-0,41
Reestruturação setorial intrarregional	85-90	0,97	0,43	0,69	0,50	0,86
	90-95	0,90	0,40	0,53	0,42	0,47
Reestruturação setorial inter-regional	85-90	0,06	-0,04	0,03	-0,02	0,00
	90-95	-0,01	0,04	-0,02	0,00	0,01
Total	85-90	0,27	0,12	0,14	0,14	0,29
	90-95	0,36	0,18	0,06	0,11	0,07

Fonte: elaborado a partir de dados do IBGE.

Quando os ramos de atividade são examinados isoladamente, nota-se mais uma vez a importância do componente regional nas variações do nível de ocupação. O resultado total, também aqui, indica um claro arrefecimento no potencial de geração de emprego na economia como um todo. A agricultura, é bom que se destaque, foi o único setor que apresentou um desempenho melhor no segundo período quando comparado com o primeiro (tabela 2).

Tabela 2. Taxa de variação do nível de ocupação nos ramos de atividade econômica, Brasil, 1985-1995

Ramos de atividade	Crescimento da ocupação		Reestruturação regional intrasetorial		Reestruturação regional intersetorial		Total	
	85-90	90-95	85-90	90-95	85-90	90-95	85-90	90-95
Agricultura	-0,90	-1,13	-0,20	0,09	1,04	1,28	-0,07	0,24
Ind. de transformação	-1,27	-1,51	0,05	-0,18	1,40	1,59	0,17	-0,10
Ind. da construção	-1,19	-1,40	0,08	-0,05	1,31	1,55	0,20	0,10
Outras ativ. industriais	-1,14	-1,36	-0,14	-0,13	1,30	1,49	0,01	0,00
Comércio	-1,18	-1,39	0,18	0,01	1,31	1,52	0,31	0,13
Prestação de serviços	-1,23	-1,42	0,12	0,05	1,33	1,54	0,22	0,18
Serv. aux. ativ. econ.	-1,29	-1,53	0,18	0,01	1,44	1,64	0,34	0,12

(cont.)

| | Efeitos |||||||
Ramos de atividade	Crescimento da ocupação		Reestruturação regional intras-setorial		Reestruturação regional inter-setorial		Total
	85-90	90-95	85-90	90-95	85-90	90-95	85-90	90-95
Transp. e comunic.	-1,23	-1,45	0,10	-0,07	1,36	1,57	0,23	0,04
Social	-1,19	-1,39	0,14	-0,02	1,31	1,53	0,26	0,11
Administração pública	-1,19	-1,36	0,18	-0,12	1,29	1,51	0,27	0,03
Outros	-1,27	-1,48	-0,39	-0,12	1,38	1,59	-0,28	0,00

Fonte: elaborado a partir de dados do IBGE.

Essas indicações da dinâmica da ocupação da economia brasileira são complementadas com a análise da relação entre crescimento setorial e ocupação. O aumento geral da produtividade é bastante claro quando os dois períodos são comparados. A economia cresceu como um todo, mas as necessidades de trabalho estão diminuindo. O impacto sobre o desemprego só não foi maior graças à mudança estrutural da economia, o que significa aumento na participação relativa de atividades que demandaram mão de obra. A agricultura destoou dos outros setores. Em primeiro lugar, por ter mudado o sinal de sua taxa de necessidade de trabalho entre os dois períodos considerados, passando de -0,07 para 0,24. Em segundo, porque essa mudança, em termos relativos, foi a maior de todos os segmentos estudados (tabela 3).

Tabela 3. **Taxa de variação da necessidade de trabalho nos ramos de atividade econômica, Brasil, 1985-1995**

| | Efeitos |||||||
Ramos de atividade	Crescimento econômico		Crescimento setorial		Mudança estrutural		Soma
	85-90	90-95	85-90	90-95	85-90	90-95	85-90	90-95
Agropecuária	0,01	0,12	-0,01	-0,03	-0,06	0,15	-0,07	0,24
Ind. de transformação	0,01	0,12	0,35	-0,03	-0,18	-0,18	0,17	-0,10
Ind. da construção	0,01	0,12	-0,06	-0,12	0,26	0,10	0,20	0,10
Outras ativ. ind.	0,01	0,12	0,25	0,02	-0,24	-0,14	0,01	0,00

(cont.)

| | Efeitos ||||||||
| Ramos de atividade | Crescimento econômico || Crescimento setorial || Mudança estrutural || Soma ||
	85-90	90-95	85-90	90-95	85-90	90-95	85-90	90-95
Comércio	0,01	0,12	0,45	0,09	-0,15	-0,08	0,31	0,13
Transp. e comunic.	0,01	0,12	0,21	-0,16	0,01	0,08	0,23	0,04
Admin. públic.	0,01	0,12	-0,25	-0,14	0,51	0,05	0,27	0,03
Outros serviços	0,01	0,12	0,14	-0,07	0,07	0,08	0,22	0,12

Fonte: elaborado a partir de dados do IBGE.

Considerações finais

O aumento do desemprego no Brasil é incontestável. Diferentes instituições, com metodologias distintas, atestam esse fato.[11] A reestruturação produtiva por que passou a economia brasileira, causada tanto pelas inovações que impuseram um novo paradigma tecnológico quanto pela acentuada abertura comercial e financeira, iniciada em 1990, induziu um considerável aumento da produtividade do trabalho. Só esse fato, por si, seria suficiente para criar dificuldades no mercado de trabalho. Mas, além disso, o modesto crescimento econômico reduziu ainda mais a oferta de postos de trabalho.

Mas as taxas de desemprego não evoluíram homogeneamente nem em todos os setores econômicos nem em todas as regiões. Esta foi a principal conclusão deste trabalho, que procurou avaliar os principais componentes das mudanças na ocupação da economia brasileira, nas regiões e nos principais ramos da atividade econômica.

---

11 Os indicadores oficiais de desemprego no Brasil são produzidos pelo IBGE, por meio da Pesquisa Mensal de Emprego, que se refere às regiões metropolitanas citadas na nota 1, e pelo convênio Fundação Sistema Estadual de Análise de Dados (Seade)/Departamento Intersindical de Estatística e Estudos Socioeconômicos (Dieese), por meio da Pesquisa de Emprego e Desemprego, que pesquisa a região metropolitana de São Paulo. A diferença de metodologia empregada pelas duas instituições faz com que os indicadores Seade/Dieese sempre sejam maiores do que os do IBGE.

Empregando um modelo *shift-share* modificado, estimou a importância de alguns fatores que explicariam a variação do emprego nos períodos 1985-1990 e 1990-1995.

O desempenho da agricultura surpreendeu, pois, além de apresentar um comportamento anticíclico entre 1990 e 1995, exibiu a maior taxa de mudança na ocupação entre todos os setores.

Entretanto, esses indicadores não permitem sugerir que o incentivo às atividades agrícolas gerariam uma parcela considerável dos empregos que estão sendo destruídos nos outros setores. As razões são pelo menos três. A primeira é que as inovações tecnológicas adotadas nas diferentes fases da produção agrícola têm liberado crescentemente mão de obra, aumentando consideravelmente a produtividade desse fator. A segunda se refere à pequena participação da agricultura tanto no produto como no emprego nacionais. Por mais que a atividade se desenvolvesse, sua capacidade de absorver trabalho é limitada em termos absolutos. A terceira deriva da constatação de que uma parcela crescente da população rural está se dedicando às atividades não agrícolas, sobretudo ligadas aos serviços. Isso sugere a necessidade de novas pesquisas que permitam retratar com maior precisão as mudanças ocorridas no mercado de trabalho agrícola, assim que os dados que distingam o pessoal rural ocupado nos dois tipos de atividade estejam disponíveis.

Referências

Cacciamali, M. C. & Bezerra, L. L. "Produtividade e emprego industrial no Brasil", em Carleial, L. & Valle, R. (orgs.). *Reestruturação produtiva e mercado de trabalho no Brasil*. São Paulo: Hucitec/Abet, 1997, pp. 15-34.

Carvalho, M. A. & Silva, C. R. L. *Uma análise dos fatores que influenciam a produção agrícola no estado de São Paulo: alimentos vs. produtos exportáveis*. Relatório de pesquisa, nº 14. São Paulo: Secretaria de Agricultura e Abastecimento/IEA, 1987.

Coutinho, L. & Ferraz, J. C. (orgs.). *Estudo da competitividade da indústria brasileira*. Campinas: Papirus/Editora da Unicamp, 1994.

Curtis, W. C. "Shift-Share Analysis as a Technique in Rural Development Research", em *American Journal of Agricultural Economics*, 54 (2), Ithaca, maio de 1972, pp. 267-270.

Fundação Getulio Vargas. *Conjuntura Econômica*, 52 (12), Rio de Janeiro, FGV, dezembro de 1998.

Instituto Brasileiro de Geografia e Estatística. *Anuário estatístico do Brasil, 1987*. Rio de Janeiro: IBGE, 1987.

_____. *Anuário estatístico do Brasil 1988*. Rio de Janeiro: IBGE, 1988.

_____. *Anuário estatístico do Brasil 1992*. Rio de Janeiro: IBGE, 1992.

_____. *Anuário estatístico do Brasil 1997*. Rio de Janeiro: IBGE, 1997.

Kon, A. *Service Industries and Service Economy*. Texto para discussão, nº 63. São Paulo: Eaesp/FGV, 1996.

_____. "Da desindustrialização manufatureira à industrialização dos serviços", em *Pesquisa & Debate*, vol. 8, n. esp. (12), São Paulo, 1997, pp. 26-50.

Ramos, L. & Reis, J. G. A. "Emprego no Brasil nos anos 90", em *A economia brasileira em perspectiva*, vol. 2. Rio de Janeiro: Ipea, 1998, pp. 501-531.

Silva, C. R. L. *et al*. "O processo de modernização e o uso de tratores na agricultura brasileira", em *Agricultura em São Paulo*, 37 (3), São Paulo, 1990, pp. 119-128.

Silva, C. R. L. & Carvalho, M. A. "Taxa de câmbio e preço de *commodities* agrícolas", em *Informações Econômicas*, 25 (5), São Paulo, 1995, pp. 23-35.

Silva, J. G. & Del Grossi, M. E. "A evolução do emprego não agrícola no meio rural brasileiro", em *Anais do XXV Encontro Nacional de Economia*, vol. 2. Recife, Anpec, 1997, pp. 940-954.

Divisão do trabalho no Brasil: a questão do gênero

ANITA KON

Considerações iniciais

Este trabalho examina aspectos das transformações estruturais da distribuição do trabalho no Brasil segundo o gênero, verificando particularmente a divisão ocupacional e setorial do trabalho entre os dois sexos. De um modo geral, a composição da distribuição ocupacional por gênero reflete os movimentos líquidos das tendências conjunturais e, a longo prazo, dos ajustamentos da economia às transformações tecnológicas e da estrutura produtiva, que se apresentam de forma diferenciada regionalmente, de acordo com os impactos espaciais de políticas econômicas, associados a fatores culturais específicos, que se traduzem em padrões particulares de segmentação.

O que se tem observado como uma tendência histórica, de uma maneira geral nas nações capitalistas no caminho para o desenvolvimento e no Brasil em particular, é o aumento da participação feminina na estruturação ocupacional, partindo de um padrão em que a representatividade de mulheres é relativamente baixa. Por um lado, essa elevação reflete aspectos positivos, tanto da evolução de valores sociais – o que passou a permitir a maior intensidade da participação das mulheres no mercado de trabalho – quanto da modernização de processos produtivos – o que aumentou a divisão de tarefas entre os gêneros e em alguns casos criou ocupações mais adaptáveis a condições femininas (como precisão e delicadeza no manuseio).

No entanto, observou-se também, com maior ênfase em países menos desenvolvidos, e particularmente em conjunturas economicamente desfavoráveis, que o aumento da participação feminina no mercado de trabalho está associado à necessidade de sobrevivência familiar, ou seja, de um maior número de pessoas da família trabalhando, quando a oferta dessa mão de obra muitas vezes cria suas oportunidades de trabalho.

O conceito de segregação por gênero, aqui relacionado à concentração de trabalhadores em determinados setores ou ocupações, não deve ser confundido com a conotação de discriminação, embora se observe que parte dos efeitos de segregação tem como causa a discriminação em relação às funções que devem ser desempenhadas pelos gêneros, originada por valores sociais.

Tem sido observado que o fenômeno da segregação tem raízes históricas profundas na divisão de trabalho segundo o gênero, tanto nas sociedades mais antigas quanto nas modernas. Essa segregação ocorre não somente dentro das firmas como também nos setores e ocupações. À medida que tem aumentado a participação da mulher na força de trabalho, verifica-se uma ampliação do número de mulheres tanto em profissões tradicionalmente femininas como nas tradicionalmente masculinas, seja em ocupações da produção direta de bens e serviços, seja nas administrativas, seja ainda nas gerenciais.

Jacobsen analisa padrões de segregação por sexo em uma série de sociedades de economias industrializadas ou pré-industriais, em vários períodos históricos.[1] O estudo das sociedades industrializadas

---

1 Cf. J. P. Jacobsen, *The Economics of Gender* (Massachusetts: Blackwell, 1998).

inclui países da Europa Ocidental, Japão, Israel, Rússia e Estados Unidos. Nessas sociedades, embora se tenha encontrado alguma variabilidade nos padrões etários e na extensão da participação feminina na força de trabalho no mercado, existe uma similaridade substancial entre as culturas no que se refere ao alto nível de segregação, no sentido de que as ocupações dominadas por homens ou por mulheres tendem a ser as mesmas nesses países. Nos países menos desenvolvidos, no entanto, esse padrão nem sempre é observado, e, mais do que isso, é notável que poucas atividades são integradas em uma mesma cultura e como as atividades variam em relação à operacionalização por um ou outro sexo, dependendo da cultura.

Nas economias industrializadas, as ocupações diretamente ligadas a trabalhos braçais têm mostrado tradicionalmente uma maior representatividade de ocupações exercidas por homens nas áreas de linha de produção, carpintaria, eletricidade, transportes, coleta de lixo, construção, entre outras. São áreas em que as mulheres obtêm os menores ganhos, quando são participantes.[2] As ocupações em que a participação das mulheres é mais intensa são as de escritório ou burocráticas e de outros serviços. Nestas, o processo de feminização tem aumentado de intensidade desde os anos 1980 nos países mais avançados e nos menos desenvolvidos, e os homens se dirigem menos a estes postos. Também predominantemente femininas são ocupações ligadas a trabalhos de serviço doméstico em domicílios ou em empresas (hotéis, restaurantes), onde os homens são caracteristicamente minoria e em grande parte imigrantes recentes (de outras regiões do país ou de outros países). Entre os profissionais liberais, a tendência ao crescimento do trabalho feminino é considerável, particularmente de jovens. No entanto, no que diz respeito aos gerentes e administradores, ou seja, à denominada "classe dirigente",

---

2 G. S. Becker, *Human Capital: a Theoretical and Empirical Analysis with Special Reference to Education* (Chicago: University of Chicago Press, 1993).

a participação feminina, embora crescente, ainda não é significativa, especialmente em cargos de direção mais elevados.

Algumas teorias foram desenvolvidas no decorrer da evolução da economia política do gênero para explicar por que a segregação por gênero, nas atividades de trabalho, se formou e persiste em sociedades mais desenvolvidas. Procuram explicar que em determinadas condições a segregação poderá levar a sociedade a uma maior eficiência alocativa, definida pela distribuição de homens e mulheres na força de trabalho de modo que se maximizem a produção final de bens e serviços da sociedade e o resultado total na melhora do bem-estar da sociedade. Alguns determinantes mais relevantes podem ser resumidos como: a) diferenças entre os gêneros com relação aos gostos pelas atividades de trabalho, que são influenciados por valores sociais e, dessa forma, apresentam diferenciações entre as sociedades em um determinado período e em uma mesma sociedade com a evolução dos tempos; b) diferenças entre gêneros nas capacidades para o trabalho, que conduzem a exploração das vantagens comparativas pela divisão de trabalho do mercado (se cada gênero tem realmente predisposição para executar melhor algum tipo de tarefa, então a sociedade conseguiria maior eficiência com a segregação – deve ser ressaltado o fato de que essas capacidades se transformam com a possibilidade de qualificação da mão de obra); c) eficiência na separação dos gêneros para reduzir os conflitos no trabalho, relacionados a tensões entre os sexos; d) necessidade de equilibrar o trabalho de mercado com o doméstico e outros afazeres familiares (em algumas sociedades mais avançadas da atualidade, certas atividades antes consideradas de mercado são estimuladas a ser desempenhadas no ambiente doméstico, como forma de redução de custos para a sociedade e maior eficiência – por exemplo, cuidado dos velhos, de grupos de crianças ou de doentes convalescentes); e) informação deficiente dos empregadores acerca das capacidades relativas aos gêneros; e f) exploração de parte das mulheres por homens ou por outro subsetor da sociedade.

Porém, as teorias baseadas em evidências empíricas revelam a tendência de que a segregação vem favorecendo o gênero masculino. As ocupações desempenhadas principalmente por mulheres têm recebido ganhos inferiores do que as desempenhadas por homens, e apresentam maior rotatividade e piores condições de proteção trabalhista.[3] Jacobsen discute se a segregação é basicamente um estado imutável ou se é possível ocorrer mudanças nesta condição. Se existirem forças significativas que impelem a sociedade à segregação, haverá grande probabilidade de que as políticas designadas a diminuí-la sejam adaptadas de maneira que a segregação seja preservada, ressurgindo, talvez, em formas menos notáveis. A observação de determinadas sociedades mostra que algumas políticas públicas colocadas em prática em uma série de países em outras áreas ocasionaram mudanças consideráveis, enquanto as diferenças entre gêneros com relação a salários e absorção de trabalho têm sido mais resistentes a mudança. Esse autor salienta que os índices de segregação entre os sexos têm diminuído desde 1960, porém a taxa de mudança tem sido muito menor do que os índices de segregação por raça, e, além do mais, o nível de segregação entre os sexos é consideravelmente superior.

A segmentação dos assalariados brasileiros segundo categorias ocupacionais

A análise da segmentação ocupacional brasileira por gênero aqui apresentada é parte de uma pesquisa mais ampla que examina a estruturação ocupacional do país, verificando tanto o perfil da distribuição da população trabalhadora entre grupos específicos de ocupações quanto as transformações nessa distribuição ocorridas

---

3 A. Kon, *A estruturação ocupacional brasileira: uma abordagem regional* (Brasília: Sesi, 1995).

na década de 1980.[4] As informações utilizadas têm como fonte a Pesquisa Nacional por Amostra de Domicílios (Pnad), do Instituto Brasileiro de Geografia e Estatística (IBGE), de 1983, 1989 e 1995.

A partir dos dados desagregados, foram elaboradas tabulações especiais, definindo-se uma tipologia de ocupações para os fins específicos da pesquisa. Essa tipologia foi definida especificamente para a avaliação mais detalhada da estruturação ocupacional, que agrega as informações individuais em categorias ocupacionais, de acordo com a situação do trabalhador dentro ou fora de empresas, quer esteja alocado na área da produção, quer na administração, e segundo o nível de qualificação. Dessa forma, foram determinadas categorias ocupacionais, agregando as ocupações por grupos de assalariados, de trabalhadores por conta própria (CP) e de trabalhadores em serviços domésticos remunerados (SD).[5] Estes últimos compõem uma categoria separada, uma vez que são assalariados de natureza diversa dos primeiros e prestam serviços a famílias, e não a empresas, e em grande parte das vezes sua remuneração é acrescida de salários em espécie, como alimentação e residência.

Os assalariados foram classificados segundo suas ocupações: a) dirigentes, que correspondem a proprietários de empresas (Dirigentes 1) e outros administradores e gerentes (Dirigentes 2); b) área da produção direta de bens e serviços; e c) área da administração. Para estes dois últimos grupos, foram definidas categorias de acordo com o nível de capacitação requerido pelas ocupações, como Qualificados 1 (com nível técnico de escolaridade), Qualificados 2 (com nível superior de escolaridade), Semiqualificados 1 (com menor nível de qualificação e sem atribuições de chefia), Semiqualificados 2 (com atribuições de chefia) e Não Qualificados.

---

[4] A. Kon, *Transformações recentes na estrutura ocupacional brasileira: impactos sobre o gênero*, Relatório de Pesquisas (São Paulo: NPP-Eaesp/FGV, 1999), no prelo.
[5] Os CP e SD serão analisados na seção seguinte.

Os indicadores foram agregados a fim de possibilitar a análise setorial e regional, segundo o gênero.

Partindo da observação da segmentação para o país como um todo segundo o gênero, entre os assalariados das empresas, verificava-se que, em 1983, em torno de 70% das ocupações eram exercidas por homens, como é visualizado na tabela 1. Examinando-se a distribuição entre as categorias ocupacionais, no entanto, são encontradas diferenças consideráveis nessa composição. Observa-se inicialmente que, entre os dirigentes, a representatividade feminina se situa significativamente abaixo dessa média. Comparando-se a área da produção direta de bens e serviços como um todo com a área administrativa das empresas, observa-se que a participação de mulheres na primeira é constantemente inferior à da segunda. Por outra parte, entre os qualificados da produção, tanto as ocupações de nível técnico de escolaridade quanto de nível superior são exercidas em sua maioria pelo sexo feminino. Uma observação mais detalhada na divisão setorial, posteriormente avaliada, revela que particularmente os setores de saúde e ensino são responsáveis por essa maior absorção. Também entre os semiqualificados com atribuições de chefia da área burocrática e de escritório, a representatividade feminina é consideravelmente superior.

A segmentação observada no ano de 1989 não mostra alterações consideráveis, o que confirma as constatações de que as transformações estruturais na composição ocupacional foram lentas na década de 1980, embora se observe a continuação da tendência ao crescimento da participação das mulheres na quase totalidade das categorias de assalariados, com exceção das ocupações de qualificados de nível superior da produção.

A condição de trabalho com carteira assinada, no ano de 1983, é observada em pouco acima de 40% para os homens da área da produção e 35% para as mulheres, sendo que, no caso dos homens, essa representatividade média é diminuída pelo peso das ocupações das duas categorias de menores requisitos de qualificação, pois, nos demais grupos dessa área, o registro em carteira é encontrado entre 60% a mais de 70% dos ocupados. Verifica-se que na área burocrática a situação é consideravelmente mais privilegiada, para ambos os gêneros, pois a representatividade dos trabalhadores com carteira supera 70% em quase todos os grupos da administração, com exceção dos homens qualificados de nível superior, que apresentam uma participação pouco inferior a 45%. As ocupações menos protegidas, portanto, em ambos os gêneros, são as que apresentam menores requisitos de qualificação. Por outro lado, uma comparação entre os dois gêneros, em cada categoria separadamente, revela que o masculino apresenta relativamente maior participação de ocupados com carteira na área da produção (excetuando-se a categoria de semiqualificados com atribuições de chefia), o inverso se verificando na área da administração, na qual as mulheres encontram-se em situação mais privilegiada.

As transformações nessa situação verificadas no ano de 1989 dão conta de que não houve um comportamento regular tanto entre os gêneros quanto entre as diferentes categorias, embora para o global dos assalariados se tenha observado um aumento pouco significativo na representatividade de ocupados com carteira, para ambos os sexos. Porém, entre os homens qualificados da produção (com mais intensidade entre os de nível superior) e não qualificados da administração, aumentou a condição de trabalhadores sem carteira, o mesmo ocorrendo entre as mulheres alocadas em ocupações semiqualificadas com chefia da produção e não qualificadas da administração.

O que se pode inferir é que a tendência histórica ao aumento da participação feminina no mercado de trabalho, se por um lado é motivada pela modernização econômica e social, através da abertura de novas possibilidades de ocupações por mulheres, por outro lado também é resultado da necessidade de que um maior número de membros de uma família contribuam para a subsistência familiar.

Tabela 1. Distribuição dos assalariados por condição de carteira assinada, Brasil, 1983, 1989, 1995 (%)

Categorias ocupacionais		Total H	Total M	C/C H	C/C M	S/C H	S/C M
Assalariados	1983	71,0	29,0	-	-	-	-
	1989	68,2	31,8	49,8	50,5	50,2	49,5
	1995	63,3	36,7	44,2	43,5	55,8	56,5
Dirigentes	1983	84,5	16,5	-	-	-	-
	1989	78,6	21,4	78,3	66,2	21,6	33,8
	1995	76,2	23,8	27,4	38,8	72,6	61,2
Produção	1983	72,2	27,8	41,3	35,4	58,7	64,6
	1989	70,1	29,9	47,9	42,2	52,1	57,8
	1995	64,1	35,9	39,3	33,5	60,7	66,5
Qualificados 1	1983	48,6	51,4	73,4	65,8	26,6	34,2
	1989	44,3	55,7	70,5	67,1	29,5	32,9
	1995	70,3	29,7	55,5	56,7	44,5	43,3
Qualificados 2	1983	29,1	73,7	70,7	43,4	29,3	56,6
	1989	29,5	70,5	59,0	45,2	41,0	54,8
	1995	24,8	75,2	65,4	74,5	34,6	25,5
Semiqualif. 1	1983	73,1	26,9	39,9	31,2	60,1	68,8
	1989	72,8	27,2	44,2	38,1	55,8	61,9
	1995	64,7	35,3	35,8	25,5	64,2	74,5
Semiqualif. 2	1983	95,9	4,1	61,5	85,3	38,5	14,7
	1989	95,1	4,9	65,0	84,6	35,0	15,4
	1995	98,0	2,0	58,5	41,6	41,5	58,4
Não qualif.	1983	84,8	15,2	22,5	21,7	77,5	78,3
	1989	76,5	23,5	49,1	36,4	50,9	63,6
	1995	71,1	28,9	44,0	33,9	56,0	66,1
Administração	1983	61,5	38,5	70,9	77,4	29,1	22,6
	1989	57,3	42,7	73,0	73,6	27,0	26,4
	1995	54,3	45,7	80,5	80,2	19,5	19,8
Qualificados 1	1983	78,7	21,3	87,6	87,3	12,4	12,7
	1989	75,3	24,7	92,1	84,4	7,9	15,6
	1995	78,6	21,4	89,0	87,6	11,0	12,4
Qualificados 2	1983	83,6	16,4	44,5	70,8	55,5	29,2
	1989	73,9	26,1	48,3	70,5	51,7	29,5
	1995	74,9	25,1	61,1	58,5	38,9	41,5
Semiqualif. 1	1983	58,7	41,3	66,1	79,5	33,9	20,5
	1989	54,1	45,9	68,9	79,3	31,1	20,7
	1995	45,3	54,7	84,8	82,3	15,2	17,7
Semiqualif. 2	1983	26,5	73,5	70,0	76,1	30,0	23,9
	1989	29,2	70,8	69,7	76,4	30,3	23,6
	1995	13,0	87,0	87,6	77,6	12,4	22,4
Não qualif.	1983	68,7	31,3	77,6	72,5	22,4	27,5
	1989	63,1	36,9	76,8	60,2	23,2	39,8
	1995	61,5	38,5	76,5	78,5	23,5	21,5

Legenda: C/C: com carteira; S/C: sem carteira.
Fonte: elaborado com base em Pnad/IBGE, 1983, 1989 e 1995, tabulações especiais.

No ano de 1995, que já apresenta as transformações resultantes de um período de recuperação econômica a partir de 1993, após uma fase de queda da atividade econômica como resultado de políticas governamentais restritivas nos primeiros anos da década, observa-se inicialmente o aumento significativo da participação feminina no total de assalariados, que se situava abaixo de 30% em 1983 e já atinge quase 37% no último ano pesquisado. Esse aumento da representatividade feminina é constatado em quase todas as categorias ocupacionais, com exceção dos qualificados da produção sem nível superior, que correspondem a técnicos na área da saúde, indústria da transformação e outros técnicos da área de rádio, cinema e TV, na qual essa participação decresce consideravelmente. Também entre os semiqualificados com atribuições de chefia da área da produção – representados por mestres que trabalham em etapas específicas dos processos produtivos em indústrias, na área de transportes e ainda em algumas atividades dos setores financeiros – ocorre um aumento relativo da participação masculina.

Um outro resultado que deve ser salientado se refere à condição de proteção da população ocupada, através do registro em carteira de trabalho. Verifica-se que para os dois gêneros houve uma migração de pessoas ocupadas sem carteira para a condição de sem carteira, visto que, se os trabalhadores sem registro no final da década de 1980 já correspondiam a cerca da metade dos assalariados para ambos os gêneros, em 1995 já equivaliam a uma participação em torno de 56% do total de assalariados. No entanto, essa situação se apresenta fortemente segmentada, pois, no que se refere às distintas categorias de ocupações, observou-se uma nítida piora na condição de alguns grupos de ocupações, porém uma melhora em outros, e verifica-se uma situação ligeiramente diversa entre os gêneros para alguns grupos ocupacionais. A participação dos ocupados de ambos os gêneros que possuem registro em carteira aumentou em 1995 em relação aos períodos anteriores; na área da produção mostrou um decréscimo em quase todas as categorias, exceto na classe de qualificados com nível superior, na qual aumentou. Na área administrativa, a situação entre os gêneros apresentou ligeira diferença, com o aumento da representatividade dos homens em quase todas as classes, com exceção dos qualificados sem atribuições de chefia, que mostrou pequena queda, e entre os não qualificados, categoria que permaneceu no mesmo patamar. No caso das mulheres, a perda de representatividade da condição de carteira assinada deu-se apenas entre as qualificadas de nível superior.

Distribuição ocupacional dos trabalhadores fora das empresas

Os trabalhadores por conta própria, na tabela 2, também são classificados de acordo com o nível de qualificação. Para esses trabalhadores autônomos, as ocupações encontradas correspondem às categorias ocupacionais de profissionais liberais (PL), qualificados, semiqualificados e não qualificados da área da produção (respectivamente PQ, PSQ e PNQ) e ocupações administrativas (AD).

Os trabalhadores autônomos, ou por conta própria, constituem uma parcela do mercado informal da economia, conforme definido pelos enfoques mais recentes sobre informalidade.[6] As abordagens encontradas na literatura definem as causas da informalidade como: a) originadas a partir do excedente de mão de obra do setor formal; b) consequências das falhas do sistema legal e político ou da regulamentação da economia por parte do Estado; c) resultantes do próprio processo de acumulação capitalista, como uma forma de organização da produção subordinada e intersticial.

---

6 M. C. Cacciamali, "As economias informal e submersa: conceitos e distribuição de renda", em J. M. Camargo & F. Giambiagi (orgs.), *Mercado de trabalho e distribuição de renda: uma coletânea* (Rio de Janeiro: Paz e Terra, 1991); J. B. N. Chully, *Ajustamento e informalidade no mercado de trabalho peruano: 1950-1989*, tese de doutorado (São Paulo: FEA/USP, 1992), mimeo.

Essas abordagens salientam a facilidade de entrada de trabalhadores nesses mercados não regulamentados e competitivos, e os processos produtivos com tecnologia simples e baixas remunerações. No entanto, muitas vezes é possível encontrar trabalhadores por conta própria com remunerações consideráveis e maiores níveis de qualificação, com registros contábeis e pagando impostos como autônomos. Particularmente, a última abordagem define o setor informal como um conjunto de formas de produzir bens e serviços organizado pelo produtor direto, que possui seus próprios instrumentos de trabalho, seja ainda em trabalho individual, seja com ajuda da família, seja contratando alguns empregados. Entre essas ocupações, encontram-se formas de organização da produção em que o produtor, além de possuir os instrumentos de trabalho, é detentor de um capital, e aquelas em que o trabalhador vende seus serviços ou mercadorias diretamente ao consumidor (final ou intermediário), com práticas de trabalho individualistas.

Tabela 2. Distribuição ocupacional dos trabalhadores fora das empresas, Brasil,* 1989, 1995

	A/POG	AG/A	SD/POG	SDG/SD	\multicolumn{6}{c}{Categorias ocupacionais}
					PL	PQ	PSQ	PNQ	AD	Total
Homens										
1989	19,5	74,5	0,5	4,9	1,2	1,1	91,0	6,4	0,3	100
1995	15,2	73,1	2,9	23,5	0,0	2,0	77,4	19,0	1,5	100
Mulheres										
1989	12,4	25,5	18,3	95,1	2,2	1,4	92,3	4,0	0,1	100
1995	9,9	26,9	16,9	76,5	0,4	2,9	60,4	34,3	1,9	100

Legendas: A/POG: autônomos/população ocupada do mesmo gênero; AG/A: autônomos do gênero/total autônomos; SD/POG: serviço doméstico/população ocupada total do mesmo gênero; SDG/SD: serviço doméstico do gênero/total serviço doméstico; PL: profissionais liberais; PQ: qualificados da produção; PSQ: semiqualificados da produção; PNQ: não qualificados da produção; AD: ocupados da administração. * No Norte, apenas zona urbana.

Fonte: elaborado com base em Pnad/IBGE, 1989 e 1995, tabulações especiais.

Nessas condições, do total de trabalhadores alocados fora das empresas, cerca de 19% exerciam atividades por conta própria em 1983, observando-se a diminuição dessa representatividade para 17%

no final da década, quando se verificou relativa retomada no aumento do produto gerado pela economia, como observado na tabela 2.

A distribuição dos ocupados fora das empresas segundo a natureza das ocupações (categorias ocupacionais), por área de atividade e qualificação, mostra uma representatividade insignificante de ocupações administrativas.

Na área da produção, acima de 90% dos ocupados, em média, de semiqualificados de ambos os gêneros em 1989. Para o ano de 1995 o decréscimo na participação nessa categoria foi considerável, verificando-se para o gênero masculino e feminino, respectivamente, representatividades de pouco acima de 77% e de 60%. Em contrapartida, as ocupações de trabalhadores não qualificados na área da produção apresentaram um incremento muito significativo de participação, particularmente para as mulheres, que atingiram um índice acima de 34%. Para os homens essa elevação não foi menos expressiva, chegando a 19%. Na categoria de autônomos, a representatividade de mulheres é inferior à masculina, em todas as regiões, não se encontrando relação com o nível de desenvolvimento econômico, como será visto posteriormente.

Segmentação setorial e ocupacional

As informações estatísticas revelam a forte segmentação setorial da população ocupada segundo o gênero, apresentada pela economia brasileira, que é retratada também entre as diversas categorias ocupacionais, como é visualizado nas tabelas 3.1 e 3.2, para a população masculina ocupada nas empresas, e 4.1 e 4.2, para a feminina. Assim, determinados setores e categorias ocupacionais concentram maior porcentual da força de trabalho feminina. Entre os setores, observa-se que a concentração feminina nas empresas se verifica apenas nos serviços sociais compostos pelas atividades de saúde, ensino e outras sem fins lucrativos, nos quais acima de 76%

dos ocupados eram mulheres em 1989; para o ano de 1995, observa-se uma queda não significativa nessa participação, fato que não representa grandes mudanças estruturais.

No setor primário, embora no final da década de 1980 a representatividade masculina fosse de quase 74%, observou-se na década de 1990 um aumento considerável da participação feminina, que cresceu de cerca de 26% para quase 42%. Esse aumento se verificou com maior intensidade na área da produção em quase todas as categorias ocupacionais, embora tenha também ocorrido na área administrativa, particularmente entre as semiqualificadas.

Tabela 3.1. Participação dos homens ocupados nas empresas por categorias ocupacionais, setores primário e secundário, Brasil, 1989, 1995 (%)

Categorias ocupacionais		Brasil	Primário	Secundário			
				Total	Ind. de transfor.	Ind. da constr.	Outras ind.
Empresas	1989	68,2	73,6	79,1	72,7	97,2	89,1
	1995	63,3	58,5	81,0	85,0	97,5	83,1
Dirigentes	1989	78,6	95,3	84,4	81,0	96,0	84,3
	1995	76,2	94,6	83,6	80,3	95,3	82,3
Proprietários	1989	83,8	94,8	86,9	82,1	97,8	100,0
	1995	80,5	93,8	85,0	80,0	96,0	90,7
Assalariados	1989	68,9	97,7	78,7	78,7	82,1	76,1
	1995	69,3	97,8	80,8	80,9	83,6	77,5
Produção	1989	70,1	71,8	80,4	73,0	98,9	94,9
	1995	64,1	56,7	82,7	73,1	98,6	87,2
Qualificados 1	1989	44,3	90,2	87,6	86,2	92,6	93,1
	1995	40,3	65,1	82,7	79,0	89,4	92,1
Qualificados 2	1989	29,5	77,0	89,5	90,5	88,9	87,1
	1995	24,8	84,7	86,9	86,4	85,5	90,6
Semiqualif. 1	1989	72,8	71,4	79,0	70,7	99,0	95,4
	1995	64,7	56,3	81,9	71,1	98,7	93,9
Semiqualif. 2	1989	95,1	100,0	99,1	98,7	100,0	99,2
	1995	98,0	100,0	99,4	99,3	99,5	100,0
Não qualif.	1989	76,5	81,8	84,5	83,4	95,8	89,7
	1995	71,1	93,6	82,3	88,6	98,3	71,6

(cont.)

Categorias ocupacionais		Brasil	Primário	Secundário			
				Total	Ind. de transfor.	Ind. da constr.	Outras ind.
Administração	1989	57,3	83,6	70,2	68,4	81,4	72,6
	1995	54,3	69,8	67,7	66,6	74,5	69,0
Qualificados 1	1989	75,3	100,0	83,2	82,0	89,0	86,6
	1995	78,6	89,6	82,4	83,5	75,5	79,2
Qualificados 2	1989	73,9	62,7	68,7	69,0	88,0	54,6
	1995	74,9	-	73,0	72,2	73,5	77,7
Semiqualif. 1	1989	54,1	75,1	65,3	62,5	77,9	74,4
	1995	45,3	59,2	60,1	57,7	73,2	65,7
Semiqualif. 2	1989	29,2	80,4	21,8	19,5	17,7	37,2
	1995	13,0	70,0	1,3	1,7	10,0	27,0
Não qualif.	1989	63,1	88,3	83,2	82,0	91,6	80,5
	1995	61,5	76,3	81,2	80,3	93,1	73,5

Fonte: elaborado com base em Pnad/IBGE, 1989 e 1995, tabulações especiais.

Tabela 3.2. Participação dos homens ocupados nas empresas por categorias ocupacionais, setor terciário, Brasil, 1989, 1995 (%)

Categorias ocupacionais		Terciário	Com.	Transp. e comum.	Ativ. fin.	Serviços sociais	Adm. públ.	Serv. aux. empr.	Demais serv.
Empresas	1989	59,7	65,2	92,2	65,4	23,6	70,5	68,6	56,3
	1995	56,9	62,1	91,5	59,4	24,6	66,6	65,0	65,3
Dirigentes	1989	71,7	76,2	84,2	78,2	34,1	67,5	73,6	68,6
	1995	68,2	72,5	90,2	70,7	38,6	56,2	73,0	79,3
Proprietários	1989	78,0	77,3	90,8	93,0	39,7	-	82,6	69,6
	1995	72,8	74,4	87,7	70,9	39,2	-	77,5	75,9
Assalariados	1989	62,8	74,0	77,1	75,8	32,3	67,1	50,5	63,3
	1995	62,5	68,4	92,9	70,2	38,5	56,4	59,0	80,2
Produção	1989	61,0	67,6	98,1	69,0	21,1	77,7	82,1	53,3
	1995	57,8	63,8	95,8	56,1	22,2	78,1	75,5	75,6
Qualificados 1	1989	36,5	72,2	83,8	59,5	23,9	64,0	83,8	72,8
	1995	31,4	68,9	89,5	79,7	20,3	71,6	58,3	80,1
Qualificados 2	1989	25,6	54,9	95,6	73,6	15,9	50,4	78,8	30,0
	1995	21,8	44,6	84,4	72,5	18,4	40,4	73,1	41,0

(cont.)

Categorias ocupacionais		Terciário	Com.	Transp. e comum.	Ativ. fin.	Serviços sociais	Adm. públ.	Serv. aux. empr.	Demais serv.
Semiqualif. 1	1989	66,6	62,5	94,3	59,4	30,0	81,9	79,7	54,5
	1995	58,6	58,3	87,0	57,8	21,2	79,6	74,3	56,9
Semiqualif. 2	1989	84,1	98,2	99,4	72,0	97,3	98,9	97,3	93,3
	1995	97,7	99,4	99,3	79,6	90,8	99,1	96,9	81,7
Não qualif.	1989	72,9	84,2	98,3	100,0	24,1	74,0	95,4	28,5
	1995	66,1	88,8	98,1	97,0	20,0	89,4	91,1	31,7
Administração	1989	53,5	51,1	64,6	60,6	27,5	67,3	53,9	56,6
	1995	51,5	48,6	63,5	69,6	29,0	57,0	56,5	54,0
Qualificados 1	1989	68,9	72,7	75,1	78,4	34,7	65,3	70,3	61,5
	1995	76,7	74,8	74,4	91,9	47,0	65,9	70,7	61,9
Qualificados 2	1989	75,4	76,3	73,6	74,1	-	75,6	-	-
	1995	75,4	53,3	73,4	66,8	57,6	82,1	73,2	70,1
Semiqualif. 1	1989	51,1	42,5	62,2	50,2	25,5	72,6	51,2	44,4
	1995	42,5	41,3	63,2	42,8	27,3	74,9	45,9	51,9
Semiqualif. 2	1989	29,9	18,9	22,2	24,1	21,1	49,5	8,7	29,9
	1995	15,2	5,7	3,0	5,5	11,3	45,5	0,9	5,7
Não qualif.	1989	58,3	78,5	74,7	84,3	31,4	61,2	78,4	59,0
	1995	58,2	74,6	70,9	70,2	32,9	65,2	75,6	74,7

Fonte: elaborado com base em Pnad/IBGE, 1989 e 1995, tabulações especiais.

Tabela 4.1. Participação das mulheres ocupadas nas empresas por categorias ocupacionais, setores primário e secundário, Brasil, 1989, 1995 (%)

Categorias ocupacionais		Brasil	Primário	Secundário			
				Total	Ind. de transfor.	Ind. da constr.	Outras ind.
Empresas	1989	31,8	26,4	20,9	27,3	2,8	10,9
	1995	36,7	41,5	18,9	15,0	2,5	16,8
Dirigentes	1989	21,4	4,7	15,6	19,0	4,0	15,7
	1995	23,8	5,4	16,4	19,7	4,7	17,8
Proprietárias	1989	16,2	5,2	13,1	17,9	2,2	-
	1995	19,5	6,2	15,0	20,0	4,0	9,3
Assalariadas	1989	31,1	2,3	21,3	21,3	17,9	23,9
	1995	30,7	2,2	19,2	19,1	16,4	22,5

(cont.)

Categorias ocupacionais		Brasil	Primário	Secundário			
				Total	Ind. de transfor.	Ind. da constr.	Outras ind.
Produção	1989	29,9	28,2	19,6	27,0	1,1	5,1
	1995	35,9	43,3	17,3	26,9	1,5	12,8
Qualificadas 1	1989	55,7	9,8	12,4	13,8	7,4	6,9
	1995	59,7	34,9	17,3	21,0	10,6	7,9
Qualificadas 2	1989	70,5	23,0	10,5	9,5	11,0	12,9
	1995	75,2	15,3	13,1	13,6	14,5	9,4
Semiqualif. 1	1989	27,2	28,6	21,0	29,3	1,0	4,6
	1995	35,3	43,7	18,1	28,9	1,3	6,1
Semiqualif. 2	1989	4,9	-	0,9	1,3	-	0,8
	1995	2,0	-	0,6	0,8	0,5	-
Não qualif.	1989	23,5	18,2	15,5	16,6	4,4	10,3
	1995	28,9	6,5	17,7	11,4	1,7	28,4
Administração	1989	42,7	16,4	29,8	31,6	18,6	27,4
	1995	45,7	30,2	32,3	33,4	25,5	31,1
Qualificadas 1	1989	24,7	-	16,8	18,0	11,0	13,4
	1995	21,4	10,4	17,6	16,5	24,5	20,8
Qualificadas 2	1989	26,1	37,3	31,3	31,0	12,0	45,4
	1995	25,1	100,0	27,0	27,8	26,5	22,4
Semiqualif. 1	1989	45,9	24,9	34,7	37,5	22,1	25,6
	1995	54,7	40,8	39,9	42,3	26,8	34,3
Semiqualif. 2	1989	70,8	19,6	78,2	80,5	82,1	62,8
	1995	87,0	30,0	98,7	98,3	90,0	73,0
Não qualif.	1989	36,9	11,7	16,8	18,0	8,4	19,5
	1995	38,5	23,7	18,9	19,7	6,9	26,5

Fonte: elaborado com base em Pnad/IBGE, 1989 e 1995, tabulações especiais.

Tabela 4.2. Participação das mulheres ocupadas nas empresas por categorias ocupacionais, setor terciário, Brasil, 1989, 1995 (%)

Categorias ocupacionais		Terciário	Com.	Transp. e comum.	Ativ. fin.	Serviços sociais	Adm. públ.	Serv. aux. empr.	Demais serv.
Empresas	1989	40,3	34,8	7,8	34,6	76,4	29,5	31,4	43,7
	1995	43,1	37,9	8,5	40,6	75,3	33,3	35,0	34,8
Dirigentes	1989	28,3	23,8	15,8	21,8	65,9	32,5	26,4	31,4
	1995	31,8	27,5	9,8	29,3	61,4	43,8	27,0	20,7
Proprietárias	1989	22,0	22,7	9,2	7,0	60,3	-	17,4	30,4
	1995	27,2	25,6	12,3	29,1	60,8	-	22,5	24,1
Assalariadas	1989	37,2	26,0	22,9	24,2	67,7	32,9	49,5	36,7
	1995	37,5	31,6	7,1	29,8	61,5	43,6	41,0	19,8
Produção	1989	39,0	32,4	1,9	31,0	78,9	22,3	17,9	46,7
	1995	42,1	36,2	4,2	43,9	77,9	21,9	24,5	24,4
Qualificadas 1	1989	63,5	27,8	16,2	40,5	76,1	36,0	16,2	27,2
	1995	68,6	31,1	10,5	20,3	79,7	28,4	41,7	19,9
Qualificadas 2	1989	74,4	45,1	4,4	26,4	84,1	49,6	21,2	70,0
	1995	78,3	55,4	15,6	27,5	81,7	59,6	26,9	59,0
Semiqualif. 1	1989	33,4	37,5	5,7	40,6	70,0	18,1	20,3	45,5
	1995	41,4	41,7	13,0	42,2	78,8	20,5	25,7	43,1
Semiqualif. 2	1989	5,9	1,8	0,6	28,0	2,7	1,1	2,7	6,7
	1995	2,3	0,6	0,7	20,4	9,2	0,9	3,1	18,3
Não qualif.	1989	27,1	15,8	1,7	-	75,9	26,0	4,6	71,4
	1995	33,9	11,2	1,9	3,0	80,0	10,6	8,9	68,3
Administração	1989	46,1	48,9	35,4	39,4	72,5	32,7	46,1	43,4
	1995	48,5	51,4	36,5	30,4	71,0	43,0	43,6	46,1
Qualificadas 1	1989	31,1	27,3	24,9	21,6	65,3	34,7	29,7	38,5
	1995	23,3	25,3	25,6	8,1	53,0	34,1	29,3	38,2
Qualificadas 2	1989	24,6	23,7	26,4	25,9	-	24,4	-	-
	1995	24,6	46,7	26,6	33,2	42,4	17,9	26,8	29,9
Semiqualif. 1	1989	48,9	57,5	37,8	49,8	74,4	27,4	48,8	55,6
	1995	57,5	58,7	36,8	57,2	72,7	55,1	54,1	48,1
Semiqualif. 2	1989	70,1	81,1	77,8	75,9	78,9	50,5	91,3	70,1
	1995	84,8	94,3	97,0	94,5	88,7	54,5	99,1	94,3
Não qualif.	1989	41,7	21,5	25,3	15,7	68,6	38,8	21,6	41,0
	1995	41,8	25,4	29,1	29,8	67,1	34,8	24,5	25,3

Fonte: elaborado com base em Pnad/IBGE, 1989 e 1995, tabulações especiais.

Nas atividades do setor secundário como um todo, os ocupados do gênero masculino, que representavam em 1989 quase 73%, aumentaram a participação em meados da década de 1990, passando a compor cerca de 85% do total de trabalhadores ali alocados. Esse aumento verificou-se particularmente na indústria de transformação. Por outro lado, não se constatou alteração na construção, setor em que a quase totalidade de trabalhadores é constituída por homens, e nas atividades de outras indústrias (serviços industriais de utilidade pública – como fornecimento de água, gás, esgoto e energia elétrica – e indústria extrativa mineral) observou-se um decréscimo da participação masculina.

Com relação às atividades terciárias como um todo, quase 60% eram compostas por trabalhadores masculinos em 1989, ocorrendo um discreto crescimento da participação feminina no ano de 1995. No entanto, entre os setores de serviços, observam-se algumas diversidades, pois nas atividades de transportes e de comunicações a concentração masculina é quase total (92%), enquanto nos demais setores situava-se em torno de 60% e 70% no final da década de 1980. Em 1995 a representação feminina teve ligeiro acréscimo, porém sem mudanças estruturais.

Entre as categorias ocupacionais observa-se, para o total do país, uma nítida segmentação entre gêneros, com uma representatividade masculina consideravelmente superior na maior parte dos grupos de ocupações nas empresas, situando-se mais frequentemente em torno de 65% a mais de 80%. As exceções são representadas pela forte participação feminina nas categorias de semiqualificadas com atribuições de chefia da área administrativa, que em 1989 representava acima de 71% e em 1995 já se situava em 87%. Também é considerável a concentração de mulheres alocadas nas ocupações qualificadas da área da produção direta de bens e serviços: as que possuíam nível superior, no final dos anos 1980, correspondiam a quase 71% dos trabalhadores, e em 1995 já agregavam 3/4 dos ocupados nessas atividades. A representatividade feminina também é superior à masculina entre as ocupações de qualificadas com nível técnico que trabalham na área da produção, atingindo quase 60% dos ocupados.

Por sua vez, as concentrações masculinas mais significativas para o global da economia se encontram entre os semiqualificados com atribuições de chefia da área da produção direta de bens e serviços (95% e 98%, respectivamente em 1989 e 1995), entre os não qualificados da área da produção (77% e 71%) e entre os qualificados da área administrativa (75%). Entre os dirigentes, os proprietários representavam acima de 80%, e os assalariados 69%.

A segmentação torna-se mais evidente entre as categorias ocupacionais das empresas, quando se analisam separadamente os setores de atividade, verificando-se, particularmente no setor primário e na indústria da construção, que a concentração masculina é consideravelmente superior à média nacional em alguns grupos ocupacionais, atingindo a quase totalidade dos ocupados. No setor secundário, as mulheres apenas apresentam concentração superior nas atividades administrativas semiqualificadas com atribuições de chefia, porém com maior intensidade nas indústrias de transformação e construção, nas quais atingem participações de 80% a acima de 95%, respectivamente em 1989 e 1995. Nesta categoria, o mesmo acontece com quase todos os setores do terciário (com exceção da administração pública), no qual a concentração feminina é menor, um pouco acima de 50%.

Nas atividades terciárias observa-se que, entre os trabalhadores das ocupações semiqualificadas com atribuições de chefia da área da produção, a concentração masculina é quase total em todos os setores, exceto nas atividades financeiras, em que, porém, chegou a quase 80% em 1995.

Considerações finais

O exame da segmentação ocupacional brasileira segundo o gênero, na década de 1980, nos revela que entre os assalariados das empresas, para a média do país como um todo, cerca de 70% são homens, porém, entre as diversas categorias ocupacionais, nas áreas da produção direta de bens e serviços ou administrativa e entre dirigentes, são encontradas diferentes representatividades. A participação feminina apenas é mais significativa do que a masculina em ocupações que requerem nível superior de escolaridade na produção e em ocupações semiqualificadas com atribuições de chefia da administração.

Também no que se refere à segmentação, tendo em vista o estado de proteção legal por meio de registro em carteira de trabalho, as condições apresentam-se diferenciadas entre os gêneros e entre as categorias ocupacionais, verificando-se, no entanto, uma situação mais privilegiada para os homens na área da produção das empresas, e para as mulheres na área burocrática e de escritório.

Com relação à segmentação setorial e ocupacional entre os gêneros, embora algumas alterações significativas tenham ocorrido em setores específicos no período entre 1989 e 1995 no Brasil, de um modo global não se observaram transformações estruturais relevantes que possam significar qualquer mudança no perfil dessa distribuição de trabalhadores, apesar da participação feminina ter-se elevado discretamente no período – seja como tendência histórica mundial, seja como decorrência dos problemas conjunturais pelos quais o país vem passando, os quais, no entanto, por afetarem os dois gêneros, diminuíram os possíveis impactos que histórica e mundialmente vêm ocorrendo sobre as mudanças na segmentação. As diferenças acentuadas com relação à segmentação por gênero são caracterizadas pela forte participação feminina em atividades do setor de serviços sociais e em serviços domésticos remunerados, paralelamente a uma baixa participação relativa nos demais setores.

Durante a década de 1980, em todos os grupos ocupacionais verificou-se a continuação da tendência histórica do aumento da participação feminina, mesmo no período em que foram mais intensas a diminuição da atividade econômica e a queda das oportunidades de emprego. De maneira geral, os qualificados do gênero masculino são mais representativos na área da produção direta de bens e serviços do que na área da administração. Em um mesmo nível de qualificação, os trabalhadores da área burocrática e de escritório apresentam para os dois gêneros maior participação de ocupações com vínculo legalizado do que aqueles que se dedicam à produção; da mesma forma, apresentam níveis mais elevados de escolaridade.

As condições extremas de segmentação da divisão de trabalho no Brasil apontam para a necessidade do estabelecimento de políticas públicas voltadas para o estímulo à absorção da mão de obra feminina em condições de maior equalização. A realidade de países mais desenvolvidos revela que os padrões de segregação podem ser influenciados por uma série de políticas públicas voltadas para o mercado de trabalho, destinadas a melhorar as condições de absorção da mulher, por meio de programas de treinamento ou políticas antidiscriminatórias.

De acordo com seu objetivo primordial, essas políticas podem ser direcionadas: a) para influenciar os salários, entre as quais as mais comumente adotadas visam elevar os salários em setores em que predomina a mão de obra feminina, para se igualarem aos setores em que a mão de obra masculina é predominante, equiparando-se o valor de trabalhos de mesma natureza; b) para modificar o comportamento do empregador com relação a contratação e promoção; c) mais a trabalhadores do que a empregadores, visando o treinamento e outros programas educacionais; d) para programas como subsídios para o cuidado das crianças, que afetam a decisão familiar de entrada ou não da mulher na força de trabalho; e) integração entre os gêneros como o resultado desejado.

As políticas que influenciam os salários são principalmente adotadas em funções governamentais locais ou estaduais, porém não se verificaram constatações efetivas de que diminuíram a segregação em todos os setores. Os defensores dessas políticas argumentam que salários mais elevados em ocupações em que predominam mulheres levam os homens a se dirigir a esses postos e, portanto, a reduzir a concentração ou segregação nesses setores. Os oponentes consideram que a segregação aumentaria, pois salários mais elevados desencorajariam as mulheres de deixarem esses postos.[7] Essas duas óticas são justificáveis, levando-se em conta a oferta de trabalhadores, porém não consideram mudanças na demanda por trabalho.

Outras políticas destinadas a influenciar o padrão de contratação e promoção dos empregadores podem atuar através de restrições legais, que determinam uma taxa obrigatória mínima de contratação de determinado gênero (geralmente feminino), que atuam assim como as metas voltadas para discriminação racial ou de outras minorias. Em alguns setores poderia verificar-se a ocorrência de vagas em postos, quando não fosse possível competir por um número insatisfatório de pessoas qualificadas ou que se ofereçam para exercê-los e os resultados dependem da oferta relativa de trabalhadores de cada gênero para aqueles postos específicos. As políticas de treinamento e educacionais visam proporcionar à força de trabalho-alvo (na maior parte das vezes do gênero feminino) as condições de assumir os tipos de colocações oferecidas, o que não significa necessariamente a garantia de obtenção de trabalho, tendo em vista outros requisitos demandados pelos empregadores para contratação e promoção.

Algumas políticas que influenciam a decisão feminina sobre sua participação na força de trabalho, e que afetam, portanto, a segregação, referem-se à disponibilidade de condições de cuidados às crianças, seja através de creches no local de trabalho, seja por meio

---

[7] H. J. Aaron & C. M. Lougy, *The Comparable Worth Controversy* (Washington: Brookings, 1986).

de disponibilidade desses serviços baratos e de boa qualidade fora da empresa.

Referências

Aaron, H. J. & Lougy, C. M. *The Comparable Worth Controversy*. Washington: Brookings, 1986.

Becker, G. S. *Human Capital: a Theoretical and Empirical Analysis with Special Reference to Education*. Chicago: University of Chicago Press, 1993.

Cacciamali, M. C. "As economias informal e submersa: conceitos e distribuição de renda", em Camargo, J. M. & Giambiagi, F. (orgs.). *Mercado de trabalho e distribuição de renda: uma coletânea*. Rio de Janeiro: Paz e Terra, 1991.

Chully, J. B. N. *Ajustamento e informalidade no mercado de trabalho peruano: 1950-1989*, tese de doutorado. São Paulo: FEA/USP, 1992, mimeo.

Jacobsen, J. P. *The Economics of Gender*. Massachusetts: Blackwell, 1998.

Kon, A. *O ajustamento na distribuição ocupacional brasileira na década de oitenta*. Relatório de Pesquisas. São Paulo: CNPq, 1993.

_____. *A estruturação ocupacional brasileira: uma abordagem regional*. Brasília: Sesi, 1995.

_____. *Transformações recentes na estrutura ocupacional brasileira: impactos sobre o gênero*. Relatório de Pesquisas. São Paulo: NPP-Eaesp/FGV, 1999, no prelo.

"Sair para o mundo" – trabalho, família e lazer: relação e representação na vida dos excluídos

ANA CRISTINA ARANTES NASSER

O projeto inicial deste estudo nasceu da inquietação em torno do tema da construção da representação do trabalho no universo masculino, buscando, porém, analisar a questão em sua *negatividade*, no sentido de apreender como homens excluídos do mercado formal de trabalho representavam a categoria *trabalho*, logrando manter, ou não, através dessa representação, sua identidade original de trabalhador.

Contudo, o fato da exclusão social não poder ser analisada apenas no que se refere ao âmbito do trabalho, sem considerar seus desdobramentos a partir da relação entre o trabalho e os outros níveis da prática social, levou-me a ampliar a questão original, buscando compreender o que pode ocorrer ao *cotidiano* de determinados indivíduos quando, mesmo enfrentando privações no plano material, social, político, ético, estético, não conseguem supri-las, por estarem, inclusive, privados da satisfação da primeira das necessidades humanas, o *trabalho*.

Não se tratava, portanto, de estudar as representações construídas por indivíduos temporária e recentemente desempregados, mas sim por indivíduos *proscritos*, que não mais existem como trabalhadores *prescritos* segundo as leis do mercado de trabalho formal, e que apenas *sobrevivem*, satisfazendo precariamente suas necessidades de existência através do *assistencialismo*.

Cumpria, então, buscar compreender o universo das representações construídas por indivíduos que vivenciam um processo de exclusão que não é passageiro, mas, ao contrário, amplia-se e se reproduz, renovando-se e, ao mesmo tempo, perpetuando-se no âmbito dos diferentes níveis da prática social.

Assim, além de pessoas potencialmente excluídas do mercado formal de trabalho urbano – devido à baixa ou inexistente qualificação profissional, ao analfabetismo ou incipiente grau de escolaridade, ou ainda, às condições de vida e de saúde comprometedoras da reprodução de sua força de trabalho –, este estudo também procurou levar em conta indivíduos que, embora qualificados, foram perdendo seus antigos postos de trabalho, não mais conseguindo reinserir-se no mercado formal.

O processo de exclusão vivido por esses homens no mercado de trabalho, e através dele, repercute, sob a forma de sucessivas perdas, na totalidade de suas vidas, enquanto indivíduos sociais. Em primeiro lugar, é preciso considerar que, por não se relacionarem *mais/ou ainda* com o trabalho, como trabalhadores formais, também não se relacionam com o dinheiro, enquanto remuneração pela venda contratual de sua força de trabalho, mas tão somente com o dinheiro sob a forma de "trocados" provenientes dos "bicos" executados, ou mais comumente sob a forma de esmolas recebidas. Para agravar ainda mais o processo de exclusão vivido por esses indivíduos, que já não são identificados como trabalhadores, muitos deles também não têm existência legal, pois "perderam" (por extravio real, por roubo, ou por ocultamento voluntário) os documentos que os identificavam como cidadãos perante o Estado e suas instituições.

A representação socialmente construída da não identidade desses indivíduos é reforçada pela ausência de outros referenciais importantes, uma vez que se trata de pessoas que perderam seu lar (entendido simultaneamente como espaço físico e espaço de relações pessoais e sociais) e, consequentemente, romperam os vínculos que mantinham com a família, os vizinhos e amigos de outrora, com o bairro, a cidade ou o estado de origem, e também com os espaços institucionais e de lazer antes ocupados. São pessoas que já não mantêm, migrantes ou não, os mesmos referenciais de uso da cidade de São Paulo, assim como, geralmente, substituíram os referenciais simbólicos que antes norteavam seus princípios morais e religiosos, suas crenças e superstições, pois esses referenciais não mais se enquadram em seu atual modo de vida.

Reconhecendo, portanto, a relação entre a exclusão no e pelo mundo do trabalho e a exclusão dos demais domínios da prática social, partiu-se do pressuposto de que a relação dialética entre os três elementos, trabalho, família e lazer – que, na concepção lefebvriana, compõem a *vida cotidiana* na sociedade capitalista –, é uma relação que se manifesta em sua negatividade no universo dos excluídos sociais e, portanto, só existe através das *representações* por eles construídas.

Para Henri Lefebvre, autor fortemente preocupado em revelar a importância do estudo do *cotidiano* através da construção de sua análise crítica, as *representações* constituem o *percebido* que interpreta o *vivido* e a prática, pois "não se pode compreender e viver uma situação, sem representá-la", assim como não se pode tentar transformar essa mesma situação sem uma crítica das representações que dela se faz. As representações, sob a forma de signos e símbolos, tomam o lugar das coisas, como um substituto da *presença* na *ausência*, sendo possível designar, através da linguagem, o objeto ausente, preenchendo sua ausência através das representações do mesmo.

Portanto, é no âmbito dessa análise teórica que se torna possível apreender o sentido do trabalho no universo de indivíduos cuja força de trabalho não mais/ou ainda não se realiza no mercado formal de trabalho; indivíduos que já não mantêm vínculos com a família, embora até possam ter breves e esporádicos contatos com alguns de seus membros; e que não mais exercem atividades de lazer (entendido enquanto espaço de oposição e compensação ao trabalho). É, portanto, através das representações que esses homens podem reconstruir a memória dos tempos de sua vida pregressa de trabalhador (urbano ou não), chefe ou arrimo de família, que se divertia nos momentos livres de trabalho, podendo, com isso, confrontar seu passado de carências e também de possibilidades não realizadas com seu presente de total exclusão, permitindo-se sonhar um futuro que não se constitua apenas como presença enquanto ausência.

No âmbito dessa perspectiva teórica, tomei como universo empírico de análise homens – solteiros, descasados ou viúvos – que, devido à interrupção ou ao rompimento, geralmente simultâneos, de suas relações familiares e de trabalho, saíram de casa e, hoje, vivem sós, na cidade de São Paulo, sem lar e sem emprego, caracterizando suas trajetórias de vida e de trabalho pelo nomadismo e pela transitoriedade.

Realizei a pesquisa empírica em um local que, como o viver desses indivíduos, também é marcado pela transitoriedade em busca de relações de permanência. Trata-se de um albergue noturno, onde eles se abrigam temporariamente, buscando realizar sua (re)inserção no mercado de trabalho e o (re)estabelecimento de seus vínculos familiares, bem como alcançar sua libertação do alcoolismo.

Entrevistei 28 albergados, dois funcionários (o zelador e o cozinheiro – eles também antigos albergados), a diretora e a assistente social da instituição, e ainda dois de seus mais antigos plantonistas voluntários. O número de entrevistas não foi estabelecido *a priori*, mas sim porque se atingiu o chamado "ponto de saturação".

Apenas como recurso formal de análise, dividi os albergados em quatro "grupos":

a) Um "grupo" com idade variando entre 20 e 56 anos de idade, composto exclusivamente de migrantes antigos (quatro) e recentes (seis), que vieram para a metrópole na tentativa de se tornar donos da remuneração pela venda de sua força de trabalho. Simultaneamente à inserção (ou tentativa de) em relações capitalistas de trabalho, esse "grupo" também experimentou a ruptura de seus vínculos familiares ao chegar a seu lugar de destino.

b) Um "grupo" constituído exclusivamente por jovens solteiros, três migrantes e três nascidos na capital, com idade entre 23 e 47 anos, cuja busca de ingresso no mercado formal de trabalho foi determinada pelo rompimento das relações familiares, após a morte da mãe, ocorrida durante a adolescência.

c) Um "grupo" formado por sete homens casados, que abandonaram o lar após o rompimento não oficializado de seus casamentos, migrando para outras cidades ou estados, sempre à procura de trabalho. A história familiar desses indivíduos, com idade entre 28 e 74 anos, afetou e foi afetada por sua história de trabalho: ao longo dos anos, muitas vezes, o abandono da família foi justificado pela procura ou obtenção de um novo posto de trabalho, que, igualmente, também era abandonado em nome do reencontro com a família, até que acabaram por romper definitivamente seus casamentos e, em alguns casos, inclusive o contato com os filhos.

d) Um "grupo" de indivíduos egressos das classes médias, com formação universitária ou técnica (completas ou não), formado por quatro migrantes e um imigrante, há muito tempo residentes na capital. Com idade entre 45 e 64 anos, esses homens gozaram de um certo prestígio social e de uma situação de vida confortável até o final dos anos 1980, quando, simultaneamente, perderam o contato familiar e a possibilidade de exercício de sua atividade profissional.

O estudo do universo social desses "grupos" de excluídos versou fundamentalmente sobre a temática do "sair para o mundo" – uma expressão cunhada pelos próprios entrevistados para definir os diferentes momentos de ruptura que marcaram suas vidas. "Sair para o mundo" significa romper os antigos vínculos sociais e partir em busca de novas relações pessoais e de trabalho, compreendendo, portanto, não só o ato da migração geográfica, como também o momento do abandono do emprego e/ou da atividade profissional, ou ainda do abandono da casa paterna e/ou do papel de chefe de família.

Mas qual era esse "mundo" que os albergados buscavam, qual foi o mundo que eles encontraram e qual é o mundo que eles ainda esperam encontrar?

Ao saírem para o mundo, esses homens renunciaram ao espaço da casa-lar, atraídos pela aventura de viver onde bem quisessem, resistindo a submeter-se ao tempo obrigado das relações de trabalho, ao tempo livre devidamente estabelecido e controlado pelo primeiro e, ainda, ao tempo dos compromissos e das responsabilidades familiares, em nome de um tempo isento de obrigações e que apenas atendesse ao seu livre-arbítrio.

Hoje, porém, eles constroem uma crítica espontânea a esse livre-arbítrio, identificando em sua "falta de cabeça" a explicação para terem deixado passar o tempo do estudo, o tempo das relações de trabalho contratualmente estabelecidas e, ainda, o tempo da boa convivência familiar. Assim como explicam, por outro lado, que a causa dessa "falta de cabeça" e, consequentemente, do tempo desperdiçado – que quanto mais sobra, mais parece a eles como falta – reside no alcoolismo e, para muitos, também no vício pelas drogas.

Dramaticamente, a história de alcoolismo preencheu metade, ou mais, dos anos de existência desses homens, e ocupou tanto espaço em suas memórias que minimizou, ou até mesmo anulou, os tempos despendidos em outros domínios de sua vida cotidiana, como se realmente não lhes houvesse sobrado "tempo pra nada".

Dessa forma, o "sair para o mundo", ou a passagem da casa para a rua, do conhecido para o desconhecido – uma transição que deveria ser apenas um momento datado e localizado de ruptura de relações – acabou por se perpetuar como uma situação de *permanente transitoriedade*. Essa situação se caracteriza pelos curtos e difusos períodos vividos em sempre distintos locais de trabalho e de moradia, fazendo de suas vidas um permanente recomeçar do mesmo ponto de partida, qual seja, a necessidade de obter trabalho. Portanto, sob tal situação de transitoriedade, eles convivem, ambivalentemente, com a esperança e o sonho de "um canto para morar", que seja conquistado através de "um trabalho fichado em carteira".

Assim, os albergados se encontram hoje como no momento em que "saíram para o mundo", numa *situação-limite* que permeia os vários níveis de sua prática social.

Eles vivem uma situação-limite entre o trabalhador que eles foram e o mendigo que eles temem se tornar. Por isso, eles procuram viver circunstancialmente nas ruas e preferencialmente em albergues – entendidos como espaços-limite entre a casa e a rua, entre o público e o privado, onde eles ainda julgam possível reproduzir certas características básicas de sua vida de outrora, sobretudo pela possibilidade de manter o asseio do corpo e das roupas e de ter um lugar para dormir, dispondo de um tempo para procurar trabalho.

Assim, se antes eles se qualificavam (substantivamente) como "trabalhadores", hoje eles se representam (adjetivamente) como "homens trabalhadores": homens que, por gostarem de trabalhar, contrapõem-se ao mendigo, uma vez que ainda buscam se relacionar com o mundo através do trabalho.

Ainda que, no presente, o trabalho seja concretamente vivido como sinônimo de "estar em atividade" – mesmo que pela submissão ao mercado informal ou ilegal de trabalho –, permanece, contudo, a representação de valorização do trabalho assalariado estabelecido contratualmente. É através da inserção no mercado formal de trabalho que eles julgam possível restabelecer seus vínculos sociais e reconstruir sua vida cotidiana.

Por isso, mesmo que o mendigo seja o seu guia para o uso da cidade – já que lhes fornece orientação para percorrer os diferentes pontos da cidade, em busca de abrigo e alimentação –, o mendigo também é o espectro que os atormenta e ao qual eles precisam continuamente se contrapor, na tentativa de preservação de sua identidade de *trabalhadores*.

Os albergados "saíram para o mundo" buscando obter, como costumam dizer, uma "melhoria de vida". Em suas representações tal "melhoria de vida" não significava o acesso a um mundo radicalmente novo, mas apenas qualitativamente diferente daquele que quiseram abandonar: o mundo sonhado significava a realização de um cotidiano em que o trabalho não mais se constituísse como uma extensão da unidade familiar, no qual cada um tivesse seu próprio canto para viver e onde o tempo da festa não fosse controlado e vigiado pela família. Buscavam, portanto, um mundo que continuasse sendo regido pela mesma relação triádica, mas onde houvesse, porém, pleno equilíbrio entre os tempos e espaços de realização e existência de cada um dos elementos dessa relação.

O mundo sonhado se constrói, portanto, como uma *crítica espontânea* ao mundo do qual saíram. Tal crítica nasce no momento da exclusão, ou seja, no momento em que eles saem *do* mundo e vivem a ausência da relação com o trabalho, a família e o lazer, mas são, no entanto, capazes de elaborar as representações sobre o cotidiano que abandonaram antes de "sair para o mundo", o qual, diga-se, ainda não era plenamente constituído em sua positividade.

Portanto, é a partir da crítica espontânea, estabelecida no nível das representações, que eles pretendem alcançar a realização de seu cotidiano, através da plena ocupação dos espaços de suas vidas pelos tempos do trabalho, da família e do lazer. Por isso, nenhum deles pretende voltar ao convívio familiar no mesmo lar que abandonou, nenhum deles quer repetir as experiências de relações informais de trabalho, e todos eles almejam ter acesso a um tempo livre (não ocioso) dedicado ao lazer.

Hoje, eles esperam atingir simultaneamente o equilíbrio e a separação entre esses três tempos através da mediação do trabalho. No passado, contudo, mesmo que a inserção em relações capitalistas de trabalho fosse representada como o *projeto* para alcançar a sonhada "melhoria de vida", a *estratégia* utilizada para romper momentaneamente o predomínio opressor dos tempos do trabalho e da família consistiu em ampliar desproporcionalmente o tempo da festa.

Foi assim que o antigo lazer de beber fora de casa, nos bares, em companhia dos amigos e dos parentes, foi cedendo lugar ao *vício* solitário e foi ocupando cada vez mais espaço nos outros tempos da vida desses homens.

À deterioração do lazer em vício – geralmente já presente na vida dos entrevistados antes mesmo de migrarem de casa para o mundo – somaram-se as condições de vida encontradas na metrópole, onde a maioria deles não conseguiu encontrar trabalho. Nesse mundo novo de privações, a liberdade de usufruir de um tempo dedicado ao lazer, ainda que sob a forma de vício, dissimulava a exclusão real vivida nos tempos do trabalho e da família.

Sem trabalho, sem casa, sem família e sem lazer (já que não mais viviam o tempo livre do trabalho, mas apenas o tempo da ausência de trabalho), esses indivíduos tornaram-se excluídos sociais.

Se antes a maioria deles não vivia o cotidiano em sua constituição plena, mas tão somente o seu limiar, hoje, ainda mais dramaticamente, eles vivem a relação com o trabalho, a família e o lazer apenas sob a forma de representações, isto é, como substitutos da presença na ausência.

Por isso, quando esses homens dos albergues da noite encontram (como costumam dizer) *tempo* para refletir sobre suas vidas, representam o trabalho como a única saída possível para a sua exclusão do cotidiano capitalista.

O grande desejo desses excluídos é (re)estabelecer sua relação com o trabalho para, através dela, realizar sua relação com a família e o lazer. Ao serem privados do trabalho, eles foram privados do cotidiano, ou seja, do próprio mundo em busca do qual saíram.

Hoje eles não vivem a vida cotidiana, mas apenas sobrevivem *embaixo* e *abaixo* dela (isto é, subterrânea e inferiormente a ela), numa zona escura que lhes é marginal, ainda que seja por ela produzida. Por isso, submetem-se à intermitência dos trabalhos informais e ilegais que, por sua vez, determinam seu constante nomadismo para fugir da fome e do desespero. Por isso também eles se escondem à noite, nos albergues, e neles tentam suprir a carência de um lar, assim como se ocultam, durante o dia, nos cinemas, nas igrejas, nos trens e ônibus, ou então dissimulam-se no meio de outras pessoas, nas praças e parques públicos, à procura de passatempo e diversão.

Os albergados entrevistados não têm cotidiano (na especificidade dessa acepção na sociedade capitalista) e apenas constituem sua sobrevivência *diária* nas *sombras* e nas *sobras* do cotidiano. Por isso, refletir sobre o cotidiano dos excluídos significa apreender suas estratégias e formas de sobrevivência *ciclicamente* construídas no dia a dia, enquanto o cotidiano dos incluídos, ao contrário, define-se pelo tempo *linear* de trabalho estabelecido pelas relações capitalistas de trabalho.

Os excluídos têm um sobreviver diário, mas não um viver cotidiano, ainda que se relacionem com esse cotidiano por meio da reprodução de suas representações.

Isso significa dizer que, mesmo privados do cotidiano, os albergados não estão privados das representações que lhes permitem sobreviver no e ao mundo de exclusão onde agora vivem.

Enquanto puderem reproduzir a única coisa na vida da qual não estão excluídos, isto é, suas representações, eles continuarão podendo se diferenciar dos mendigos, e continuarão buscando se realizar, pela primeira vez ou novamente, como trabalhadores formais.

Enquanto puderem reproduzir essas representações, haverá esperanças para que eles saiam das sombras e conquistem o cotidiano, isto é, o mundo com o qual tanto sonharam e ainda sonham.

Referências

Bosi, E. *Memória e sociedade: lembranças de velhos*, vol. 1. Série 1a – Estudos Brasileiros. São Paulo: Edusp, 1987.

DaMatta, R. *A casa & a rua*. São Paulo: Brasiliense, 1985.

Goffman, E. *Manicômios, prisões e conventos*. São Paulo: Perspectiva, 1974.

Lefebvre, H. *Critique de la vie quotidienne*, vol. I. Paris: L'Arche, 1977.

_____. *Critique de la vie quotidienne*, vol. III. Paris: L'Arche, 1981.

_____. *La présence et l'absence: contribution à la théorie des représentations*. Bruxelas: Casterman, 1980.

Sistema previdenciário: aspectos teóricos e os problemas brasileiros

RUDINEI TONETO JR.
AMAURY PATRICK GREMAUD

Introdução

A crise da previdência social tem sido colocada, há vários anos, como um dos principais problemas da economia brasileira. Desde o início da década de 1990, pelo menos, são discutidos o futuro da previdência e diversas propostas para reformá-la. Atribui-se a ela o principal foco do déficit público, o maior passivo potencial do governo, etc.

A crise da previdência pode ser atribuída a um conjunto de fatores: estruturais (mudanças demográficas, características do mercado de trabalho, etc.), gerenciais (elevados custos administrativos, fiscalização, etc.), conjunturais (desemprego, comportamento dos salários, etc.) e institucionais (previdência pública, tempo de serviço, etc.).

Deve-se notar, porém, que crises no sistema previdenciário não são uma exclusividade brasileira, tendo ocorrido em vários países, tanto desenvolvidos como em desenvolvimento, em diferentes quadros institucionais. Essas crises estão relacionadas ao rápido envelhecimento populacional que se verificou no período recente na maior parte dos países, detonando amplos processos de reformas que visam adaptar os sistemas previdenciários ao novo contexto. As tendências gerais das reformas são a redução do grau de cobertura e a elevação do tempo de contribuição ou da idade para aposentadoria. Nesse processo, os Estados diminuíram sua participação nos sistemas previdenciários, ampliando as responsabilidades individuais e fortalecendo os mecanismos privados de previdência. O exemplo mais radical de reforma foi o caso do Chile, que praticamente privatizou o sistema, transformando-o em um regime de capitalização de contas individuais administradas por fundos privados, com o Estado assumindo as funções de regulador e garantidor em última instância do sistema.

No Brasil, várias propostas já foram feitas para a reforma previdenciária, mas pouco se avançou. A dificuldade decorre de vários fatores: a transferência de renda envolvida na reforma, o seu custo fiscal, as carências sociais existentes no país, etc. As propostas de reforma devem considerar, além da justiça social e da proteção, a minimização do custo de transição, os incentivos gerados pelos modelos previdenciários em termos de poupança e disposição ao trabalho e seus impactos sobre os mecanismos de financiamento da economia.

Neste artigo não se pretende elaborar mais uma proposta de reforma previdenciária, tampouco avaliar as propostas existentes.[1] Pretende-se somente discutir alguns aspectos teóricos relacionados à questão previdenciária e mostrar alguns motivos que contribuíram para a crise da previdência no Brasil. Ao final, espera-se que o leitor possa compreender melhor as dificuldades envolvidas na reforma previdenciária.

---

[1] Uma avaliação preliminar do conjunto de propostas de reformas pode ser encontrada em A. Kandir et al., "Diretrizes conceituais e operacionais para a reforma da previdência social", em *A previdência social e a revisão constitucional* (Brasília: MPS/Cepal, 1993).

Previdência: aspectos teóricos

Nesta seção pretende-se abordar três questões: (i) a diferença entre assistência social e previdência social; (ii) as justificativas para a participação do Estado nos sistemas previdenciários; e (iii) a diferença entre os regimes financeiros.

No primeiro item mostrar-se-á que, apesar de as duas referirem-se ao mesmo problema, possuem lógicas diferentes e, como tal, poderiam ser tratadas de forma diferenciada em termos de organização e financiamento. A natureza da previdência enquanto uma poupança voltada para uma queda previsível de renda (a velhice) faz com que muitos autores aleguem a desnecessidade de intervenção governamental; pretende-se no segundo tópico elencar motivos para se manter a presença pública. No terceiro item discutir-se-ão as diferenças entre dois regimes financeiros possíveis para a organização do sistema previdenciário, o sistema de repartição e o de capitalização, e comparar-se-ão os resultados dos dois em termos de custos. Com esta discussão pretende-se que o leitor possa ao final começar a avaliar algumas das questões básicas envolvidas na discussão da reforma previdenciária: a separação assistência versus previdência; previdência pública versus privada; sistema de repartição ou de capitalização.

Previdência e assistência

A individualização das relações sociais ocasionou um dos maiores problemas das sociedades modernas: como sustentar aqueles indivíduos que por alguma razão (velhice, invalidez, desemprego) se encontram afastados da força de trabalho? Diante desse tipo de problema ganharam importância as questões da assistência e da previdência social, e ergueu-se o chamado "Estado-providência".

As duas questões, porém, têm fundamentação distinta. Usando as expressões de van Parijs, a previdência faz parte de um modelo bismarckiano de Estado-providência, em que os agentes renunciam a parte de sua renda presente para compor um fundo a ser usado quando necessitarem.[2] O fundamento ético desse modelo é a seguridade, e sua razão básica é o risco da queda da renda, contra a qual as pessoas individualmente desejam se proteger.[3] De outra parte, a assistência é a base do modelo beveridgiano de Estado-providência, que parte do princípio de que a simples seguridade não resolve todos os problemas, sendo necessário que os agentes que auferem renda constituam um fundo para todos aqueles que por algum motivo não sejam capazes de alcançar uma renda mínima por seus próprios meios.[4] Nesse caso, a fundamentação ética da assistência está na solidariedade entre os agentes, ou num conceito de seguridade existente sob o "véu da ignorância".[5]

Desse modo, ambas, assistência e previdência, são formas de manutenção da renda individual. A diferença é que na primeira há um problema de necessidade diante de uma questão de solidariedade; e na segunda basicamente o problema é de poupança.[6] Pensando no modelo do "ciclo de vida" (Modigliani), a poupança é sempre um ato previdenciário, no sentido de que é um sacrifício do consumo presente em favor de um consumo futuro, quando o indivíduo deixará de ser gerador de renda. Resumidamente, o indivíduo poupa quando é jovem para se sustentar (despoupar) na velhice.

---

2 P. van Parijs, "Au-delà de la solidarité: les fondements éthiques de l'État-providence et son dépassement", em *Futuribles*, nº 184, Paris, fevereiro de 1994.
3 Dentro do modelo bismarckiano, podemos incluir, ao lado da previdência, os seguros desemprego e invalidez.
4 Por exemplo, apenas com a previdência não é possível a solução de problemas de "invalidez de princípio".
5 Colocando as pessoas em uma situação em que não saibam qual será a posição que ocuparão na sociedade (se serão ricas, pobres, dotadas ou não de alguma deficiência), também sendo avessas a risco, estariam neste momento dispostas a aceitar um sistema de transferência de renda (assistência) para o caso de estarem em posição mais difícil quando retirado o "véu da ignorância".
6 Van Parijs levanta um terceiro modelo, o payniano, segundo o qual se renuncia a uma renda para a constituição de um fundo destinado a conceder a todo membro da sociedade incondicionalmente uma renda mínima uniforme. A fundamentação ética aqui, segundo o autor, é o princípio da equidade.

A poupança (previdência) é um mecanismo intertemporal de proteção financeira de renda individual.

Pode-se atribuir diferenças entre os motivos que levam à necessidade de proteção da renda, separando-os entre os previsíveis, por exemplo, velhice, e os não previsíveis, por exemplo, desemprego, invalidez, etc. Alguns autores afirmam que a previdência, baseada no princípio da seguridade, aplica-se aos fatores previsíveis, enquanto a assistência aplica-se aos fatores imprevisíveis. Note-se que essa separação imporia lógicas totalmente diferentes de organização e financiamento dos dois sistemas. A previdência poderia ser responsabilidade dos próprios indivíduos, e apenas a assistência seria uma responsabilidade social.

Previdência e intervenção do Estado

Em princípio a questão da previdência é uma questão individual, ou seja, os agentes, prevenindo-se contra problemas futuros, formam um fundo de poupança. Existem, porém, algumas razões pelas quais o Estado deveria intervir no sistema. Essa intervenção se faz principalmente no estabelecimento compulsório de programas previdenciários mínimos. As razões encontradas na literatura para essa obrigatoriedade podem ser divididas em quatro grupos:[7]

1. Os agentes são míopes ou têm racionalidade limitada, de modo que não têm uma visão de longo prazo ou uma disciplina de poupança que lhes permitam constituir um fundo razoável para as necessidades da idade avançada. Neste argumento está contido um forte grau de paternalismo por parte do governo.

---

[7] Em parte esses argumentos encontram-se em L. Thompson, *Older and Wiser: the Economics of Public Pension* (Washington: Urban Institute, 1998).

2. Mesmo tendo completa racionalidade, os agentes defrontam-se com um mundo incerto,[8] de modo que para eles é impossível diminuir, especialmente na dimensão temporal de uma vida, a incerteza quanto ao ritmo futuro da atividade econômica, da inflação, dos resultados dos investimentos e de sua própria longevidade. De modo que o governo é importante no sentido de diminuir a dificuldade de preparar a aposentadoria e reduzir os custos da transação, especialmente os ligados à busca de informações.
3. Pode-se usar o sistema previdenciário como meio de redistribuição de renda (ou como mecanismo assistencialista), conferindo um padrão de vida mínimo para os idosos, independentemente de eles terem constituído um fundo durante o período em que auferiram renda. Essa utilização do sistema previdenciário exige a presença do governo redistribuindo a renda, normalmente por meio de pisos e tetos impostos ao sistema.
4. Dada a existência de práticas assistencialistas por parte do governo, a obrigatoriedade do sistema previdenciário passa a ser uma exigência imposta até mesmo por parte dos agentes "previdentes" em relação aos "imprevidentes". Estes últimos,[9] sabendo que irão receber algo mesmo não poupando quando podem, deixam de fazer seu fundo, impondo aos previdentes (ou àqueles em futura idade ativa) uma perda maior do que a necessária se fosse imposta aos imprevidentes a realização de uma poupança.

A introdução do governo, por outro lado, pode causar alguns problemas. O maior deles é a ineficiência alocativa. Esta surge do fato de que a obrigatoriedade do plano impõe aos indivíduos padrões

---

[8] Incerteza aqui entendida no sentido de que é impossível atribuir probabilidade aos elementos possíveis.
[9] Que podem ser considerados também "caronistas" (*free riders*).

de poupança (taxas, periodicidade, momento de se aposentar) que não são exatamente aqueles que esses indivíduos escolheriam se pudessem decidir livremente pela sua própria seguridade. Essas alterações nas decisões individuais geram as ineficiências alocativas, independentemente do regime financeiro que rege o sistema previdenciário. Um exemplo dessas ineficiências é o fato de os planos previdenciários obrigatórios poderem desestimular o empenho do indivíduo em trabalhar, incentivando-o à aposentadoria quando fizer jus a ela.[10] A questão importante é saber se essas perdas de eficiência compensam os elementos justificadores da intervenção apontados anteriormente.

Previdência e regimes financeiros

O problema previdenciário refere-se sempre a uma questão redistributiva entre diferentes segmentos da população, isto é, a forma como parcela do produto é transferida da população ativa para a inativa. O custo econômico do sistema previdenciário é a parcela da produção nacional consumida pela população inativa.

Apesar dessa fonte comum, as diferenças nos quadros institucionais dos diversos países se refletem numa diversidade de sistemas previdenciários. Estes devem ser definidos quanto à cobertura e quanto à forma de financiamento, ou seja, por sua natureza social e por sua natureza financeira. Por cobertura entende-se: quem são os beneficiários, isto é, a quem se estendem os benefícios; quais são os tipos de benefícios oferecidos (eventos que são cobertos), como se calculam os benefícios, etc. Por forma de financiamento entende-se: qual é o regime financeiro; qual é a fonte de recursos, isto é, de onde vêm as contribuições, tanto em termos de base de incidência como em termos de quem paga; e qual é o valor (montante) da

---

10 Essa preocupação, segundo Thompson, tem merecido confirmação em estudos empíricos.

contribuição (este último aspecto pode ser considerado de natureza social – a forma como se dá o custeio).

Além dessas questões, deve ser definido o regime financeiro do sistema previdenciário. Existem dois regimes básicos: o sistema de repartição simples (SRS) e o regime de capitalização (RC). O SRS baseia-se numa transferência direta de renda da população ativa para a inativa, ou seja, as contribuições no instante t financiam os benefícios nesse mesmo instante. Já no RC, as contribuições de um dado indivíduo vão sendo acumuladas e aplicadas, isto é, vão constituindo um fundo para o momento em que ele se aposentar.

Nesta seção, serão apresentadas as condições de equilíbrio financeiro dos dois regimes para em seguida podemos compará-los.

O sistema de repartição simples

Como destacado, o SRS refere-se a uma transferência dos recursos arrecadados entre os contribuintes (ativos) para os beneficiários (inativos). Assim, o montante total dos benefícios deve ser limitado ao montante de arrecadação corrente. Pode-se definir a equação de equilíbrio do sistema, resolvendo-a para a taxa de contribuição necessária para manter a igualdade entre benefícios e contribuições:

$$c^* = (V/A) \cdot [r/a \cdot (1-d)] \cdot (m/s)$$

onde:

c^* = taxa de contribuição que equilibra o sistema;

A = população ativa;

V = população inativa;

r = proporção de V com direito a benefícios;

a = proporção de A que deseja trabalhar;

d = taxa de desemprego;

m = benefício previdenciário médio;

s = salário médio.

Percebe-se, por essa equação, que o equilíbrio e o custo do sistema dependem de fatores demográficos estruturais (V/A), fatores institucionais (r, m e a) e fatores conjunturais (d e s). O grau de controle governamental sobre a saúde financeira dos sistemas previdenciários recai basicamente sobre os fatores institucionais, alterando benefícios e contribuições, podendo-se também alterar o volume de pessoas com direito a benefícios modificando-se a idade de aposentadoria, por exemplo. Quanto aos fatores conjunturais, o governo consegue influenciá-los por meio da política econômica. Mas, para o sistema previdenciário, o comportamento conjuntural da economia é um dado, e altas taxas de desemprego ou baixos níveis salariais o afetam negativamente.

Sobre os fatores demográficos, o governo tem pouca influência. As grandes transformações demográficas ocorridas nas últimas décadas, com o grande crescimento da relação V/A, levaram os sistemas previdenciários baseados no SRS a grandes dificuldades, o que acarretou profundas modificações nesses sistemas. Uma mudança quase generalizada foi o fim da aposentadoria por tempo de serviço, que passou a ser limitada pela idade. Além disso, assistiram-se a constantes elevações nas contribuições, isto é, um encarecimento dos sistemas. Com isso formou-se uma crença na superioridade do RC, no qual não deveria haver desequilíbrios, uma vez que a aposentadoria depende do esforço de poupança de cada um.

Todo sistema baseado no SRS deve necessariamente ser público, pois envolve um elemento de coerção que garante ao contribuinte de hoje que no futuro haja contribuintes para sustentá-lo, quando este for beneficiário. Assim, a participação deve ser compulsória.[11] Alguns estudos tentam mostrar que esse sistema cria um desestímulo à poupança, pois considera-se que o benefício recebido independe do esforço de poupança de cada agente. Os resultados obtidos são inconclusivos.

O regime de capitalização

No RC, os planos previdenciários devem fixar ou as contribuições ou os benefícios. No primeiro caso, temos os planos de contribuição definidos, e o desempenho é avaliado pelo valor dos benefícios. No segundo caso, temos os planos de benefício definidos, e o desempenho é avaliado pelo custo do plano (valor das contribuições) e pela capacidade de honrar os compromissos. Os cálculos para determinar o valor das contribuições e dos benefícios trazem implícitas uma dada taxa de capitalização (que reflete a expectativa de rentabilidade dos ativos, cujo principal determinante é a taxa de juros) e uma expectativa de vida média dos indivíduos, e acrescentam-se alguns aspectos institucionais como o *vesting* – período de contribuições necessárias para ter direito aos benefícios –, a idade para a aposentadoria, etc. O objetivo é que os fundos acumulados com as contribuições sejam suficientes para pagar os benefícios prometidos.

Para chegar à taxa de contribuição que equilibra o sistema, parte-se de um modelo com as seguintes variáveis:[12]

W = salário médio do indivíduo ao longo da vida ativa;

C = contribuição previdenciária média;

---

[11] Esse sistema é um exemplo típico, em teoria dos jogos, de "dilema dos prisioneiros", uma vez que há um forte estímulo ao "efeito carona" (*free rider*), ou seja, a estratégia dominante dos indivíduos é não contribuir, esperando que os outros contribuam. Nesse caso, ou ninguém receberia nada, ou todo o ônus recairia sobre o governo.

[12] F. Giambiagi, em *A contribuição previdenciária no regime de capitalização*, Rio de Janeiro, 1992, mimeo, desenvolve um modelo semelhante.

c   = taxa de contribuição previdenciária sobre o salário ($c = C/W$);

i   = taxa de juros ou de capitalização anual;

K   = montante capitalizado das contribuições previdenciárias;

B   = benefício previdenciário médio recebido pelos indivíduos;

b   = taxa de benefício previdenciário sobre o salário ($b = B/W$);

j   = número de anos de contribuição;

v   = número de anos de recebimento dos benefícios.

O montante capitalizado pode ser definido como:

$$K = C_1 + C_2 + C_1 \cdot (1 + i) + C_3 + C_2 \cdot (1 + i) + C_1 \cdot (1 + i)^2 + \ldots = C\,[(1 + i)^j - 1]\,/\,i$$

Supondo que o benefício recebido periodicamente a partir do momento *j* esgote *K*, temos que:

$$K = [K \cdot (1 + i) - B] + \{[K \cdot (1 + i) - B] \cdot (1 + i) - B\} + \ldots = B[(1 + i)^v - 1]\,/\,[i \cdot (1 + i)^v]$$

Igualando-se as duas equações, temos a taxa de contribuição *c*:

$$c = b\,[(1 + i)^j - 1]\,/\,(1 + i)^j \cdot [(1 + i)^v - 1]$$

Aparentemente esse sistema não estaria sujeito a desequilíbrios decorrentes de alterações conjunturais, pois o pagamento de benefícios dependeria diretamente do esforço de poupança individual e da taxa de capitalização. Isso seria verdade se os indivíduos tivessem controle sobre todas as variáveis que afetam o comportamento do sistema, o que não é verdade. De um lado temos as oscilações econômicas sobre o comportamento do emprego e dos salários. A base da contribuição dos indivíduos sofre fortes oscilações ao longo da vida, podendo os indivíduos permanecer períodos sem realizar contribuições, o que repercute negativamente sobre os benefícios. Por outro lado, a capitalização do fundo depende da evolução da taxa média de juros das aplicações feitas e dos ganhos e perdas de capital. Estas dependem crucialmente das condições conjunturais da economia e da condução da política econômica do governo. O preço dos ativos sobre os quais se estabelece o fundo também sofre alterações, o que pode fazer com que o poder de compra que se julga acumulado não se verifique na hora de sua realização (transformação em benefícios).

A análise da experiência internacional nos revela que, em geral, a aplicação dos recursos dos fundos previdenciários em RC é regulamentada e fiscalizada pelo governo. Essa regulamentação se justifica pelo fato de o patrimônio dos fundos não se constituir de recursos de seus administradores ou empresas patrocinadoras, mas sim de um grande número de trabalhadores, cuja renda futura depende do que é feito com esses recursos, e que, em termos individuais, não têm controle sobre a administração destes. Assim, a atuação do governo pauta-se por dois objetivos: proteger os recursos (patrimônio) dos trabalhadores e dar maior transparência à administração. Para alguns países onde os sistemas financeiros são pouco desenvolvidos, ou incompletos em determinados segmentos, como por exemplo na ausência de crédito de longo prazo para o financiamento de investimento, como é o caso do Brasil, pode-se colocar um terceiro objetivo para a regulamentação, que seria a utilização do patrimônio para objetivos econômicos e sociais mais gerais, como ajudar o crescimento econômico, por exemplo. Em geral, a regulamentação do governo caminha no sentido da separação do patrimônio do fundo em relação à administradora, de modo a evitar desvios de recursos, e também da diversificação das aplicações para diminuir o risco.

Uma comparação entre os sistemas

O SRS tem sido alvo de várias críticas, fazendo com que o RC seja visto como superior.[13] Destacamos aqui três críticas que usualmente se fazem ao SRS.

a) *Custos mais elevados*

É frequente a crítica de que o SRS gera, para o mesmo volume de contribuições, um volume inferior de benefícios. A comparação entre os custos implícitos nos dois regimes é bastante difícil; na verdade, a relação entre os benefícios e os pagamentos efetuados em ambos os regimes depende de uma série de questões, como o tempo de contribuição e o tempo pelo qual se auferirão os benefícios. A evolução das condições do mercado de trabalho e da taxa de juros também é extremamente importante, sendo que esta última é fundamental para o RC.[14]

Alguns trabalhos procuram comparar os custos dos dois regimes, valendo-se de algumas hipóteses restritivas e das condições demográficas do país de meados da década de 1990. Procuram fazer essa comparação relacionando diferentes períodos de contribuição com diferentes taxas de juros no RC e diferentes anos de aposentadoria

---

13 F. Giambiagi, *op. cit.*

14 Frequentemente as vantagens do RC sobre o SRS são mostradas utilizando-se taxas de juros extremamente elevadas no longo prazo.

com diferentes taxas de desemprego no SRS.[15] Na tabela 1 observa-se, para cada combinação, uma taxa de contribuição (contribuição dividida por salário médio) que gerará (dadas as hipóteses e os parâmetros) um benefício médio na idade inativa igual a 80% do salário médio recebido durante a vida ativa.

Percebe-se que, para obter um benefício equivalente a 80% do salário médio que o indivíduo auferia em idade ativa, este, em um regime de repartição simples, deverá contribuir com mais de um quarto do seu salário para poder se aposentar com 50 anos de idade, mesmo que a taxa de desemprego nesse período seja zero. Em um regime de capitalização, essa taxa poderá chegar a mais da metade, supondo que o indivíduo queira se aposentar depois de trinta anos de contribuição,[16] mas que a taxa de juros seja de apenas 1% a.a. Supondo parâmetros como taxa de juros de 4% a.a. e desemprego de 5%, as contribuições para uma aposentadoria aos 60 anos[17] são muito próximas: taxa de contribuição de 12,63 no SRS e 11,85 no RC. Alterando a aposentadoria para 3% a.a. de juros e 8% de desemprego e 55 anos,[18] temos: taxa de contribuição de 19,13% no SRS e 22,84% no RC. O quadro, contudo, deixa bastante evidente a forte dependência do regime de capitalização da taxa de juros embutida na aplicação do fundo e, em ambos, do período de contribuição (ou idade da aposentadoria). Desse modo, se a expectativa é de manutenção de taxas de juros elevadas, o RC deverá atrair mais atenção.

---

15 A. Gremaud et al., *Previdência, regime de repartição e regime de capitalização: uma simulação de custos*, texto para discussão interna no Seminário das Quintas, nº 26, São Paulo, novembro de 1993. Por exemplo: as pessoas começam a contribuir aos 20 anos e o fazem ininterruptamente; o salário médio dos indivíduos ao longo da vida ativa é igual ao salário médio da economia em qualquer instante do tempo.

16 O que, com a hipótese de que as pessoas iniciam suas contribuições aos 20 anos e contribuem ininterruptamente, também quer dizer 50 anos de idade.

17 Quarenta anos de contribuição.

18 Trinta e cinco anos de contribuição.

Tabela 1. Taxa de contribuição para a obtenção de um benefício médio equivalente a 80% do salário médio em vida

		Idade de aposentadoria			
SRS		50	55	60	65
Taxa de desemprego	0	25,60	17,60	12,00	7,20
	5	26,94	18,53	12,63	7,58
	8	27,80	19,13	13,04	7,82
	10	28,45	19,55	13,34	8,00
		Tempo de contribuição			
RC		30	35	40	45
Taxa de juros	1	57,72	41,81	31,00	25,44
	3	32,29	22,84	16,42	12,79
	4	24,24	16,84	11,85	8,95
	6	13,76	9,12	6,08	4,30

Fonte: Gremaud et al., 1993.

Por sua vez, os cálculos apresentados não levam em consideração os custos administrativos. É de se esperar que esses custos sejam superiores no RC, em função da diminuição de algumas economias de escala e da própria necessidade de mais atenção na gerência dos fundos individuais. Nesse sentido é paradigmático o caso chileno, no qual os custos administrativos chegam a representar mais de 10% do valor da contribuição, o que, segundo alguns autores, decorre da elevada concentração do mercado nas mãos de poucas administradoras de fundos de pensão. A contrapartida dos custos administrativos que incidem sobre o RC é a menor incidência dos chamados riscos políticos[19] a que está sujeito o SRS e que podem conduzir a níveis elevados de gastos, devido a critérios generosos de elegibilidade, difíceis de reformar. Nesse caso, o Brasil parece paradigmático.

---

19 R. Holzmann, "Comentários sobre 'Mais velha e mais sábia: a economia do sistema previdenciário'", em *Conjuntura Social*, 10 (1), Brasília, SPS, janeiro/março de 1999; P. Diamond, "Isolation of Pension from Political Risk", em S. Valdés-Prieto, *The Economics of Pensions* (Cambridge: Cambridge University Press, 1997).

b) *Vulnerabilidade a fatores demográficos*

As alterações demográficas fazem com que, em um curto espaço de tempo, o SRS passe de uma situação financeira saudável para uma deficitária. A crença na superioridade do RC, porém, não se sustenta, pois não se pode esquecer que, independentemente do regime financeiro, o custo social do sistema previdenciário será o mesmo, qual seja, o de sustentar a população inativa. A poupança requerida à população ativa para esse fim será igual em qualquer um dos dois casos. Qualquer regime entra em crise com o crescimento da relação V/A, uma vez que se amplia o custo social.

A diferença entre os dois regimes se dá na forma como se materializa esse problema. No caso do SRS há elevações nas taxas de contribuição e/ou redução institucional dos benefícios; já no RC a redução nos benefícios passa pela depressão no preço dos ativos. Tomemos, em um exemplo simples,[20] uma economia na qual os ativos são transacionados apenas para fins previdenciários (exatamente a ideia do ciclo de vida). Nesse caso, se supusermos um envelhecimento populacional (aumento em V/A), haverá um aumento da oferta de títulos, e esse aumento acarretará, a não ser que aumente a propensão a poupar da população ativa, uma depreciação no preço dos ativos, fazendo com que o poder de compra acumulado não se verifique, levando a uma diminuição dos benefícios. É evidente que esses efeitos não são diretos, como no caso do SRS, além do que podem ser mitigados com a aplicação dos fundos em outros países e pela performance da própria economia, independentemente da questão demográfica.

c) *Desestímulo à poupança e os problemas do financiamento da economia*

O argumento utilizado é o fato de não existir um vínculo claro entre contribuição e benefícios no SRS. Esses benefícios não

---

20 De certo modo este exemplo é uma das questões enfrentadas no sistema financeiro japonês.

refletem necessariamente o "esforço" de poupança dos indivíduos, mas a contribuição dos outros. Isso pode levar a um desestímulo à poupança individual, uma vez que o benefício estará garantido independentemente das contribuições. O RC elevaria assim a poupança da economia tanto por estimular a poupança individual como por não onerar o governo, uma vez que a poupança do indivíduo é a base de sua própria aposentadoria, podendo elevar o nível de renda potencial da economia.[21]

Alguns aspectos devem ser qualificados nesse sentido. Em primeiro lugar, o argumento de que o RC estimula a poupança (através da formação de fundos previdenciários) é questionável. A compra de planos previdenciários baseados em RC por parte dos indivíduos é uma das formas possíveis de se guardar a poupança, mas a existência desse tipo de plano não tende a afetar o volume de poupança, mas sim sua alocação, ou seja, simplesmente substituem-se os mecanismos.

Essa questão foi objeto de um interessante debate com diferentes testes econométricos para avaliar o impacto dos diferentes regimes financeiros sobre o volume de poupança. Thompson, fazendo um apanhado da questão, acabou concluindo que as evidências de que o SRS desestimula a poupança são muito pequenas. Para o autor, se o objetivo for aumentar a poupança nacional, é pouco provável que alterações no regime financeiro dos sistemas tenham impactos discerníveis.[22]

Por sua parte, criticam-se os sistemas baseados no SRS por não possuírem importância para a questão do financiamento, pois não há formação de reservas a serem aplicadas (capitalizadas). No RC

---

[21] Segundo os modelos de crescimento econômico do tipo de Solow, quanto maior a taxa de poupança da economia, maior será a renda per capita de *steady-state*, mesmo que a taxa de poupança não afete a taxa de crescimento do produto no longo prazo. Com base nisso, alguns trabalhos tentam mostrar que a introdução do regime de capitalização aumentaria o bem-estar social.

[22] L. Thompson, *op. cit*.

existe a formação desse fundo a ser capitalizado, de modo que o RC assume importância para a questão do financiamento na economia. Contudo, pode haver formação de reservas em regimes baseados no SRS, as chamadas reservas de contingência, para permitir que o sistema continue funcionando normalmente quando ocorram flutuações na economia. Assim, quando a economia está em expansão, aumentando a arrecadação previdenciária, devem-se constituir reservas para quando a economia entrar em recessão e ocorrer queda na arrecadação. Assim, mesmo no SRS, é desejável a existência de um certo volume de reservas. Além disso, na fase inicial, momento de implantação do sistema, caso não se incorporem como beneficiárias pessoas que nunca tenham contribuído, haverá um período em que só ocorrerão entradas e não saídas, e com isso se constituirá um fundo inicial sem utilização. Esse foi o caso brasileiro, sendo que os recursos do sistema previdenciário foram utilizados para financiar obras de infraestrutura do governo.

Por outro lado, os fundos de pensão que operam a previdência em RC constituem-se no principal ramo daquilo que se denomina investidores institucionais. A presença desse segmento nos mercados financeiros é de grande importância, pois confere maior estabilidade ao mercado. Esses investidores estão menos sujeitos às psicologias do mercado tanto por serem investidores de longo prazo (menos suscetíveis a movimentos especulativos) como por terem suas aplicações regulamentadas. Assim, a sua presença é um forte estímulo ao desenvolvimento de alguns segmentos do mercado financeiro, em especial os mercados de risco. A maior dinamicidade dos sistemas financeiros decorrente da introdução de sistemas previdenciários com RC tem sido alvo de estudos empíricos; e, especialmente em países onde o mercado de capitais não era desenvolvido, como no caso do Chile, tem merecido comprovação.[23]

---

23 R. Holzmann, "Comentários sobre 'Mais velha e mais sábia: a economia do sistema previdenciário'", *op. cit.*

Comentários finais

A análise anterior procurou levantar algumas questões que devem ser consideradas na discussão sobre a questão previdenciária. A primeira é a diferença entre previdência e assistência. Com isso, pode-se justificar estruturas independentes para cada caso e fontes distintas de financiamento. A segunda questão é a necessidade ou não de intervenção pública. Os argumentos levantados mostram a necessidade de um determinado grau de participação do setor público; a questão é saber qual. Mesmo no caso chileno, em que ocorreu a privatização do sistema, o Estado continua presente. Entre suas atribuições está a de garantir uma renda mínima na aposentadoria para aqueles que não conseguiram ao longo da vida acumular um patrimônio (fundo) suficiente para tal. Assim, pode-se colocar o problema da participação do Estado como uma questão de grau: qual o teto de benefício garantido pelo setor público a partir do qual a previdência deverá ser privada? Uma importante questão a ser considerada nesse aspecto é o custo financeiro da reforma. Quanto menor o teto que se estipula para a responsabilidade pública, maior o custo inicial da transição, pois maior será a perda de contribuições para o setor público sem que as despesas se reduzam inicialmente. Em relação aos regimes financeiros, tentou-se mostrar que, apesar das diferenças nos mecanismos de transferência dos recursos dos indivíduos ativos para os inativos, em situações normais o custo para os contribuintes tende a ser muito semelhante nos dois regimes. O regime de capitalização também está sujeito a crises que assumem a forma de depreciação no preço dos ativos, e não existe qualquer evidência empírica conclusiva de que esse regime estimule a taxa de poupança e aumente o bem-estar social. Assim, não se pode concluir pela superioridade do regime de capitalização em relação ao de repartição.

A previdência no Brasil

Um breve histórico

O sistema previdenciário brasileiro foi organizado originalmente como um sistema descentralizado com a criação de caixas de aposentadoria e pensões a partir de empresas e categorias profissionais,[24] datando de janeiro de 1923 a Lei Eloy Chaves, que dá início ao processo.[25] No início da década de 1930, por iniciativa do Ministério do Trabalho, há uma revisão das regras relativas que levou a uma grande ampliação do número de caixas. Até 1937, o Estado não interferia na administração, e as caixas se faziam por empresas. A partir daí, surgem os institutos de aposentadoria e pensão organizados por categoria profissional. O Estado reservou-se o direito de escolher e nomear seus presidentes, passando praticamente a gerir os institutos.[26] Em 1960 foi aprovada a Lei Orgânica da Previdência Social (Lops), consolidando as normas existentes e dando uma organização institucional e alguma uniformidade aos institutos.

O sistema evoluiu no sentido da sua centralização pelo governo federal e da universalização dos benefícios a todos os trabalhadores independentemente do setor ou tipo de atividade. O processo de unificação (centralização) teve como principal marco a criação em 1966 do Instituto Nacional de Previdência Social (INPS), quando o governo assumiu total controle sobre o sistema. Quanto à universalização, esta se acentuou na década de 1970, com a incorporação dos trabalhadores rurais, dos empregados domésticos e da maior

---

24 Essa forma de organização foi característica de vários países latino-americanos. No Chile essa forma organizacional manteve-se até praticamente as vésperas da reforma de 1980.

25 A primeira categoria beneficiada é a dos ferroviários. Antes de 1923 algumas iniciativas isoladas podem ser verificadas, principalmente na forma de montepios, mas também já algumas aposentadorias na República Velha. Ver J. A. A. Oliveira & S. M. F. Teixeira, *(Im)Previdência social: 60 anos de história da previdência no Brasil* (Petrópolis: Vozes, 1986).

26 Ver F. E. B. Oliveira *et al.*, *Fontes de financiamento da seguridade social brasileira*, Texto para discussão, nº 342 (Rio de Janeiro: Ipea, 1994). Havia também a participação de representantes de empregados e empregadores na gestão. O sistema seguia basicamente o RC.

parte dos autônomos. O problema colocado nesse processo é que ele não foi acompanhado de alterações adequadas na estrutura financeira, em especial no que tange aos prazos de carência necessários para que os novos indivíduos incorporados ao sistema pudessem se tornar beneficiários.

O regime financeiro original era o de capitalização, mas, dada a inexistência de um sistema financeiro e de um mercado de capitais que viabilizassem a acumulação financeira das reservas, além das pressões políticas, estas foram utilizadas para financiar o governo (infraestrutura, programas siderúrgicos, etc.) sem uma garantia de retorno, ou seja, não foram capitalizadas. Desse modo, o sistema passou a basear-se no regime de repartição.[27]

Os problemas gerados nesse processo não se fizeram sentir até fins da década de 1970, devido à boa situação financeira da Previdência, o que, aliás, constituía um estímulo para a criação por parte dos governos dos próprios problemas que apareceriam no futuro. A situação financeira favorável era devida ao sistema ser ainda relativamente jovem, não tendo atingido a maturidade, e ao rápido processo de urbanização e industrialização que experimentou o país nas décadas de 1950, 1960 e 1970, que faziam com que o fluxo líquido contribuintes versus beneficiários ainda fosse positivo.

Porém, no início década de 1980, os primeiros problemas já se faziam sentir: elevação da relação beneficiários/contribuintes, endividamento, evasão/fraudes, etc.[28] Agravaram os problemas do sistema

---

[27] Em 1974, como desdobramento do antigo Ministério do Trabalho e Previdência Social, criou--se o Ministério da Previdência e Assistência Social (MPAS), e em 1978 foi criado o Sistema Nacional de Previdência e Assistência Social (Sinpas), composto, entre outros, pelo INPS, responsável pela concessão dos benefícios, pelo Instituto Nacional de Assistência Médica da Previdência Social (Inamps), responsável pela assistência médica, e pelo Instituto de Administração Financeira da Previdência e Assistência Social (Iapas), ao qual cabia a administração financeira e patrimonial do sistema. Percebe-se aqui que o sistema previdenciário se misturava com a saúde pública.

[28] Deve-se ressaltar que, nesse período, o problema que mais chamava a atenção dentro do sistema de seguridade era o problema da saúde.

a recessão e as dificuldades enfrentadas pela mão de obra dentro da chamada crise da dívida. Apenas durante o Plano Cruzado o sistema alcançou algum equilíbrio passageiro.[29]

A Constituição de 1988 foi o ponto final da universalização da previdência brasileira. Esta definiu, sob o título seguridade social, um conjunto de ações integradas entre a sociedade e o setor público, com a organização deste último nos campos da saúde, assistência social e previdência.[30] Estabeleciam-se na área previdenciária os seguintes direitos:

- a universalidade da cobertura e do atendimento para os riscos sociais básicos: doença, invalidez, velhice, desemprego involuntário e morte;
- irredutibilidade do valor dos benefícios de prestação continuada, que prevê a manutenção do seu valor real, eliminando a insegurança que aflige os beneficiários – a base para essa irredutibilidade é expressa em salário mínimo, com data de concessão até abril de 1989, e tendo como índice a inflação medida pelo Índice Nacional de Preços ao Consumidor (INPC) –;
- fixação de nova fórmula para o cálculo das aposentadorias, mandando corrigir, monetariamente, os últimos 36 salários de contribuição, que servem de base, e estabelecimento do salário mínimo como valor básico para as aposentadorias, pensões e auxílio-doença;
- contagem recíproca de tempo de serviço entre as atividades urbana, rural, pública e privada;
- direito de contribuir para a previdência mesmo que não exerça atividade remunerada;
- extensão de pensão aos viúvos de mulheres seguradas;

---

29 Nesse período criou-se o Finsocial para financiar parte do sistema, além de terem sido adotadas medidas pontuais, envolvendo prazo de recolhimento, estabelecimento de tetos/pisos, desvinculações, etc.

30 Incluindo nesta última rubrica a proteção ao desemprego involuntário.

- auxílio complementar para os dependentes dos segurados de baixa renda;
- aposentadoria por tempo de serviço para as mulheres;
- aposentadoria rural aos 60 anos para os homens e 55 anos para as mulheres, o que representa uma redução de cinco anos para cada um;
- licença-maternidade de 120 dias;
- participação comunitária na gestão, em especial de trabalhadores, empresários e aposentados, já prevista na Lei Eloy Chaves de 1923, embora utilizada esporadicamente;
- previdência complementar pública, custeada por contribuição adicional.[31]

Percebe-se a enorme gama de direitos, com a mistura de gastos de diferentes naturezas dentro de um mesmo conceito. Alguns desses direitos ainda não saíram do papel, dada a impossibilidade de se atendê-los dentro da atual situação financeira do Estado e da previdência em particular. Esta se agravou de maneira sistemática ao longo da década de 1990. Cabe analisar as razões disso.

Razões da crise

Pode-se dividir as razões da crise em três grandes categorias: estruturais, circunstanciais e gerenciais.

Quanto às estruturais existem duas ordens de fatores: as transformações demográficas e a própria evolução do sistema quanto à estrutura de benefícios e custeio. Esses fatores levaram a uma drástica redução na relação contribuintes/beneficiários (a variável-chave para o equilíbrio de um sistema baseado num regime de repartição), que passou de 5 para 1 no final de 1960, de 4 para 1 no final da década de 1970, e de 2 para 1 em 1991. Essa redução foi corroborada também pelos fatores do segundo tipo, que se referem basicamente

---

[31] R. Stephanes, *Seguridade social: lições das experiências, tendências e prospectos para o futuro*, Brasília, 1992, mimeo.

aos impactos da recessão. O terceiro diz respeito a questões de ordem administrativa: falhas na arrecadação, na concessão de benefícios, na fiscalização, etc.

Fatores estruturais

a) *Transformações demográficas*

No Brasil, assim como no resto do mundo, há profundas alterações demográficas no pós-guerra, que culminam com o envelhecimento populacional. O impacto desse processo sobre os sistemas previdenciários faz-se sentir principalmente em meados da década de 1970, quando se torna evidente a complementação do processo de transição demográfica da economia brasileira, ou seja, depois de um forte aumento das taxas de crescimento populacional – que chegaram a basear teses de explosão demográfica para o Brasil –, fruto especialmente do declínio da mortalidade. Estas taxas se reverteram em razão do significativo declínio das taxas de fertilidade. A população total, no Brasil, passou de algo em torno de 40 milhões em 1940 para 140 milhões em 1990. Nesse processo, a taxa de fertilidade[32] reduziu-se de 6,16% (em 1940) para 4% (em 1980) e 2,4% (em 1997); com isso, a taxa de crescimento vegetativo anual passou de 2,39% (década de 1940) para 1,93% (década de 1980), e atualmente situa-se em menos de 1,5%.

Simultaneamente a esse processo, observa-se um aumento na esperança de vida média do brasileiro ao nascer, que passa de 48,6 anos no período 1950-1955 para 66,7 no período 1990-1995. Assim, a redução na taxa de natalidade (queda no índice de fecundidade), juntamente com o aumento na esperança de vida média, está levando a um envelhecimento da população brasileira.

---

32 Relação entre o número de nascimentos e o de mulheres em idade fértil (15 aos 44 anos).

Os dados sobre a esperança média de vida escondem ainda um problema adicional em termos previdenciários. A taxa de mortalidade infantil no Brasil é bastante elevada, o que leva a uma profunda retração na esperança média de vida. Uma vez ultrapassados os primeiros anos de vida, a esperança de sobrevida aumenta significativamente, o que eleva em muito o número de anos que o indivíduo vive como beneficiário, agravando o problema financeiro da previdência. Em termos previdenciários o que importa é a esperança de sobrevida do indivíduo ao se aposentar, e não a esperança média de vida.

Tem-se, com isso, um aumento no índice de dependência da população idosa, o que agrava a situação previdenciária. Contudo, além do crescimento no número de idosos, vários fatores no Brasil colaboraram para a redução na relação contribuintes/beneficiários.

Tabela 2. **Esperança de vida ao nascer e taxa de crescimento populacional, Brasil, 1930-1995**

Período	1930-1940	1940-1950	1950-1960	1960-1970	1970-1980	1990	1995
Esperança de vida (anos)	42,74	45,90	52,37	52,67	60,08	65,62	67
Taxa de crescimento populacional (%)	1,5	2,4	2,6	2,9	2,5	1,9	1,5

Fonte: IBGE.

b) *Ampliação dos benefícios*

Outro elemento estrutural a diminuir a relação contribuintes/beneficiários foi a ampliação dos benefícios (cobertura) ao longo dos anos 1970, sem um prazo adequado de carência, como dissemos antes. Esse fato, baseado no que ficou conhecido como direito pretérito, fez com que vários trabalhadores, especialmente do meio rural, sem nunca ter contribuído, entrassem imediatamente na categoria beneficiários.

Tabela 3. Pessoas de 10 anos ou mais, por contribuição para o Instituto de Previdência no trabalho principal

Ano	Total de pessoal ocupado	Contribuintes	Não contribuintes	Beneficiários	Não contribuintes/ total	Não contribuintes/ contribuintes	Beneficiários/ contribuintes
1997	69.331.507	30.189.122	39.136.808	15.933.047	0,564	1,296	0,528
1996	68.040.206	29.571.464	38.436.377	15.525.436	0,565	1,300	0,525
1995	69.628.608	29.820.663	39.820.663	14.649.073	0,572	1,335	0,491
1993	66.569.757	28.511.065	38.045.838	13.184.949	0,572	1,334	0,462
1992	65.395.491	28.347.541	37.033.573	12.029.745	0,566	1,306	0,424

Fonte: Pnad.

c) *A maturidade do sistema*

Considerando-se que a legislação inicial da previdência data da década de 1930, e com o instituto da aposentadoria por tempo de serviço aos 35 anos para os homens (com direito a aposentadoria proporcional com tempo inferior, menor número de anos para as mulheres, algumas aposentadorias especiais, etc.), começa a partir da década de 1970 a haver um fluxo contínuo e crescente de novos beneficiários. A aposentadoria por tempo de serviço traz um problema adicional que é a idade precoce com que os indivíduos começam a receber os benefícios – aproximadamente 12% dos beneficiários começam a recebê-los antes dos 46 anos, e abaixo dos 54 anos temos 60% dos beneficiários.

Tabela 4. Aposentadoria por tempo de serviço: número total de benefícios, segundo a idade

Faixa de idade	Participação relativa	
	Simples (%)	Acumulada (%)
Até 46	11,54	11,54
Mais de 46 a 48	9,73	21,28
Mais de 48 a 50	13,35	34,63
Mais de 50 a 52	13,38	48,01
Mais de 52 a 54	12,27	60,27

(cont.)

Faixa de idade	Participação relativa	
	Simples (%)	Acumulada (%)
Mais de 54 a 56	10,88	71,15
Mais de 56 a 58	8,68	79,83
Mais de 58 a 60	6,69	86,52
Mais de 60 a 62	4,66	91,19
Mais de 62 a 65	3,62	94,81
Mais de 65 a 69	1,22	96,03
Mais de 69 a 75	0,41	96,44
Mais de 75	0,05	96,49
Ignorada	3,51	100,00

Fonte: Ministério da Previdência e Seguridade Social.

Tabela 5. Esperança de vida condicional, Brasil, 1995

Idade	Homens	Mulheres
0	64,5	71,3
1	66,8	73,0
5	63,2	69,5
10	58,4	64,7
15	53,6	59,8
20	48,9	55,0
25	44,6	50,2
30	40,3	45,5
35	36,1	40,9
40	31,9	36,3
45	27,9	31,9
50	24,0	27,6
55	20,3	23,5
60	16,9	19,7
65	13,9	16,2
70+	11,2	13,1

Fonte: IBGE.

Se combinarmos esses dados com a esperança de sobrevida dos indivíduos, percebe-se que a tendência é haver um contingente crescente de aposentados, uma vez que se espera um fluxo crescente de novos beneficiários que permanecerão por um longo tempo nessa condição. Com isso, percebe-se um problema adicional: a relação tempo de contribuição/tempo de benefício é muito baixa no Brasil, o que agrava ainda mais a situação financeira da Previdência.

Aspectos conjunturais: os impactos da recessão

A redução do nível de atividade econômica traz vários impactos negativos sobre o sistema previdenciário, dentre os quais destacam-se o aumento do desemprego e a redução nos salários. Estes dois aspectos em conjunto provocam forte retração na base sobre a qual incidem as contribuições. Além disso, o Brasil é caracterizado por elevados índices de informalização do mercado de trabalho, entendido aqui como trabalhadores sem carteira assinada, além dos autônomos não declarantes.

Alguns dados podem ilustrar essa situação. A relação entre empregados sem carteira assinada e o total de ocupados situou-se a partir de 1977 sempre acima dos 25%, sendo que em 1983 atingiu um pico de 29,2%. Considerando-se essa classe em relação ao número de empregados, vê-se que ela se encontra acima dos 40%, tendo atingido 47,2% em 1983. O grau de informalização continuou se elevando no período recente, agravando-se sobremaneira na década de 1990, em resposta à abertura comercial e à busca de maior competitividade das empresas nacionais, que assumiu, em grande parte, a forma de terceirização, que era uma maneira de diminuir os custos trabalhistas. O gráfico 1 mostra a evolução do emprego com e sem carteira assinada na região metropolitana de São Paulo.

Além da informalidade deve-se destacar que um grande número dos ocupados possui renda inferior a 1 salário mínimo (SM). Esse número gira em torno de 40% do total de ocupados. Estes dados servem para ilustrar a precariedade do mercado de trabalho no

Brasil, que se acentuou com a recessão das décadas de 1980 e 1990. Percebe-se, com isso, a fragilidade da base sobre a qual se assenta o financiamento da Previdência.

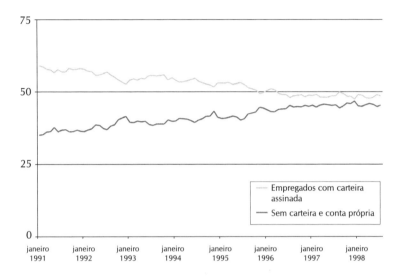

Gráfico 1.   Posição na ocupação, região metropolitana de São Paulo (1991-1998).
Fonte: IBGE/PME (porcentagem em relação ao total da população ocupada).

Além do efeito negativo provocado pela recessão – tendência a queda da receita e aumento no número de benefícios –, a utilização do aumento das alíquotas de contribuição sobre a folha de salários, como forma de compensação, leva ao encarecimento do fator trabalho, penalizando sobremaneira os custos das firmas, em especial as de trabalho intensivo, que em geral são as dos setores concorrenciais, estimulando a informalização do emprego, uma vez que essas firmas têm maior dificuldade para repassar esses custos para os preços. Assim, dado o impacto da recessão e da crescente informalização do emprego, não se percebe um efeito positivo no aumento das alíquotas de contribuição sobre a receita total. Estima-se que a sonegação tenha superado a cifra dos 40%. O problema é que, quanto maior o mercado informal, menor a relação contribuinte/beneficiários.

A recessão ainda tem um impacto adicional ao piorar a crise fiscal do Estado, em seus três níveis – União, estados e municípios –, com duas consequências adversas sobre o sistema previdenciário: em primeiro lugar, a União não realiza as transferências necessárias para cobrir os gastos administrativos que são de sua responsabilidade, nem para realizar o pagamento dos benefícios dos funcionários públicos, os encargos previdenciários da União (EPU), que a partir da Constituição foram repassados ao sistema previdenciário. O segundo efeito é o crescimento das dívidas dos estados e municípios para com o INSS. Como os benefícios dos funcionários públicos são significativamente maiores do que o dos beneficiários do setor privado, criou-se um grande rombo no sistema associado à previdência pública.

Aspectos gerenciais

Os aspectos gerenciais agravam a crise previdenciária ao dificultar o combate à sonegação e às fraudes, uma vez que não existe aparelho de fiscalização e cobrança eficiente. Dentre os principais problemas gerenciais destacam-se (segundo levantamento da Comissão do Congresso):

- falhas legislativas que permitem que as empresas não pratiquem o recolhimento do Finsocial;
- inexistência de cálculos atuariais e estatísticos;
- inexistência do cadastro anual dos trabalhadores;
- falta de automação dos postos de benefícios e não utilização de cartões magnéticos para aposentados e pensionistas;
- não funcionamento da Procuradoria-Geral do INSS;
- desconhecimento dos devedores;
- não revisão dos benefícios por acidentes de trabalho e invalidez, que constituem fontes confirmadas de fraude;

- não implantação de dispositivo legal que obriga os cartórios civis a informar os óbitos ocorridos.

Além desses problemas, vários outros poderiam ser levantados. A questão é que, da forma como se estrutura o sistema previdenciário no Brasil, não há a menor possibilidade de se coibir as fraudes e a sonegação.

Comentários finais

Esse conjunto de fatores mostra que a crise da previdência social no Brasil não pode ser atribuída a uma única razão. A crise decorre da fragilidade da base financeira, do elevado nível de sonegação e fraudes, do instituto das aposentadorias especiais, do desequilíbrio da previdência pública, entre outros. Assim, tendo em vista o custo envolvido em amplas reformas previdenciárias e a atual fragilidade fiscal do governo, percebe-se que a reforma no Brasil poderia assumir um caráter gradual, em pontos de menor resistência política, que fosse possibilitando na margem a melhora do sistema, enquanto se modela um sistema que dê conta das enormes desigualdades existentes na sociedade brasileira e se adapte à profunda instabilidade macroeconômica. Querer fazer grandes reformas, como no caso chileno, leva ao risco de se aprofundar a desigualdade, não atingir um sistema eficiente e fazer um sistema muito vulnerável às oscilações macroeconômicas, além de deteriorar de vez as contas públicas. Analisar as experiências internacionais de reforma com mais detalhe é um passo importante. A reforma italiana, por exemplo, levou vários anos para ser concebida e foi realizada gradualmente. A importância do sistema previdenciário não permite que sua reforma seja atropelada por um contexto conjuntural e político desfavorável, sob o risco de termos que fazer novas reformas no futuro próximo.

Referências

Diamond, P. "Isolation of Pension from Political Risk", em Valdés-Prieto, S. *The Economics of Pensions*. Cambridge: Cambridge University Press, 1997.

Giambiagi, F. *A contribuição previdenciária no regime de capitalização*. Rio de Janeiro, 1992, mimeo.

Gremaud, A. et al. *Previdência, regime de repartição e regime de capitalização: uma simulação de custos*. Texto para discussão interna no Seminário das Quintas, nº 26. São Paulo, novembro de 1993.

Holzmann, R. "Pension Reform, Financial Market Development and Economic Growth: Preliminary Evidence from Chile", em *IMF Staff Papers*, 44 (2), Washington, IMF, junho de 1997.

_____. "Comentários sobre 'Mais velha e mais sábia: a economia do sistema previdenciário'", em *Conjuntura Social*, 10 (1), Brasília, SPS, janeiro/março de 1999.

Kandir, A. et al. "Diretrizes conceituais e operacionais para a reforma da previdência social", em *A previdência social e a revisão constitucional*. Brasília: MPS/Cepal, 1993.

Oliveira, F. E. B. et al. *Fontes de financiamento da seguridade social brasileira*. Texto para discussão, nº 342. Rio de Janeiro: Ipea, 1994.

Oliveira, J. A. A. & Teixeira, S. M. F. *(Im)Previdência social: 60 anos de história da previdência no Brasil*. Petrópolis: Vozes, 1986.

Stephanes, R. *Seguridade social: lições das experiências, tendências e prospectos para o futuro*. Brasília, 1992, mimeo.

Thompson, L. *Older and Wiser: the Economics of Public Pension*. Washington: Urban Institute, 1998.

van Parijs, P. "Au-delà de la solidarité: les fondements éthiques de l'État-providence et son dépassement", em *Futuribles*, nº 184, Paris, fevereiro de 1994.

Programas de garantia de renda mínima e desigualdade social[1]

EVARISTO ALMEIDA

Introdução

Os programas de renda mínima constituem-se em políticas sociais com benefícios em dinheiro, ao contrário das políticas tradicionais, com benefícios em espécie.

Esses programas apresentam todo um referencial histórico desde o século XVI, passando pelo Speenhamland, que foi o primeiro programa de renda mínima da Europa industrial, instituído em 1795.

No século XX, desde os anos 1960, vários países europeus adotaram programas de renda mínima para aqueles que não conseguiam se inserir no mercado de trabalho. Mas foi nos anos 1980, com o aparecimento da "nova pobreza", derivada do desemprego estrutural e do emprego precário, que houve na Europa uma discussão mais abrangente do tema.

---

[1] Este trabalho é uma síntese da minha dissertação de mestrado, *Programas de garantia de renda mínima: inserção social ou utopia?*, defendida na PUC-SP em 1998, orientada pelo professor doutor Júlio Manuel Pires. Agradeço às leituras atentas do professor doutor Samuel Kilsztajn e do professor doutor Júlio Manuel Pires, que muito contribuíram na melhoria deste texto, ressaltando que os erros remanescentes são de minha responsabilidade. Quero também agradecer aos professores doutores Antônio Carlos de Moraes, Ladislau Dowbor e Fernando Garcia, além dos demais professores da PUC-SP, que muito contribuíram na minha formação acadêmica.

No Brasil, que apresenta índices de desigualdade de renda muito distorcidos e uma grande parcela da população vivendo na pobreza, o tema renda mínima ganhou um impacto maior a partir de 1991. Nesse ano o senador Eduardo Suplicy apresentou no Senado Federal o Programa de Garantia de Renda Mínima (PGRM), que atualmente se encontra na Câmara Federal.

Nos anos posteriores à apresentação do PGRM, vários programas foram implantados no país, com as câmaras municipais tendo tomado a iniciativa. Dessa forma, pode-se afirmar que a renda mínima garantida já faz parte da experiência brasileira. O que falta são mais aportes financeiros para que esse benefício possa se estender a todas as localidades do país.

Assim, esse é um tema que tem suscitado grandes debates e interesse no país. O objetivo deste trabalho é apresentar os programas de renda mínima garantida. No item que se segue são apresentadas sucintamente a história e as propostas de renda mínima. O quadro de desigualdade de renda e pobreza e a necessidade da justiça social no país são apresentados na seção "Brasil: uma sociedade desigual". A seção "A renda mínima garantida no Brasil" mostra como essa questão se apresenta no país.

A renda mínima garantida (RMG)

Em 1796, Thomas Paine fez a primeira proposta para concessão de uma renda mínima na América, na qual previa que parte de todas as rendas seria alocada para formar um fundo destinado a pagar uma renda uniforme a todo membro da sociedade (uma espécie de aluguel pago à comunidade pela utilização da terra).[2] Teria direito

---

2 Segundo Suplicy, tal proposta foi feita tendo por base o livro de Thomas More, *Utopia*, publicado em 1516. Juan Luis Vives, inspirado num diálogo do livro que recomenda prover a todos algum meio de sobrevivência, em 1526 faz a primeira proposta de renda mínima para a cidade flamenga de Bruges, que foi implementada em Ypres, na Bélgica.

a receber um valor de 15 libras esterlinas o cidadão que completasse 21 anos, e aquele com mais de 50 anos receberia 10 libras esterlinas anualmente durante sua vida.

A proposta de Paine era a compensação pela expropriação que o sistema de propriedade da terra havia feito, sendo todo homem, pelo fato de ter nascido, um herdeiro natural.

Em 1944, Friedrich von Hayek fez uma pequena apologia a um programa dessa natureza ao propor que uma renda mínima seria garantida a todos, desde que todos os direitos sociais fossem extintos.

Milton Friedman, com base nas propostas de Hayek, em 1962, alega a falência dos programas de seguro social, como habitação, salário mínimo, proteção à velhice, garantia dos preços agrícolas, entre outros, que seriam ineficientes e intervencionistas demais no mercado. Em troca do seguro social, seria instituído um imposto negativo, sendo fixado um nível de isenção. Caso a renda do indivíduo se situasse acima do nível de isenção haveria um imposto a ser pago, caso contrário, ele receberia um subsídio. A primeira medida para implantação dessa proposta seria estabelecer um padrão abaixo do qual nenhuma renda poderia estar situada.

Para Friedman, o programa teria duas vantagens, pois, além de agir contra a pobreza, distribuindo dinheiro para o indivíduo gastar como bem quisesse, não interferiria no sistema de mercado. A administração desse programa seria feita com o sistema de imposto de renda.

O princípio básico do imposto negativo pode ser descrito na fórmula:

$$s = G - tg,$$

em que:

s é a renda a ser subvencionada;

G é a renda mínima garantida (nível de pobreza);

t é o fator moderador da preguiça ou indolência;[3]

g é o ganho pessoal.

Exemplo: seja

G = US$ 100,00

t = 50%

g = US$ 80,00

pela fórmula, $s = 100 - 0,5 (80)$

s = 100 – 40 = 60

A renda final é dada por US$ 80,00 (a renda individual) + US$ 60,00 (a renda a ser subvencionada) = US$ 140,00.

A taxa de exclusão é dada por $s = G/t$, ou $s = 100/0,5 = $ US$ 200,00, que representa a renda a partir da qual o indivíduo não teria subsídio nenhum. O gráfico 1 representa bem essa equação.

No gráfico 1 a subvenção é inversamente proporcional aos ganhos pessoais, isto é, quanto maior a renda do indivíduo, menor será a subvenção feita pelo Estado. No ponto 0 o indivíduo tem renda igual a zero, e a subvenção é de 100%, representada pelo ponto G. No ponto A a subvenção é igual a zero, pois o indivíduo tem renda igual à taxa de exclusão.

É importante salientar que, no imposto de renda negativo, a renda subsidiada seria necessariamente baixa para que não funcionasse como um desestímulo ao trabalho.

---

[3] A variação desse fator tem caráter aleatório, e se dá conforme o benefício a ser concedido e a restrição financeira do governo.

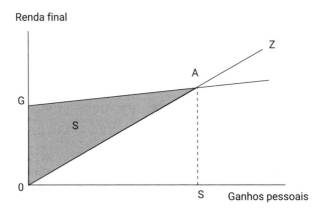

Gráfico 1.

As críticas de Chantal Euzeby ao modelo liberal referem-se à excessiva monetização no combate à pobreza, ao desmonte do sistema de seguridade social, ao tamanho do benefício. Se o benefício for muito baixo, haveria necessidade de complementá-lo; se muito alto, funcionaria como um desincentivo ao trabalho.[4] Na verdade, para Chantal Euzeby, o objetivo dos liberais é a flexibilização dos salários, ajustados pelo mercado.

Alguns autores com ideias mais progressistas também defenderam a tese da renda mínima garantida. Essas posições foram tomadas, na Europa, em virtude da constatação de que a pobreza não desaparecera, agravando-se desde a recessão de 1973-1974, apesar de os gastos com seguridade social em alguns países terem aumentado de 20% para 30%. Essa pobreza conhecida como "nova" é derivada principalmente, na acepção de Chantal Euzeby, do aumento do desemprego, junto com a maior duração do mesmo, de um número maior de famílias monoparentais, por causa dos divórcios e separação, e do

---

4 C. Euzeby, "El ingreso mínimo garantizado: experiencias y propuestas", em *Revista Internacional del Trabajo*, 106 (3), Genebra, OIT, julho-setembro de 1987, pp. 329-355.

despreparo dos sistemas de proteção social de combate à pobreza, não sendo essa a finalidade desses sistemas.[5]

Essa nova pobreza foi fruto da ruptura da relação entre emprego e renda, da grande produtividade oriunda da terceira revolução industrial e da precarização do emprego, que atinge principalmente os velhos, os desqualificados e os jovens que nunca trabalharam. De acordo com Silva, "essas transformações vêm construindo uma sociedade dualista, na qual, num extremo, há um número decrescente de bem-empregados e, no outro, um número crescente de desempregados ou de trabalhadores marcados pela precarização do trabalho e pelos baixos salários".[6]

A proposta feita por Philippe van Parijs é muito diferente do imposto de renda negativo. Ela garante uma renda básica (*basic income*) a todo cidadão e é assim chamada. Essa renda não é condicionada ao nível de renda, à disposição para trabalhar e à renda *ex ante*. O beneficiário não precisa ter contribuído para ter o benefício, e a renda auferida deve ser suficiente para, no mínimo, satisfazer as necessidades básicas do cidadão. Esse modelo só é aplicável às sociedades afluentes que se livraram da miséria ou, nas palavras de van Parijs, "é somente com respeito a sociedades que se livraram da fome, ou que claramente podem fazê-lo sem violação à propriedade de si mesmo, que vale a pena falar em renda básica".[7]

Outras propostas de renda mínima garantida ocorrem dentro da visão de que o desemprego é estrutural, não sendo mais possível recuperar o nível de emprego. Autores como Fisch propõem uma renda de solidariedade, que seria concedida a todos os que não têm renda. O valor recebido seria baixo, para incentivar os beneficiários a buscar um complemento. A instituição de uma renda fora do mercado de

---

5 *Ibid.*, p. 329.
6 M. O. Silva, *Renda mínima e reestruturação produtiva* (São Paulo: Cortez, 1997), p. 162.
7 P. van Parijs, *O que é uma sociedade justa?* (São Paulo: Ática, 1997), p. 81.

trabalho é a preocupação de Rifkin. Segundo ele, seria paga uma renda mínima aos pobres e desempregados em troca de trabalho no terceiro setor ou trabalho comunitário. A proposta de Guy Aznar é o rearranjo do tempo de trabalho. Para que todos trabalhem, é necessário a redução do tempo de trabalho, com redução do salário. Para compensar a redução do salário haveria a adoção do segundo cheque, que é uma renda mínima independente do tempo de trabalho. Já para André Gorz, a hora é de distribuir igualmente a produtividade advinda do progresso tecnológico. Dessa forma, é necessário garantir a todos o direito ao trabalho, com redução da jornada de trabalho sem redução dos salários. A proposta de Gorz é a ruptura entre a renda e o tempo de trabalho, dando a possibilidade de as pessoas desenvolverem o trabalho autônomo, livre do jogo econômico e do mercado. A ideia é o indivíduo progressivamente se liberar do trabalho assalariado, tendo assegurado uma renda social que garanta um nível de vida normal durante os períodos em que não trabalha.

Renda mínima: a experiência internacional

Muitos países já adotaram a renda mínima, mantendo o sistema de seguridade social para os que estão empregados formalmente e os sistemas de garantia de renda mínima para os que não conseguiram inserção social.

Países como Alemanha[8] (lei federal de 30 de junho de 1961, de ajuda social), Holanda (lei geral de 13 de junho de 1963, de assistência social), Inglaterra (lei de 10 de março de 1966, complementada pela lei de 17 de dezembro de 1970), Bélgica (lei de 7 agosto de 1974, que institui a lei que garante um mínimo de existência), Estados Unidos (em 1975, com o Earned Income Tax Credit – EITC), Israel (lei de 1º de dezembro de 1980, sobre a garantia de inserção), Luxemburgo (lei de 26 de julho de 1986, que dispõe sobre o direito

---

8 *Ibid.*, p. 330.

a um ingresso social mínimo garantido), França (em 1988, com o Revenu Minimum d'Insertion – RMI).

Esses programas têm assistido parcelas da população que se encontram excluídas socialmente, como mostra a tabela 1.

Tabela 1. Os aspectos financeiros da RMG dentro da Comunidade Econômica Europeia, para uma família de dois adultos

País	Parte do Estado central no financiamento	Número de casais beneficiários (em % da população)	Montante mensal em moeda nacional e em FF*	Custo médio mensal FF
Holanda	100% para TW, 90% para ABW	612.000 em 1987 (4,5%)	2.300 FL em 1987 (7.000 FF)	4.500 FF
Alemanha	0%	1 milhão em 1983 (1,6%)	2.000 DM em 1987 (6.400 FF)	1.600 FF
Dinamarca	50%	115.000 em 1977	7.400 DKK em 1988 (6.500 FF)	-
Luxemburgo	100%	3.809 comunidades	37.530 FF em 1988 (6.380 FF)	2.230 FF
França	100% para a prestação, 20% ao menos pelos departamentos para a inserção	570.000 (estimativa), (3%)	4.200 FF em 1988	1.335 FF
Bélgica	50%	45.000 em 1985 (0,6%)	3.300 FF em 1988 para casal sem filhos	1.260 FF
Reino Unido	100%	4,6 milhões em 1985 a título de *income support* (8,1%)	348 £ em 1988, 1 casal com 2 crianças entre 11 e 16 anos (3.800 FF)	1.420 FF
Irlanda	100%	55.000 em 1987 (1,6%)	2.900 FF em 1987	450 FF

Fonte: Euzeby, 1987.
* FF: francos franceses.

Pela tabela 1 nota-se que, dentro da esfera da Comunidade Econômica Europeia, a forma de financiamento da RMG provém essencialmente de recursos dos governos centrais, com exceção da Alemanha, em que é financiada localmente, prevalecendo os programas em que o governo central entra com 100% dos recursos. A Holanda apresenta a RMG com maior benefício (4.500 FF) e a Irlanda com o menor (450 FF). O mais abrangente é o do Reino Unido, com 8,1% da população sendo beneficiária da RMG.

Os programas apresentam algumas semelhanças e diferenças, tendo por característica comum a universalidade de acesso ao benefício, com exceção dos estrangeiros e jovens. A idade mínima para ingresso está em torno de 30 anos na maioria dos países, sendo 25 para a França, enquanto na Bélgica e Israel o benefício é concedido a pessoas com idades abaixo da mínima estipulada, mas casadas ou com filhos. Na Dinamarca e Reino Unido, quando os jovens continuam vivendo com seus pais, também têm direito ao benefício. Com referência aos valores recebidos, a base pode ser uma cesta de bens considerados indispensáveis, como na Alemanha e no Reino Unido; o salário mínimo, vigente na Holanda; ou o salário médio, em Israel. Algumas pessoas com problemas de invalidez e famílias monoparentais têm direito a um benefício maior.

Brasil: uma sociedade desigual

O Brasil, visto pelo prisma de John Rawls, constitui uma sociedade injusta. Para Rawls, uma sociedade não é justa quando não garante os direitos e deveres fundamentais nem oportunidades econômicas e sociais para todos os seus membros. Os direitos fundamentais são os direitos políticos, liberdades e oportunidades que a sociedade deve oferecer a cada um. Eles são definidos pelas regras das instituições mais importantes. O segundo princípio de justiça está ligado à distribuição de renda e riqueza, que deve ser o mais equitativa possível.

Dentro desse contexto, o Brasil apresenta uma das piores desigualdades quando o assunto é distribuição de renda. Isso, para Lúcio Kowarick, é visto como elemento estrutural, histórico.[9] Esse processo foi derivado principalmente da existência do trabalho escravo, cuja

---
9 Lúcio Kowarick, em palestra na PUC-SP, em 23-4-1998.

reprodução se apresenta até os dias atuais, materializada nos baixos níveis salariais e na forma do trabalho precário.

Nos últimos trinta anos a concentração de renda só tem aumentado no país, conforme se observa na tabela 2, em que a participação dos 20% mais pobres na renda total do país caiu de 3,5% para 2,3%. Até o quarto quintil da população, houve perda da participação na renda total, fato que só não ocorreu no último quintil da população, que teve sua renda aumentada de 54,4% em 1960 para 66,1% em 1990. Os dados mostram ainda que 10% da população concentra praticamente 50% da renda total. A variação pode ainda ser observada pelo índice de Gini. Em 1960, ele era 0,500, e em 1990 passou para 0,615.

Tabela 2. Participação dos estratos na renda nacional, 1960 a 1990

Estratos renda	% Renda 1960	% Renda 1970	% Renda 1980	% Renda 1990	Pop. (em milhões)	Renda per capita* (US$)	Diferencial**
20% inferiores	3,5	3,2	3,2	2,3	32	578,59	
20% seguintes	8,1	6,8	6,6	4,9	32	1.232,65	2,13
20% seguintes	13,8	10,8	9,9	9,1	32	2.289,22	3,95
20% seguintes	20,2	17,0	17,1	17,6	32	4.427,50	7,64
20% seguintes	54,4	62,2	63,2	66,1	32	16.628,28	28,73
10% +	39,7	47,8	47,8	49,7	16	25.005,31	43,21
5% +	27,7	34,9	34,9	35,8	8	36.023,75	62,26
1% +	12,1	14,6	18,2	14,6	1,6	73.456,25	126,95
I. Gini	0,500	0,568	0,590	0,615			

Fonte: elaborado a partir de dados de Bonelli & Ramos, 1993.
* Tendo por base um PIB de 805 bilhões de dólares em 1997 e uma população de 160 milhões de habitantes.
** O diferencial se refere à razão entre os demais estratos de renda e os 20% inferiores.

Se considerarmos ainda, dentro do PIB, a participação na renda nacional de cada quintil da população e dividirmos pelo total dessa população, temos a renda per capita de cada quintil. Observa-se que o primeiro quintil tem uma renda per capita semelhante à dos países mais pobres do mundo. Já o último quintil apresenta uma renda comparável à dos países mais ricos, praticamente 29 vezes superior à do quintil inferior. Quando analisamos a renda dos 10% mais ricos em relação à do primeiro quintil, constatamos que ela é 43 vezes superior à desse estrato de renda. A dos 5% mais ricos é 62 vezes maior. A dos 1% mais ricos é 126 vezes maior, ou seja, uma pessoa desse estrato recebe em seis meses mais do que a renda que uma pessoa pertencente ao primeiro quintil receberá em toda sua vida.

A renda no Brasil está concentrada no decil superior, e os dados demonstram que ela não somente é grande, como também é crescente ao longo dos anos. A tabela 3 mostra a razão da renda per capita e a renda per capita dos 20% mais pobres de alguns países selecionados.

Tabela 3. Renda per capita dos 20% mais pobres relativamente à renda per capita total em 1993

País	Renda per capita (US$) (A)	Renda per capita dos 20% mais pobres (B)	Relação A/B
Estados Unidos	24.240	5.814	4,16
Japão	20.850	9.070	2,29
Holanda	17.330	7.105	2,43
Reino Unido	17.210	3.958	4,34
Coreia	9.630	3.563	2,70
Chile	8.400	1.386	6,06
Hungria	6.050	3.297	1,83
Brasil	5.370	564	9,52
Guatemala	3.350	352	9,51
Indonésia	3.150	1.370	2,29
Nigéria	1.400	357	3,92
Índia	1.220	537	2,27
Bangladesh	1.290	613	2,10
Nepal	1.020	464	2,19
Guiné-Bissau	840	88	9,54
Tanzânia	580	70	8,28

Fonte: Programa das Nações Unidas para o Desenvolvimento & Instituto de Pesquisa Econômica Aplicada, 1996.

Pela tabela 3 percebe-se que, tomando por base a relação existente entre a renda per capita e a renda per capita dos 20% mais pobres, o Brasil apresenta uma das maiores discrepâncias, só superada pela existente na Guiné-Bissau. Por esse parâmetro, a Hungria é o país que possui a melhor distribuição de renda, porque a relação entre a renda per capita e a renda recebida pelos 20% mais pobres é apenas de 1,83 vez. Podemos notar que os 20% mais pobres de Bangladesh, que é um dos países mais pobres do mundo, estão em melhor situação do que os 20% mais pobres do Brasil em termos de renda, pois auferem renda de US$ 613,00, contra US$ 564,00 dos brasileiros (dados referentes a 1993). Os 20% mais pobres do Brasil, equivalente a cerca de 32 milhões de brasileiros, possuem renda compatível à dos países mais pobres do mundo.

Se compararmos internacionalmente a razão entre a proporção da renda apropriada pelos 10% mais ricos e a proporção dos 40% mais pobres, o Brasil aparece como o país de maior desigualdade dentre aqueles que apresentam estatísticas na distribuição de renda do mundo.

Pela tabela 4 pode-se notar que, por exemplo, em países como Holanda, Bélgica, Hungria e Japão, a razão entre a renda dos 10% mais ricos e a dos 40% mais pobres é de 4 vezes. Na maioria dos países essa diferença é no máximo de até 10 vezes. A do Brasil é de praticamente 30 vezes.

Segundo o Banco Mundial, a causa principal da pobreza vigente na América Latina e Caribe é a desigualdade da distribuição de renda.[10] Para que todos os pobres do continente vivessem pouco acima do nível de pobreza, bastaria apenas 0,7% do PIB da região, ou 2% do imposto de renda do quinto mais rico da população.[11]

---

10 Banco Mundial, *Relatório sobre o desenvolvimento mundial, 1990* (Rio de Janeiro: Fundação Getúlio Vargas, 1990).

11 O Brasil, segundo Paes de Barros (*Folha de S. Paulo*, 13-6-1999), poderia acabar com a pobreza mediante a criação de um imposto específico de transferência de renda que retirasse 8% dos rendimentos dos 10% mais ricos do país, ou 5% dos 40% mais ricos.

Tabela 4. Razão entre a proporção da renda apropriada pelos 10% mais ricos e a proporção da renda apropriada pelos 40% mais pobres (20 países selecionados de uma tabela de 51 países)

País	40% + pobres (A)	10% + ricos (B)	Razão entre B/A	Razão entre a renda dos 10% mais ricos e dos 40% mais pobres
Holanda	22,4	21,5	1,0	3,8
Bélgica	21,6	21,5	1,0	4,0
Hungria	20,5	20,5	1,0	4,0
Japão	21,9	22,4	1,0	4,1
Alemanha	20,4	24,0	1,2	4,7
Itália	17,5	28,1	1,6	6,4
Coreia do Sul	16,9	27,5	1,6	6,5
Bangladesh	17,3	29,5	1,7	6,8
Nova Zelândia	15,9	28,7	1,8	7,2
Uganda	16,6	30,7	1,8	7,4
El Salvador	15,5	29,5	1,9	7,6
Austrália	15,4	30,5	2,0	7,9
Egito	16,5	33,2	2,0	8,0
Índia	16,2	33,6	2,1	8,3
Sri Lanka	15,9	34,7	2,2	8,7
Portugal	15,2	33,4	2,2	8,8
Quênia	8,9	45,8	5,1	20,6
Botswana	7,6	42,1	5,5	22,2
Peru	7,0	42,9	6,1	24,5
Panamá	7,2	44,2	6,1	24,6
Brasil	7,0	50,6	7,2	28,9

Fonte: Psacharopoulos, *apud* Barros & Mendonça, 1994.

Analisando o grau de desigualdade do Brasil com o de outros países latino-americanos, Ricardo Paes de Barros e Rosane Mendonça chegaram à conclusão de que, se o Brasil reduzisse o nível de desigualdade para o presente na Bolívia, haveria redução de 10 pontos porcentuais no nível de pobreza. Se o Brasil tivesse o nível de desigualdade presente na Colômbia, a pobreza seria 8 pontos porcentuais menor; na Costa Rica, 15 pontos menor; na Venezuela, 18 pontos menor, e no Uruguai, 20 pontos menor. Isso demonstra que "é possível reduzir dramaticamente a pobreza sem crescimento econômico, simplesmente fazendo com que o grau de pobreza no Brasil seja próximo daquele observado para um país latino-americano típico".[12]

O estudo desses autores demonstra que é possível ao país diminuir bastante o nível de pobreza por meio de uma política de redistribuição de renda, mesmo sem crescimento econômico. Este constitui importante fator de redução do nível de pobreza. Mas, ficando apenas no crescimento econômico, para que o Brasil alcance o nível de desigualdade presente na Costa Rica, Venezuela e Uruguai, é preciso crescer, respectivamente, 6%, 7% e 8% ao ano por uma década.[13] Dessa forma, é necessário que haja políticas públicas para a redução do nível de desigualdade e da pobreza no país.

As políticas públicas e a desigualdade de renda

No processo de garantia de uma sociedade mais equilibrada e justa, o Estado é um elemento essencial, pois a economia de mercado é muito eficiente no sentido de criação de riquezas, mas, por outro lado, ela também o é no sentido de concentração dessa mesma riqueza.[14] Dessa forma, para que haja uma melhor distribuição de renda, tornam-se necessárias políticas públicas ativas, mediante uma política tributária eficaz, que transfira renda da parcela mais rica

---

12 R. P. Barros & R. Mendonça, *O impacto do crescimento econômico e de reduções no grau de desigualdade sobre a pobreza*, Série Seminário, nº 25 (Rio de Janeiro: Ipea, 1996), p. 7.

13 Ainda de acordo com Barros e Mendonça, para baixar o nível de pobreza dos 30% atuais da população para 15% (redução de 50%) só com base no crescimento econômico, seria preciso que o PIB crescesse 7,5% ao ano por 10 anos ou 4,5% ao ano por 20 anos. Para reduzir a 10% o nível de pobreza, o PIB precisaria crescer 9,5% ao ano por 10 anos. Isso representa um alto crescimento econômico, difícil de ser atingido dentro das atuais perspectivas da economia brasileira.

14 Claus Offe *apud* Departamento Intersindical de Estatística e Estudos Socioeconômicos, *Desigualdade e concentração de renda no Brasil*, Pesquisa Dieese, nº 11 (São Paulo: Dieese, 1995), p. 26. Para Offe, a economia de mercado gera, inevitavelmente, no interior de sua população, grupos "que dependem constantemente dos mecanismos de proteção social e de garantias de renda".

da sociedade para a parcela mais pobre. O Estado precisa também criar malhas de proteção social, visando garantir a seguridade social, para assegurar a qualquer cidadão um padrão mínimo de bem-estar social, independentemente de sua capacidade de contribuição.

Uma das políticas públicas que o Estado pode implementar para melhorar a qualidade de vida da população é a de garantia de um nível mínimo de renda que atenda às necessidades básicas da população: infraestrutura de saneamento básico (água tratada e esgoto), saúde, educação, habitação, transporte coletivo e previdência social (pensões e seguros por invalidez).

Os gastos sociais no Brasil, segundo o Banco Mundial, tendo como estimativa o ano de 1986, foram de 25% do PIB,[15] englobando as três esferas de governo (federal, estadual e municipal), mais os gastos privados.

Eles são designados como de má destinação, ou seja, os programas criados para a diminuição da pobreza não alcançam os pobres,[16] que deveriam ser a população-alvo para esse tipo de programas. Isso é percebido pelo baixo nível dos indicadores sociais e do padrão de vida das classes pobres: "A falha dos programas sociais em alcançar as classes pobres implica a ineficiência do governo em melhorar os padrões de vida e os indicadores sociais da população em geral".[17] A tabela 5 demonstra bem o grau de má destinação dos gastos sociais.

---

15 Banco Mundial, *Brasil, despesas do setor público com programas de assistência social: problemas e opções* (Washington: Banco Mundial, 1988). Na França, a média entre 1974 e 1994 foi de 27,2% do PIB com gastos sociais, sendo que somente em 1990 foram usados 32,7% do PIB em gastos sociais.

16 Ou, quando os alcançam, criam laços fisiológicos e assistencialistas. É o caso da distribuição de cestas básicas, que, além de não erradicar a pobreza, é usada como moeda política. Esse tipo de programa cresceu muito desde 1995, ano em que foram distribuídas 3.102.526 cestas. Em 1998, a distribuição passou para 29.803.034 cestas básicas.

17 Banco Mundial, *Brasil, despesas do setor público com programas de assistência social: problemas e opções, op. cit.*, p. 14.

Tabela 5. Possível distribuição dos benefícios sociais por tipo de renda dos beneficiários, 1986

Salário mínimo mensal per capita da família	% da população	% dos benefícios
> 2	16	34
1 – 2	18	22
½ – 1	24	24
¼ – ½	22	14
< ¼	19	6
Total	99	100

Fonte: Banco Mundial, 1988.

O que a tabela mostra bem é que a maior porcentagem dos benefícios fica com o grupo que possui renda maior. Apesar de constituir apenas 16% da população, esse estrato fica com 34% dos benefícios. Na outra ponta, o grupo com renda menor de um quarto do salário mínimo de renda familiar per capita, embora constitua 19% da população, fica com apenas 6% das transferências governamentais. Esse último grupo, por ser o estrato mais pobre, deveria ter a maior participação nas transferências governamentais.

Outro problema é a fonte de financiamento dos gastos sociais, pois cerca de 50% da receita federal destinada a programas sociais são obtidos por meio de contribuições salariais, com efeito regressivo para os segmentos mais pobres da população, favorecendo o capital em detrimento do trabalho.[18]

Assim, é necessária uma política pública cujo enfoque principal sejam os pobres, e em que não haja "vazamentos" dos benefícios para as classes de maior renda. A renda mínima garantida é uma dessas políticas que iremos analisar.

---

18 Banco Mundial, *Brasil, despesas do setor público com programas de assistência social: problemas e opções*, op. cit.

A renda mínima garantida no Brasil

A primeira proposta de um programa de renda mínima no Brasil foi feita por Antônio Maria da Silveira em 1975. A proposta segue a linha básica do imposto negativo, preconizado por Friedman. Ela parte do pressuposto de que um cidadão que aufere renda líquida superior ao nível máximo paga imposto. Dessa forma, um cidadão com renda líquida inferior a um certo nível mínimo de isenção teria direito a receber mensalmente o imposto de renda negativo. O objetivo desse programa seria o de combater a pobreza extrema vigente no país. A sua implantação seria gradual, atingindo primeiro os mais pobres até abranger todos os pobres, indo dos mais idosos para os mais jovens. O financiamento se daria por meio do crescimento da alíquota do imposto de renda e das Letras de Redistribuição de Renda. A gestão do programa estaria a cargo da Receita Federal, que teria de estender o sistema de informações para toda a população adulta e unidades familiares.

A proposta de implantação de uma renda mínima garantida no Brasil feita por Roberto Mangabeira Unger e Edmar Bacha, em 1978, estava dentro de uma concepção mais ampla, que era a redemocratização do país. A redistribuição de renda seria fator essencial para fornecer à democracia seu fator material indispensável. Para Unger e Bacha, "a democracia política só pode funcionar e sobreviver num quadro que limite os extremos da desigualdade e não abandone à miséria grande parte dos cidadãos".[19]

O programa de renda mínima garantida seria implantado dentro dos moldes do imposto de renda negativo, como o prescrito por Silveira. A diferença é que, em vez de considerar a renda individual, o imposto seria dado no âmbito da família. A forma de financiamento seria através da proibição de incentivos fiscais e do tratamento fiscal

---

[19] R. M. Unger & E. L. Bacha, *Participação, salário e voto: um projeto de democracia para o Brasil* (Rio de Janeiro: Paz e Terra, 1978), p. 17.

de todos os ganhos do capital como parte integral da renda bruta das pessoas físicas. Também haveria revisão total dos esquemas de deduções e abatimentos, para assegurar a progressividade sobre a renda bruta. Seria ainda implantado o imposto sobre a riqueza líquida, para assegurar uma declaração mais completa de todos os títulos e bens duráveis. A Secretaria da Receita Federal seria o órgão responsável pelo gerenciamento do programa, para o qual seria totalmente reaparelhada. A ela caberia desenvolver regras de comprovação de renda das famílias mais pobres e fazer os pagamentos mensais.

O professor Luiz Schymura de Oliveira apresentou também um programa de renda mínima garantida. A proposta dele era de que o Estado provesse um montante inicial a todo cidadão brasileiro maior de 25 anos, independentemente do seu nível de renda. Esse programa abrangeria tanto os mais favorecidos quanto os menos favorecidos e teria simplicidade de implantação, pois com apenas um documento de identidade o cidadão receberia o benefício. O único custo do programa seria o valor do benefício pago. A tabela 6 faz algumas simulações de valores dos benefícios e população-alvo.

Tabela 6. Custo do programa de renda mínima garantida, em valores porcentuais do PIB*

População atingida	Mais de 20 anos	Mais de 25 anos	Mais de 30 anos	Mais de 40 anos
Valor do benefício (R$)	(%)	(%)	(%)	(%)
20	4,26	3,58	2,97	1,87
25	5,33	4,47	3,69	2,34
30	6,40	5,37	4,42	2,81

Fonte: Oliveira, 1994.
* PIB de referência: 460 bilhões de reais.

Pode-se notar que, à medida que a faixa etária da população-alvo é menor, cresce o custo do programa em relação ao PIB, o mesmo ocorrendo quando o valor do benefício aumenta. O maior custo

(6,40%) acontece quando o programa abrange os maiores de 20 anos, com benefício de 30 reais, e o menor custo (1,87%) quando o programa só abrange os maiores de 40 anos e o valor do benefício é de 20 reais.

O programa seria implantado paulatinamente, com os cidadãos maiores de 40 anos recebendo benefício de 20 reais, com um custo de 1,87% do PIB, que seria estendido a uma população com faixa etária menor, elevando-se o valor do benefício.

O programa de renda mínima garantida realmente é o de mais simples aplicação, de menores custos administrativos e de mais eficiência contra as fraudes. Como forma de erradicação da pobreza, porém, ele perde eficácia num país com escassez de recursos como o Brasil. Se a renda alocada aos mais ricos fosse destinada unicamente aos pobres, estes teriam uma participação maior nessa renda, com um impacto mais positivo da participação dos mais pobres na renda total.

O Programa de Garantia de Renda Mínima (PGRM)

O Programa de Garantia de Renda Mínima (PGRM) foi apresentado pelo senador Eduardo Suplicy (PT-SP) ao Senado Federal em 1991, através do Projeto de Lei do Senado nº 80.

O PGRM está dentro da esfera do imposto de renda negativo, preconizado por Milton Friedman. O projeto do senador Suplicy é muito parecido na sua forma e conteúdo com o apresentado em 1975 por Antônio Maria da Silveira, visando à erradicação da miséria do país. Como inovação ao imposto de renda negativo, esses projetos não preconizam o desmantelamento do sistema de seguridade social.

O projeto trabalha com base no indivíduo, utilizando a fórmula $W = w + s$, em que W é o montante a ser recebido pelo beneficiário, w é a sua renda, e s é o total a ser subvencionado, sendo $s = G - tg$.

Dessa forma, todo indivíduo com idade a partir de 25 anos, que recebe uma quantia menor do que R$ 240,00, tem direito a 30% da diferença entre o valor de isenção, que é de R$ 240,00, e o valor de sua renda. O PGRM estabelece uma taxa de hiato de renda de 30%. A renda mínima garantida nesse projeto é de R$ 72,00, que é o que receberia quem tivesse renda zero. Para se calcular a renda de um indivíduo, basta aplicar os valores na equação e depois somar o resultado obtido com a renda recebida (exemplos na tabela 7).

Tabela 7. Exemplos do PGRM

Renda do indivíduo w, em reais (A)	Equação s = G − tg (B)	A receber W em reais W = w + s (A + B)
0	s = 72 − 0.0,3 = 72	72,00
50,00	s = 72 − 50.0,3 = 57	107,00
120,00	s = 72 − 120.0,3 = 36	156,00
240,00	s = 72 − 240.0,3 = 0	240,00

O valor mínimo garantido está situado abaixo do salário mínimo, para que o indivíduo tenha uma renda maior trabalhando do que sem trabalhar, o que não vai constituir um desincentivo ao trabalho. O cidadão sempre terá uma renda maior através da sua inserção no mercado de trabalho do que fora dele. A partir de uma renda de R$ 240,00, que é o que se denomina como faixa de isenção, o indivíduo não tem direito a nenhuma transferência. Esse é o ponto crítico do programa que poderia incentivar a informalidade do trabalho, pois o indivíduo poderia passar para o setor informal, ter essa renda e declarar uma renda menor do que a recebida, para ter direito a uma transferência. Isso seria possível, mas o PGRM apresenta algumas normas contra fraudes. O fraudador ficará cinco anos fora do programa; se reincidente, será excluído definitivamente. O servidor público ou agente de entidade conveniada que seja cúmplice da fraude, além das sanções administrativas cabíveis, terá que ressarcir os valores pagos, com multa nunca inferior ao dobro desses valores, corrigidos monetariamente.

A proposta é que o PGRM seja implantado de forma gradativa, assim como foi proposto por Antônio Maria da Silveira em 1975. As pessoas mais idosas seriam beneficiadas no primeiro ano; até o prazo de oito anos, o programa abarcaria as pessoas maiores de 25 anos. A proposta é exemplificada pela tabela 8, a partir da implantação do programa.

Tabela 8. Implantação do PGRM

Ano de implantação	Beneficiários (maiores de)
Primeiro	60 anos
Segundo	55 anos
Terceiro	50 anos
Quarto	45 anos
Quinto	40 anos
Sexto	35 anos
Sétimo	30 anos
Oitavo	25 anos

Dessa forma, a partir do momento em que for aprovado, o PGRM beneficia no primeiro ano os maiores de 60 anos, chegando a beneficiar, num curso de oito anos, os maiores de 25 anos. Assim, os custos totais do projeto só começam a se dar de fato a partir do oitavo ano.

O PGRM prevê a correção dos valores pagos nos meses de maio e novembro, ou quando a inflação acumulada for igual a 30%. Isso porque, na época em que o programa foi projetado, o país estava passando por um processo inflacionário crônico. Também faz parte da correção um acréscimo real, no mês de maio de cada ano, igual ao crescimento real per capita do PIB.

A Secretaria da Receita Federal é quem gerenciará o programa, devendo cadastrar todas as pessoas físicas. O PGRM será custeado com dotação orçamentária específica, sendo que o custo do programa não deverá ultrapassar 3,5% do PIB.

O PGRM foi aprovado em 16 de dezembro de 1991 no Senado, e na Câmara dos Deputados foi denominado Projeto de Lei da Câmara nº 2.561, de 1992, em que recebeu as emendas do relator, o deputado Germano Rigotto. As emendas estipulam que o programa seja restrito às famílias cuja renda familiar é inferior a R$720,00 mensais. Isso evita que haja vazamentos de renda para os mais ricos, pois, somente pelo critério de renda individual menor que R$240,00, muitos cônjuges que não trabalham, pertencentes a famílias de estratos de renda maiores, teriam acesso ao programa. Outra modificação que leva em conta as experiências de Brasília e Campinas é a obrigação dos beneficiários de manterem suas crianças até 14 anos na escola. As emendas também estipulam que o início do programa se dê pelos três estados de menor renda per capita (Piauí, Tocantins e Maranhão) no primeiro ano, pelos demais estados do Nordeste, Norte de Minas Gerais e Vale do Jequitinhonha no segundo ano, e assim sucessivamente, até chegar aos estados de maior renda per capita. Também estipula que o governo federal celebre convênios com estados e municípios na administração e financiamento do programa.

Programa de Garantia de Renda Familiar Mínima (PGRFM)

Esse programa foi proposto pelo Projeto de Lei nº 667, de 1995, pelo deputado do PT Paulo Teixeira, e encontra-se pronto para ser votado na Assembleia Legislativa de São Paulo. O substitutivo aprovado pela Assembleia Legislativa institui que as famílias beneficiadas pelo programa residam no estado de São Paulo há pelo menos dois anos no mesmo município; tenham filhos entre 0 e 14 anos, com ênfase nos de 0 a 6 anos com problemas de subnutrição; que os filhos entre 7 e 14 anos estejam matriculados em escolas públicas do estado; e que tenham renda per capita inferior a R$50,00 mensais.

A renda mensal recebida será a diferença entre a renda per capita familiar, pelo valor de R$50,00, multiplicada pelo número de membros da família.[20] O valor para obtenção do benefício pode ser dado pela equação $B = (50 - wf/nm)$.[21] Por exemplo, uma família composta por seis componentes, com renda total de R$ 120,00, dessa forma: $B = (50 - 120/6) \cdot 6 = 180$. Assim, a renda familiar total $(B + wf)$ seria dada por R$ 180,00 + R$ 120,00, resultando em uma renda total familiar de R$ 300,00, com a renda per capita saltando de R$ 20,00 para R$ 50,00, ou 150% maior.

Os recursos do PGRFM estão dentro da esfera de até 1,5% do orçamento estadual, com o gerenciamento do programa a cargo da Secretaria de Estado da Assistência e Desenvolvimento Social e executado pelas prefeituras municipais.

O objetivo desse programa é a universalização do ensino básico. Ele pretende o combate à pobreza a partir da elevação dos níveis de educação da população mais pobre. Segundo Paulo Teixeira, "mais de 18 milhões de pessoas maiores de 10 anos não têm o ensino fundamental obrigatório de oito anos".[22] Para o autor do projeto, uma das causas da falta de educação fundamental é a evasão escolar, fruto do empobrecimento da população brasileira. O segundo objetivo do programa é que ele atinja 420 mil famílias no estado, ou cerca de 2,1 milhões de pessoas,[23] produzindo um efeito multiplicador sobre a produção, o consumo e a arrecadação do estado.

No projeto não está estipulado o tempo de permanência da família no programa, prevendo-se apenas que o pagamento será automaticamente interrompido se um ou mais filhos da família beneficiada tiver uma frequência inferior a 80% das aulas, sendo restabelecido

---

20 Para o programa, a família é o núcleo de pessoas formado por, no mínimo, um dos pais ou responsável legal e pelos filhos e/ou dependentes em idade de 0 a 14 anos, que estejam sob sua tutela ou guarda, devidamente formalizada pelo juízo competente, à época de sua inscrição no programa.
21 Essa equação foi formulada pelo autor a partir de dados do programa, em que B é o benefício, wf é a renda familiar, e nm é o número de membros da família.
22 P. Teixeira, *Programa de Garantia de Renda Familiar Mínima*, São Paulo, 1997, mimeo, p. 5.
23 Segundo dados da Fundação Seade, divulgados no fôlder de esclarecimento do programa.

no mês seguinte caso o(s) filho(s) não falte(m) às aulas. A família só será excluída do programa se a renda familiar per capita ultrapassar os R$ 50,00 mensais, ou em caso de fraude. Nesse caso a exclusão poderá estender-se por um prazo de cinco anos e, se houver reincidência, a exclusão será definitiva.

O Programa de Garantia de Renda Familiar Mínima (PGRFM) de Campinas[24]

O PGRFM foi instituído pela Lei nº 8.261 de 6 de janeiro de 1995, na cidade de Campinas, estado de São Paulo, e regulamentado pelo Decreto nº 11.741. O programa é voltado para atender famílias em situação de extrema pobreza, através de um subsídio monetário mensal, que é calculado de acordo com a renda familiar. As condições de elegibilidade do programa são que as famílias tenham crianças entre 0 e 14 anos que se encontram em situação de risco[25] ou crianças portadoras de deficiências, independentemente da idade. Há também a obrigação de que as famílias residam em Campinas no mínimo dois anos antes da data da publicação da lei e aufiram renda familiar mensal inferior a R$ 35,00 per capita, considerada somente a renda dos pais ou dos responsáveis. Além das condições de elegibilidade, as famílias são obrigadas a atender às obrigações estabelecidas pelo Termo de Responsabilidade e Compromisso.

---

24 No texto da lei que deu origem a esse programa, foi estipulado um valor per capita de R$ 35,00 mensais, que representava, na época, a metade do salário mínimo vigente no país. O valor de meio salário mínimo familiar per capita é utilizado para caracterizar famílias que estão incluídas no nível de pobreza. Esse valor não foi corrigido, sendo que atualmente, com o salário mínimo valendo R$ 180,00, o valor de inclusão no programa deveria ser de renda familiar per capita de R$ 90,00. O valor de R$ 35,00 está abaixo de um quarto do salário mínimo, que seria de R$ 45,00, que é o valor familiar per capita adotado para caracterizar famílias em nível de indigência.

25 Uma situação de risco, definida pela Lei 8.261/1995, que institui o programa, é aquela em que se encontra a criança de até 14 anos, que, de acordo com o Estatuto da Criança e do Adolescente, não esteja sendo atendida nos seus direitos pelas políticas sociais básicas, no que tange a sua integridade física, moral ou social.

A fórmula para o estabelecimento do benefício pode ser dada pela equação $B = (35 - wf/nm) \cdot nm$,[26] em que:

B é o benefício subvencionado;

wf é a renda familiar;

nm é o número de membros da família.

Por exemplo, para uma família com renda mensal de R$ 120,00, com cinco componentes, temos:

$B = (35 - 120/6) \cdot 6 = 90$, dessa forma a família tem uma renda suplementar de R$ 90,00, que, junto com a renda inicial de R$ 120,00 ($wf + B$), resulta em uma renda familiar de R$ 210,00, elevando a renda per capita de R$ 20,00 para R$ 35,00.

Os recursos do PGRFM estão fixados em até 1% do orçamento da Prefeitura Municipal de Campinas. Para os anos de 1995 a 1998, temos os seguintes montantes.

Tabela 9. Recursos do PGRFM, Campinas

Receitas	Recurso destinado ao PGRFM	Valor despendido	Porcentagem utilizada
Orçamento de 1995	R$ 2.800.000,00	R$ 1.255.951,00	44,85
Orçamento de 1996	R$ 4.500.000,00	R$ 3.278.209,00 (até nov./1996)	72,84
Orçamento de 1997*	R$ 4.875.180,20	R$ 3.731.858,26	76,54
Orçamento de 1998*	R$ 4.400.000,00	-	-

Fonte: PMC/SMFCAAS/DAFCA, apud Carvalho et al., 1997.
* Dados de 1997 e 1998 obtidos na Secretaria Municipal de Assistência Social de Campinas.

Conforme mostra a tabela 9, nem todo recurso provisionado para o programa é de fato utilizado. Do ponto de vista dos recursos, o programa apresenta ineficiência, pois o número total de famílias em situação de pobreza extrema é estimado em 8 mil famílias, em dados de 1996. Atualmente, segundo a Secretaria Municipal de Assistência

---

26 Equação formulada pelo autor a partir de dados do PGRFM.

Social de Campinas, há cerca de mil pessoas aguardando a entrada no programa.

A lei que deu origem ao programa não criou mecanismos de reajuste do valor, de forma que não houve reajuste sobre os R$ 35,00 per capita vigentes quando da implantação do programa. Esse valor representava 50% do salário mínimo na data da sua implantação, que é o valor estipulado para delimitar a linha de pobreza.

A escolha da família em detrimento do indivíduo faz com que aquela seja o núcleo da proteção social, pois ela maximiza o uso da renda na sobrevivência do grupo, além de a renda familiar dar uma dimensão mais exata do padrão de vida dos indivíduos. Isso não acontece quando se leva em conta somente a renda individual.

O PGRFM, assim como o RMI francês, traz na sua essência a necessidade de avaliação para servir de subsídio na elaboração e correção dos rumos. Já há alguns estudos avaliativos dos seus impactos socioeconômicos.

Na avaliação dos beneficiários, segundo Draibe *et al.*, registra-se maior presença feminina como requerente do programa (91,5%) e responsável (93,7%).[27] Outra constatação é a faixa etária, em que os responsáveis, predominantemente jovens, estão na faixa de 25 a 39 anos. Cerca de 65% dos beneficiários têm menos de 34 anos e 48,2% estão na faixa entre 25 e 34 anos. As famílias monoparentais representam 45% dos beneficiários do programa, o que indica que esse plano tem atendido, além dos pobres "clássicos", a chamada "nova pobreza", que é constituída essencialmente por jovens e famílias monoparentais.

Quanto aos menores de 14 anos, que compõem o público-alvo do programa, cerca de 50% têm menos de 7 anos, o que configura um

---

[27] S. M. Draibe *et al.*, *Acompanhamento e avaliação da implementação do Programa de Garantia de Renda Familiar Mínima (PGRFM) da Prefeitura Municipal de Campinas* (Campinas: NEPP/Unicamp, 1996).

público bastante sensível biologicamente, numa fase muito importante para a formação física e mental.

O Programa Bolsa-Escola de Brasília[28]

O Programa Bolsa-Escola de Brasília foi implantado em 1995 pelo Decreto nº 16.270.[29] Ele não se apresenta como um programa de renda mínima, e sim como programa educacional.[30] O programa é gerenciado pela Secretaria de Educação[31] e tem por objetivo a permanência na escola pública de crianças carentes, na idade entre 7 e 14 anos completos, em condições de carência material e precária situação social e familiar.

Os critérios de elegibilidade para o programa são: a família deve apresentar renda per capita de meio salário mínimo, morar há pelo menos cinco anos em Brasília, ter algum adulto desempregado na família, que deverá estar procurando emprego mediante inscrição no Sistema Nacional de Emprego (Sine), e ter todos os filhos de 7 a 14 anos matriculados em escolas públicas de ensino fundamental, com frequência de no mínimo 90% às aulas. Este último dado é fator essencial para que a família tenha acesso ao programa.

---

28 Esse programa, apesar de ter ganhado notoriedade internacional e ter sido elogiado pelo Banco Mundial e pela opinião pública dentro e fora do Brasil, foi descaracterizado em fevereiro de 2000. Em vez de as famílias receberem o benefício na forma monetária, que caracteriza todo programa de renda mínima, estão recebendo em espécie. Isso caracteriza programas assistencialistas como tantos implantados no país, com resultados pífios. O texto foi mantido para apresentar como funcionava o programa original.

29 Publicado no *Diário Oficial do Distrito Federal* do dia 11 de janeiro de 1995.

30 T. H. Marshall, *Cidadania, classe social e status* (Rio de Janeiro: Zahar, 1967), p. 73. Para Marshall, a educação das crianças está diretamente ligada à cidadania, pois, quando o Estado garante que todas as crianças serão educadas, tem como objetivo estimular o desenvolvimento do futuro cidadão. Para o mesmo autor, o preparo educacional das crianças "deveria ser considerado não como o direito de a criança frequentar a escola, mas como o direito do cidadão adulto ter sido educado".

31 Além da Secretaria de Educação, a Comissão Executiva é composta pelas secretarias da Criança e do Desenvolvimento Social e do Trabalho, além de representantes do Gabinete do Governador, do Conselho dos Direitos da Criança e do Adolescente e do Movimento de Meninos e Meninas de Rua.

O critério renda não é o único na determinação da pobreza; há outros, como moradia (se própria ou alugada), emprego do pai ou da mãe (se empregados ou não), ou ainda a quantidade de eletrodomésticos que a família possui. De acordo com os itens, há um sistema de pontuação em que a família que chega a 120 pontos é enquadrada como pobre, de forma que só 54% das famílias beneficiárias do programa ganham até meio salário mínimo[32] per capita, sendo que 12% das famílias têm renda per capita de um salário mínimo, mas, pelos outros critérios, foram enquadradas como pobres.

O valor do benefício é único, independentemente da renda per capita familiar, de um salário mínimo. Esse programa consome cerca de 0,6% do orçamento do Distrito Federal, e seu custo foi estimado em 32 milhões de reais em 1997. Ele atende a 22.493 famílias, abrangendo cerca de 44.382 crianças, cerca de 13% do total dos alunos do ensino fundamental de Brasília.

Das famílias beneficiárias do programa, 51% são comandadas por mulheres solteiras, separadas ou viúvas, e 70% delas trabalham como diaristas. Também são as mulheres que recebem o benefício através do cartão magnético no banco, pois se considera que elas são mais responsáveis do que os homens. Se o aluno tiver duas faltas não justificadas no mês, a família perde o direito ao benefício naquele mês. Isso faz com que elas se preocupem mais com a frequência dos filhos à escola.

Nas famílias atendidas pelo programa, os alunos apresentam um índice de repetência menor do que entre os demais alunos do ensino fundamental, sendo de 8% contra a média geral de 18,1%. A taxa de evasão, geralmente de 7,4% no Distrito Federal, entre os bolsistas é de 0,4%.

---

[32] Esses dados se referem ao período anterior a maio de 1998, em que o salário mínimo era de R$ 120,00; após 1º de maio de 1998, o salário mínimo foi reajustado para R$ 130,00. Em 1º de abril de 2000, passou para R$ 151,00, e em 1º de abril de 2001 foi reajustado para R$ 180,00.

O Programa Bolsa-Escola de Brasília é bem focalizado e adota o critério acertado de pobreza de meio salário mínimo per capita. Quanto à renda, apresenta flexibilidade, pois, dependendo da situação, o programa aceita até famílias cuja renda seja de um salário mínimo per capita. Há o combate à pobreza transgeracional, pois obriga que os pais mantenham os filhos na escola, de modo que estes terão melhores condições de vida do que seus pais. Outro ponto positivo do programa é o valor único do benefício, o que o torna mais fácil de administrar.

A crítica que se faz ao programa é pelo fato de ele não ser mais abrangente, não incorporando crianças e adolescentes de 0 a 14 anos, a exemplo do programa de Campinas, pois é nas idades iniciais que a criança está mais exposta a riscos. O Unicef se utiliza da Taxa de Mortalidade de Menores de 5 anos (TMM5) na classificação dos países por considerar que, como a criança é o ser mais sensível, a desigualdade do nível de condições de vida é captada por esse índice, ou seja, uma sociedade com uma TMM5 baixa apresenta melhores condições de vida para toda a população do que uma sociedade com uma TMM5 alta.

O tempo previsto para a duração da bolsa-escola é de doze meses consecutivos, podendo ser renovada pelo mesmo período de acordo com a avaliação socioeconômica.

Para complementar a bolsa-escola e servir de incentivo aos alunos beneficiários, há a poupança-escola, que garante um depósito anual de um salário mínimo em caderneta de poupança a cada aluno da bolsa-escola se ele passar de ano. Ele poderá sacar metade do valor depositado mais os juros ao completar a 4ª série do ensino fundamental. Ao completar a 8ª série do ensino fundamental, volta a sacar metade do valor depositado mais juros, e, ao concluir o ensino médio, saca todo o valor depositado na sua caderneta de poupança. Se o aluno abandonar a escola ou for reprovado por duas vezes consecutivas, sairá do programa, e os recursos retornarão ao governo.

Projeto de Lei nº 9.533[33]

Aprovado em 16 de outubro de 1997 pela Comissão de Assuntos Econômicos (CAE) do Senado a partir do substitutivo do senador Lúcio Alcântara (PSDB-CE), o programa é destinado a famílias carentes que tenham crianças de 0 a 14 anos frequentando escola, com renda familiar inferior a meio salário mínimo.

O programa prevê que a União forneça 50% dos recursos, e os municípios,[34] os outros 50%. Mas só poderá se cadastrar o município cuja receita tributária por habitante for inferior à média estadual, e cuja renda familiar por habitante for inferior à renda média familiar por habitante do estado.

O valor do benefício é calculado segundo a fórmula:

$B = R\$ 15,00 \cdot$ número de dependentes entre 0 e 14 anos − $(0,5 \cdot$ renda familiar per capita)

A crítica feita pelo senador Eduardo Suplicy a esse programa é que ele não atinge 40% dos municípios brasileiros, e que a fórmula usada é equivocada, pois uma família constituída por duas pessoas, a mãe e uma criança, com renda per capita abaixo de R$ 60,00 mensais, teria um benefício negativo, sendo que o relator, em vez de corrigir a fórmula, introduziu um artigo que estabelece um auxílio

---

33 Esse programa é de abrangência nacional, mas ainda não foi implantado de forma coerente, pois o governo, alegando contingência de verbas, só destinou ao programa R$ 54 milhões em 1999, o que reduz muito a sua eficácia no combate à pobreza.

34 Dos cerca de 3,3 mil municípios que podem participar do programa, menos de cem têm receita suficiente para cobrir os custos da contrapartida.

mínimo de R$ 15,00.[35] A fórmula proposta pelo senador Suplicy como alternativa foi a seguinte:

$B = 0{,}40 \cdot (R\$\ 60{,}00 \cdot$ número de pessoas na família – renda familiar)

A proporção de 0,40 poderia ser alterada de acordo com os recursos da União, para mais ou para menos. Conforme a tabela 10, há efeito distributivo maior do que o proporcionado pela fórmula apresentada na Lei nº 9.533.

Tabela 10. Comparação entre os benefícios advindos da fórmula da lei sancionada e da fórmula proposta por Eduardo Suplicy

	Pai, mãe e 2 filhos	Pai, mãe e 2 filhos	Pai, mãe e 2 filhos
Renda total	40,00	100,00	200,00
Renda per capita	10,00	25,00	50,00
Nº total	4	4	4
Nº filhos	2	2	2
Fórmula sancionada	25,00	17,50	15,00*
Fórmula Projeto	80,00	56,00	16,00
Renda per capita total = renda + benefício lei sancionada/nº de membros	16,25	29,38	53,75
Renda per capita total = renda + benefício projeto/nº de membros	30,00	39,00	54,00

Fonte: Suplicy, 1997.

* O benefício seria de R$ 5,00, mas, devido à modificação na lei, benefícios negativos ou menores que R$ 15,00 automaticamente deverão ser corrigidos para R$ 15,00.

Pela tabela nota-se de fato que a fórmula melhora em muito a renda per capita das famílias que possuem rendas muito abaixo dos R$ 60,00. A primeira família, cuja renda per capita era de R$ 10,00, após o benefício, obteve renda 62,5% maior; aplicando a fórmula proposta pelo senador Suplicy, essa renda seria 200% maior.

---

35 Eduardo Suplicy, *Projeto de lei*, Brasília, 1997, mimeo. Segundo Suplicy, isso foi corrigido, pois o relator, a partir de suas críticas, alterou a abrangência do benefício, aprovando a emenda, que estende, a partir do quinto ano, o programa a todos os municípios e ao Distrito Federal. Pelo projeto original, dos 5.507 municípios do país, só 3.300 teriam direito ao programa.

A família cuja renda é de R$ 50,00 per capita, após a aplicação da fórmula usada na lei, obteve acréscimo de 2,5%; se utilizada a fórmula alternativa proposta, o acréscimo seria de 7,5%. Isso mostra que a tabela proposta tem um efeito mais direcionado para as famílias de menor renda, conferindo maiores benefícios proporcionais às famílias de renda menor do que às famílias de renda maior.

O benefício de prestação continuada

A Lei Orgânica de Assistência Social (Loas) foi estabelecida pela Constituição Federal, promulgada em 1988, no artigo 203, inciso V, que garante assistência social a quem dela necessitar, independentemente de ter contribuído ou não à seguridade social.[36] Ela foi regulamentada pela Lei nº 8.742, de 7 de dezembro de 1993, e ainda pelo Decreto nº 1.744, de 8 de dezembro de 1995, sofrendo alterações por meio da Medida Provisória nº 1.473-34, de 8 de agosto de 1997. O artigo 20 da Loas criou o Benefício de Prestação Continuada (BPC), que estabelece o benefício de um salário mínimo mensal à pessoa portadora de deficiência e ao idoso com 70 anos ou mais, desde que nem a pessoa nem sua família possuam meios de prover a sua manutenção. Essa cláusula final foi definida pelo padrão de que os beneficiários pertençam a famílias cuja renda per capita não seja superior a um quarto do salário mínimo, só beneficiando, portanto, as famílias que se encontram na linha de indigência, restringindo o acesso ao programa às famílias que se encontram dentro da linha de pobreza (delimitada por meio salário mínimo de renda per capita). Segundo Siqueira, as pessoas cujas famílias tenham renda superior à que estabelece a lei, têm direito ao benefício, sendo inconstitucional

---

[36] A Loas estabelece a assistência social como direito do cidadão e dever do Estado, sendo política de seguridade social não contributiva, que provê os mínimos sociais, garantindo o atendimento às necessidades básicas.

o estabelecimento de exigência de um quarto do salário mínimo de renda familiar.[37]

O programa é gerenciado pelo Ministério da Previdência e Assistência Social, por intermédio da Secretaria de Estado da Assistência Social (Seas), e operacionalizado pelo Instituto Nacional de Seguro Social (INSS), ao qual cabe o manuseio dos formulários de acesso das famílias ao benefício e dos deficientes, que precisam comprovar a deficiência para ter o benefício.

O benefício deve ser revisto a cada dois anos para avaliação de sua continuidade, pois ele cessa no momento em que for constatado que o beneficiário não se enquadra nos requisitos que deram origem ao benefício, assim como quando forem constatadas irregularidades em sua utilização.

O programa de benefício de prestação continuada poderia ser mais abrangente se fosse aumentada a renda per capita familiar para, pelo menos, meio salário mínimo, englobando os pobres. Seria, ainda, mais abrangente se fosse operacionalizado o artigo 22 da Loas, parágrafo 3, que estabelece, na medida das disponibilidades orçamentárias das três esferas de governo, a instituição de um benefício no valor de até 25% do salário mínimo para cada criança de até 6 anos de idade, nos termos da renda familiar estabelecida. Dessa forma, a Loas contemplaria também as crianças em situação de risco, o que teria um impacto muito grande no combate à pobreza, visto que 50% dos pobres do país são crianças.

Estava prevista, de 1º de janeiro de 1998 em diante, a inclusão dos idosos a partir de 67 anos no benefício e, de 2000 em diante, a inclusão dos idosos a partir de 65 anos, mas o governo alterou essas

---

[37] Maria B. M. Ferraz de Siqueira, "Alguns esclarecimentos sobre o salário mínimo devido aos idosos e às pessoas portadoras de deficiências", C. A. O. das Promotorias de Justiça da Infância e Juventude e da Pessoa Portadora de Deficiência, São Paulo, mimeo.

datas, alegando dificuldades orçamentárias. Esse programa sofreu ainda cortes no seu orçamento.

Criança cidadã

Em 1996 o governo federal criou o Vale Cidadania, um programa de renda mínima com restrição geográfica, atendendo Mato Grosso do Sul, Bahia, os estados do Nordeste produtores de cana-de-açúcar e a região de Campos, no Rio de Janeiro. O programa atende famílias que tenham crianças menores de 14 anos trabalhando em carvoarias, plantações de soja, sisal ou cana-de-açúcar, que passam a receber R$ 25,00 mensais por criança, desde que elas parem de trabalhar e frequentem a escola durante o dia inteiro.

O programa é gerenciado pela Secretaria de Estado de Assistência Social e, segundo dados da própria secretaria, atende 120 mil crianças entre 7 e 14 anos. Um programa com esse perfil visa erradicar o trabalho infantil. Pelos dados de 1996 do Programa das Nações Unidas para o Desenvolvimento e do Instituto de Pesquisa Econômica Aplicada, em que 3 milhões de crianças na faixa dos 10 aos 14 anos de idade estavam no mercado de trabalho, computando somente o custo da bolsa, o programa custaria cerca de R$ 150 milhões mensais, ou R$ 1,8 bilhão ao ano.[38] Isso representa cerca de 0,2% do PIB de 1997. É um programa exequível, com custo muito menor do que o adicional que o governo arrecada com o imposto compulsório da Contribuição Provisória sobre Movimentação Financeira (CPMF).

Atualmente, mais de trinta municípios já estão desenvolvendo programas de renda mínima ou bolsa-escola, como Jundiaí, Santos, Salvador, Santo André e Belo Horizonte. No estado de Mato Grosso do Sul foi implantado o programa bolsa-escola, que inicialmente está atendendo 1,2 mil famílias em sete municípios, e no estado do

---

38 Cf. Programa das Nações Unidas para o Desenvolvimento & Instituto de Pesquisa Econômica Aplicada, *Relatório sobre o desenvolvimento humano no Brasil 1996*, Brasília: Pnud/Ipea, 1996.

Rio de Janeiro também está sendo implantado um programa de bolsa-escola, que atenderá experimentalmente mil famílias.

Evidências empíricas para programas de renda mínima

De modo geral, ao analisarmos a renda familiar no país a partir dos dados da Pesquisa Nacional por Amostra de Domicílios (Pnad) de 1996, conforme mostra Garcia, o que se nota é que a renda média familiar no Brasil em 1996 era de R$ 916,99, com o Distrito Federal apresentando a maior média familiar, que era de R$ 1.649,71, e o Piauí, a menor média familiar, com R$ 421,24.[39] A desigualdade de renda pelos mesmos dados apresenta a Bahia com o maior nível de concentração, com o índice T de Theil[40] de 0,808, junto com o Maranhão, com 0,771. A menor concentração está em Santa Catarina, com T de Theil de 0,474. Os estados do Norte do país apresentam dados também baixos, mas a Pnad nesses estados só é realizada nas capitais, o que distorce os dados.

Um dado relevante presente é o elevado número de famílias sem renda, com o total de 1.053.192 famílias nessa situação. O estado de São Paulo apresenta a maior variação absoluta, com 212.288 famílias sem renda, mas o estado do Tocantins apresenta a maior variação relativa, com 10% das famílias do estado sem nenhum rendimento. Quando essas famílias são computadas no cálculo do T de Theil, há crescimento desse índice, com o do estado do Tocantins variando mais 15,5%, passando de 0,730 para 0,843, e o da Bahia variando 8,2%, passando de 0,808 para 0,875. O índice T de Theil para o

---

39 Fernando Garcia, *Distribuição de riqueza: o quão distante estamos da justiça social,* São Paulo, FGV, 1998, mimeo.

40 As formas mais usadas para medir a desigualdade da distribuição de renda são o índice de Gini, a variância dos logaritmos e o índice de Theil. O índice de Gini é mais sensível quando as transferências se dão no meio da distribuição do que nos extremos. A variância dos logaritmos e o índice de Theil captam mais as variações nos extremos, nos níveis mais baixos da renda. O índice de Theil é um dos índices mais simples de se trabalhar e varia de 0 a 1, com a renda sendo mais igualitária quando se aproxima de 0 e mais desigual quando mais próxima de 1.

Brasil varia 4,3%, passando de 0,628 para 0,655. Esses dados são apresentados na tabela 11.

Tabela 11. Distribuição de renda familiar, Brasil, 1996

Unidade federativa	Famílias com renda	Renda p/ família (R$)	T de Theil	L de Theil	Famílias sem renda	Renda p/ família (R$)	T de Theil	dT (%)
RO	215.552	832,00	0,492	0,475	3.690	818,88	0,509	3,5
AC	75.543	1.083,27	0,674	0,654	648	1.074,06	0,683	1,3
AM	356.797	928,77	0,484	0,466	9.008	905,90	0,509	5,2
RR	47.897	1.051,31	0,300	0,352	366	1.043,35	0,308	2,5
PA	627.974	723,42	0,609	0,543	11.614	710,28	0,627	3,0
AP	59.844	989,62	0,504	0,482	783	976,84	0,517	2,6
TO	213.007	575,31	0,730	0,615	25.493	513,82	0,843	15,5
MA	1.140.079	459,60	0,771	0,615	20.344	451,55	0,788	2,3
PI	599.108	424,24	0,623	0,581	27.967	405,32	0,668	7,3
CE	1.527.421	521,79	0,761	0,642	35.371	509,98	0,784	3,0
RN	605.599	624,97	0,712	0,620	1.052	623,89	0,713	0,2
PB	793.976	532,35	0,686	0,611	5.887	528,44	0,693	1,1
PE	1.728.898	572,82	0,671	0,590	79.483	547,64	0,716	6,7
AL	594.372	590,82	0,781	0,653	12.586	578,57	0,802	2,7
SE	375.084	627,40	0,749	0,641	15.051	603,20	0,788	5,3
BA	2.835.612	549,83	0,808	0,648	194.607	514,52	0,875	8,2
MG	4.171.814	783,21	0,580	0,541	92.737	766,18	0,602	3,8
ES	708.188	807,02	0,572	0,536	17.324	787,75	0,596	4,2
RJ	3.740.921	1.161,53	0,569	0,542	87.608	1.134,95	0,592	4,1
SP	9.173.666	1.296,81	0,493	0,475	212.288	1.267,48	0,516	4,6
PR	2.350.904	922,17	0,615	0,556	33.487	909,22	0,630	2,3
SC	1.289.991	967,99	0,474	0,456	23.528	950,65	0,492	3,8
RS	2.785.459	968,82	0,555	0,530	51.311	951,29	0,573	3,3
MS	493.736	846,43	0,669	0,568	21.699	810,79	0,712	6,4
MT	593.467	801,80	0,608	0,546	20.414	775,14	0,642	5,6
GO	1.166.865	768,77	0,703	0,581	35.345	746,17	0,733	4,2
DF	432.149	1.649,71	0,530	0,573	13.504	1.599,72	0,561	5,8
Brasil	38.703.925	916,99	0,628	0,603	1.053.192	892,69	0,655	4,3

Fonte: Garcia, 1998.

Obs.: há dois índices de Theil, o T de Theil, que engloba os rendimentos iguais a zero e tem a ponderação de acordo com a participação da renda dos grupos no total da renda da população, e o L de Theil, que não engloba as rendas que são iguais a zero e se baseia na participação relativa da população do grupo sobre a população total.

A renda familiar média não reflete a distribuição de renda dentro do grupo que aufere renda, pois há famílias com renda muito baixa situada dentro desse grupo. Tomando por base o programa de renda mínima de Campinas, que estabelece em R$ 35,00 per capita como uma das condições para que a família seja admitida como beneficiária, o Laboratório de Economia Social (LES) da PUC-SP fez a seguinte simulação, tomando por base os mesmos parâmetros para o Brasil.

A tabela 12, em sua segunda coluna, mostra o déficit de renda, ou seja, revela, por estado da Federação, quantos domicílios não atingem uma renda per capita de R$ 35,00. As colunas seguintes mostram qual é o déficit em termos monetários, se implantado um programa idêntico ao de Campinas, isto é, quanto seria preciso transferir para cada estado e a média da transferência por domicílio. Essa média, no âmbito micro, ou seja, no das famílias, apresenta-se de formas diferentes, pois, estabelecida uma linha de pobreza, que é de R$ 35,00 per capita, a transferência será maior quanto mais distante a família estiver dessa linha, e menor quanto mais dela se aproximar.

A tabela nos revela ainda que, na linha de pobreza estabelecida, o número de domicílios que se encontram abaixo dela é de 4.080.096, com a Bahia apresentando o maior número de domicílios. O custo mensal de um programa como esse, implantado em âmbito nacional, seria de R$ 331,1 milhões mensais, ou R$ 3.973,3 milhões anuais, o que representa 0,5% do PIB de 1996, com exceção dos custos administrativos.

Tabela 12. Déficit de renda, Brasil, 1996 (base = renda familiar per capita abaixo de R$ 35,00)

Unidade federativa	Domicílios	Déficit total (R$)	Média por domicílio (R$)
RO	13.934	-1.188.234,00	-85,28
AC	4.863	-373.925,00	-76,89
AM	33.601	-2.703.858,00	-80,47
RR	2.560	-195.700,00	-76,45
PA	82.573	-6.539.877,00	-79,20
AP	2.738	-262.015,00	-79,20
TO	54.518	-5.272.397,00	-96,71
MA	328.037	-27.367.810,00	-83,43
PI	194.694	-17.207.939,00	-88,38
CE	386.854	-35.152.241,00	-90,87
RN	103.560	-7.259.305,00	-70,00
PB	162.750	-12.732.575,00	-78,23
PE	319.218	-24.192.685,00	-75,79
AL	132.720	-11.080.411,00	-83,49
SE	65.422	-4.436.630,00	-67,82
BA	699.316	-61.851.878,00	-88,45
MG	375.167	-28.890.800,00	-77,01
ES	69.800	-4.408.761,00	-63,16
RJ	155.113	-11.832.843,00	-76,29
SP	286.522	-24.496.720,00	-85,50
PR	153.469	-10.642.940,00	-69,35
SC	57.647	-4.156.337,00	-72,10
RS	170.267	-12.299.842,00	-72,24
MS	43.396	-3.885.209,00	-89,53
MT	63.430	-4.493.146,00	-70,84
GO	96.592	-6.549.115,00	-67,82
DF	21.335	-1.639.977,00	-76,87
Brasil	4.080.096	-331.113.170,00	-81,15

Fonte: LES/PUC-SP, 1998, a partir da Pnad, 1996.

Obs.: Para simplificar o cálculo foi adotado o domicílio, e não a família, como indicador. Por causa da chamada coabitação, um domicílio pode ter mais de uma família.

Depois de feitas as transferências, a alteração no índice de Theil é mostrada na tabela 13.

Tabela 13. Desigualdade de renda após a transferência

Unidade federativa	Domicílios	Renda (R$)	Renda média (R$)	T de Theil	L de Theil	dT (%)
RO	215.952	178.459.757	826,39	0,490	0,459	-3,2
AC	75.544	80.757.486	1.069,01	0,677	0,649	-1,8
AM	363.717	332.647.963	914,58	0,482	0,458	-4,1
RR	47.163	49.683.560	1.053,44	0,299	0,347	-3,1
PA	629.072	450.884.223	716,75	0,578	0,499	-5,2
AP	59.845	58.612.459	979,40	0,505	0,473	-2,0
TO	224.456	125.546.388	559,34	0,705	0,567	-12,7
MA	1.144.288	543.563.475	475,02	0,683	0,496	-12,4
PI	617.945	268.703.903	434,83	0,535	0,438	-19,0
CE	1.550.778	822.337.037	530,27	0,688	0,530	-11,6
RN	602.449	382.046.905	634,16	0,672	0,557	-5,5
PB	795.046	432.002.684	543,37	0,626	0,511	-8,9
PE	1.691.686	965.108.663	570,50	0,641	0,532	-8,0
AL	596.095	350.971.783	588,78	0,712	0,559	-8,8
SE	371.689	223.886.194	602,35	0,678	0,568	-6,3
BA	2.873.682	1.564.388.259	544,38	0,736	0,563	-11,0
MG	4.156.878	3.229.224.932	776,47	0,567	0,516	-3,7
ES	710.251	569.827	801,92	0,566	0,522	-3,4
RJ	3.749.255	4.273.431.124	1.139,81	0,574	0,550	-1,6
SP	9.220.123	11.753.317.454	1.274,75	0,503	0,489	-1,4
PR	2.361.720	2.156.055.695	912,92	0,614	0,542	-2,2
SC	1.279.415	1.232.479.691	963,32	0,470	0,445	-1,9
RS	2.794.438	2.672.163.379	956,24	0,557	0,524	-2,4
MS	509.423	418.177.658	820,88	0,676	0,567	-4,0
MT	606.774	477.649.153	784,61	0,610	0,542	-4,0
GO	1.185.153	892.638.790	753,18	0,709	0,580	-3,0
DF	431.283	689.272.189	1.598,19	0,546	0,597	-1,6
Brasil	38.868.120	35.193.575.631	905,46	0,619	0,575	-3,9

Fonte: LES/PUC-SP, 1998, a partir da Pnad, 1996.

A tabela 13 mostra que, depois de efetuadas as transferências de renda, de modo que todo domicílio brasileiro tenha no mínimo uma renda per capita de R$ 35,00, o impacto da diminuição na desigualdade como um todo seria de 4%, mas seria muito maior levando-se em conta os estados mais pobres, como Piauí, com 19% de diminuição, Tocantins e Maranhão, com 12%, e Bahia, com 11%. Isso é muito indicativo, pois representa que o programa estaria transferindo mais renda justamente para os estados mais pobres. Outro dado relevante é o aumento da renda média nos estados mais pobres e a diminuição nos estados mais ricos, havendo então transferência de renda dos estados mais ricos para os mais pobres.

Essa transferência de renda, se feita através do sistema fiscal, ou seja, com o ônus recaindo sobre os que ganham acima de dez salários mínimos, significaria um aumento de impostos de 1,5% para os indivíduos nessa categoria de renda.

A mesma simulação foi feita para um programa cuja linha de pobreza é de meio salário mínimo per capita, com o domicílio que atinja tal montante recebendo um benefício fixo de um salário mínimo, seguindo os mesmos critérios do Programa Bolsa-Escola de Brasília no tocante à renda.

Pela tabela 14, nota-se que, ao ampliarmos a linha de pobreza para meio salário mínimo, há incremento de 55% no número de domicílios com déficit de renda, que passou de 4.080.096 na simulação anterior para 7.427.261 domicílios, com o estado da Bahia aparecendo com 15% (1.107.864 domicílios) do total.

Um programa desse tipo, implantado em escala nacional, custa em torno de R$ 959,6 milhões mensais, exceto os custos administrativos, ou R$ 11.515,8 milhões anuais (190% maior do que o anterior), o que corresponde a cerca de 1,5% do PIB de 1996. Se esse programa for custeado via aumento de impostos para quem ganha acima de dez salários mínimos, o aumento da alíquota seria de 4,5% para os situados nesse estrato de renda.

Tabela 14. Déficit de renda (2), Brasil, 1996 (base = renda familiar per capita de meio salário mínimo)

Unidade federativa	Domicílios	Déficit total (R$)	Média por domicílio (R$)
RO	30.323	-3.536.679,00	-116,63
AC	13.618	-1.579.494,00	-115,99
AM	74.829	-9.347.681,00	-124,92
RR	5.482	-637.603,00	-116,34
PA	172.247	-22.916.291,00	-133,04
AP	8.607	-953.230,00	-110,75
TO	83.340	-12.962.148,00	-155,53
MA	532.315	-77.747.192,00	-146,05
PI	299.575	-44.267.618,00	-147,77
CE	630.000	-94.908.545,00	-150,65
RN	199.240	-25.858.455,00	-129,79
PB	285.903	-37.967.994,00	-132,80
PE	581.520	-74.381.386,00	-127,91
AL	240.842	-34.153.660,00	-141,81
SE	128.095	-15.020.460,00	-117,26
BA	1.107.864	-164.799.604,00	-146,75
MG	771.127	-92.869.954,00	-120,43
ES	141.128	-15.504.661,00	-109,89
RJ	326.206	-35.075.093,00	-107,52
SP	569.389	-62.012.352,00	-106,91
PR	326.279	-35.030.766,00	-107,36
SC	123.526	-13.249.943,00	-107,26
RS	310.305	-35.103.131,00	-113,12
MS	90.466	-10.305.816,00	-113,92
MT	113.365	-13.435.071,00	-118,51
GO	216.175	-21.088.332,00	-97,55
DF	45.495	-4.940.893,00	-108,60
Brasil	7.427.261	-959.654.252,00	-129,21

Fonte: LES/PUC-SP, 1998, a partir da Pnad, 1996.

A tabela 15 simula a situação da desigualdade de renda após a implantação de um programa como o Bolsa-Escola de Brasília.

Tabela 15. Desigualdade de renda após a transferência (2)

Unidade federativa	Domicílios	Renda (R$)	Renda média (R$)	T de Theil	L de Theil	dT (%)
RO	215.952	176.887.793	819,11	0,484	0,453	-4,4
AC	75.544	79.910.075	1.057,80	0,670	0,643	-2,7
AM	363.717	329.568.986	906,11	0,476	0,453	-5,3
RR	47.163	49.185.610	1.042,89	0,295	0,342	-4,3
PA	629.072	447.362.842	711,15	0,571	0,493	-6,4
AP	59.845	58.019.170	969,49	0,499	0,467	-3,1
TO	224.456	124.687.071	555,51	0,697	0,562	-13,7
MA	1.144.288	540.321.357	472,19	0,675	0,491	-13,4
PI	617.945	267.184.720	432,38	0,529	0,434	-20,0
CE	1.550.778	816.720.173	526,65	0,680	0,525	-12,7
RN	602.449	378.976.705	629,06	0,664	0,551	-6,6
PB	795.046	429.092.969	539,71	0,618	0,506	-10,0
PE	1.691.686	958.158.016	566,39	0,633	0,527	-9,1
AL	596.095	348.349.741	584,39	0,704	0,553	-9,8
SE	371.689	222.211.566	597,84	0,670	0,562	-7,3
BA	2.873.682	1.553.577.689	540,62	0,728	0,558	-12,0
MG	4.158.878	3.202.450.639	770,03	0,560	0,511	-4,8
ES	710.251	564.692.678	795,06	0,561	0,516	-4,5
RJ	3.749.255	4.229.217.036	1.128,02	0,568	0,543	-2,6
SP	9.220.123	11.626.368.222	1.260,98	0,498	0,483	-2,4
PR	2.361.720	2.136.268.654	904,54	0,607	0,536	-3,2
SC	1.279.415	1.221.413.162	954,67	0,464	0,440	-3,1
RS	2.794.438	2.646.912.139	947,21	0,550	0,518	-3,4
MS	509.423	414.456.613	813,58	0,671	0,561	-5,0
MT	608.774	473.645.662	778,03	0,604	0,537	-5,1
GO	1.185.153	885.153.364	746,87	0,701	0,574	-4,0
DF	431.283	680.924.802	1.578,84	0,542	0,591	-2,3
Brasil	38.868.120	34.861.717.453	896,92	0,613	0,568	-5,0

Fonte: LES/PUC-SP, 1998, a partir de dados da Pnad, 1996.

Os dados da tabela 15 mostram que um programa de transferência de renda como o de Brasília tem uma variação maior na diminuição da desigualdade de renda do que o de Campinas.

O valor por domicílio também é maior no programa de Brasília (R$ 129,21) do que no de Campinas (R$ 81,15).

A implantação de um programa de renda mínima como o de Brasília em âmbito nacional apresenta maiores transferências para os estados mais pobres do que para os mais ricos, também transferindo renda dos estados mais ricos para os mais pobres, a exemplo do que acontece com o programa de Campinas, se fosse adotado nacionalmente.

Possíveis repercussões de um PGRM no país

Uma distribuição mais igualitária de renda sempre foi vista pelos economistas mais ortodoxos como um empecilho ao desenvolvimento, existindo na visão deles um *trade-off* entre crescimento e distribuição de renda. Para esses economistas, com a distribuição de renda mais homogênea, parcela maior de rendimentos vai para as classes mais baixas, que são mais consumidoras, em detrimento das classes de renda maiores, que são mais poupadoras. Como o investimento é função da poupança, haveria então menor investimento e, dessa forma, menor crescimento econômico.

Essa visão mostrou-se distorcida pelos trabalhos de Locatelli e de Suplicy e Cury, que mostraram empiricamente que a queda no total da poupança é muito baixa, sendo que Suplicy e Cury calcularam essa queda em cerca de 3,52% no máximo, levando em conta uma distribuição de renda com o perfil japonês, e de 2% da poupança total, se levado em consideração o perfil dos Estados Unidos. Ao contrário do que se afirma, uma melhor distribuição de renda resulta em aumento do PIB, da renda pessoal e do nível de emprego. É o que mostra a tabela 16.[41]

---

41 R. L. Locatelli, *Industrialização, crescimento e emprego: uma avaliação da experiência brasileira* (Rio de Janeiro: Ipea/Inpes, 1985); E. M. Suplicy & S. Cury, "A renda mínima garantida como proposta para remover a pobreza no Brasil", em *Revista de Economia Política*, 14 (1), São Paulo, janeiro-março de 1994.

Tabela 16. Valores e variações dos agregados de renda e emprego caso melhore o perfil da distribuição de renda no Brasil, 1993

	PIB	%	Yp	%	Emprego	%	PIB/emprego	%
Orig ano-base 1980	11.126.232	-	8.373.658	-	33.030.008	-8	336,85	-
3,5% do PIB na clas. 1/2	11.274.116	1,33	8.483.677	1,31	33.401.341	1,12	341,21	1,29
5,0% do PIB na clas. 1/2	11.338.939	1,91	8.531.906	1,88	33.564.292	1,61	337,82	0,28
6,5%	11.358.977	2,09	8.546.725	2,06	33.614.032	1,76	337,92	0,31
Colômbia	11.372.063	2,21	8.556.614	2,18	33.655.886	1,89	337,89	0,30
Espanha	11.663.585	4,82	8.772.570	4,76	33.368.439	4,05	339,36	0,74
EUA	11.693.168	5,08	8.795.963	5,04	34.499.534	4,44	338,93	0,61
Japão	11.696.126	5,12	8.797.133	5,05	34.437.786	4,26	339,63	0,82
Hungria	11.809.127	6,13	8.881.017	6,05	34.708.265	5,08	340,23	1,00
Extremo	12.048.312	8,28	9.058.707	8,18	35.276.552	6,80	341,53	1,38

Fonte: Suplicy & Cury, 1994.

Obs.: a) o PIB representado na primeira coluna tem seu valor com base no custo de fatores, sendo representado em Cr$ milhões de 1980; b) Yp da segunda coluna representa a renda pessoal, tendo seus valores representados em Cr$ milhões de 1980; c) os grupos de renda foram subdivididos em 5 classes, com a primeira se constituindo em até 2 s.m., a segunda de 2 a 5 s.m., a terceira de 5 a 10 s.m., a quarta de 10 a 20 s.m. e a quinta de mais de 20 s.m; d) os países constantes na tabela servem de comparação com o Brasil para a distribuição de renda, caso fosse implantado o mesmo índice no país.

A tabela mostra que, à medida que um porcentual de renda maior é destinado às classes 1 e 2, melhorando o perfil da distribuição de renda no país, há aumento do PIB e do nível de emprego. Se, por exemplo, fossem destinados 3,5% do PIB para as classes 1 e 2, haveria variação favorável de 1,33% do PIB, e 1,12% no nível de emprego. Se utilizarmos o perfil de distribuição de renda presente nos Estados Unidos, haveria variação positiva de 5,08% no PIB e 4,44% no nível de emprego. No caso do extremo, que é definido por uma distribuição quase igualitária, em que a participação na renda de cada classe é coincidente com a participação do número de famílias em cada classe, haveria uma variação positiva no PIB na ordem de 8,28%, e no nível de emprego, de 6,80%, como em todas as simulações, havendo também aumento da renda pessoal, embora em proporção inferior ao PIB.[42] Dessa forma, a distribuição de renda se correlaciona positivamente com PIB, renda pessoal e emprego.

Para Locatelli, o maior nível de emprego oriundo da distribuição de renda se dá em razão de os estratos mais pobres da população consumirem mais produtos intensivos em trabalho do que em capital. Também não é aumentada a relação importações/PIB (coeficiente de importação), pelo contrário, ela decresce, não pressionando o balanço de pagamentos, a não ser que as exportações sejam afetadas.

Quanto aos impactos da implantação de uma RMG sobre a pobreza, de acordo com a simulação de Urani, ela seria reduzida substancialmente, com o programa de Campinas sendo o mais eficiente, praticamente eliminando a pobreza no país e atingindo principalmente os mais pobres (primeiro decil).[43]

O modelo implantado em Brasília tem um índice menor de eliminação da pobreza, sendo que, após a implementação de um programa desses em âmbito nacional, a proporção de pobres seria de 8%, atingindo mais fortemente o segundo decil e indo até o quarto decil na distribuição da renda familiar.

O modelo de imposto negativo que consta da proposta do senador Suplicy (PGRM), se implantado também no plano nacional, elimina a pobreza, sendo, pelas simulações de André Urani, o que atinge maior número de pessoas, abrangendo mais de 40 milhões. O de Campinas e o de Brasília abrangeriam 35 milhões. O benefício médio por pessoa no modelo do senador Suplicy também seria maior. Com os dados de 1996, o valor médio por pessoa seria de R$ 40,00, enquanto o de Campinas e o de Brasília seriam de R$ 18,00. O grande problema do PGRM seriam os vazamentos, pois

---

42 E. M. Suplicy & S. Cury, *op. cit.*, p. 109.
43 A. Urani, *Renda mínima: uma avaliação das propostas em debate no Brasil*, Série Seminários (Rio de Janeiro: Ipea, 1996).

o benefício atingiria todos os decis na distribuição da renda, com 43% dos recursos do programa indo para os que estão acima da linha de pobreza. Por esse motivo, o programa original sofreu modificações, com a introdução do limite de renda familiar de R$720,00, por meio do substitutivo do deputado Germano Rigotto.

A conclusão de Urani é que a implantação de um programa de renda mínima garantida pode acabar com a pobreza existente nos país, e que esse programa deve ter um caráter nacional, com o governo federal transferindo renda das regiões mais ricas para as mais pobres.

Considerações finais

Os programas de renda mínima constituem mais do que uma política de inserção social. Eles se notabilizam por distribuir uma renda monetária em vez de produtos ou outras formas de benefício social. Cabe ao beneficiário escolher como gastar o benefício.

Na Europa, a renda mínima garantida ganhou impulso nos anos 1980, como forma de se contrapor à "nova pobreza". A característica dessa "nova pobreza" é representada pelos contingentes de desempregados ou pelos que estão em emprego precário, que atinge sobretudo famílias monoparentais, idosos e jovens. Dessa forma, a renda mínima garantida é usada na Europa para reintegrar os que não conseguem o mínimo social de sobrevivência.

No Brasil, que apresenta um enorme contingente de pessoas vivendo na pobreza, a renda mínima garantida pode ser usada para integrar essa parcela da população. Isso porque essas pessoas nunca tiveram seus direitos sociais reconhecidos e nunca foram incluídas socialmente.

É possível implantar um programa de renda mínima no plano nacional que atenda a todos os pobres, inclusive com o adendo que obriga as famílias a manterem os filhos na escola. Também é possível, por meio dos programas de renda mínima, combater o trabalho infantil, como já vem ocorrendo parcialmente em alguns estados.

Um programa de renda mínima pode ajudar a melhorar a distribuição de renda no Brasil, distribuindo renda aos mais pobres. Isso já é comprovado como possível, mesmo se o país não apresentar crescimento econômico algum. O que precisa ocorrer é a área social ser prioritária e atender principalmente os mais pobres.

A erradicação da pobreza no Brasil é um problema da esfera política, pois, como salientou Paes de Barros, do ponto de vista financeiro é totalmente possível, já que "o Brasil não é pobre, cerca de 78% da população mundial vive em países com renda per capita inferior à brasileira".[44]

Referências

Almeida, E. *Programas de garantia de renda mínima: inserção social ou utopia?*, dissertação de mestrado. São Paulo: PUC, 1998.

Banco Mundial. *Brasil, despesas do setor público com programas de assistência social: problemas e opções*. Washington: Banco Mundial, 1988.

_____. *Relatório sobre o desenvolvimento mundial 1990: a pobreza*. Rio de Janeiro: Fundação Getulio Vargas, 1990.

Barros, R. P. & Mendonça, R. *Geração e reprodução da desigualdade de renda no Brasil*. Perspectivas da Economia Brasileira. Rio de Janeiro: Ipea, 1994.

_____. *Os determinantes da desigualdade no Brasil*. Texto para discussão, nº 377. Rio de Janeiro: Ipea, 1995.

_____. *O impacto do crescimento econômico e de reduções no grau de desigualdade sobre a pobreza*. Série Seminários, nº 25. Rio de Janeiro: Ipea, 1996.

---

44 Publicado na *Folha de S. Paulo*, São Paulo, 13-6-1998.

Bonelli, R. & Ramos, L. *Distribuição de renda no Brasil: avaliação das tendências de longo prazo e mudanças na desigualdade desde meados dos anos 70*. Texto para discussão, nº 288. Rio de Janeiro: Ipea, 1993.

Buarque, C. (coord.). *Lugar de criança é na escola. Com qualidade!* Brasília: Governo do Distrito Federal, 1998.

Camargo, J. M. & Giambiagi, F. (orgs.). *Distribuição de renda no Brasil*. Rio de Janeiro: Paz e Terra, 1991.

Carvalho, M. C. B. et al. *Caminhos para o enfrentamento da pobreza: o Programa de Renda Mínima de Campinas*. São Paulo/Brasília: IEE/Unicef, 1997.

Departamento Intersindical de Estatística e Estudos Socioeconômicos. *Desigualdade e concentração de renda no Brasil*. Pesquisa Dieese, nº 11. São Paulo: Dieese, 1995.

Draibe, S. M. et al. *Acompanhamento e avaliação da implementação do Programa de Garantia de Renda Familiar Mínima (PGRFM) da Prefeitura Municipal de Campinas*. Campinas: NEPP/Unicamp, 1996.

Euzeby, C. "El ingreso mínimo garantizado: experiencias y propuestas", em *Revista Internacional del Trabajo*, 106 (3), Genebra, OIT, julho-setembro de 1987.

Faleiros, V. P. *A questão da renda mínima: os casos da França e do Quebec*. Brasília: Ipea/Pnud, 1992, mimeo.

Friedman, M. *Capitalismo e liberdade*. Coleção Os Economistas. São Paulo: Nova Cultural, 1985.

Fundo das Nações Unidas para a Infância. *Situação mundial da criança 1997*. Brasília: Unicef, 1997.

Garcia, F. *Distribuição de riqueza: o quão distante estamos da justiça social*. São Paulo: FGV, 1998, mimeo.

Hayek, F. *O caminho da servidão*. Porto Alegre: Editora Livraria do Globo, 1946.

Locatelli, R. L. *Industrialização, crescimento e emprego: uma avaliação da experiência brasileira*. Rio de Janeiro: Ipea/Inpes, 1985.

Marques, R. M. *A proteção social e o mundo do trabalho*. São Paulo: Bienal, 1997.

Marshall, T. H. *Cidadania, classe social e status*. Rio de Janeiro: Zahar, 1967.

Milano, S. *La pauvreté absolue*. Paris: Hachette, 1988.

Oliveira, L. G. S. "O programa de renda mínima garantida", em *Anais do XXII Encontro Nacional de Economia*, vol. I. Florianópolis, 1994.

Prefeitura Municipal de Campinas. *Programa de Garantia de Renda Familiar Mínima*. Campinas: Prefeitura Municipal de Campinas, 1996.

Programa das Nações Unidas para o Desenvolvimento & Instituto de Pesquisa Econômica Aplicada. *Relatório sobre o desenvolvimento humano no Brasil 1996*. Brasília: Pnud/Ipea, 1996.

Rawls, J. *Uma teoria da justiça*. São Paulo: Martins Fontes, 1997.

Silva, M. O. *Renda mínima e reestruturação produtiva*. São Paulo: Cortez, 1997.

Silveira, A. M. "Redistribuição de renda", em *Revista Brasileira de Economia*, 29 (2), Rio de Janeiro, abril-junho de 1975.

Sposati, A. (org.). *Renda mínima e crise mundial: saída ou agravamento?* São Paulo: Cortez, 1997.

Suplicy, E. M. *Programa de Garantia de Renda Mínima*. Brasília: Senado Federal, 1992.

_____. *Programa de Garantia de Renda Mínima*. Brasília: Senado Federal, 1996.

_____. *Projeto de lei*, Brasília, 1997, mimeo.

Suplicy, E. M. & Cury, S. "A renda mínima garantida como proposta para remover a pobreza no Brasil", em *Revista de Economia Política*, 14 (1), São Paulo, janeiro-março de 1994.

Teixeira, P. *Programa de Garantia de Renda Familiar Mínima*, São Paulo, 1997, mimeo.

Unger, R. M. & Bacha, E. L. *Participação, salário e voto: um projeto de democracia para o Brasil*. Rio de Janeiro: Paz e Terra, 1978.

Urani, A. *Renda mínima: uma avaliação das propostas em debate no Brasil*. Série Seminários. Rio de Janeiro: Ipea, 1996.

van Parijs, P. *O que é uma sociedade justa?* São Paulo: Ática, 1997.

Vuolo, R. L. et al. *Contra la exclusión, la propuesta del ingreso ciudadano*. Buenos Aires: Mino y Dávila, 1996.

Sobre os autores

AMAURY PATRICK GREMAUD
    Doutor em economia pela USP e professor da USP em Ribeirão Preto. Publicou *Formação econômica do Brasil* (1997) e *Economia brasileira contemporânea* (1999).

ANA CRISTINA ARANTES NASSER
    Doutora em sociologia pela USP e pesquisadora do Centro de Estudos Migratórios (CEM). Autora de *Sair para o mundo: trabalho, família e lazer na vida dos excluídos* (no prelo).

ANA MARIA CASTELO
    Mestre em economia pela USP e coordenadora do Setor de Economia do Sindicato da Indústria da Construção Civil de Grandes Estruturas no Estado de São Paulo (SindusCon-SP).

ANITA KON
    Doutora em economia pela USP com pós-doutorado na Universidade de Illinois. Professora titular e coordenadora do Núcleo de Economia Industrial, Trabalho e Tecnologia (EITT) da PUC-SP. Publicou *Economia industrial* (1994) e *Desenvolvimento regional e trabalho no Brasil* (1998).

CÉSAR ROBERTO LEITE DA SILVA
 Doutor em economia pela USP com pós-doutorado na Esalq. Professor da PUC-SP, publicou *Inovação tecnológica e distribuição de renda* (1995) e *Economia internacional* (2000).

CLÁUDIA MARIA CIRINO DE OLIVEIRA
 Graduada em economia pela PUC-SP, foi bolsista de iniciação científica do LES/PUC-SP com apoio do Conselho Nacional de Desenvolvimento Científico e Tecnológico (CNPq).

CLÁUDIO RIBEIRO DE LUCINDA
 Mestre e doutorando em economia pela Escola de Administração de Empresas da FGV-SP e professor do Instituto Brasileiro de Mercado de Capitais de São Paulo (Ibmec).

DORIVALDO FRANCISCO DA SILVA
 Mestrando em economia pela PUC-SP, professor e chefe do Departamento de Economia, Contabilidade e Administração da Universidade de Taubaté.

EVARISTO ALMEIDA
 Mestre em economia pela PUC-SP. Professor de economia da Faculdade Morumbi Sul. Publicou *Programas de garantia de renda mínima: inserção social ou utopia?* (2000).

FERNANDO GARCIA
 Doutor em economia pela USP e professor adjunto da Escola de Administração de Empresas da FGV-SP.

HELENA RIBEIRO SOBRAL
 Mestre em geografia pela Universidade de Berkeley, doutora em geografia física e livre-docente em saúde pública pela USP. Professora titular da PUC-SP e do Departamento de Saúde Ambiental da FSP/USP. Publicou *O meio ambiente e a cidade de São Paulo* (1996).

IVAN LOPES BEZERRA FERRAZ
Graduado em economia pela PUC-SP, foi bolsista de iniciação científica do LES/PUC-SP com apoio do Conselho Nacional de Desenvolvimento Científico e Tecnológico (CNPq).

LADISLAU DOWBOR (ORGANIZADOR)
Doutor em economia pela Escola Central de Planejamento e Estatística de Varsóvia e professor titular da PUC-SP e da Universidade Metodista-SP. Foi secretário de Negócios Extraordinários da Prefeitura de São Paulo e é consultor de diversas agências das Nações Unidas. Publicou *A reprodução social* (1998) e *Desafios da globalização* (1998).

LÍGIA MARIA DE VASCONCELLOS
Mestre em economia pela Escola de Administração de Empresas da FGV-SP e doutoranda em economia pela USP.

MARCELO BOZZINI DA CAMARA
Graduando em economia pela PUC-SP e bolsista de iniciação científica do LES/PUC-SP com apoio do Conselho Nacional de Desenvolvimento Científico e Tecnológico (CNPq).

MÁRCIA REGINA DA COSTA
Doutora em ciências sociais pela PUC-SP e professora desta universidade. Publicou *Os carecas do subúrbio: caminhos de um nomadismo moderno* (2000) e *Futebol: espetáculo do século* (1999).

OTÍLIA MARIA LÚCIA BARBOSA SEIFFERT
Doutora em psicologia da educação pela PUC-SP e professora de metodologia da pesquisa científica e de formação didático-pedagógica para a docência no ensino superior na PUC-SP e na Escola Paulista de Medicina da Unifesp.

RODOLFO HOFFMANN

Professor titular pela USP e professor do Instituto de Economia da Unicamp. Publicou *Distribuição de renda: medidas de desigualdade e pobreza* (1998) e *Estatística para economistas* (1998).

ROGÉRIO CÉSAR DE SOUZA

Mestre em economia pela Escola de Administração de Empresas da FGV-SP e professor da Universidade Paulista (Unip).

RUDINEI TONETO JR.

Doutor em economia pela USP e professor da USP em Ribeirão Preto. Publicou *Formação econômica do Brasil* (1997) e *Economia brasileira contemporânea* (1999).

SAMUEL KILSZTAJN (ORGANIZADOR)

Doutor em economia pela Unicamp, com pós-doutorado na New School de Nova York. Professor titular, coordenador do Programa de Estudos Pós-Graduados em Economia Política e do Laboratório de Economia Social (LES) da PUC-SP.

SÉRGIO GOLDBAUM

Mestre e doutorando em economia pela Escola de Administração de Empresas da FGV-SP e professor da Escola Superior de Propaganda e Marketing (ESPM).

SONIA ROCHA

Mestre pela Universidade Bucknell/Pensilvânia e doutora em economia pela Universidade de Paris I (Panthéon-Sorbonne). Pesquisadora associada do Instituto de Pesquisa Econômica Aplicada (Ipea).

Impressão e Acabamento: